HERBERT SILBERER

Probleme der Mystik und ihrer Symbolik

Der Verlag bedankt sich bei
Dr. Hans Thomas Hakl, Dr. Bernd Nitzschke
und Dr. Karl Fallend

Bibliografische Information der Deutschen Bibliothek.
Die Deutsche Bibliothek verzeichnet diese Publikation in der
Deutschen Nationalbibliografie; detaillierte bibliografische Daten
sind im Internet über http://dnb.ddb.de abrufbar.

www.aagw-gnostika.de

Printet in Germany

978-3-937592-26-8

Herausgegeben von Wolfram Frietsch

HERBERT SILBERER

Probleme der Mystik und ihrer Symbolik

Mit einem handschriftlichen
Vortrag Herbert Silberers
und seinem Werkverzeichnis

edition epoché

Inhaltsverzeichnis

Vorwort des Herausgebers

In seinem Hauptwerk *Probleme der Mystik und ihrer Symbolik* zeigte der Wiener Psychoanalytiker Herbert Silberer (1882–1923) wie ein alchemistischer Traktat, „Parabola" genannt, symbolisch, alchemistisch und psychoanalytisch gedeutet werden kann. Sein Verdienst ist es, die Alchemie zu Beginn des 20. Jahrhunderts wieder in das psychologische Gedächtnis zurückgerufen zu haben. Silberer gilt als Vater der symbolisch-psychologischen Alchemie.

C.G. Jung schrieb über ihn: „Dem leider viel zu früh verstorbenen Herbert Silberer kommt das Verdienst zu, der erste gewesen zu sein, die geheimen Fäden, die von der Alchemie zur Psychologie des Unbewußten laufen, entdeckt zu haben." Bemerkenswerterweise liefen diese Fäden über die Rosenkreuzer, denn die „Parabola" entstammt den *Geheimen Figuren der Rosenkreuzer*. Sie waren 1785 und 1788 in Altona – das erste Heft mit 36 Tafeln und ein zweites mit 20 weiteren – anonym erschienen.

Und in seiner Biografie *Erinnerungen Träume Gedanken* erzählt C.G. Jung über die Zeit seiner Alchemiestudien: „Merkwürdigerweise hatte ich ganz vergessen, was Herbert Silberer über Alchemie geschrieben hatte. Zur Zeit, als sein Buch erschien, kam mir die Alchemie als etwas Abseitiges und Skurriles vor, so sehr ich auch Silberers anagogischen, d.h. konstruktiven Gesichtspunkt zu schätzen wußte. Ich stand damals in Korrespondenz mit ihm und habe ihm meine Zustimmung ausgedrückt. Wie sein tragisches Ende zeigt, war jedoch seine Ansicht von keiner Einsicht gefolgt. Silberer hatte hauptsächlich spätes Material benutzt, mit dem ich nicht viel anfangen konnte. Die späten alchemistischen Texte sind phantastisch und barock; nur wenn man die Deutung weiß, erkennt man, daß auch in ihnen viel Wertvolles steckt."

Dieses Wertvolle hat Silberer akribisch herausgearbeitet. Als ich sein Buch zum ersten Mal las war mir klar, dass es sich hier um ein tiefgründiges Werk psychologischer Deutung handelt, das seinen Zauber bis heute nicht verloren hat. Silberer scheint einen Nerv getroffen zu haben und kann als Bindeglied zwischen einer persönlichen und einer kollektiv-archetypischen Psychologie angesehen werden.

Auch findet bei Silberer die heutige Debatte, ob das Rosenkreuzertum ‚symbolisch' oder ‚personal' zu verstehen sei, ein klares Credo. Silberers Recherchen zufolge ist nämlich „der Vatter Christian Rosencreutz doch selbstverständlich nur eine zum Träger einer bestimmten Symbolik (Christ, Rose, Kreuz) komponierte legendarische Gestalt (und wäre sie auch bloß zum Scherz komponiert). Der Name kommt nicht von der Person des Stifters, sondern umgekehrt die Person des Stifters vom Namen. Dieser, bzw. die zugrunde liegenden Lehrzeichen und -ausdrücke sind das Primäre". Und um dieses Primäre geht es Silberers genauer Lesart des alten Textes.

Probleme der Mystik und ihrer Symbolik ist nun schon vor mehr als hundert Jahren erschienen. Herbert Silberers tiefe und einfühlsame Symboldeutung hat später auch Jean Piaget gewürdigt. Piaget war Schüler von Sabina Spielrein. Sie wiederum war Patientin und Schülerin Carl Gustav Jungs und wurde eine bedeutende Psychoanalytikerin in Russland. Ein denkwürdiger Kreis schließt sich hier …

Wolfram Frietsch

PROBLEME DER MYSTIK UND IHRER SYMBOLIK

VON

HERBERT SILBERER

WIEN UND LEIPZIG
HUGO HELLER & CO.
1914

I. Einleitender Teil

1. Abschnitt
Die Parabola

In einem alten Buche fand ich eine seltsame Erzählung, „Parabola“ benannt. Ich stelle sie an den Ausgangspunkt meiner Betrachtungen, weil sich aus ihr ein willkommener Leitfaden ergibt. In der Bemühung, die Parabola zu verstehen und psychologisch zu durchdringen, werden wir veranlaßt, jene phanatastischen Gebiete zu durchwandern, in welche ich den Leser führen möchte. Am Schlusse unserer Wanderung werden wir dann mit dem Verständnis des ersten Beispieles zugleich die Kenntnis gewisser psychischer Gesetzmäßigkeiten erworben haben.

Ich will nun ohne weitere Vorbemerkungen das Beispiel mitteilen und absichtlich den Titel des alten Buches vorderhand verschweigen, damit der Leser imstande sei, die Erzählung ohne jede vorgefaßte Idee auf sich wirken zu lassen. Erläuternde Einschaltungen im Text, die von mir herrühren, kennzeichne ich durch eckige Klammern. Ich bleibe übrigens auch in der weiteren Folge bei diesem Brauch.

Parabola

[1.] Alß ich eines mahls mich in einem schönen, grünen und jungen Walde spatzierete, und die Müheseligkeit dieses Lebens betrachtete, auch, wie wir durch den beschwerlichen Fall unserer ersten Eltern in solch Elende und Jammer gerathen, beweinte, kam ich in solchen Gedanken fortgehende von dem allgemeinem Wege, unnd [und] gerieth, weiß nicht wie, auff einen engen Fußpfad, der ganz rauhe, ungebahnet und unwegsam, auch mit so vielen Gebüschen unnd Streuchen bewachsen ware, das [daß] leichtlich zu erkennen, wie solcher gar wenig gebraucht würde. Derowegen ich erschrack, und gerne wieder zuruck gangen were: solches aber war nicht mehr in meiner Macht, sintemal ein starcker Wind so gewaltiglich hinder mich herbließe, das [daß] ich ehe zehen Schritte für mich, als einen zurucke thun könte.

[2.] Derowegen ich dann fortwandeln unnd der rauhen Tritte nicht achten muste.

[3.] Alß ich nun eine gute Zeit fortgangen, komme ich endlich auff eine liebliche Wiese, welche gleich einem runden Circul [Zirkel, Kreis] mit schönen fruchtbaren Bäumen umbwachsen und von den Einwohnern *Pratum felicitatis* genennet wird, under [unter] eine Schar alter Männer alle mit eißgrawen Bärten, ohne das einer [ausgenommen einen, der] ein zimlich junger Man war, mit einem spitzigem schwartzen Barte; so war auch einer darunter, deßen Namen mir zwar bekant war, sein Angesicht aber jetzo zur Zeit noch nicht ersehen könte,[1] der war noch jünger, die disputirten von allerhand Dingen, insonderheit von einem hohen unnd großem Geheimnuß, so in der Natur steckete, welches Gott vor der großen Welt verborgen hielte, und nur allein wenigen, welche ihn liebten, offenbarete.

[4.] Ich hörete ihnen lange zu, unnd gefiel mir ihr *Discurs* sehrwohl, allein [es] wolten etliche auß dem Geschier [Geschirr, Zaum] schlagen, nicht zwar die materiam oder Arbeit betreffende [betreffend], sondern was die *Parabolas, similitudines* unnd andere *Parerga* anlangete: darin folgeten sie des Aristotelis, Plinij und anderer *Figmentis* [bildlichen Darstellungen oder auch Erdichtungen], welche je einer von dem andern abgeschrieben hatte. Da konte ich mich nicht lenger enthalten, sondern mischte meinen Senf mit darunter, refutirete solche nichtige Ding auß der *Experients* (Experienz, Praxis) unnd fielen mir der mehrentheil zu [und die meisten stimmten mir zu], examinirten mich in ihrer Facultet, jagten mich zimlich durch die Brände [machten mir recht heiß], aber mein Fundament war so gut, das ich mit allen Ehren bestunde, darüber sie sich alle mit einander verwunderten, schloßen [beschlossen] einhelliglich mich in ihr *Collegium* auf unnd anzunehmen, deßen ich mich dann von Hertzen erfrewete.

[5.] Aber, sagten sie, ich könte noch kein rechter *Collega* sein, biß ich ihren Löwen erst recht kennen lernete, unnd was er inwendig, so wol alß außwendig könte und vermöchte, vollkommen wüste. Derowegen solte ich Fleiß anwenden, daß ich ihn mir underthenig machte. Ich trawete mir selbsten zimlich wol, verhieß ihnen, ich

1 … dessen Namen ich zwar kannte, dessen Angesicht ich jedoch vorläufig noch nicht sehen konnte …

wolte mein bestes darbey thun: Dann [denn] ihre Gesellschafft gefiel mir so wol, das ich nicht ein großes genommen hette, und mich von ihnen scheiden laßen.

[6.] Sie führeten mich zu dem Löwen, beschrieben mir denselben sehr fleißig: Wie ich aber anfangs mit ihm umbgehen solte, wolte mir keiner sagen: etliche unter ihnen theten zwar Andeutung davon, aber so *confuse*, das der Tausende ihn nicht verstehen könte, aber wenn ich ihn erst fest gemacht, unnd mich für [vor] seinen scharffen Klawen unnd spitzigen Zänen versichert hette, verhielten sie mir weiters nichts.[2] Nun war der Löw sehr alt, grimmig und gros, seine gelbe Zoten hiengen ihme über den Halß, [er] schiene ganz unuberwindlich, das [so daß] ich mich meiner Temeritet halben halb entsetzte, unnd gerne wieder zuruck gekehret were, wo meine Zusage, und dann das [dann der Umstand, daß] die Alten umb mich herumb stunden, unnd was ich beginnen würde, erwarteten, mich nicht auffgehalten [abgehalten] hetten. Ich trat zum Löwen mit guter Zuversicht in seinen Graben, fieng ihm an zu schmeicheln, er aber, sahe mich mit seinen hellglantzenden Augen so starck an, das für Furcht mir bei nahe das Wasser über die Kärbe gangen wäre: Gleichwol erinnerte ich mich, daß ich von den alten einem (von einem der Alten), alß wir nach dem Löwengraben giengen, vernommen hatte, das [daß] sehr viel Leute sich den Löwen zuzwingen unternommen, und ihrer wenig solches zu Ende bringen können, wolte ich nicht zuschanden werden, unnd erinnerte mich mancherley Griefflein [Griffe], so ich durch größern fleiss in dieser Athletica gelernet, zu dem war ich auch in der Natürlichen magia wolerfahren, vergass dagegen des liebkosens, unnd grieff den Löwen so behende künstlich und subtile an, das [daß] ehe er es recht gewar würd, ich das Blut aus seinem Leibe, ja auß seinem Herzen herauß langete, das war schön roht, aber sehr cholerisch, ich anatomirete weiter, unnd fand bey ihm, darüber ich mich verwundern muste, sonderlich waren seine Gebeine so weiss alß ein Schnee, und waren deren viel mehr alß seines Bluts.

[7.] Alß nun solches meine lieben Alten, so oben umb den Graben herumbstunden und mir zusahen, innen wurden, disputirten sie

2 Sie stellten mir in Aussicht, mir nichts mehr zu verhehlen, wenn ich nur erst den Löwen festgebunden usw. hätte.

hefftig unter einander, so viel ich aus ihren Bewegungen abnehmen möchte, was sie aber sagten, könte [konnte] ich, alß der ich noch tief unten im Graben war, nicht vernehmen: Doch alß sie mit Worten hart an einander kamen, hörete ich, das einer sprach, er muß ihn auch wieder lebendig machen, sonsten kann er unser *Collega* nicht seyn. Ich wolte nicht gerne viel Weitleuftigkeit machen, und begab mich auß dem Graben über einen großen Platz, unnd kam, weiß nicht wie, auf eine sehr hohe Mawren [Mauer], deren Höhe über 100. Elen gegen die Wolcken auffsteig, oben war sie aber nicht eines Schuhes breit, und [es] gieng von Anfange, da ich hienauf gangen, bis zum Ende eine eyserne Handhabe recht mitten auf der Mawren hin mit vielen eingegossenen Stützen wolbefestigt. [Also oben auf der Mauer läuft gerade in der Mitte ein Geländer.] Auf dieselbe Maure kam ich, sag ich, und dauchte mich es gienge einer [ein Mensch] etliche Schritte lang vor mir her auf der rechten Seiten der Handhaben.

[8.] Alß ich aber demselben eine weile nachgefolgt, sahe ich hinter mir auf der andern Seiten auch jemand folgen, zweiffel noch, obs ein Man oder Weib gewesen, das rieff mir unnd sagte, auf seiner Seiten were es besser wandeln, alß da [wo] ich gienge, welches ich leichtlich glaubte, denn wegen der Handhaben, so in der Mitten stund unnd den Gang gar enge machte, war sehr ubel gehen in solcher Höhe. Dann ich auch etliche, so solchen Weg gehen wolten, hinter mir her hierunter fallen sahe. Derowegen schwang ich mich unter der Handhaben, mich gar feste mit den Händen haltende [haltend], hindurch, und gieng also auf der andern [d. i. linken] Seiten fort, biß ich endlich an ein Ort der Mauren kam, der sehr gehe [jäh] unnd gefehrlich hienunter zukommen war. Da gerewete mich erst, das ich nicht auf der anderen [der rechten] Seiten blieben were, unnd konte auf dieselbe nicht mehr unden hindurch kommen, so ware es mir auch unmöglich wiederumb zuwenden [umzukehren], unnd auf den andern Weg mich zubegeben. Derowegen wagte ich mich, trawete meinen guten Füssen, hielt mich fest und kam ohne Schaden hienunder, und alß ich ein wenig weiter gewandelt, sahe und wüste [wußte] ich von keiner Gefahr mehr, wuste auch nicht, wo die Maure oder Handhabe hinkommen ware.

[9.] Nachdeme ich nun hienunder kommen, stunde daselbsten ein schöner Rosenstock, darauf waren schöne rote und weiße Rosen gewachsen, doch der roten viel mehr als der weißen, deren brache ich etliche abe, unnd steckte sie auf meinen Hut. Mich bedauchte aber daselbsten eine Maure, so umb einen großen Garten gieng, in dem Garten waren junge Gesellen, und weren die Jungfrawen[3] zu denselben gerne in den Garten gewesen, wolten aber nicht weit umbwandern oder viel Mühe anwenden, das sie zur Thüren kommen weren. Da erbarmete ich mich über dieselbigen, gieng den Weg wieder, den ich kommen war, doch auf ebener Bane, und gieng so geschwinde, das ich bald bey etliche Häuser kam, da ich vermeinete des Gärtners Hauß zu finden. Aber ich fand daselbsten sehr viel Volcks, ein jedes hatte seine eigene Kammer, waren langsam [;] 2. zusammen, die arbeiteten gar fleißig: doch hatte ein jeder seine eigne Arbeit.[4] Was sie aber theten, bedauchte mich, hette ich vor diesem auch gethan und gearbeitet, und were mir alle ihre Arbeit bewust, sonderlich gedachte ich, sihe, thun auch so viel andere Leut solche schmutzige und suddelhafftige Arbeit, so nur einen Schein, [je] nachdem eines jeden Anbildung (wahrscheinlich: Einbildung) ist, aber kein *Fundament* in der Natur hat, so ist dirs auch zuuerzeihen. Wolte mich derowegen, weil ich wüste, das solche Kunste mit dem Rauche verschwinden, nicht lenger hierein vergeblich aufhalten, unnd gieng meinen vorgenommenen Weg fort.

[10.] Alß ich nun nach der Gartenthür zugieng, sahen mich etliche auf einer seite sawr [sauer] an, daß ich fürchte, sie würden mich an meinem *Proposito* [Vorhaben] verhindern: Andere aber sagten: sihe, der wil in den Garten, unnd wir haben so lange zeit Garten-Dienste allhie gethan, unnd seind doch niemaln hinein kommen, wie wollen wir ihn außlachen, wenn er einen Bloßen schlegt [wenn es ihm mißlingt]. Ich aber achtete solches alles nicht, weil ich dieses Gartens Gelegenheit beßer, alß sie, wuste, ob ich schon niemalen darin gewesen, sondern gieng mitten zu einer Thür, die war feste verschlossen, das [so daß] mann auch von außen kein Schlüßelloch sehen noch finden könte. Ich aber merckte, dass ein klein run-

---

3 Außerhalb des Gartens und seiner Umfriedung standen also Jungfrauen. Diese wären, wie nun ausgeführt wird, gerne zu den jungen Gesellen gelangt, scheuten aber die Mühe des Umweges zur Tür des Gartens.

4 Der Sinn kann sein, entweder: allein arbeitend waren sie langsam, zu zweit arbeitend fleißig; oder: zwei von ihnen arbeiteten zusammen und waren fleißig. Beides läuft, wie man später erkennen wird, auf eins hinaus.

des Loch, das mann doch mit gemeinen Augen nicht sehen konte, an der Thür war, und gedachte alßbald, mann müste daselbst die Tür öfnen: War derowegen mit meinen hierzu sonderlich bereiteten Diederich fertig, schloß auf, unnd gieng hinein. Alß ich nun zu der Thür hinein war, fand ich noch etlich andere verriegelte Thor, die ich doch, ohne Mühe, öfnete. Es war aber diß ein Gang, gleich alß were es in einem wolgebawetem Hause, etwa sechs Schue breit, und zwanzig lang, oben mit einem Boden. Und obwol die andern Thüren noch verschlossen, könte [konnte] ich doch durch dieselbigen, alß die erste Thüer geöffnet war, gnugsam in den Garten sehen.

[11.] Ich wanderte im Namen Gottes in den Garten fort, da fand ich mitten darinnen ein kleines Gärtlein, so viereckicht, und auf jeder seiten bey Sechsmeßruten [sechs Meßruten] lang in sich begrieffe, das war mit Rosendorn umbheckt, und blüheten die Rosen sehr schöne. Weil es aber ein wenig regnete, und schiene die Sonn darin, verursachete und gab es ein sehr liblichen Regenbogen. Alß ich nun bey demselben Gärtlein hinweg war, und an dem Ort, da ich den Jungfrawen helfen solte, gehen wil, sihe, da werde ich gewar, das an stat der Mauren ein niedriger geflochtener Zaun daselbsten stund, und gieng die schönste Jungfraw in gantz weißen Atlaß gezieret, mit dem stattligsten Jüngling, so unterm Hauffen und in Scharlachen bekleidet war bey dem Rosen-Garten vorbey, eines das ander in Armen führende, und viel wolriechende Rosen in ihren Handen tragende. Ich sprach ihnen zu, und fragte sie, wie sie über den Zaun kommen können? Dieser mein allerliebster Brautgam, sagte sie, hat mir ubergeholfen, und wir gehen nun auß diesem lieblichen Garten in unserm Gemach Freundschafft zupflegen. Es ist mir lieb, sagte ich, das [daß], ohne meine weitere Mühe, ewerm Willen ein Genügen geschiehet: dennoch sehet ihr, wie sehr ich mich geeilet, das ich euch zu dienen einen so weiten Weg, in so kurtzer Zeit, umbgelaufen bin. Nach deme kam ich in eine grosse Mühle, von Steinen inwendig erbawet, darin waren keine Mehlkasten oder andere Dinge, so zum Mahlen gehören, sondern man sahe durch die Maure etliche Wasserräder im Wasser gehen, ich fragte, wie es darumb eine Gelegenheit hette, da antwortete mir ein alter Müller, das Mahlwerck ist auf der andern Seiten verschlossen, wie dann auch ich sahe vom Schütze Stege [Schützensteg] ein [einen] Müllerknecht hinein gehen, deme folgete ich nach. Alß ich nun über den Steg, der zur linken Hand die Wasserräder hatte, kommen war, stund ich stille unnd verwunderte mich über das, so ich da sahe. Dann die Räder waren nun über dem Stege, das Waßer kohlschwartz, dessen Tropffen doch weiß waren, und war der Schütze steg [Schützensteg] nicht über drey Finger breit, gleichwol wagte ich mich wieder zurücke, unnd hielte mich an den Höltzern, so über dem Schütze stege waren, kam also wol und ohngenäßet ubers Waßer. Da fragte ich den alten Müller, wie viel Waßerräder er hette: Zehen, antwortete er. Das Abentheuer lag mir im Kopffe, und hette gerne gewüst, was die Bedeutung were. Alß ich aber vermerckte, das der Müller nicht loßbrechen wolte, gieng ich hinweg, und war vor der Mühlen ein erhabener gepflasterter Hügel, darauff waren etliche der vorigen Allten, die spatzierten bey der Sonnen, die damaln sehr warm schiene, unnd hatten einen Brieff von der gantzen Facultet an sie geschrieben, darüber consultirten sie.[5] Ich vermerckte bald, was der Inhalt sein möchte, unnd das es mich antreffe, gieng derowegen zu ihnen und sprach: Ihr Herren, ists meinet halben zuthun? Ja, sagten sie, ihr must ewer Weib, so ihr unlengst genommen, zur Ehe behalten, oder wir müssens unserm Fürsten anmelden. Ich sprach, das bedarff keiner Mühe, denn ich mit ihr gleichsam gebohren und von Kind auf erzogen worden bin, unnd weil ich sie einmahl genommen, wil ich sie auch immerdar behalten, unnd sol uns der Todt selbst nicht scheiden: Denn ich habe sie von brünstigen Hertzen lieb. Was haben wir dann für Klage? antworten sie, die Braut ist auch zufrieden, und wir haben ihren Willen; ihr müsset euch lassen *copuliren*. Wohlzufrieden, sagte ich. Wolan, sprach der eine, so wird der Löw sein Leben wiederbekommen, unnd viel mächtiger unnd kräfftiger werden als vorher.

[12.] Da fiel mir meine vorige Mühe und Arbeit ein, und gedachte bei mir selbst auß sonderbaren Ursachen, es müste nicht mich,

5 In unserer heutigen Schreibweise würde das bedeuten, daß die Alten einen Brief an die Sonne gerichtet haben, und so finde ich die Stelle auch in einer englischen Übersetzung der vorliegenden Schrift aufgefaßt. Diese überaus schleuderhafte Übersetzung ist jedoch nicht im geringsten maßgebend. Und obgleich ein akzeptabler Sinn herauskommt, wenn man die Sonne als den gleich darauf erwähnten „Fürsten" ansieht, glaube ich doch, eine ungezwungenere Interpretation angeben zu sollen: ... die Alten spazierten an der damals sehr warm scheinenden Sonne; die berieten sich über einen Brief, von der Fakultät an sie (die Alten) geschrieben.

sondern einen andern, so mir wol bekant, betreffen: In dem sehe ich unsern Breutgam mit seiner Braut in vorigem Habit daher gehen, zur *Copulation* fertig und bereit, dessen ich mich höchlich erfrewete: Denn ich in grossen Angsten gewesen, die Sachen möchten mich selbsten antreffen [betreffen].

[13] Alß nun, wie gedacht, unser Breutgam in seinem Scharlachen glintzenden Kleidern, mit seiner liebsten Braut, deren weißer Altlaßen Rock sehr helle Strahlen von sich gabe, zu gemelten Alten kame; *Copulirten* sie die beyde also balde, und verwunderte ich mich nicht wenig, das diese Jungfraw, so doch ihres Breutgams Mutter sein solte, noch so jung war, das sie auch jetzo erst gebohren sein schiene.

[14.] Nun weiß ich nicht: was diese beyde müsten gesündigt haben; alß das sie, weil [obschon] sie Brüder und Schwester waren, sich solcher maßen mit Liebe verbunden, das sie auch nicht wieder von einander zubringen waren, und also gleichsam Blutschande wolten bezüchtiget werden. Diese beyde wurden an stat eines Brautbettes unnd herrlichen Hochzeit in ein stetigs und immerwerendes Gefängnuss, so doch von wegen ihrer hohen Geburth, und ansehnlichen Standes, auch das [damit] sie ins künfftige nichts heimliches begehen, sondern all ihr Thun und Laßen, der auff sie verordneten Macht bekant und in Augen sein solten, gantz durchsichtig, helle und klar, gleich einem Cristall, und rund, wie eine Himmels Kugel, *formiret* war, *condemniret* und verschlossen, darin mit stetigen Thränen, und wahrer Rew für ihre begangene Missethaten zubüssen und gnug zu thuen.[6] Es wurden ihnen aber vorher alle frembde Kleidung unnd Geschmück, so sie zur Zierde an sich gelegt, abgenommen, das sie in solchem Gemache gantz nacket und bloß ein ander beywohnen[7]

---

6 Statt in ein Brautbett werden die zwei in ein Gefängnis gebracht. Damit ihr Tun und Lassen überwacht werden kann, ist das Gefängnis durchsichtig; es ist ein helles, krystallklares Gemach, wie eine Himmelskugel, dem hohen Stande der beiden Personen entsprechend.

7 Es is nicht anzunehmen, daß mit diesen Worten unmittelbar ein Beiwohnen im heutigen Sinn (= Beischlaf) gemeint ist. Nach dem heutigen Sprachgebrauch müßte also die Stelle wohl so wiedergegeben werden: … nackt und bloß beieinander wohnen mußten. – Man könnte übrigens auch an die Sitte des Beilagers denken, die ja besonders bei der Vermählung von Personen hoher Geburt beobachtet wurde. Auf alle Fälle findet indes, trotz meinem Vorbehalt, eine Handlung statt, die dazu geeignet oder bestimmt ist, zur geschlechtlichen Vereinigung zu führen.

musten. Mann gab ihnen auch niemand zu, der in das Gemach hette gehen mögen, ihnen aufzuwarten, sondern nach dem mann ihnen alle Notturft von Speise unnd Tranck, welcher von vorigem Wasser geschöpfet, hinein gethan, würd [wurde] die Thür des Gemachs gantz feste verriegelt und verschloßen, auch der Facultet Siegel dafür getrücket, unnd mir anbefohlen, das ich ihrer hierin hüten, und weiln der Winter für der Thür, das Gemach gebührlichen erwärmen solte, damit sie weder frieren noch brennen, sie auch auf keinerley wege herauß kommen und entfliehen möchten: Solte aber über verhoffen einiger Schade über diß *Mandatum* fürlauffen, würde ich deßwegen billich in große und schwere Straffe genommen werden. Mir war nicht woll bey der Sache, mein Furcht und Sorgfeltigkeit machten mich kleinmütig: denn ich gedachte bey mir selbst, das es nicht ein geringes were, was mir anbefohlen worden, so wüste ich auch daß das *Collegium sapientiae* nicht zu liegen [lügen], sondern was es sagte, gewiß ins Werck zu richten pflegte. Jedoch weil ich es nicht endern konte, zu deme auch dieses verschloßene Gemach mitten in einem starcken Thurne stunde, so noch mit starcken Pollwercken und hohen Mauren umbgeben war, darin man mit zimlichen, doch stetem Fewr das gantze Gemach erwärmen konte, untername ich mich dieses Ampts, und fieng in Gottes Namen an daz Gemach zuerwärmen und die gefangene Eheleute von der Kälte zubeschützen. Aber was geschiehet? So balde sie die wenigste Wärme empfinden, umbfangen sie ein ander so lieblich, das der gleichen nicht bald wird gesehen werden, verbleiben auch in solcher Inbrünstigkeit, das dem jungen Breutgam das hertze im Leibe für inbrünstiger Liebe zergehet, auch sein ganzer Leib in seiner liebsten Armen gleichsam zerschmeltzet, und von einander fellet. Alß sie, so ihnen [ihn] nicht weniger, als er sie, geliebet, solches gesehen, hat sie ihn mit ihren Thränen hertzlich beweinet und gleichsam begraben das mann [so daß man] für ihren vergossenen Thränen, so alles überschwemmet, nicht mehr gesehen, wo er hin kommen. Solches ihr Weinen und Trawren nun hat sie eine kurtze Zeit getrieben, unnd hat für grossem Hertzenleid auch nicht lenger leben wollen, sondern sich freywillig in den Todt dahin gegeben. Ach wehe mir, in was Angst, Noth und Bekümmernuß war ich, das ich beyde mir anbefohlene gleichsam gantz in Wasser zergangen, und Todt für mir liegen sehen solte. Mir stunde mein gewisser Untergang für Augen, und welches mir noch das beschwerligste ware, fürchte ich mehr den mir für Augen schwebenden Hohn und Spott, so mir wiederfahren würde, alß der Schaden, so über mich ergehen solte.

[15.] Alß ich nun in solchen sorgfeltigen Gedancken etliche Tage zugebracht, und wie ich meinen Sachen rathen möchte, hin unnd wieder bey mir berathschlaget, fiele mir endlich ein, wie die Medea des Aesonis Todten Leib wieder lebendig gemacht hette, und gedachte bey mir selbsten: hat Medea ein solches thun können, warumb solte dir solches mißlingen? Fienge darauf an bey mir zu bedencken, wie ich solchem thun wolte: fande aber keinen beßern Weg, alß das ich mit steter Wärme wolte anhalten, biß so lange das Gewäßer vergangen, unnd ich unserer Liebhaber Todte Leichnam wieder sehen möchte, alß dann verhoffte ich aus aller Gefahr mit meinem großen Nutzen und Lobe zuentkommen. Fuhr derowegen mit meiner angefangenen Wärme fort, und continuirete dieselbe viertzig gantzer Tage, da ward ich gewahr, daß das Waßer je lenger je mehr abnahm, und die Todtenleichnam, so doch so schwartz alß eine Kohle waren, wiederumb sich begunten sehen zulaßen: und zwar were solches wol ehe geschehen, wenn das Gemach nicht allzu feste verschloßen unnd versiegelt gewesen were. Welches ich doch keines Weges eröffnen dörffte. Denn ich merckte gar eigentlich, das das Waßer, so in die höhe stieg, unnd den Wolcken zueilete, sich oben in dem Gemache wieder zusammen thete, und wie ein Regen herunter fiele: daß also nicht davon kommen konte, biß unser Breutgam mit seiner liebsten Braut todt und verfaulet, und derohalben über alle Maße übel stinckend für meinen Augen lagen. Unter deßen wurde in dem Gemache von der Sonnenschein in dem feuchten Wetter ein überauß schöner Regenbogen gesehen, mit übermäßigen schönen Farben, der mich denn nicht wenig meines überstandenen Betrübnuß erfrewete, vielmehr aber ward ich frölich, daß ich meine beyde Liebhabende für mich wieder liegen sahe. Wie aber keine Frewde so groß, welche nicht mit vieler Trawrigkeit vermischt: Also wurde ich auch in meiner Frewdigkeit betrübet, dieweil gedachte meine Anbefohlene noch todt für mir lagen, unnd mann kein Leben bey ihnen spüren könte. Weil ich aber wüßte, das ihre Kammer von so reiner und dichter Materia gemacht, auch so feste verschloßen, daß ihr Seel unnd Geist nicht herauß kommen, sondern feste verwahret noch drinnen waren, führe [fuhr] ich mit meiner stetigen Wärme fort, Tag unnd Nacht, mein anbefohlen Ambt zuverrichten, gentzlich mir einbildende, das die beyde zu den Leibern nicht wiederkehren wurden, so lange die Feuchtigkeit wehrete [währete]. Denn in der feuchten Natur sich selbige gerne halten. Wie ich dann auch in der That und Warheit befande. Denn ich wurde durch fleißigs Auffsehens gewahr, daß von der Erde gegen Abend, auß Kraft der Sonnen, viel Dünste aufstiegen, unnd sich in die Höhe zohen, gleich alß ob die Sonne Waßer zöhe: die *coagulirten* [kondensierten] sich die Nacht über in einen lieblichen unnd sehr fruchtbaren Thaw, welcher des Morgens sehr frühe herab fiel, unnd das Erdreich befeuchtete, auch unsere Todte leichnam abwuschen, das sie von Tage zu Tage, je mehr solches Baden und Waschen geschahe, je lenger je schöner und weißer wurden. Je schöner und weißer sie aber wurden, je mehr verloren sich die Feuchtigkeiten, biß auch endlich, alß die Lufft hell und schöne, unnd alles neblichte unnd feuchte Wetter für über [vorüber], der Geist unnd Seele der Braut in der hellen Luft sich nicht lenger enthalten konte, sondern giengen wieder ein in den clarificirten unnd nunmehr verklärten Leib der Königin, welcher also balde solche [nämlich ihre Seele und ihren Geist] empfand, unnd wurde dieselbe Augenblicklich wieder lebendig: welches mich dann, wie ihr leichtlich erachten könnet, nicht wenig erfrewete, sonderlich da ich sie in überauß köstlichem Gewande, deßen gleichen auf Erden bey den wenigsten gesehen worden, unnd mit einer köstlichen Krone von lauter Diamanten gezieret, sehen aufstehen, unnd also reden hören: höret ihr Menschen Kinder, und nemet war, die ihr von Weibern gebohren seyd, das der Allerhöchste Macht hat Könige einzusetzen, unnd Könige abzusetzen: Er machet Reich unnd Arme, nach seinem Willen: Er tödtet und machet wieder lebendig.

[16.] Sehet deßen alles an mir ein wares und lebendiges Exempel: Ich war groß, und wurd geringe: Nun aber bin ich, alß ich gedemütigt worden, eine Königin erhaben über viel Königreiche: ich bin Getödtet und wieder lebendig gemacht; Wir Armen sind die großen Schätze der Weisen und Gewaltigen vertrawet und übergeben.

[17.] Derowegen mir auch die Macht gegeben worden, den Armen reich zumachen, dem Demütigen Gnade zuverleihen und dem Krancken Gesundheit zubringen. Aber ich bin noch nicht gleich meinem allerliebsten Bruder, dem großmächtigen Könige, so noch wieder von den Todten erwecket werden soll: Wenn der kommen wird, so wird er beweisen, das meine Reden war seind.

[18.] Unnd alß sie dies gesagt, schein die Sonne sehr helle, unnd der Tag wurd wärmer alß zuvor, unnd waren die Hundstage für der Thür. Weil aber lang zuvorn auf die herrliche und große Hochzeit unserer newen Königin vielerlei köstlicher Röcke, alß von Schwartzen Sammet, Aschfarben Damast, grawer Seiden, Silberfarben Taffet, Schneeweißen Atlaß, ja einem über aus schönen silbern Stücke, so mit köstlichen Perlen und herrlichen hell glentzenden Diamanten gestücket, zubereitet waren, also wurden auch gleichmäßig für den jungen König unterschiedene Kleider, nemlich von *Incarnat*, gelben Auranien Farben, köstlichem Zeuge unnd endlich ein roth Sammetes Kleid mit köstlichen rubinen unnd Carfunckeln in sehr großer Menge gesticket, zugerichtet und bereitet: Die Schneider aber, so solche Kleider machten, waren gantz unsichtbar, das ich mich auch verwunderte, wenn ich einen Rock nach dem andern, unnd ein Kleid nach dem andern fertig sein sahe, wie doch solches zugegangen were, sintemal ich wol wuste, das niemand mehr alß der Breutgam mit seiner Braut in die Cammer gangen waren: das mich aber am allermeisten verwunderte, war das, so bald ein ander Rock oder ein ander Kleid fertig worden, die vorigen für [vor] meinen Augen gleichsam verschwunden, das [so daß] ich nicht wuste, wo solche hinkommen, oder wer sie beygeschloßen hatte.

[19.] Alß nun dieses köstliche Kleid verfertigt, erschien auch der große und mächtige König, in großem Glantze und Herrligkeit, deme nichts gleichen mag: Und alß er sich beschloßen befande, bat er mich freundlich und mit sehr holdseligen Worten, das ich ihme die Thür öffnen, unnd herauß zukommen vergönnen wolte, es solte mir zu großen Frommen gereichen. Ob mir nun wol zum höchsten verbotten worden, das Gemach nicht zuöfnen, so erschreckte mich doch das große Ansehen, unnd die liebliche Beredsamkeit des Königs, das ich ihm gutwillig aufthät. Unnd alß er herauß gieng, war er so freundlich, so holdselig, ja so demütig, das er in der That bezeugte, das hohe Personen nichts so wol zieret alß diese Tugenden.

[20.] Weil er aber die Hundstage über in großer Hitze zugebracht hatte, ware er sehr dürstig, auch mat unnd müde, und befahle mir, das ich von dem lauffenden schnellen Waßer unter den Mühlen-Rädern schöpfen und bringen solte, welches, alß ichs verrichtet, er einen großen Theil mit großer Begierde tranck, gieng wieder in seine Kammer, und befahl mir die Thür hinder ihm feste zuverschließen damit ihn niemand verunrühigen, aber auß dem Schlaffe auffwecken möchte.

[21.] Hierin ruhete er wenig Tage, unnd rief mir die Thür zu öffnen: Mich aber bedauchte das er viel schöner, blutreicher und herrlicher worden, welches er dann auch vermercket, unnd solches ein herrlichs und gesundes Waßer zusein erachtete, forderte auch so bald mehr Waßer, tranck auch deßen viel, mehr alß vorher, also auch, das ich die Kammer viel weiter zu bawen endlich bey mir beschloßen.[8] Alß nun dieser König solches köstlichen Trancks, den doch die Unwissenden für nichts achten, nach seinem eigenen Willen gnugsam getruncken, wurd er so schön und herrlich, das ich die Zeit meines Lebens weder herrlichere Person, noch herrlicher Thun und Wesen gesehen. Dann er führete mich in sein Königreich, und zeigte mir alle Schätze und Reichthumb der Welt, das ich bekennen muß, das nicht allein die Königin die Wahrheit verkündiget, sondern auch den mehrsten Theil denen, so ihn kennen, zubeschreiben, hinderlassen: Denn Goldes unnd edler Carfunckelsteine waren da kein Ende, Verjüngerung und Wiedererstattung natürlicher Kräfte, wie auch Wiederbringung verlorner Gesundheit und Hinnehmung aller Kranckheiten war ein gemein Ding daselbsten. Das war aber das Allerköstligste, das [daß] die Leute selbigen Landes ihren Schöpffer kennen, fürchten und ehren, und von demselbigen Weißheit, und Verstand, und endlich nach dieser zeitlichen Herrligkeit die ewige Seligkeit erlangen. Darzu verhelffe uns Gott Vatter, Sohn und heiliger Geist.

A. M. E. N.

***

8 Offenbar weil der Insasse an Leibesumfang und Größe zunahm.

Der Autor der vorstehenden Erzählung nennt sie eine Parabel. Ihm mag ja ihre Bedeutung recht plastisch vorgeschwebt haben, und er setzte wohl auch voraus, daß die Leser seiner Zeit wüßten, welcherlei Lehren er darein kleidete. Auf uns wirkt die Geschichte eher wie ein Märchen oder ein bilderreicher Traum. Ziehen wir zur Vergleichung Parabeln heran, die unserem heutigen Empfinden näher liegen – etwa die von Rückert oder die in ihrer Einfachheit so leicht faßlichen des Neuen Testaments –, so werden wir des Unterschiedes deutlich gewahr. Der ungenannte Autor verfolgt zwar sichtlich einen bestimmten Zweck; man findet gewisse Leitmotive in dem bunten Gewirr seiner Vorstellungen; wohin er aber zielt und was er mit den Bildern sagen will, das können wir nicht ohne weiteres erfassen. Tatsache ist für uns zunächst bloß, daß der Ungenannte in einer für uns nicht gangbaren Sprache spricht, und zwar in einer Sprache, die mit jener der Träume und der Märchen entschieden Verwandtschaft zeigt. Wie immer sich in der Folge dieser eigenartige visionäre Charakter der „Parabola" erklären mag, fühlen wir uns somit aufgefordert, ihn mit Hilfe einer psychologischen Methode zu betrachten, die, von der Oberfläche in die Tiefe strebend, den Gestaltungskräften des Traumlebens und verwandter Erscheinungsgruppen analytisch nachzuspüren und ihre geheimnisvollen Symbole zu deuten vermag.

Noch bin ich die Mitteilung schuldig, in welchem Buch, in welcher Umgebung sich die Parabola findet. Sie steht im zweiten Heft des in Altona von 1785 bis etwa 1790 erschienenen Werkes „Geheime Figuren der Rosenkreuzer aus dem 16ten und 17ten Jahrhundert". Dieses enthält der Hauptsache nach große Tafeln mit bildlichen Darstellungen und daneben auch eine Anzahl Seiten Text. Nach einem Vermerk auf dem Titelblatt ist der Inhalt „Aus einem alten Mscpt. [Manuskript] zum erstenmal ans Licht gestellt". Die Parabola steht im zweiten Heft der drei Hefte umfassenden Sammlung, das den Untertitel führt: „Ein güldener Tractat vom Philosophischen Steine. Von einem noch Lebenden, doch vngenanten Philosopho, den Filiis doctrinae zur Lehre, den Fratribus aureae Crucis aber zur Nachrichtung beschrieben. Anno M.DC.XXV."

Wenn ich hinzufüge, daß dieses Werk eine hermetische (alchemistische) Schrift ist, so mag das wohl eine äußerliche Klassifizierung ermöglichen, wird aber kaum eine deutliche Idee von ihrem Wesen vermitteln; und zwar nicht bloß deshalb, weil diese Gattung Schriften heute nahezu vergessen ist, sondern auch weil die wenigen Vorstellungen, die man allenfalls mit ihnen zu verknüpfen pflegt, ein verzerrtes Bild liefern. Die hermetische Kunst, um die es sich hier handelt, und deren Lehrformen uns heute phantastisch anmuten, hängt mit mehreren, zum Teil in Verruf gekommenen „geheimen" Wissenschaften und Organisationen zusammen, mit der Magie, der Kabbala, der Rosenkreuzerei usw. Namentlich ist sie innig verwoben mit der Alchemie, so daß die Bezeichnungen „hermetische Kunst" und „Alchemie" (und wohl auch „Königliche Kunst") vielfach in identischer Bedeutung gebraucht wurden. Diese „Kunst" – um sie mit dem Namen zu bezeichnen, den sie selbst sich mit einer gewissen Berechtigung gibt – führt uns, vermöge ihrer vielen Verzweigungen, in eine ganze Reihe von Gebieten, die uns erwünschten Stoff zu unseren Untersuchungen liefern.

Ich werde also zuerst, mit Absicht einseitig vorgehend, die Parabola als einen Traum oder ein Märchen betrachten und sie auf psychanalytischem Wege zerlegen. Dieser Behandlung habe ich zur Information des Lesers eine kurze Darstellung der Psychanalyse (Psycho-Analyse) als Deutungsmittel für Träume und Märchen vorauszuschicken. Dann werde ich, immer noch den Wurzeln des Materials nachgehend, jene Lehren vorführen, auf welche die Bildersprache der Parabola historisch hinweist; ich werde den chemischen Anschauungen der Alchemie sowie namentlich der hermetischen Philosophie und ihrer hieroglyphischen Lehrmethode Beachtung schenken.

Es ergeben sich Zusammenhänge mit religiösen und ethischen Themen; auch werden geschichtliche und psychologische Verknüpfungen des hermetischen Ideenkreises mit der Rosenkreuzerei in ihren verschiedenen Auflagen und mit der Freimaurerei zu würdigen sein. Und wenn wir uns am Schluß des Analytischen Teiles meiner Arbeit anschicken werden, die gewonnenen Einsichten zur Enträtselung unserer Parabola sowie einiger Volksmärchen zu verwenden, werden wir uns vor ein Problem gestellt sehen, indem sich uns jeweils zwei scheinbar gegensätzliche Deutungen bieten, je nachdem, ob wir uns von der Psychanalyse oder von den hermetischen Hieroglyphenschlüsseln haben leiten lassen. Es entsteht die Frage, ob und wie sich der Widerspruch hebe? Ob und wie man die zwei voneinander ebenso verschiedenen als in sich abgerundeten Deutungen einer Sache zueinander in Beziehung setzen und versöhnen könne?

Die zunächst an einzelnen Beispielen aufgetauchte Frage erweitert sich zum generellen Problem. Ihm ist der Synthetische Teil meines Buches gewidmet. Dieser wird uns u.a. in die Psychologie der Symbolbildung führen. Abermals werden uns Funde der Psychanalyse zu Hilfe kommen. Wir werden uns indes nicht an dem Zerlegen genügen lassen, sondern uns bestreben, gewisse Entwicklungstendenzen zu verfolgen, die, in psychologisch gesetzmäßig entstehenden Symbolen sich aussprechend, ein seelisches Aufbauen oder Fortschreiten – das man etwa eine Anabasis nennen könnte – erraten lassen. Wir werden schließlich sehen, wie sich in dieser Betrachtungsweise die ursprünglichen Widersprüche heben und wie das früher Unvereinbare sich darstellt als zwei Pole eines Entwicklungsvorganges. Dabei werden auch einige Grundsätze für die Mythendeutung gewonnen.

Ich sprach soeben von einer Anabasis. Darunter läßt sich ein Emporschreiten in sittlichem und in religiösem Sinne verstehen. Das intensivste Erleben der Anabasis (was immer sie sei) ist Mystik. In der Psychologie der Mystik kann ich mich bloß tastend bewegen; mehr Zuversicht glaube ich an den Tag legen zu dürfen, wo ich ihre Symbolik ethisch betrachte.

2. Abschnitt
Traum- und Märchendeutung[1]

An der Erzählung, die wir vorhin vernommen haben, ist uns ihr traumhafter Charakter bereits aufgefallen. Worauf beruht der? Offenbar muß die Parabola Merkmale an sich tragen, wie sie den Träumen eigentümlich sind. Indem wir uns nach Übereinstimmungen umsehen, entdecken wir solche schon nach ganz oberflächlicher Prüfung. Da wäre vor allem der sonder-

1 Lesern, welche mit Freuds Psycho-Analyse vertraut sind, empfehle ich, dieses Kapitel zu überschlagen: sie würden darin bloß Bekanntes finden.

bar plötzlich sich vollziehende Ortswechsel. Der Wanderer – so will ich den Erzähler der Parabola fortan nennen – sieht sich von dem Platz neben der Löwengrube unvermittelt auf eine Mauer versetzt; weiß nicht, wie er da hinaufgekommen. Später gelangt er ebenso plötzlich wieder hinab. Und noch an anderen Stellen der Erzählung findet sich ein solch rapider Szenenwechsel, wie man ihn im Traum zu erleben gewohnt ist. Charakteristisch ist dabei, daß die Gegenstände selbst sich verändern oder verschwinden: der Szenenwechsel gleicht also, wie oft im Traum, einer richtigen Verwandlung. So ist z. B., sobald der Wanderer die Mauer verlassen hat, diese spurlos verschwunden, als wäre sie überhaupt nicht dagewesen. Ähnlich mutet auch jene Stelle der Gartenszene an, wo statt der zuerst beobachteten Umfriedungsmauer überraschenderweise bloß eine niedere Hecke sich befindet.

Ferner fällt das unvermittelte Wissen auf. Man weiß manchmal im Traum etwas, ohne es eigentlich erfahren zu haben. Man weiß ganz einfach – unbekannt wieso –, daß in jenem Haus etwas Bestimmtes, Geheimnisvolles geschieht; oder man weiß, daß dieser Mensch, den man soeben zum erstenmal sieht, so und so heißt und sich das und das denkt; man ist zum erstenmal in einer Gegend, weiß aber ganz genau, daß hinter jener Mauer ein Brunnen sein muß, zu dem man aus irgendeinem Grunde hin soll, usf. Ein solches unvermitteltes Wissen stellt sich in der Parabola auch mehrere Male ein. Der Wanderer weiß, obwohl fremd in der lieblichen Wiesengegend im Anfang der Erzählung, daß sie von den Einwohnern „Pratum felicitatis" genannt wird. Er kennt auch ohne weiteres den Namen eines der ihm unbekannten Männer. In der Gartenszene weiß er, obgleich er bisher nur die Burschen bemerkt hat, daß irgendwelche Jungfrauen (die er nach der Beschaffenheit des Ortes gar nicht gleichzeitig sehen kann) zu diesen Burschen in den Garten hinein wollen. Man könnte sagen, dies sei alles bloß eine Eigenheit der Darstellung, indem der Verfasser etwa aus Gründen der Bequemlichkeit oder der Ungeübtheit oder der Kürze die Zwischenstücke, welche das unerklärliche Wissen vermitteln würden, auslasse; der Vergleich mit dem Traum sei deshalb unstatthaft. Diesem Einwurf ist zu antworten, daß es der Traum eben auch so macht wie der Autor der Parabola. Unsere Betrachtung geht ja zunächst auf die Form des fertig gegebenen Phantasieproduktes; und sie zwingt uns zu der Beobachtung, daß – welche immer die Gründe hierfür sein mögen – die Parabola und das Traumleben gewisse „Eigenheiten der Darstellung“ gemeinsam haben.

Dem wunderbaren Wissen steht, wie im Traum, die sonderbare Unsicherheit in manchen Dingen, namentlich was die Rolle der eigenen Person betrifft, gegenüber. Wie dem Wanderer die Alten mitteilen, er müsse das Weib, das er genommen, ehelichen, weiß er nicht recht, ob die ganze Sache ihn angehe oder nicht; ein merkliches Schwanken seiner Ansicht darüber findet statt. Man fragt sich, ob er in die Rolle des Bräutigams eingesprungen sei oder ob eigentlich umgekehrt der Bräutigam des Wanderers Rolle übernommen habe. Ähnlich wirken Ungewißheiten wie diejenige beim Schreiten auf der Mauer, wo dem Wanderer ein Jemand folgt, von dem er nicht weiß, ob es ein Mann ist oder eine Frau. Hierher gehören auch jene Stellen der Erzählung, die der Wanderer mit einem „als ob“ u. dgl. einleitet. Auf der Suche nach des Gärtners Haus trifft er viel Volks an und es „bedäucht“ ihn, daß er das, was die Leute da jetzt tun, vordem selber getan hätte.

Recht charakteristisch sind ferner die verschiedenen Gehhemmungen und sonstigen Schwierigkeiten, die sich dem Wanderer entgegenstellen. Gleich im ersten Absatz der Erzählung hören wir, daß er erschrickt, gerne zurückgehen möchte, dies aber nicht kann, weil ein starker Wind ihn davon abhält. Oben auf der Mauer erschweren ihm die Handhaben das Vorwärtskommen; bei anderen Gelegenheiten eine Mauer, ein Tor. Besonders das erste Erlebnis erinnert an jene häufige Erfahrung im Traum, daß man, ängstlich zur Flucht gewendet oder von peinlicher Eile gedrängt, nicht von der Stelle kann. In den Zusammenhang mit dem Peinlichen und Bedrohlichen, wie wir es in dem jähen Abhang der Mauer und dem schmalen Steg bei der Mühle abgebildet finden, gehören auch die unverhofften Aufgaben und Zumutungen, die – wie es in Träumen und in Märchen zu sein pflegt – an den Wanderer herantreten. Als solche Aufgaben oder Gefahren nenne ich bloß: das scharfe Examen bei den Alten, den Kampf mit dem Löwen, die Eheverpflichtung und die Last der Verantwortung für die beiden Brautleute, die dem Wanderer große Beschwerden macht.

Zu den augenfälligen Traumanalogien gehört schließlich noch (ohne daß meine Aufzählung deshalb etwa vollständig wäre) die eigentümliche Logik, die dem Wanderer oder dem Träumer ganz in Ordnung erscheint, den Leser oder wachen Beurteiler aber seltsam anmutet. Als Beispiele nenne ich, daß der getötete Löwe wieder lebendig werden soll, wenn der Wanderer das Weib, das er unlängst genommen, zur Ehe behält; und daß man die beiden Verliebten, die man für ihre Inzestschuld strafen will, just in ein solches Gefängnis tut, wo sie sich erst recht liebend umfangen, nachdem man ihnen vorsorglich gar noch sämtliche Kleider von den Leibern genommen.

So weit von den äußerlichen Ähnlichkeiten der Parabola mit dem Traumleben. Die tiefere Verwandtschaft, die bis in die innerste Struktur nachzuweisen ist, wird sich freilich erst bei der psychanalytischen Behandlung zeigen. Es wird nunmehr notwendig, daß ich den der Traumpsychologie ferne stehenden Leser von der modernen Traumforschung, insbesondere von den psychanalytischen Lehren und Entdeckungen unterrichte. Ich kann dies natürlich nur in aller Kürze tun. Zum eingehenden Studium muß ich auf die Werke Freuds und seiner Schule verweisen: die wichtigsten Bücher sind rückwärts im Literaturverzeichnis angegeben.

In einem anderen Sinne als der Volksglaube ist die moderne wissenschaftliche Traumforschung, für die Freud als Pfadfinder gewirkt hat zu dem Schluß gelangt, daß Träume etwas „bedeuten". Während der Volksglaube sagt, sie kündigen etwas Zukünftiges an, beweist die Wissenschaft, daß sie etwas in der Psyche Gegenwärtiges und durch die Vergangenheit Bestimmtes bedeuten. Die Träume sind nämlich, wie Freuds Forschungsergebnisse zeigen, immer Wunschphantasien[2]. In ihnen toben sich Wünsche, Strebungen, Triebe aus, die aus dem Grunde der Seele auftauchen. Wunschphantasien – wenn's im wachen Leben vorkommt, so nennt man das etwa: Luftschlösser bauen. Man träumt sich die Erfüllung unerfüllter oder unerfüllbarer Wünsche. Nur sind die Regungen, welche die Träume hervorrufen, vorzugsweise solche Wünsche und Triebe, die wir uns selbst nicht eingestehen möchten und die wir daher, wenn wir bei wacher Besinnung sind, aus unserem bewußten Denken abweisen, sobald sie sich zu melden versuchen: zum Beispiel

2 Ich verhalte mich bloß darstellend, nicht kritisch. Meine spätere Anwendung der Psychanalyse wird meine Vorbehalte gegenüber der Freudschen Lehre ohnehin erkennen lassen.

verbrecherische Tendenzen[3] oder solche sexuelle Neigungen, von welchen wir nichts wissen wollen. Also unterdrückte oder „verdrängte“ Regungen. Sie haben die Eigenschaft, infolge ihrer Verdrängung dem Bewußtsein meist unzugänglich zu sein.

Der in die Traumforschung nicht Eingeweihte kann den Einwand machen, daß der Augenschein gegen diese Theorie sei. Denn die Mehrzahl der Träume schildere ganz harmlose Vorgänge, die mit Trieben und Leidenschaften, die entweder aus sittlichen oder anderen Gründen verwerflich wären, nichts zu tun haben. Der Einwand erscheint im ersten Augenblick wohlberechtigt, er fällt aber in sich zusammen, sobald wir erfahren, daß die kritische Macht der Gesittung, die uns bei Tage nicht verläßt, auch im Schlaf einen Teil ihrer Kraft beibehält; und daß daher die lichtscheuen Triebe und Tendenzen, die sich bei Tage nicht hervortrauen, auch nachts nicht ihr wahres Gesicht enthüllen dürfen, sondern gewissermaßen in Verkleidungen oder symbolisch-allegorischen Verhüllungen auftreten müssen, um sich unbeanstandet ausleben zu können. Die kritische Instanz, die ich soeben die „Macht der Gesittung“ nannte wird von Freud sehr treffend einer *Zensur* verglichen. Was unsere Psyche produziert, wird sozusagen einer Zensur unterworfen, bevor es ins Licht des Bewußtseins treten darf. Und wenn sich die „lichtscheuen“ Elemente hervorwagen wollen, müssen sie entsprechend maskiert werden, um die Zensur passieren zu können. Freud nennt diesen Verkleidungs- oder Umschreibungsvorgang die „Traumentstellung“. Es wird dabei das Eigentliche durch ein Uneigentliches ersetzt, durch einen Nebenumstand, eine Anspielung angedeutet. So etwa im folgenden Beispiel, das einen unbewußten Todeswunsch aufweist. Bei der Prüfung der Träume einer Dame fiel mir auf, daß in ihnen das Motiv eines toten Kindes, und zwar meist in Verbindung mit Landpartien, häufig wiederkehrte. Gelegentlich einer Analyse fiel von den Lippen der Dame die Bemerkung, daß, als sie ein Mädchen war, oft und oft die Kinder (ihre jüngeren Geschwister) das Hindernis waren, wenn es galt, eine Partie, eine Festlichkeit oder dergleichen mitzumachen. Die Assoziation Kin-

3 Freud spricht eigentlich von „krass egoistischen“ Äußerungen. Das Kriminelle darin wird namentlich von Stekel betont.

der-Hindernis lieferte den Schlüssel zur Auflösung des stereotypen Traummotivs. Es drehte sich hier (wie weitere Indizien ergaben) um die Kinder eines verheirateten Mannes, den sie liebte. Die Kinder bildeten das Hindernis einer Scheidung des Mannes von seiner Frau, um meine Träumerin zu heiraten. Im wachen Leben würde die Dame einen Todeswunsch gegen die hinderlichen Kinder gewiß nicht aufkommen lassen; im Traume aber setzt sich dieser Wunsch durch und stellt die insgeheim erwünschte Situation dar: „Die Kinder sind tot, und nichts hindert mich mehr an der „Partie" oder der „Festlichkeit" (Hochzeit)." Man beachte den Doppelsinn von „Partie". Solcher Wortspiele bedienen sich die Träume gerne, um das Anstößige harmlos erscheinen zu lassen und die Zensur zu umgehen.

Das psychanalytische Verfahren, dessen man sich bei der Enträtselung der Träume eines Menschen bedient, könnte eine wissenschaftlich ausgestaltete Beichte genannt werden, die dem seelischen Inventar des ihr Unterzogenen mit unendlicher Geduld bis in die feinsten Verästelungen nachgeht. Die Psychanalyse wird in der ärztlichen Praxis zur Aufdeckung und Behebung der seelischen Ursachen neurotischer Erscheinungen gebraucht. Man veranlaßt die Versuchsperson, von gegebenen Anknüpfungspunkten ausgehend, immer mehr zu erzählen, dabei gerät sie leicht „vom Hundertsten ins Tausendste", und doch wird man in dem Netze des zutage tretenden Gedanken- und Erinnerungsmaterials gewisser Knotenpunkte gewahr, die für das Gefühlsleben der betreffenden Person dominierende Bedeutung haben. Hier beginnt der Weg schwierig zu werden, denn er führt ins Intime. Die Geheimfächer der Seele setzen dem Eindringling (auch ohne absichtliches Hinzutun der Versuchsperson) einen kräftigen Widerstand entgegen. Gerade dort sind aber sozusagen die wunden Stellen (pathogenen *„Komplexe"*) der Psyche, auf die es bei der Untersuchung ankommt. Trotz der Hemmungen unentwegt weiterforschend, legt man jene psychischen Wurzeln bloß, die sich im Dunkel des „Unbewußten" zu verstecken suchten. Das sind die *verdrängten* Elemente, von denen oben schon die Rede war; es sind alle jene Bestandstücke des seelischen Inventars, aus denen sich der betreffende Mensch mühsam „herausgearbeitet" hat und von denen er sich nun frei wähnt. Sie müssen schweigen, weil sie in irgendwelchen

Gegensatzverhältnissen zu dem Charakter stehen, den sich jener Mensch anerzogen hat; und wenn sie, die Unterirdischen, sich dennoch zu melden versuchen, so zwingt er sie sogleich in ihre Unterwelt zurück er erlaubt sich nicht, etwas zu denken, das zu sehr gegen seine Anschauungen, seine Moral, sein Gefühl verstößt. Er läßt die Störenfriede, die in seinem eigenen Innern wohnen, nicht zu Wort kommen.

Die Störenfriede sind aber bloß unterdrückt, nicht tot. Sie gleichen den *Titanen*[4], die von den olympischen Göttern nicht zerschmettert, sondern bloß in die Tiefe des Tartaros gesperrt wurden. Dort harren sie des Augenblickes, wo sie wieder emporsteigen können und ihre Häupter erheben in den Tag. Von ihren Versuchen, sich zu befreien, erbebt die Erde. Auch die titanischen Kräfte der Seele streben wuchtig empor. Und da sie sich im Licht des Bewußtseins nicht ausleben dürfen, toben sie im Finstern. Sie spielen bei der Erzeugung der Träume die Hauptrolle, rufen gegebenenfalls hysterische Symptome hervor, Zwangsvorstellungen, Zwangshandlungen, Angstneurosen usw. Der Ausblick auf diese seelischen Störungen ist für unsere späteren Untersuchungen nicht unwichtig. Die Psychanalyse, die durchaus nicht bloß auf die ärztliche Praxis beschränkt blieb, sondern bald begann, mit ihrer Fackel die Tätigkeit des menschlichen Geistes in allen ihren Formen (Dichtkunst, Mythenbildung usw.) zu beleuchten,[5] wurde von mancher Seite als in sittlicher Beziehung schädlich verschrien. Nun ist es ja richtig, daß sie in allerhand seelischen Unrat hineinführt. Sie tut es jedoch im Dienst der Wahrheit, und es wäre traurig, der Wahrheit ihre Existenzberechtigung abzustreiten. Wer sich dazu entschließen wollte, der könnte ohne weiteres auch die Lehre vertreten, daß man die Geschlechtskrankheiten durch Erkältung erwerbe.

Der seelische Unrat, den die Psychanalyse aufdeckt, ist gleichsam der Dünger, auf dem die Früchte unserer Kultur gedeihen. Die dunklen titanischen Triebkräfte sind in jedem Menschen das

4 Auf diesem Gleichnis beruht der von mir später oft gebrauchte psychologische Terminus „titanisch".

5 Die Frage, bis zu welchen Grenzen sich die Psychanalyse anwenden lasse, würde hier zu weit führen, doch wird sie im 1. Abschnitt des Synthetischen Teils anklingen.

Rohmaterial, aus dem die Kulturarbeit einen sittlichen Charakter formt. Wo viel Licht ist, ist viel Schatten. Sollen wir so unaufrichtig sein, wegen vermeintlicher Gefahren die Schatten in unserem eigenen Innern zu verleugnen? Verkleinern wir damit nicht auch das Licht? Die Moral, in deren Namen wir so viel Ängstlichkeit treiben, gebietet vor allen Dingen Wahrheit und Aufrichtigkeit. Der Anfang aller Aufrichtigkeit ist aber, daß wir uns selbst nichts vormachen. „Erkenne dich selbst!“ stand über dem Eingang des pythischen Heiligtums zu lesen. Und dieser schönen Forderung des alles durchleuchtenden Gottes von Delphi sucht die Psychanalyse zu genügen. Nach diesen einleitenden Bemerkungen dürfte nachstehendes, lehrreiches Beispiel mit exquisit sexueller Symbolik das gebührende Verständnis finden.

Traum des Herrn T.: „Mir träumte, ich fahre auf der Eisenbahn. Neben mir sitzt ein mädchenhaft zarter junger Mann oder Knabe; seine Nähe läßt in mir einigermaßen erotische Gefühle aufkommen. (Mir scheint, daß ich meinen Arm um ihn legte.) Da bleibt der Zug stehen, wir sind an einer Station angelangt und steigen aus. Ich begebe mich mit dem Knaben in ein Tal, durch welches ein Bächlein fließt, an dessen Ufer Erdbeeren stehen. Wir pflücken viele Erdbeeren. Nachdem ich eine große Menge gesammelt, begebe ich mich zur Bahn zurück und erwache.“ Nachträgliche Mitteilungen: „Ich glaube mich zu erinnern, daß mich bei dem Knaben ein unbehagliches Gefühl beschlich. – Das Tal zweigte von der Eisenbahn links ab.“

Aus einer Diskussion über den Traum ergab sich zunächst, daß T., der, soviel ich weiß, gegen Homosexualität eine prononzierte Abneigung[6] hegt, kurze Zeit vorher die ausführlichen Berichte über einen damals in Deutschland spielenden, Aufsehen erregenden Prozeß gelesen hatte, der sich gerade um homosexuelle Vorgänge drehte. Ein hieraus geholtes Moment drängte sich – vielleicht unterstützt durch irgendwelche unterbewußte Triebkomponenten – zur Darstellung eines erotischen Wunsches in den Traum; daher die zärtliche Szene in der Eisenbahn. Soweit wäre die Sache verständlich gewesen, wenn auch in einer erotischen *Tages*phantasie das Bild eines *Knaben* bei den bestehenden sexuellen Nei-

6 Im Oberbewußtsein natürlich. In den verdrängten Tiefen des Unbewußten würde sich gewiß auch die infantile homosexuelle Komponente finden.

gungen T.s von ihm entschieden abgelehnt worden wäre. Wie verhält sich's aber mit den übrigen Vorgängen im Traume? Erscheinen sie auf den ersten Blick nicht zusammenhanglos? Nichtssagend?

Und doch liegt in ihnen die Erfüllung jenes Wunsches beschlossen, der mit der erotischen Erregung in Gesellschaft des Knaben gegeben ist. Der homosexuelle Akt dieser Wunscherfüllung wäre der Traumzensur unerträglich gewesen; er mußte *symbolisch* angedeutet werden. Und der Rest des Traumes ist demgemäß nichts als eine geschickte Verkleidung des zensurwidrigen Vorganges. Schon daß der Zug zum *Stehen* kommt, ist eine artige Umschreibung[7]. Ähnliches meint wohl die *Station*, welche an die lateinische Form „status" gemahnt. Der Schauplatz des Waggons erinnert übrigens an einen Witz, der in einer Anekdote vorkommt, welche T. öfters einzufallen pflegte. Sie lautet: „Eine Hausfrau ladet zu einer Soiree, an der auch junge Mädchen teilnehmen sollen, einen *Ungarn*[8] (die typische Wiener Witzfigur) ein, der wegen seiner ‚pikanten' Witze gefürchtet ist; sie schärft ihm gleichzeitig ein, mit Rücksicht auf die Mädchengesellschaft keinen von seinen gepfefferten Scherzen zum besten zu geben. Der Ungar sagt zu und erscheint in der Gesellschaft. Zum Entsetzen der Dame gibt er den Gästen folgendes Rätsel auf: „Man kann von vorn hinein, man kann von *hinten* hinein; nur *stehen* muß er." Die Verzweiflung der Dame bemerkend, macht er ein verschmitztunschuldiges Gesicht und sagt: „Aber was ist denn dabei? Ainfaches *Tramwaywagen*." Am nächsten Tag produziert sich die Tochter des Hauses vor ihren Kolleginnen in der höheren Töchterschule: „Kinder, ich hab' gestern einen großartigen Witz gehört: Man kann von vorn hinein, man kann von hinten hinein, nur steif muß er sein." (Nebenbei bemerkt, ein netter Beitrag zur Psychologie der „unschuldigen" Mädchen.) Die Anekdote war dem T. von einem Manne erzählt worden, den man ihm später als einen Homosexuellen bezeichnete. T. hatte in seinem Leben mit wenigen Ungarn verkehrt; bei diesen wenigen war zufällig die Homosexualität ein beliebtes Gesprächsthema gewesen. Schon in obigem findet man also mancherlei vielsagende Beziehungen. Das Entscheidende sind aber die Erdbeeren. T. hatte, wie

7 Eines, wie mir der Träumer mitteilte, in Wirklichkeit somatisch gegebenen Tatbestandes – Erektion.

8 Von mir wegen des Späteren hervorgehoben.

ihm bei dem Fortgang der Analyse einfiel, ein paar Tage vor dem Traum eine französische Erzählung gelesen, wo die ihm bisher unbekannte Wendung „cueillir des fraises" („Erdbeeren pflücken") vorkam. Er wandte sich an einen Franzosen um Erklärung dieser Redensart und erfuhr, daß dieselbe eine zarte Andeutung für den Sexualakt sei, da sich Liebespaare im Walde gern unter dem Vorwande des „Erdbeerpflückens" von der übrigen Gesellschaft entfernen. Auf welche Art sich der Traumwunsch das Befriedigungserlebnis dachte, wird übrigens durch das *Tal* (zwischen zwei Hügeln!), durch welches der *Bach* fließt, bestimmt genug angedeutet. Hier gewinnt auch das oben hervorgehobene „von hinten" vielleicht eine Bedeutung.

***

Der Umstand, daß der Traum gewissermaßen zwei Gesichter hat, eines, das er offen zur Schau trägt, und ein anderes, das er verbirgt, bringt es mit sich, daß man zwischen dem *manifesten* und dem *latenten* Material unterscheiden muß. Das zur Schau getragene Gesicht ist der manifeste Trauminhalt (so wie der Wortlaut des Traumberichtes den Traum darstellt); das Verhohlene aber sind die latenten „Traumgedanken". Zumeist ist ein recht ausgedehntes Gewebe von Traumgedanken zum Traum „verdichtet". Ein Teil der Traumgedanken (nicht alle) gehören regelmäßig den titanischen Elementen unserer Psyche an. Die Formung des Traumes aus den Traumgedanken nennt Freud die „Traumarbeit". Vier Prinzipien regieren sie: die Verdichtung, die Verschiebung, die Rücksicht auf Darstellbarkeit und die sekundäre Bearbeitung.

Die *Verdichtung* wurde soeben bereits erwähnt. Viele Traumgedanken verdichten sich zu relativ wenigen, dafür aber um so mehr mit Bedeutung gesättigten Bildern. Jedes Bild (Person, Gegenstand usw.) pflegt also durch mehrere Traumgedanken „determiniert" zu sein. Man spricht deshalb von mehrfacher Determination oder „Überdeterminierung". Die *Verschiebung* gibt sich darin kund, daß der Traum (offenbar im Dienste der Entstellung) Unwesentliches vorschiebt, Wesentliches beiseiteschiebt, kurz die psychische Wertigkeit (Interesse) derart verlegt, daß der Traum gegenüber den ihm zugrunde liegenden latenten Traumgedanken gleichsam „verschoben" oder „anders zentriert" erscheint. Da der Traum eine anschauliche Darstellung ist, muß er alles, was er aussprechen will – auch das Abstrakteste – in eine anschauliche, greifbare Form bringen. Die Tendenz zum lebendig-anschaulichen oder plastischen Ausdruck, wie sie dem Traum eigen ist, entspricht somit einer *Rücksicht auf Darstellbarkeit*. Der *sekundären Bearbeitung* hat man sozusagen den letzten Schliff des Traumproduktes zuzuschreiben. Sie sorgt für den Anschein eines logischen Zusammenhanges in dem Bildermaterial, das durch die entstellende Traumarbeit geschaffen wurde. „Diese Funktion [nämlich die sekundäre Bearbeitung], verfährt ähnlich, wie es der Dichter boshaft vom Philosophen behauptet; mit ihren Fetzen und Flicken stopft sie die Lücken im Aufbau des Traumes. Die Folge ihrer Bemühung ist, daß der Traum den Anschein der Absurdität und Zusammenhanglosigkeit verliert und sich dem Vorbilde eines verständlichen Erlebnisses nähert. Aber die Bemühung ist nicht jedesmal vom vollen Erfolge gekrönt“ (Freud, *Trdtg*. 330). Die sekundäre Bearbeitung kann auch dem Aufbau einer Fassade verglichen werden.

Von der gesamten Traumarbeit sagt Freud (*Trdtg*., 338) zusammenfassend, sie sei „nicht etwa nachlässiger, inkorrekter, vergeßlicher, unvollständiger als das wache Denken; sie ist etwas davon qualitativ völlig Verschiedenes und darum zunächst nicht mit ihm vergleichbar. Sie denkt, rechnet, urteilt überhaupt nicht, sondern sie beschränkt sich darauf, umzulernen. Sie läßt sich erschöpfend beschreiben, wenn man die Bedingungen ins Auge faßt, denen ihr Erzeugnis zu genügen hat. Dieses Produkt, der Traum, soll vor allem der Zensur entzogen werden“ und zu diesem Zwecke bedient sich die Traumarbeit der Verschiebung der psychischen Intensitäten bis zur Umwertung aller psychischen Werte; es sollen Gedanken ausschließlich oder vorwiegend in dem Material visueller und akustischer Erinnerungsspuren wiedergegeben werden, und aus dieser Anforderung erwächst für die Traumarbeit die Rücksicht auf Darstellbarkeit der sie durch neue Verschiebungen entspricht. Es sollen (wahrscheinlich) größere Intensitäten hergestellt werden, als in den Traumgedanken nächtlich zur Verfügung stehen, und diesem Zwecke dient die ausgiebige Verdichtung, die mit den Bestandteilen der Traumgedanken vorgenommen wird. Auf die logischen Relationen des Gedankenmaterials entfällt wenig Rücksicht; sie finden schließlich in formalen Eigentümlichkeiten der Träume eine versteckte Darstellung. Die Affekte der Traumgedanken unterliegen geringeren Veränderungen als deren Vorstellungsinhalt. Sie werden in der Regel unterdrückt; wo sie erhalten bleiben, von den Vorstellungen abgelöst und nach ihrer Gleichartigkeit zusammengesetzt ..."

Um das Wesen des Traumes kurz auszudrücken, gebraucht Stekel einmal (*Spr. d. Tr.*, 107) diese knappe Charakteristik: „Der Traum ist eigentlich ein Spiel von Darstellungen im Dienste der Affekte." Eine ziemlich genaue „Formel" für den Traum haben Freud-Rank zu liefern gesucht: „Der Traum stellt regelmäßig auf der Grundlage und mit Hilfe verdrängten infantil-sexuellen Materials aktuelle, in der Regel auch erotische Wünsche in verhüllter und symbolisch eingekleideter Form als erfüllt dar" (*Jb. ps. F.* II., 519 und *Trdtg.*, 117). In dieser Formel dominiert, Freuds Ansichten entsprechend, die Wunscherfüllung; doch möchte mir scheinen, daß ihr in den (allerdings affektiven) Grundlagen des Traums eine zu ausschließliche Rolle zugesprochen worden ist. Ein wichtiger Punkt ist das Infantile im Traum. Im Zusammenhange damit ist die „Regression" zu erwähnen. Die *Regression* ist eine Art psychischen Rückschreitens, das im Traum (und den verwandten psychischen Erscheinungen) in mehrfacher Beziehung zur Geltung kommt. So greift der Traum zurück auf infantile Erinnerungen und Wünsche.[9] Er greift auch zurück von den komplizierteren, vollendeteren Funktionen auf primitivere, vom abstrakten Denken auf anschauliches Vorstellen, vom praktischen Handeln auf die halluzinatorische Wunscherfüllung.[10] Der Träumer nähert sich also der eigenen Kindheit, wie auch (durch Rückgreifen auf die primitivere, anschauliche Denkweise) der Kindheit der menschlichen Rasse.[11]

---

9 Manchmal ist das schon am manifesten Trauminhalt kenntlich. Gewöhnlich deckt es aber erst die Psychanalyse auf. Stark verdrängt, also schwer zugänglich ist das infantil-sexuelle Material. Über die infantilen Formen der Sexualitat sehe man Freud, *Drei Abhandlungen zur Sexualtheorie*.

10 Letzteres besonders deutlich in den „Bequemlichkeitsträumen". Man schlummert z. B. mit Durst ein. Statt nun zum Glas Wasser zu greifen halluziniert man den Trunk.

11 Über die zweite Art der Regression hat namentlich der Züricher Psychiater C. G. Jung außerordentlich interessante Dinge zutage gefördert. Seine Arbeiten werden uns später mehr beschäftigen.

Nietzsche schreibt (*Menschliches, Allzumenschliches*): „Im Schlafe und im Traume machen wir das ganze Pensum früheren Menschentums durch … Ich meine: wie jetzt noch der Mensch im Traum schließt, schloß die Menschheit auch im Wachen viele Jahrtausende hindurch; die erste Causa, die dem Geiste einfiel, um irgend etwas, das der Erklärung bedurfte, zu erklären, genügte ihm und galt als Wahrheit. Im Traume übt sich dieses uralte Stück Menschtum in uns fort, denn es ist die Grundlage, auf der die höhere Vernunft sich entwickelte und in jedem Menschen sich noch entwickelt: Der Traum bringt uns in ferne Zustände der menschlichen Kultur wieder zurück und gibt ein Mittel an die Hand, sie besser zu verstehen. Das Traumdenken wird uns jetzt so leicht, weil wir in ungeheuren Entwicklungsstrecken der Menschheit gerade auf diese Form des phantastischen und wohlfeilen Erklärens aus dem ersten beliebigen Einfalle heraus so gut eingedrillt worden sind. Insofern ist der Traum eine Erholung für das Gehirn, welches am Tage den strengen Anforderungen an das Denken zu genügen hat, wie sie von der höheren Kultur gestellt worden.“ (*Werke*, Bd. II, 27ff.) Wenn wir uns nun daran erinnern, daß die Naturerklärung und das Philosophieren der ungeschulten Menschheit in der Gestalt von Mythen sich vollziehen, können wir aus dem Vorstehenden eine Annäherung von Mythenbildung und Traum herauslesen. Viel weiter wurde diese Annäherung von der Psychanalyse entwickelt. Freud bahnte dies mit den Worten an: „Die Untersuchung dieser völkerpsychologischen Bildungen (Mythen, Sagen, Märchen) ist nun keineswegs abgeschlossen, aber es ist z. B. von den Mythen durchaus wahrscheinlich, daß sie den entstellten Überresten von Wunschphantasien ganzer Nationen, den Säkularträumen der jungen Menschheit entsprechen“ (*Samml. Kl. Schr.* II, 205). Es zeigte sich in der Folge, daß Märchen und Mythen wirklich derselben psychologischen Deutung unterworfen werden können wie die Träume, daß sie großenteils auf den gleichen psychologischen Hauptmotiven (verdrängten Wünschen, die allen Menschen gemeinsam sind) beruhen und daß sie auch eine ähnliche Struktur aufweisen wie die Träume. Am weitesten ist in der Parallelisierung von Traum und Mythos wohl Abraham (*Tr. u. Myth.*) gegangen. Für ihn ist geradezu der Mythos der Traum des Volkes und der Traum der Mythos des einzelnen. Er sagt z. B.: „Der Traum ist (nach Freud) ein Stück überwundenen infantilen Seelenlebens ..." und „der Mythus ist ein Stück überwundenen infantilen Seelenlebens des Volkes"; dann: „So ist ... der Traum der Mythus des Individuums." Rank faßt die Mythen als Mittelgebilde zwischen Massenträumen und Massendichtungen auf. „Denn wie beim einzelnen der Traum oder die Dichtung, die im Laufe der Kulturentwicklung unterdrückten, unbewußt gewordenen Regungen abzuleiten bestimmt ist, so befreit sich ein ganzes Volk zu seiner psychischen Gesunderhaltung in mythischen oder religiösen Phantasien von diesen kulturwidrigen [titanischen] Urtrieben, indem es gleichsam ein Massensymptom zur Aufnahme aller verdrängten Regungen schafft." (*Inz.-Mot.*, 277. Vgl. auch *Künstl.*, 36)

Einer bestimmten Gruppe solcher verdrängter Urtriebe weist die Psychanalyse eine besonders hervorragende Stellung ein. Ich meine den sogenannten „Oedipus-Komplex", der sowohl im Traumleben als auch im Mythos und, wie es scheint, auch in den dichterischen Schöpfungen eine wichtige Rolle spielt. Die Fabel (Sage, Dramen) vom Oedipus, der seinen Vater erschlägt, seine Mutter ehelicht, darf ich als bekannt voraussetzen. Nach den Beobachtungen der Psychanalyse steckt gleichsam in uns allen ein Stück Oedipus[12]. Die dazu gehörigen Konflikte, die in ihrer Gesamtheit den (fast immer *unbewußten*, weil energisch verdrängten) Oedipus-Komplex konstituieren, entspringen der Störung des Verhältnisses zu den Eltern, welche mehr oder weniger jedes Kind infolge der ersten (sehr früh eintretenden) Sexualregungen durchmacht. „Wenn der König Oedipus den modernen Menschen nicht minder zu erschüttern weiß als den zeitgenössischen Griechen, so kann die Lösung wohl nur darin liegen, daß die Wirkung der griechischen Tragödie nicht auf dem Gegensatz zwischen Schicksal und Menschenwillen ruht, sondern in der Besonderheit des Stoffes zu suchen ist, an welchem dieser Gegensatz erwiesen wird. Es muß eine Stimme in unserem Innern geben, welche die zwingende Gewalt des Schicksals im Oedipus anzuerkennen bereit ist, während wir Verfügungen wie in der „Ahnfrau" oder in anderen Schicksals-

12 Diese Oedipus-Elemente in uns könnte man – wie ich nach der Lektüre von *Imago*, Jännerheft 1913, nachträglich anmerken muß –, dem Vorgang von Lorenz folgend, „titanische" im engeren Sinn nennen. Sie enthalten das Motiv der Trennung der Eltern durch das Kind.

tragödien als willkürliche zurückzuweisen vermögen. Und ein solches Moment ist in der Tat in der Geschichte des Königs Oedipus enthalten. Sein Schicksal ergreift uns nur darum, weil es auch das unsrige hätte werden können, weil das Orakel vor unserer Geburt denselben Fluch über uns verhängt hat wie über ihn. Uns allen vielleicht war es beschieden, die erste sexuelle Regung auf die Mutter, den ersten Haß und gewalttätigen Wunsch gegen den Vater zu richten; unsere Träume überzeugen uns davon. König Oedipus, der seinen Vater Laïos erschlagen und seine Mutter Jokaste geheiratet hat, ist nur die Wunscherfüllung unserer Kindheit. Aber glücklicher als er, ist es uns seitdem, insofern wir nicht Psychoneurotiker geworden sind, gelungen, unsere sexuellen Regungen von unseren Müttern abzulösen, unsere Eifersucht gegen unsere Väter zu vergessen. Vor der Person, an welcher sich jener urzeitliche Kindheitswunsch erfüllt hat, schaudern wir zurück mit dem ganzen Betrage der Verdrängung, welche diese Wünsche in unserem Innern seither erlitten haben. Während der Dichter in jener Untersuchung die Schuld des Oedipus ans Licht bringt, nötigt er uns zur Erkenntnis unseres eigenen Innern, in dem jene Impulse, wenn auch unterdrückt, noch immer vorhanden sind. Die Gegenüberstellung, mit der uns der Chor verläßt,

> .... sehet, das ist Oedipus,
> der entwirrt die hohen Rätsel und der Erste war an Macht,
> dessen Glück die Bürger alle priesen und beneideten;
> seht, in welches Mißgeschickes grause Wogen er versank!

diese Mahnung trifft uns selbst und unseren Stolz, die wir seit den Kindesjahren so weise und so mächtig geworden sind in unserer Schätzung. Wie Oedipus leben wir in Unwissenheit der die Moral beleidigenden Wünsche, welche die Natur uns aufgenötigt hat, und nach deren Enthüllung möchten wir wohl alle den Blick abwenden von den Szenen unserer Kindheit…" (Freud, *Trdtg.*, 190f.) Ich glaube nunmehr den der Psychanalyse unkundigen Leser für die psychanalytischen Teile meiner Untersuchung hinreichend informiert zu haben, um fortan zeitraubender Erläuterungen entraten zu können.

II. Analytischer Teil

1. Abschnitt
Psychoanalytische Deutung der Parabola

Obgleich wir wissen, daß die Parabola von einem Anhänger der hermetischen Kunst und wahrscheinlich in der Absicht, zu belehren, geschrieben wurde, wollen wir jetzt, mit guter Überlegung einseitig vorgehend, den später zu untersuchenden hermetischen Inhalt der Erzählung beiseitelassen und diese nur als ein Spiel der freien Phantasie betrachten. Wir werden versuchen, die Erfahrungen der psychanalytischen Traumdeutung auf die Parabola anzuwenden und werden finden, daß diese, als Phantasieprodukt, bis in die Tiefen ihres Aufbaues dieselbe Struktur aufweist, wie die Träume. Ich wiederhole nachdrücklich: wir gehen bei dieser Untersuchung vorderhand höchst *einseitig* vor, indem wir uns bloß durch die Psychanalyse leiten lassen. Bei der Deutung der Parabola können wir nicht die ursprüngliche Methode der Psychanalyse anwenden. Diese besteht darin, daß man in einer Reihe von Sitzungen den Träumer Assoziationen vorbringen läßt. Der Träumer der Parabola – will sagen ihr Verfasser – ist längst nicht mehr am Leben. Wir müssen also von dem elementaren Vorgang absehen und uns an die abgeleiteten Methoden halten. Es gibt deren drei.

Erstens die Vergleichung mit typischen Traumbildern. Es hat sich gezeigt, daß bei aller Individualität der Träume doch gewisse Traumgestalten und Traumarten stets wiederkehren und in ihrer Symbolik eine weitgehende Allgemeingültigkeit haben, weil sie offenbar auf allgemein menschlichen Regungen aufgebaut sind und ihren bildlichen Ausdruck nach einer seelischen Gesetzmäßigkeit erzeugen, die von der Verschiedenheit der Individuen so ziemlich unberührt bleibt.

Zweitens die völkerpsychologische Parallele. Die innere Verwandtschaft von Traum und Mythos bringt es mit sich, daß zur Deutung eines individuellen Phantasieprodukts Parallelfälle aus den Erzeugnissen der Volksphantasie mit Nutzen herangezogen werden können und umgekehrt.

Drittens das Schließen aus Struktureigentümlichkeiten des Traumes (Mythos, Märchens) selbst. In Träumen und deutlicher noch in den breiter ausgesponnenen Erzeugnissen der traumhaft schaffenden Phantasie[13], wie z.B. in Märchen und Mythen, findet man häufig Motive, die sich in der gleichen Erzählung mehrmals wiederholen, wenn auch in Abwandlungen oder in verschiedenen Graden der Deutlichkeit. Man kann dann aus der Vergleichung der einzelnen Erscheinungen des Motivs auf seinen wahren Gehalt schließen, indem man gleichsam die Linien der zunehmenden Deutlichkeit im Sinne ihrer eigenen Tendenz vervollständigt, so daß man – um in dem geometrischen Bilde zu bleiben – in ihren Verlängerungen einen Schnittpunkt erhält, um in ihm das Ziel zu erkennen, dem der im Traum nachweisbare Verdeutlichungsprozeß zustrebt, ein Ziel, das freilich nicht im Traum selbst, sondern erst in der Deutung erreicht wird.

Wir werden die drei Deutungsmethoden verbunden gebrauchen. Wir gehen dabei im Grunde nicht anders vor, als die Psychanalyse bei ihren Märchendeutungen verfuhr. Denn auch hier gab es keine lebenden Autoren, die man neben sich setzen und ausfragen konnte. Man ist aber mit den abgeleiteten Methoden weit genug gelangt. Der Mangel der greifbaren lebenden Person wird sogar in gewissem Sinn durch die nie sterbende Volksseele und den unendlichen Reichtum ihrer Äußerungen (Folklore usw.) ersetzt. Die Ergebnisse dieser Forschungen kommen uns natürlich bei der Betrachtung unserer Parabola zugute, sofern ich nicht genötigt sein werde, einige Schlüsse der Psychanalyse als problematisch mit Reserve aufzunehmen.

Wenden wir uns also jetzt der Parabola zu. Folgen wir dem Verfasser, oder, wie wir ihn nennen wollen, dem *Wanderer*, in seinen Wald, wo er seinen seltsamen Abenteuern entgegengeht.

Ich habe da soeben ein Bild gebraucht. „Folgen wir ihm in seinen Wald.“ Das ist beachtenswert. Ich meine damit natürlich, daß wir uns in seine Phantasiewelt begeben, seine Träume miterleben wollen. Wir verlassen die Pfade des Alltags, um in der Wildnis

---

13 Man mißverstehe nicht. Ich will durchaus nicht die abgetane Ansicht aufwärmen, daß die Mythen bloße Spiele der nach Beschäftigung verlangenden Phantasie seien. Meine Stellung zur Mythendeutung wird erst im Synthetischen Teil, 1. Abschnitt C, klar werden.

der Phantasie zu schwärmen. Wenn wir nun recht bedenken, hat der Wanderer am Eingang seiner Erzählung das nämliche Bild gebraucht. Er gerät in das Dickicht eines Waldes, verläßt den allgemeinen Weg ... Auch er spricht tropisch. Haben wir etwa unversehens, indem wir seine Symbolik zur unseren machten, von ihr ein Stück ihres Schleiers weggezogen?

Es ist eine durch genügende Beobachtungen[14] erhärtete Tatsache, daß sich in hypnagogischen Halluzinationen (Halbschlafbildern vor dem Einschlafen) neben allerhand Gedankenmaterial auch der Vorgang des Einschlafens selbst gerne abmalt, ebenso wie sich auch in Traumschlüssen oder in hypnopompischen Halluzinationen beim Erwachen der Vorgang des Erwachens häufig bildmäßig darstellt. Die Symbolik des Erwachens bringt etwa Bilder wie das Abschiednehmen, das Abreisen, das Öffnen einer Tür, das Versinken, das Hinausgelangen ins lichte Freie aus einer dunklen Umgebung, das Nachhausekommen usw. Die Bilder für das Einschlafen sind z. B. das Sinken, das Eintreten in ein Gemach, einen Garten, einen dunklen Wald.

Dasselbe Waldsymbol kennt auch das Märchen. Ob ich beim Versinken in Schlaf die Empfindung habe, aus der Helligkeit des Tages in einen dunklen Wald zu treten oder ob sich der Held des Märchens in einen Wald begibt (was freilich auch noch andere Bedeutungswurzeln hat), oder ob der Wanderer in der Parabola ins Dickicht gerät, das kommt alles auf eins heraus: immer ist es die Einleitung zum Phantasieleben, der Eintritt ins Theater des Traums. Der Wanderer hätte, wenn er für sein Märchen nicht die Ichform gewählt hätte, auch so anfangen können: Es war einmal ein König, dessen größtes Vergnügen die Jagd war. Einst, als er mit seinen Weidgenossen wieder in einen großen Wald gezogen war und einem flüchtigen Wild nachsetzte, entfernte er sich von seinem Gefolge und von den bekannten Wegen immer mehr, so daß er endlich erkennen mußte, daß er sich verirrt habe. Er ging nun im Walde weiter und weiter, bis er von fern ein Haus erblickte ...

Der Wanderer kommt durch den Wald zu dem Pratum felicitatis, zur Wiese der Glückseligkeit, und dort beginnen seine Abenteuer. Auch hieran bewährt sich unsere Symbolik: durch das Ein-

14 Vgl. meine Arbeiten üb. d. Schwellensymbolik (*Jb. ps. F.* III, 621ff., IV, 675ff.)

schlafen oder den Übergang zum Phantasieren gelangt man in das Traum- und Märchenreich, jenes Land, in dem uns die Erfüllung unserer kühnsten Wünsche zauberisch winkt. Das Märchenreich ist in der Tat – der Psychanalytiker kann es bestätigen – ein Pratum felicitatis, trotz allen Gefahren und Widerwärtigkeiten, die es da zu bestehen gibt.

Das Traumspiel beginnt, die Deutung, bisher leicht, wird jetzt schwieriger werden. Wir werden kaum streng chronologisch vorgehen können. Das Verständnis der einzelnen Phasen der Erzählung wird sich nicht nach der Abfolge ihrer Ereignisse richten. Nehmen wir es, wie es sich bietet.

Der Wanderer lernt die Einwohner des „Pratum felicitatis“ kennen, die über gelehrte Dinge disputieren, wird selbst in den wissenschaftlichen Streit verwickelt und einer scharfen Prüfung unterzogen, um zur Aufnahme in die Gesellschaft zugelassen zu werden. Die Aufnahme geschieht also nicht ohne Mühe, sondern es stellt sich ihr ein schweres Hindernis entgegen. Der Wanderer erzählt, daß seine Prüfer ihn „ziemlich durch die Brände jagten“, ein allegorisches Bild, das etwa von der Feuerprobe hergenommen ist. In dieser Schwierigkeit der Erreichung des Zieles begegnet uns der erste Fall aus einer Reihe analoger Begebenheiten, wo der Wanderer sich in seinen Handlungen in mehr oder minder peinlicher, manchmal sogar gefährlicher Weise gehemmt sieht. Nach einer angstbetonten Phase fällt das Abenteuer aber stets gut aus, und es stellt sich nach der anfänglichen Hemmung irgendein Fortschritt ein. Als eine erste Andeutung der kommenden Erfahrungen kann man schon die Gehhemmung im 1. Absatz der Parabola auffassen, die sich insofern auch gut löst, als der Wanderer bald darauf in der lieblichen Gegend (Absatz 3) anlangt. Die Traumpsychologie hat in Erfahrung gebracht, daß Hemmungen im Traum Willenskonflikten des Träumers entsprechen, genau wie dies bei krankhaften Hemmungen der Neurotiker der Fall ist. Die Angst entwickelt sich, wenn sich ein verdrängter Trieb ausleben will, dem ein anderer Wille, etwa jener unserer Gesittung, verbietend sich entgegenstellt. Das gehemmte Ausleben erzeugt Angst statt Lust. Angst mag deshalb auch eine Libido mit negativem Vorzeichen heißen. Nur wenn sich der betreffende Trieb ohne den peinlichen Konflikt durchzusetzen versteht, vermag er Lust zu erreichen

– was die psychische (nicht etwa die biologische) Tendenz jedes aus der Tiefe der Seele wirkenden Triebes ist. Die Grade der so im Traum zustande kommenden Lust können sehr verschieden, auch verschwindend klein sein, was namentlich dann zutrifft, wenn das wunscherfüllende Erlebnis durch überwuchernde Symbolik fast alles von seiner ursprünglichen Form eingebüßt hat. Gehen wir den Erscheinungen des Hemmungsmotivs in der Parabola nach, und finden wir dabei die schon erwähnte jedesmal glückliche Lösung, so können wir zur Charakteristik des vorliegenden Phantasieproduktes schon konstatieren, daß es sowohl in seinen Teilen, als auch in dem Gang der gesamten Handlung eine Tendenz von der Angst zur ungetrübten Wunscherfüllung aufweist.

Was nun die Prüfungsszene selbst betrifft, bis zu der wir in unserer fortschreitenden Betrachtung der Erzählung vorgedrungen sind, kann ein häufig auftretender Traumtypus zur Interpretation herangezogen werden: der Prüfungstraum. Fast jeder Mensch, der schwierige Examina durchzumachen hatte, erlebt auch noch in späterer Zeit, wo die Mittelschul- oder Hochschulprüfungen längst hinter ihm liegen, quälende Träume, die mit der Angst vor einer Prüfung erfüllt sind. Freud (*Trdtg.*, 196f) spricht aus, daß derlei Träume vor allem die unauslöschlichen Erinnerungen an die Strafen sind, die wir in der Kindheit für verübte Untaten erlitten haben, und die sich dann an den „Knotenpunkten unserer Studien, an der Dies irae, Dies illa der strengen Prüfungen in unserem Inneren wieder geregt haben.“ Nachdem wir aufgehört haben, Schüler zu sein, sind es nicht mehr wie zuerst die Eltern und Erzieher oder später die Lehrer, die unsere Bestrafung besorgen: die unerbittliche Kausalverkettung des Lebens hat unsere weitere Erziehung übernommen, und nun träumen wir von der Matura oder von dem Rigorosum, sooft wir erwarten, daß der Erfolg uns bestrafen werde, weil wir etwas nicht recht gemacht, nicht ordentlich zustande gebracht haben, sooft wir den Druck einer Verantwortung fühlen. Zu beachten ist ferner die Erfahrung Stekels, die auch durch die Praxis anderer Psychanalytiker bestätigt wurde, daß Maturitätsträume recht häufig dann auftreten, wenn eine Probe der sexuellen Leistungsfähigkeit bevorsteht. Der Doppelsinn des Wortes „Matura“ (das ja auch geschlechtliche Reife bedeuten kann) mag dabei als Wortbrücke für die Assoziation mit in Betracht kommen. Im allgemeinen wären also die Prüfungsträume Äußerungen einer Angst, etwas nicht recht zu tun oder nicht recht tun zu können; im besonderen ein Ausdruck der Impotenzbefürchtung. Es muß gleich hier vermerkt werden, daß nicht bloß im ersteren, sondern auch im letzteren Falle die Befürchtung vorzugsweise einer psychischen Hemmung gelten wird.

Zur Interpretation der Prüfungsszene ist ferner das häufig vorkommende Märchenmotiv der schwer zu erreichenden Kostbarkeit als Parallele heranzuziehen, namentlich jene Form, bei der ein König oder sonst eine Macht dem Helden Rätsel oder Aufgaben stellt. Wenn der Held diese löst, bekommt er in der Regel neben anderen kostbaren Dingen ein Weib, eine Prinzessin, mit der er sich vermählt. Im Fall eines weiblichen Helden ist der Gewinn ein schöner Prinz. Das Motiv der schwer erreichbaren Kostbarkeit paßt auch auf die späteren Hinderniserscheinungen in der Parabola. Das Wesen der Kostbarkeit ist freilich vorderhand fraglich.

Eine zweite Auflage der Prüfungsszene tritt uns im 6. Absatz als Kampf mit dem Löwen entgegen. Das Fortschreiten von der Angstphase zur Erfüllungsphase springt hier deutlicher in die Augen, auch sind die Affekte des Wanderers kräftiger herausgearbeitet. Die Schwierigkeit zu Beginn wird schon in dem vorhergehenden Gespräch angedeutet, wo ihm keiner raten will, wie er am Anfang mit dem Raubtier umzugehen hätte, alle ihm jedoch Anleitung für später in Aussicht stellen, wann er den Löwen einmal festgemacht hätte. Der Beginn des Kampfes macht dem Wanderer denn auch harte Pein; er „entsetzt sich seiner Temerität halben", träte von dem Vorhaben gern wieder zurück, und es geht ihm „für Furcht beinahe das Wasser über die Kerbe". Er ermannt sich aber, entfaltet glänzende Fähigkeiten und geht als Sieger aus dem Streit hervor. Eine Befriedigung über das eigene Können ist unverkennbar. Die Szene, wiewohl eine Abwandlung der vorigen Prüfung, fügt ihr doch immerhin einige wesentlich neue Stücke hinzu. Die Ersetzung der früheren Kampfgegner (d. i. der prüfenden Alten) durch einen andern (den Löwen) gehört nicht zu dem grundsätzlich Neuen; es ist ein bloßer Ersatz, wenn auch ein, wie wir später sehen werden, sehr vielsagender. Durchaus neu ist das Resultat des Kampfes. Der Sieger fördert, nachdem er den Löwen getötet, aus dessen Körper weiße Knochen und rotes Blut ans Tageslicht. Man halte das Gegensatzpaar Weiß-Rot fest. Es wird noch wiederkehren. Denken wir nun an Sagen- und Märchenparallelen, so fallen uns selbstverständlich die Drachenkämpfe ein. Der siegende Held pflegt eine Jungfrau zu befreien, die in den Banden des Unholds schmachtete. Das „Anatomieren“ des getöteten Löwen findet zahlreiche Analogien in jenen Mythen und Märchen, in denen Zerstückelungen des Leibes vorkommen. Es wird davon später ausführlich gehandelt werden.

Als die nächste Schwierigkeit begegnet uns in der Parabola die beschwerliche Fortbewegung auf der Mauer (Absatz 7 und 8). Wir haben hier wieder eine Gehhemmung im engeren Sinn wie im 1. Absatz, doch mit einigen Zutaten. Die Mauer – selbst ein Bild des Hinderlichen, auch in Träumen – ragt hoch zu den Wolken empor. Wer da oben geht, kann tief hinabstürzen. Der Weg oben ist „nicht eines Schuhes breit“, und eine „eiserne Handhabe“ nimmt auch noch Raum weg. Das Gehen ist also unbequem und gefährlich. Das mittenhin laufende Geländer teilt die Bahn und läßt so zwei Wege entstehen, einen linken und einen rechten. Der rechte Weg ist der beschwerlichere. Wem fallt bei dieser Situation nicht sogleich Herakles am Scheidewege ein? Die Auffassung von rechts und links als recht und unrecht, gut und böse, ist der mythischen und religiösen Symbolik geläufig. Daß der rechte Pfad der schmälere[15] ist, oder der dornenvolle, ist ohne weiteres verständlich. Auch in Träumen kommt die Rechts-Links-Symbolik typisch vor. Sie hat hier die gleiche Bedeutung wie in der religiösen Verwendung, nur vielleicht mit dem Unterschied, daß sie vorzugsweise mit Bezug auf sexuelle Regungen angewendet wird, dergestalt, daß das Rechts einen erlaubten (d. h. vom Träumer als erlaubt, zulässig empfundenen), das Links einen unerlaubten Sexualgenuß andeutet. So ist es z. B. für den im vorigen Abschnitt erzählten Traum vom Erdbeerpflücken charakteristisch, daß das Tal, welches der Träumer mit dem Knaben aufsuchte, um dort mit ihm „Erdbeeren zu pflücken“, links von der Bahnstraße, nicht etwa rechts abbog. Der Sexualakt mit einem Knaben erschien eben dem Träumer als etwas Unzulässiges, Unschönes, Verpöntes. In der Parabola begibt sich der Wanderer von rechts nach links, ge-

15 Matth. VII, 13–14.

rät dabei in Schwierigkeiten, weiß sich aber, wie immer, gut aus dem Handel zu ziehen.

Von der Mauer aus kommt der Wanderer (Abs. 9) zu einem Rosenstock, von dem er weiße und rote Rosen abbricht. Man beachte Weiß und Rot. Der Sieg über den Löwen hatte ihm weiße Knochen und rotes Blut, das Bestehen der Fährnisse auf der Mauer hat ihm jetzt weiße und rote Rosen eingebracht. Die Aneignung wird im letzteren Fall besonders bezeichnet durch das Stecken auf den Hut.

Im Verlauf der nächsten Absätze (9–11) gibt es abermals Hindernisse. Zunächst stellt sich dem Wanderer eine Mauer entgegen. Ihretwegen muß er, um den Jungfrauen Zutritt zu den Gesellen im Garten zu verschaffen, ein langes Stück herumwandern. Bei der Tür (Absatz 10) angelangt, findet er sie verschlossen und fürchtet außerdem, die umstehenden Leute werden ihm den Eintritt wehren oder ihn verlachen. Kaum ist aber die erste Schwierigkeit durch ein magisches Öffnen der ersten Pforte beseitigt, als auch schon die uns bereits bekannte Wendung von der Angstphase zur Erfüllungsphase eintritt. Der Wanderer passiert ohne Mühe den Gang, ja sein Auge eilt ihm voraus, und er sieht durch die noch geschlossenen Türen wie durch Glas in den Garten. Welchen Erfolg hat ihm nun diesmal die Überwindung der Schwierigkeiten gebracht? Wo ist der gewohnte weiß und rote Lohn? Wir brauchen nicht lange zu suchen. Im Absatz 11 wird berichtet: „Als ich nun bei demselben Gärtlein [im Innern des Gartens] hinweg war, und an den Ort, da ich den Jungfrauen helfen solte, gehen wil, sihe, da werde ich gewar, das an stat der Mauren ein niedriger geflochtener Zaun daselbsten stund, und gieng die schönste Jungfraw in gantz weißen Atlaß gezieret, mit dem stattligsten Jüngling, so unterm Hauffen und in *Scharlachen* bekleidet war, bey dem Rosen-Garten vorbey, eines das ander in Armen führende, und viel wolriechende Rosen in ihren Handen tragende … Dieser mein allerliebster Brautgam, sagte sie, hat mir ubergeholfen, und wir gehen nun auß diesem lieblichen Garten in unserm Gemach Freundschafft zu pflegen.“ Hier erfüllt sich die Parallele mit den Märchen, enthüllt sich der Charakter der lohnenden Kostbarkeit. Das Rote und das Weiße entpuppen sich als Mann und Weib, das letzte Ziel ist, wie die soeben zitierte Stelle in Aussicht stellt, und der weitere Verlauf der Erzählung genugsam erweist, die sexuelle Vereinigung beider.

Auch die übrigen märchenhaften Kostbarkeiten fehlen nicht: Königswürde, Reichtum, Glück. Und wenn sie nicht gestorben sind, so leben sie noch heute ... Die Erzählung hat eine vollkommene Wunscherfüllung gebracht, das Verlangen nach Liebe, nach Macht hat sein Ziel erreicht. Daß der Wanderer das von ihm erworbene Glück nicht unmittelbar in eigener Person erlebt, sondern die Vorstellung von Liebesglück durch die Vereinigung zweier neuer Personen in höchst illustrativer Weise expliziert wird, ist natürlich eine Eigenheit der Darstellung; man findet sie oft genug in Träumen. Das Ich des Träumenden ist in so einem Falle durch eine „abgespaltene“ Person ersetzt, wodurch der Traum sein dramatisches Gepränge erhöht. Es ist als ob die Parabola sagen wollte: Der Held hat sich Liebesglück erkämpft; zur Liebe gehören aber zwei, ein Mann und ein Weib; also schaffen wir schnell ein Paar! Abgesehen davon, daß der Lohn selbstverständlich dem Helden zufallen muß, der ihn errungen, wird zum Überfluß die Identität des Wanderers mit dem König in der Parabola selbst angezeigt, wenn auch etwas umschrieben. Das Geheimnis des dramatisierenden Kunstgriffes der Darstellung wird am deutlichsten am Schluß des 11. Absatzes preisgegeben, wo die Alten, mit dem Brief der Fakultät in den Händen, dem Wanderer eröffnen, daß er das Weib, das er genommen, zur Ehe behalten müsse, was er ihnen auch bereitwillig verspricht.

Soweit wäre alles in Ordnung, und man möchte bei oberflächlicher Betrachtung glauben, die psychanalytische Auflösung der Parabola sei beendet. Weit entfernt davon! Wir haben nur die oberste Schichte gedeutet und werden vor uns ein Problem sich aufrichten sehen, das uns einlädt, in tiefere Schichten des uns vorliegenden Phantasiegewebes einzudringen.

Wir haben bemerkt, daß in der Parabola vieles, ja gerade das Wichtigste nur symbolisch und durch Anspielungen mitgeteilt wird. Ihr bisher ermittelter latenter Gehalt (entsprechend den latenten Traumgedanken) wird in der manifesten Form umschrieben, in verschiedenen, gegen das Ende abnehmenden Graden der Verhüllung. Es hat also eine Entstellung (Traumentstellung) stattgefunden. Nun tut der Traum oder die traumhaft schaffende Phantasie nichts umsonst; und wenn er auch seinem Wesen nach (aus „Rücksicht für die Darstellbarkeit“) das Anschauliche auf alle Fälle bevorzugen muß, so erklärt diese Tendenz zum Bildlichen doch noch nicht eine so systematische Reihe von tendenziös wirkenden Verhüllungen wie die von uns beobachtete. Die Vorstellung der Vereinigung von Mann und Weib wird auffallend umschrieben. Zuerst als Blut und Knochen – ein Bild inniger, vitaler Zusammengehörigkeit; sie gehören *einem* Leib an, so wie zwei Liebende eins sind und später auch die Brautleute im Gefängnis zu *einem* Leib verschmelzen. Dann als zweierlei Rosen, die auf *einem* Strauch wachsen; der Wanderer bricht die Rose wie der Knab' das Heideröslein-Mädchen. Und kaum ist von dem bisher Verhüllten der Schleier leis gelüftet worden, kaum erfährt man, daß der Wanderer ein Weib genommen hat (Absatz 11), als die Sache schon wieder auf dem Wege der Dramatisierung vertuscht wird (Absatz 12ff), so daß scheinbar ein anderer die Liebesfreuden genießt. Diese konsequente Verheimlichung muß einen Grund haben. Vergessen wir nicht die so auffälligen Hemmungen, die der Wanderer immer wieder erfährt, und die wir noch gar nicht einmal vollzählig durchgegangen sind. Die Traumsymbolik sagt uns, daß solche Hindernisse Willenskonflikten entsprechen. Was für innere Widerstände mögen es sein, die den Wanderer bei jedem Schritt auf dem Weg zum Liebesglück hemmen? Bedenken wir, daß die Prüfungen zum Teil einen ethischen Beigeschmack haben. Dieser tritt etwa an der Rechts-Links-Symbolik hervor; dann an dem noch nicht gewürdigten Erlebnis bei der Mühle, wo der Wanderer wieder über einen ganz schmalen Steg gehen muß, dessen ethische Symbolik noch besprochen werden wird; dann an der auffälligen Verantwortlichkeit, die der Wanderer für das Tun der beiden Brautleute im gläsernen Gefängnis fühlt, und das sich ausnimmt, als hätte er ein schlechtes Gewissen. Alles das zusammen läßt uns keinen Zweifel übrig, daß der Traum – die Parabola – das sexuelle Erlebnis des Wanderers aus Gründen der *Zensur* zu verhindern und zu verhüllen gestrebt hat. Man könnte sich nun vielleicht dabei beruhigen, daß man sagt, das Sexuelle an sich sei von der Zensur verpönt. Das ist aber nicht der Fall. Die Schilderung ist gesprächig genug und gar nicht prüde; die Brautleute umfangen einander nackend, durchdringen einander und vergehen in Liebe, zerfließen in Wonne und Schmerz; was will man mehr? Der Sexualakt an sich kann also für die Zensur nicht das Anstößige gewesen sein. Der ganze Apparat von Bedenklichkeiten, von Verhüllungen, von Abschreckungsmitteln, die wie furchtbare Wächter vor den Toren verbotener Kammern stehen, kann aber anderseits nicht jeden Grundes entbehren. Es fragt sich also: was ist's, wovor die Traumzensur in den verschiedensten Formen (Löwe, gefährliche Wege usw.) ihr dräuendes Veto gesetzt hat? Bei dem im vorherigen Abschnitt mitgeteilten Erdbeerentraum haben wir gesehen, daß eine Umschreibung des latenten Trauminhaltes in dem Moment eintrat, wo eine von der Traumzensur des betreffenden Träumers verpönte Art des Geschlechtsverkehrs vollzogen werden sollte (homosexueller Verkehr). Höchstwahrscheinlich handelt es sich auch in der Parabola um irgendeine von der Zensur zurückgewiesene Form der Sexualität. Welche mag das sein? Auf ein homosexuelles Begehren weist nichts hin. Man wird also nach einer anderen erotischen Tendenz fahnden müssen, die von der normalen abweicht. Man könnte etwa, durch einige Andeutungen gelenkt, auf Schaulust (Voyeurtum) schließen; diese gehört zwar, wie fast alle abnormen erotischen Tendenzen, als ein Bestandteil auch zu unserer normalen psychosexuellen Konstitution, sie kann aber, wenn sie allzu prävelierend auftritt, immerhin als eine Perversität gelten, gegen die sich die Zensur wendet. Die Momente in der Parabola, die für Schaulust sprechen, sind diejenigen, wo der Wanderer durch verschlossene Türen (Absatz 10) oder Mauern (Absatz 11) Objekte sieht, die als Sexualsymbole gedeutet werden können. Dieses magische Schauen entspricht dann einer umschriebenen Wunscherfüllung. Die Annahme, daß Schaulust die gesuchte, von der Zensur verpönte, erotische Triebkomponente sei, wird aber zuschanden, sobald wir uns daran erinnern, daß gerade diese Komponente sich in der Parabola auf das offenste auslebt. Im 14. Absatz hat der Wanderer reichlich Gelegenheit, sie in die Zügel schießen zu lassen. Immer erhebt sich also die Frage vor uns: Welches ist die verbotene Tendenz? Es bedarf zu ihrer Beantwortung keiner weitläufigen Kombinationen. Der Wortlaut der Parabola selbst gibt uns darüber Auskunft. Im 14. Absatz heißt es: „Nun weiß ich nicht: was diese beyde müsten gesündigt haben, alß das sie, weil sie *Bruder unnd Schwester* waren, sich solcher maßen mit Liebe verbunden, das sie auch nicht wieder von einander zubringen waren, und also gleichsam *Blutschande* wolten bezüchtiget werden." Und an einer anderen Stelle (Absatz 13): „Alß nun … unser Breutgam … mit seiner liebsten Braut … zu gemelten Alten kame: Copulirten sie die beyde also balde, und verwunderte ich mich nicht wenig, das diese Jungfraw, so doch ihres Breutgams *Mutter* sein sollte, noch so jung war."

Die von der Zensur verpönte sexuelle Neigung ist der *Inzest.* Daß trotz der Zensur in der Parabola von ihm die Rede sein konnte, erklärt sich aus der überaus geschickten, unverdächtigen Anbringung der betreffenden Andeutungen. Der Traum ist darin sehr gewandt; und die gleiche (wahrscheinlich für den Autor unbewußte) Geschicklichkeit findet sich in der nach allen Richtungen dem Traum verwandten Parabola. Vom Inzest kann deshalb ausdrücklich gesprochen werden, weil er Leuten zugeschrieben wird, die scheinbar mit dem Wanderer nichts zu tun haben. daß der König im gläsernen Behälter niemand anderer ist als der Wanderer selber, wissen ja nur wir, dank unserer kritischen Analyse; der Träumer des Traumes (Parabola) weiß davon nichts; für ihn ist der König eine fremde Person, welche die Verantwortung für ihr Tun allein zu tragen hat, obgleich trotz der geschickten Bemäntelung doch einiges Verantwortlichkeitsgefühl auf den Wanderer überfließt, ein eigenartiges Gefühl, das uns schon früher aufgefallen ist und nun seine Erklärung findet.

Wir werden später sehen, daß in der Parabola vom Anfang an Inzest-Symbolik vorhanden ist. Zuerst sehr dunkel, wird sie später etwas durchsichtiger; und genau in jenem Augenblick, wo sie ihre letzten Schleier abwirft, also eine für die Traumzensur unerträgliche Deutlichkeit erlangt: genau in diesem psychologischen Moment tritt die Abwälzung der verpönten Handlung auf die andere, scheinbar fremde Person ein.

Ein ähnlicher Vorgang ist es natürlich, wenn im Erdbeertraum die Situationsveränderung genau in jenem Augenblick eintritt, wo die Sache eben beginnt, dem Träumer ungemütlich zu werden. Dieses Ungemütlich-Werden können wir in der Parabola wunderschön verfolgen. Der kritische Übergang findet sich gerade an einer jener Stellen, wo die Darstellung am verworrensten erscheint: so sind meistens die schwächsten Punkte der Traumoberfläche beschaffen. Jene Punkte also, wo die äußere Hülle fadenscheinig ist und dem Blick des Analytikers eine Blöße bietet.

Die kritische Phase der Parabola beginnt im 11. Absatz. Die Alten konsultieren über einen Brief von der Fakultät. Der Wanderer merkt, daß der Inhalt ihn betreffe, und fragt: „Ihr Herren, ist's meinethalben zu tun?“ Sie antworten: „Ja, jhr must ewer Weib, so jhr unlengst genommen, zur Ehe behalten.“ Wanderer: „Das bedarff keiner Mühe, denn ich mit ihr gleichsam gebohren [wie fein!] und von Kind auf erzogen worden bin.“ Jetzt ist das Geheimnis vom Inzest beinah verraten. Aber sogleich wird wirksam eingegriffen. Im Absatz 12 heißt es: „Da fiel mir meine vorige Mühe und Arbeit ein, und gedachte bei mir selbst, auß sonderbaren Ursachen [diese sonderbaren Ursachen sind die Traumzensur, die, unbewußt waltend, die nunmehr folgenden Verschiebungen bewirkt!], es müste nicht mich, sondern einen andern, so mir wol bekant, betreffen [fürwahr ein wohlbekannter Anderer!]. In dem sehe ich unsern Breutgam mit seiner Braut in vorigem Habit daher gehen, zur Copulation fertig und bereit, deßen ich mich höchlich erfrewete: Denn ich in grossen Angsten gewesen, die Sachen möchten mich selbsten antreffen.“ Die Angst ist uns wohl verständlich; eben ihr Auftreten ist es, weshalb die Verschiebung vom Wanderer auf die andere Person vorgenommen wird.[16] Im Absatz 13 wird fortgefahren: „Alß nun ... unser Breutgam ... mit seiner liebsten Braut ... zu gemelten Alten kame; Copulirten sie die beyde ... und verwunderte ich mich nicht wenig, das diese Jungfraw, so doch ihres Breutgams *Mutter* sein solte, noch so jung war ...“ Hier, wo nunmehr die Abwälzung stattgefunden hat, wagt sich, nachdem vorher nur die Andeutung auf eine Schwester gemacht worden, sogar der Gedanke: Mutter hervor. Absatz 14 spricht schließlich offen die Blutschande aus und sorgt sogar für die Bestrafung der Schuldigen. In dieser Form konnte die Sache selbstverständlich ohne Beunruhigung des Gewissens weitergedacht oder bildlich weiter erlebt werden.

Die in der Erzählung mit der Mutter alternierende Schwester ist nur eine Vorstufe[17] der ersteren. Indem wir finden, daß sich der *Oedipus-Komplex* in der Parabola auslebt, bringen wir diese in noch engere Verwandtschaft mit den Märchen und Mythen, zu denen wir sie in Parallele gesetzt haben. Das vom Helden gesuchte und erkämpfte Weib scheint in tieferer psychologischer Beziehung im-

---

16 Die Tendenz, in welcher die Zensur ihres Amtes waltet, die Traumentstellung ausübt, geht nach Freud, *Trdtg.*, 193, dahin, „ ... die Entwicklung von Angst oder anderen Formen peinlichen Affekts zu verhüten.“

17 Richtiger gesagt: eine Abschwächung, wie sie nicht bloß der Traumpsychologie, sondern auch der modernen Mythologie geläufig ist.

mer die Mutter zu sein. Die Bedeutung des Inzestmotivs haben von einer Seite her die Psychanalytiker (namentlich Rank, der ausgedehntes Material bearbeitete), von einer andern Seite her die Mythologen gefunden. Daß viele moderne Mythologen bei diesen Entdeckungen das Hauptgewicht auf den astralen oder den meteorologischen Gehalt der Mythen legen und die psychologischen Folgerungen nicht ziehen, ist eine Sache für sich, die später noch erörtert werden soll. Vorläufig sei nur konstatiert, daß die Übereinstimmung in dem aufgedeckten Material (Motive) um so bemerkenswerter ist, als sie im Verfolg ganz verschiedener Tendenzen auftritt.

Es ist an der Zeit, die Einzelheiten der Parabola auf ihre Übereinstimmung mit dem jetzt bekannten Hauptthema zu prüfen und überhaupt eine geschlossene Interpretation zu gewinnen. Wir können uns jetzt schon an die chronologische Ordnung halten. Der Schwellensymbolik im Beginn der Parabola wurde bereits gedacht, ebenso der Gehhemmung, die einem psychischen Konflikt gleichkommt. Man könnte es dabei bewenden lassen, doch ist eine ausführlichere Deutung recht gut möglich, wodurch sich einzelne Bilder als überdeterminiert erweisen. Der Weg ist eng, mit Gesträuch bewachsen, führt zum Pratum felicitatis; einer typischen Traumsymbolik nach ist das auch eine weibliche Körperregion. Die Gehhemmung kennen wir als Zurückschaudern vor oder Verhindertsein an dem Inzest; es wird also wahrscheinlich, daß ein bestimmter weiblicher Leib, nämlich der der Mutter, gemeint sei. Das Eindringen führt zu dem Pratum felicitatis, zu seligem Genuß. Der Aufenthalt im Wald bedeutet im Märchen häufig den Tod oder das Leben in der Unterwelt. Wilhelm Müller schreibt z. B.: „Als Symbole von gleicher Bedeutung ergeben sich … die Verwandlung in Schwäne oder andere Vögel, in Blumen; das Aussetzen *im Walde*; das Leben auf dem Glasberge, in einem Schlosse, *im Walde* … Alle beziehen sich auf Tod und Leben in der Unterwelt.“ Die Unterwelt ist, mythologisch betrachtet, nicht nur das Land, wohin die Sterbenden gehen, sondern auch woher die Lebenden gekommen sind; also für den Einzelmenschen und insbesondere für unseren Wanderer, der Uterus der Mutter. Es ist bezeichnend, daß der Wanderer beim Spazierengehen über den „Fall unserer ersten Eltern“ nachdenkt und ihn „beweinet“. Der Fall der Eltern war eine sexuelle Sünde. Daß sie außerdem ein Inzest war, wird später erörtert werden. Der Sohn, der im Vater den Nebenbuhler bei der Mutter sieht, beklagt es, daß die Eltern einander angehören. Ein sexuelles Vergehen (Inzest) verursacht den Verlust des Paradieses. Der Wanderer betritt das Paradies, das Pratum felicitatis[18]. Der Weg dahin ist ihm nicht zu rauh (Absatz 2).

Im Absatz 3 betritt der Wanderer sein Paradies-Inzest. Bei der Mutter stößt er allerdings auf den Vater wie auf ein Hindernis. Die Alten (Spaltung der Person des Vaters) wollen ihn nicht aufnehmen, verwehren ihm den Eintritt – in das Kollegium. Er selber, der Junge, sieht sich aber schon unter ihnen. Der jüngere Mann, dessen Namen er kennt, ohne das Antlitz zu sehen, ist jedenfalls er selbst. Er setzt sich an die Stelle seines Vaters. (Der andere junge Mann mit dem spitzigen schwarzen Bart dürfte eine Anspielung auf eine ganz bestimmte Person sein, berechnet für einen engen Leserkreis der Parabola zur Zeit des Verfassers. Auch der Teufel oder der Tod könnte gemeint sein, doch kann ich solche Konjekturen durch nichts stützen.)

Im 4. Absatz beginnen die Prüfungen. Zuerst kommt das Examen im engeren Sinn des Wortes. Der Beigeschmack des Väterlichen bei jeder Prüfung wird schon in der oben zitierten Stelle Freuds betont; jedes Examen, jede Aufgabe hängt zusammen mit den Kindheitseindrücken von elterlichen Vorschriften und Strafen. Später (betreffs der Behandlung des Löwen) wird der Wanderer als der Fragende auftreten, während jetzt die Alten die Fragenden sind. Im Verhältnis zwischen Eltern und Kind spielt die Frage psychologisch eine hervorragende Rolle. Erstaunlich früh ist das Fragebedürfnis des Kindes auf das Sexuelle gerichtet. Die Frage, woher die Kinder kommen, steht im Zentrum seiner Wißbegierde. Die ablehnende Haltung der Eltern bringt eine Verdrängung der Urfrage zuwege; diese aber hört nicht auf, ihre treibende Kraft der Wißbegierde überhaupt zufließen zu lassen. Die Ablehnung bringt ferner eine charakteristische Trotzeinstellung des Kindes hervor, ein ironisches Fragen oder ein Besserwissen. Das Besserwissen gegenüber dem fragenden Vater sehen wir bei unserem Wanderer. Die Rollen sind vertauscht. Statt daß das Kind (sexuelle) Aufklä-

18 „Wonnegarten", „Freudengarten", „Wonnenberg" usw. wurde ja das Paradies genannt. Nun ist aber besonders bemerkenswert, daß die selben Worte die Geliebte bedeuten können (Grimm, *D. Mythol.* II, 684f = Kap. XXV, 781f).

rung von den Eltern verlangt, muß sich der Vater vom Kind belehren lassen (Wunscherfüllung, selbst der Vater zu sein, wie oben). Die Alten wissen bloß in der Bildersprache („Similitudines", „Figmenta" etc.) Bescheid; der Wanderer aber ist in der Praxis beschlagen, in der Experienz, er ist der Erfahrene. In der Tat, geben die Eltern in ihrem ablehnenden Verhalten auf die Frage: „Woher kommen die Kinder?" eine bildliche (wiewohl als Bild richtige) Antwort, indem sie sagen, der Storch bringe sie, während das Kind klaren Aufschluß (aus der Experienz!) erwartet. Über die Richtigkeit der bildlichen Auskunft, daß der Storch die Kinder aus dem Wasser hole, sei hier beiläufig nach Kleinpaul folgendes bemerkt. Der Brunnen ist der Mutterschoß, und der rotbeinige Storch, der Kinderbringer, ist nichts weiter als ein launiges Bild für das gern mit einem langen Hals, einer Gans oder einem Storch verglichene Organ (Phallos), das die kleinen Kinder tatsächlich aus dem Mutterleib herausholt. Man versteht auch, daß der Storch die Mutter ins „Bein" gebissen hat.

Als eine Bedeutung der Prüfungsangst haben wir oben auch die Befürchtung der Impotenz kennen gelernt. Psychosexuelle Hemmungen erzeugen Impotenz. Das Inzestbedenken ist eine solche Hemmung.

Im Sinne von Laistner kann man die peinliche Prüfung als „Fragepein" – ein in unzähligen Mythen vorkommendes typisches Erlebnis des Helden – auffassen. Der genannte Autor führt, von diesem Zentralmotiv ausgehend, die Mehrzahl der Mythen auf den Alptraum zurück. Die Lösung der peinlichen Frage, das Zauberwort, das den Spuk vertreibt, ist der Schrei des Erwachens, mit dem der Schläfer den drückenden Traum, den Alp, los wird. Der Prototyp des peinlichen Fragestellers ist bei Laistner die Sphinx. Wir sehen uns auch hier an den Oedipus- oder Inzestkomplex erinnert. Sphinx, Drachen, Riese, Menschenfresser usw. sind mythisch gleichwertige Figuren. Sie sind es, die den Helden bedrängen; mit ihnen hat er zu kämpfen. Die entsprechende Figur unserer Parabel ist der Löwe.

Obgleich der Wanderer die Prüfung glänzend bestanden hat, nehmen ihn die Alten (Absatz 5) in ihr Kollegium nicht auf (das Motiv der Verweigerung kehrt später wieder), sondern schreiben ihm den Kampf mit dem Löwen vor. Dieser ist freilich eine Personifikation des gleichen Hindernisses wie die Alten selber; in ihnen hat man sozusagen den zu bekämpfenden Drachen als Vielheit vor sich. Analoge Vervielfältigungen des Drachens findet man z. B. bei Stucken (in den SAM). Typische Drachenkämpfer sind Iason, Josua, Simson, Indra; und ihre Drachengegner sind Vielheiten wie die gewappneten Männer aus der Saat der Drachenzähne bei Iason, die Amoriter bei Josua, die Philister bei Simson, die Dasas bei Indra. Daß bei dem Wanderer die Gesamtheit der Alten hauptsächlich als der Vater aufzufassen ist, wissen wir; das gleiche gilt nun von dem Löwen, der schon als Löwe (König der Tiere, königliches Tier, auch im hermetischen Sinne) an sich zum Vatersymbol geeignet ist; Kaiser, König, Riese u. dgl. pflegen in Träumen Repräsentanten des Vaters zu sein. Auch große Tiere, namentlich reißende oder wilde, pflegen in dieser Bedeutung in Träumen vorzukommen.

Stekel (*Spr. d. Tr.*) führt folgenden Traum des Patienten Omikron an: „Ich war in meiner Heimat. Meine Familie hatte dorten einen toten Bären aufbewahrt. Sein Kopf war aus Holz, und aus dem Bauche wuchs ein mächtiger Baum, der uralt aussah. Um den Hals hatte das Tier eine Kette. Ich zog an derselben, fürchtete aber nachher, daß ich ihn vielleicht erwürgt habe, trotzdem er längst tot war.“ Und dazu die durch Analyse gewonnene Deutung: „Der Bär ist ein Brummbär, der ihm einst manchen Bären über die Entstehung der Kinder aufgebunden – sein Vater. Er schmäht ihn deshalb. Er war töricht, er hatte einen „hölzernen“ Kopf. Der mächtige Baum ist der Phallos. Die Kette ist die Ehe. Er war auch ein Pantoffelmann, ein gezähmter Bär. Mutter hielt ihn an der Kette. Diese Kette (das Band der Ehe) wollte Omikron zerreißen. (Inzestgedanken.) Als der Vater starb, hielt Omikron die Hand vor dessen Mund, um sich zu überzeugen, ob er noch atme. Dann verfolgten ihn Zwangsvorstellungen, er habe den Vater getötet. Im Traume tauchen dieselben Vorwürfe auf. Wir erkennen, wie mächtig seine Mordimpulse waren. Seine Vorwürfe sind berechtigt. Denn er hatte unzählige Todeswünsche, die sein teuerstes Haupt umkreisten.“

Ein noch nicht sechsjähriges Kind, Mädchen, erzählt seiner Mutter diesen Traum: „Wir sind zusammen gegangen, da haben wir auf einem Felsen ein Kamel gesehen, und du bist auf den Felsen gekraxelt. Das Kamel wollte dich immer anschnuppern, du hast es aber nicht lassen, und hast gesagt: ‚Ich möchte es tun, wenn du aber so bist, mach' ich's nicht'." Nach der Traumerzählung fragt die Mutter das Mädchen, ob es sich vorstellen kann, was das Kamel im Traum bedeutet, worauf es ihr sofort antwortet: „Den Papa, er muß auch so schleppen und sich plagen wie ein Kamel. Weißt du, Mama, wie es dich anschnuppern wollte, war's, als wenn er auf kamelisch sagte: ‚Bitte, spiel' mit mir. Ich will dich heiraten, ich laß dich nicht scheiden.' – Der Felsen, wo du hinauf bist, war steil, der Weg war schön rein, aber das Geländer war sehr schmutzig und ein tiefer Abgrund und über das Geländer ist ein Mann in den Abgrund gerutscht. Ob es der Papa oder der Onkel war, weiß ich nicht."

Stekel bemerkt hierzu: „Das neurotische Kind versteht den ganzen Konflikt der Eltern. Die Mutter verweigert dem Vater den Beischlaf. Hier will sie mit dem Kamel nicht ‚spielen'. Das Kamel will sie ‚heiraten'. Ebenso rätselhaft ist es, woher das Kind weiß, daß die Mama sich eine Zeitlang mit Scheidungsgedanken getragen hat … Die Kinder beobachten offenbar viel schärfer und genauer, als wir es bisher geahnt haben. Der Schluß des Traumes ist eine ziemlich durchsichtige Symbolik eines Congressus. Aber die Traumgedanken gehen noch tiefer. Ein Mann versinkt ja in einem Abgrund. Der Vater macht kleine Bergpartien. Sollte das Kind den Wunsch haben, der Vater möge abstürzen? Der Vater behandelt das Kind schlecht und schlägt es mitunter in ungerechter Weise. Jedenfalls ist in Betracht zu ziehen, daß der kleine Fratz der Mutter sagte: ‚Du, Mama – nicht wahr, wenn der Papa stirbt, wirst du den Doktor Stekel heiraten'. Ein anderes Mal plauschte sie: ‚Weißt du, Mama – der Doktor N. gefällt mir viel besser als der Papa. Der würde viel besser zu dir passen.' – Auch die Gegensätze von rein und schmutzig, die später im Seelenleben der Neurotiker eine solche wichtige Rolle spielen, sind hier schon angedeutet." Nicht nur das Kamel, sondern auch das Geländer und der Abgrund sind zum Vergleich mit der Parabola interessant, in deren 7. und 8. Absatz die gefährliche Mauer mit dem Geländer vorkommt. Leute stürzen dort hinunter. Es handelt sich offenbar um eine (auch dem Kind) naheliegende, primitive Symbolik. Doch ich will nicht vorgreifen.

Dem Bärentraum ist kaum etwas hinzuzufügen. Er ist vollkommen deutlich. Nur das eine sei bemerkt: daß die nachträgliche Besorgnis um den Toten auch in der Parabel anzutreffen ist, aber nicht beim Wanderer, sondern (im 7. Absatz) bei den Alten, die die Wiederbelebung des Löwen verlangen.

Den Löwen beschreibt der Wanderer (Absatz 6) als „alt, grimmig und groß“ (der Brummbär des Traumes). Der Blick seiner Augen ist der dem Kinde imponierende vorwurfsvolle Blick des Vaters. Der Wanderer besiegt den Löwen und „anatomieret“ ihn dann. Rotes Blut, weiße Knochen kommen zum Vorschein. Männliches und Weibliches. Das Herauslangen der zwei Bestandteile ist jedenfalls in dem Sinn überdeterminiert, als es einerseits die Trennung des ursprünglich wie ein Leib verbundenen Paares Vater-Mutter, anderseits die Befreiung der Sexualität im Sinne des Wanderers (Gewinn der Drachenjungfrau oder Mutter) bedeutet. Man darf die Figuren des Löwen und der Alten nicht einseitig als „Vater“ auflösen wollen. Solche hochwertige Figuren pflegen Verdichtungen, Mischpersonen zu sein. Die Alten sind nicht bloß der Vater, sondern auch die Alten, die Älteren = Eltern überhaupt, insofern sie die gestrengen, unnahbaren sind. Als unnahbar würde sich ja wahrscheinlich auch die Mutter erweisen, wenn der erwachsene[19] Sohn sie als Weib begehrte. Der Wanderer hat beim Löwen mit seiner Zärtlichkeit kein Glück. Er fängt ja damit an, daß er ihm schmeichelt (vgl. Absatz 6), aber der Löwe sieht ihn „mit seinen hellglantzenden Augen“ furchtbar an. Er gibt sich nicht gutwillig; der Wanderer muß mit ihm ringen. Ein Vergewaltigen der Mutter kommt in Mythen öfters vor. Wir werden später ein Beispiel kennen lernen. Charakteristisch ist, daß der Wanderer vor seiner eigenen Kühnheit erschrickt. Mythologisch gehören Drachenkampf, Zerstückelung, Inzest, Trennung der Ureltern und noch mehrere andere Motive innig zusammen; ich verweise auf die von Stucken aus imposanter Fülle von Material gewonnenen Motivgleichungen.[20] Das Motiv der Zerstückelung ist für meine späteren Ausführungen von großer Bedeutung; ich muß deshalb etwas länger dabei verweilen. Die Teile, die das Resultat der Zerstückelung sind,

---

19 Der kindliche Sohn hat dagegen oft genug erotische Erlebnisse mit der Mutter. Die Eltern dulden sie, weil sie die Zärtlichkeiten, auch ihre eigenen, nicht zu deuten wissen. Sie wissen häufig Maß und Übermaß nicht gegeneinander abzugrenzen.

20 Ich setze einen Auszug davon als A unter die Anmerkungen rückwärts.

haben Sexualwert (Zeugungswert). Das wissen wir bereits aus der Analyse der Parabel, ohne daß wir mythologische Parallelen nötig gehabt hätten. Jetzt sei zuvörderst darauf verwiesen, daß viele Kosmogonien die Welt oder wenigstens die Erde oder ihre Lebewesen aus den zerfallenden Körperteilen eines großen Tieres oder Riesen entstehen lassen. In der jüngeren Edda heißt es von des Riesen Ymir Zerstückelung:

„Aus Ymirs Fleisch ward die Erde geschaffen,
Aus dem Schweiße die See,
Aus dem Gebein die Berge, die Bäume aus dem Haar,
Aus der Hirnschale der Himmel.
Aus den Augenbrauen schufen gütige Asen
Mitgard den Menschensöhnen;
Aber aus seinem Hirn sind alle hartgemuten
Wolken erschaffen worden.“

Der iranische Mythos kennt einen Urstier Abudad. „Aus seiner Linken geht Goschorun, seine Seele, und steigt zum Sternenhimmel auf; aus der rechten Seite tritt hervor Kajomorts (Gâyômard), der erste Mensch. Von seinem Saamen nimmt die Erde ein Dritteil, zwei Dritteile aber der Mond auf. Aus seinen Hörnern wachsen die Früchte, aus seiner Nase die Laucharten, aus seinem Blute Trauben, aus seinem Schweife fünfundzwanzig Getreidearten. Aus dem gereinigten Saamen wurden zwei neue Stiere gebildet, von denen alle Tiere abstammen.“ So wie im iranischen Mythos das menschlich gedachte Urwesen Gâyômard und der Urstier zusammengehören, so findet man im nordischen neben Ymir die Kuh Audhumla. Ymir ist androgyn aufzufassen, die Urkuh ist nur eine Verdoppelung seines Wesens (SAM, 97). Der iranische Urstier kommt auch als Kuh vor. Man denke an Weiß und Rot, Weiblich und Männlich, im Leib des Löwen.

Im indischen Asvamedha entsprechen die Teile des geopferten Rosses den Bestandteilen der sichtbaren Schöpfung. (Vgl. *Brhada-ranyaka-Upaniṣad* I, 1.) Eine primitive vedische Kosmogonie läßt die Welt aus den Körperteilen eines Riesen entstehen (*Ṛg-veda*, puruṣa-sukta).

So wie aus dem getöteten Urwesen, dem geopferten Mithrasstier Leben, Vegetation emporsprießt, so wächst in dem Traum Omikrons ein Baum aus dem Bauch des getöteten Bären. Mythisch kommen häufig Bäume auf Gräbern vor, die irgendwie das zeugende oder Lebens-Prinzip des Toten verkörpern. Interessant ist, daß die Welt, oder eigentlich eine verbesserte Neuauflage der Welt, so häufig aus dem Leib eines *sterbenden* Wesens hervorgeht. Jemand tötet dieses Wesen und verursacht so eine verbesserte Schöpfung. (Nach Stucken sind, nebenbei bemerkt, alle Mythen schließlich Schöpfungsmythen.) Dieses Verbessern ist nun psychologisch mit dem oben erwähnten Besserwissen des Sohnes (allgemeiner ausgedrückt: der jeweiligen neuen Generation gegenüber der der älteren) identisch. Der Sohn beseitigt den Vater (die Jungen überwältigten die Ältern-Eltern) und schafft gleichsam aus den Trümmern eine verbesserte Welt. Also neben dem Besserwissen ein Bessermachen. Die Urwesen gehen zugrunde, nicht aber die schöpferische Kraft (Phallos, Baum, das Rote und das Weiße); sie geht auf die Nachkommen (Sohn) über, und diese gebrauchen sie in ihrer Weise.

Es finden nicht immer vielfältige, sondern auch dichotomische Zerteilungen im Schöpfungsmythos statt. So spaltet in der babylonischen Kosmogonie Marduk das Ungeheuer Tiamat in zwei Teile, welche nunmehr die obere und die untere Himmelshälfte darstellen. Winckler schließt, daß Tiamat Mann-Weib sei (Ureltern-paar). Dies führt zu jenem Typus der Schöpfungssage, wo der Hervorbringer der (verbesserten) Welt das Urelternpaar, seine Eltern, trennt. Der chinesische Schöpfungsmythos erzählt vom uranfänglichen Chaos als von einem sprudelnden Gewässer, in dem die beiden Potenzen Yang (Himmel) und Yin (Erde), die beiden Ureltern, vermischt, vereinigt sind. Pwan-ku, ein Sproß dieser Urkräfte (Sohn der Eltern) zertrennte sie, und so wurden sie offenbar. Im ägyptischen Mythos lesen wir (bei Maspero, *Hist. des Peuples de l'Or*, SAM, 203): „La terre et le ciel étaient au début un couple d'amants perdus dans le Nou et qui se tenaient étroitement embrassés, le dieu sous la déesse. Le jour de la création, un dieu nouveau [Sohntypus], Shou, sortit des eaux éternelles, se glissa entre les deux, et, saisissant Nouît [die Göttin] à plaines mains, la haussa par-dessus sa tête à toute la volée de ses bras. Tandis que le buste étoilé de la déesse s'allongeait dans l'espace, la tête à l'ouest, les reins à l'est, et devenait le ciel, ses pieds et ses mains [als vier Himmelspfeiler] retombaient deçà et delà sur notre sol". Der junge Gott oder der Sohn drängt sich zwischen die Eltern, trennt ihren Bund, so wie der Träumer Omikron die Kette des Bären (das eheliche Band der Eltern) zerreißen möchte. Der Fall ist in der analytischen Psychologie ein ebenso allgemeiner Typus wie in der mythischen Kosmologie. Das Kind ist wirklich ein Eindringling; wenn es auch mittelbar das Eheband fester knüpfen mag: elementar angesehen, tritt es als Konkurrent des Vaters auf; dieser ist fortan nicht mehr der einzig Geliebte seiner Frau; er muß die Liebe mit dem neuen Ankömmling teilen, dem sogar eher die größere Zärtlichkeit zugewendet wird. Vom Standpunkt des heranwachsenden Sohnes aus gesehen, stellt sich das Eindringen als das Oedipusmotiv (mit dem Inzestwunsch) dar.

Die ausgesprochenste und dabei eine häufig vorkommende Form der mythologischen „Trennung der Ureltern“ ist die Kastration des Vaters durch den Sohn. Das Motiv ist nach allem Gesagten psychologisch ebenso verständlich wie die im Mythos gleichfalls oft vertretene Kastration des Sohnes durch den Vater. Letzteres ist psychologisch geradezu das notwendige Korrelat der ersten Form. Die Nebenbuhler Vater und Sohn bedrohen einer des anderen Sexualleben. Daß es sich bei dem Kastrationsmotiv um Vater und Sohn (Schwiegersohn, wenn für die Mutter die Tochter gesetzt wird) handelt, wird vom Mythos entweder expressis verbis oder durch entsprechende Ersatztypen ausgedrückt.

Ein klarer Fall ist die Entmannung des Uranos durch seinen Sohn Kronos, der damit die weitere Kohabitation der Ureltern verhindert.[21] Wichtig für uns ist, daß die Kastration mythisch u. a. ausgedrückt wird durch Ausreißen eines Gliedes oder durch *Zerstückelung*. (SAM, 436, 443, 479, 638f. Rank, *Inz.-Mot.*, 311f.)

Auch die Adamsmythe enthält das Motiv der getrennten Ureltern. In dem Buch Genesis erblicken wir den Mythos natürlich nicht in seiner reinen Form. Er muß erst redressiert werden. Stucken besorgt dies, indem er Adam und Hawwa als das Weltelternpaar, Jahwe Elohim als den trennenden Sohngott auffaßt. Schon gelegentlich einer Vergleichung Adams mit Noah fordert er durch Analogieschlüsse eine Entmannung Adams. Gelegentlich des „Motivs des schlafenden Urvaters“ bemerkt er später (SAM, 224),

21 Urbild des Titanenmotivs im engeren Sinn.

daß die Entmannung (oder schamlose Handlung, Ham mit Noah) ausgeführt wird, während der Urvater im Schlafe liegt. So entmannt Kronos den Uranos des Nachts, während dieser mit Gaia schläft. Stucken entdeckt nun, daß das Schlafmotiv auch im 2. Kapitel der Genesis enthalten ist. „Da ließ Iahwe Elohim den Menschen in einen tiefen Schlaf fallen, und nachdem er eingeschlafen war, nahm er eine von seinen Rippen und füllte ihre Stelle mit Fleisch aus." Nach Stucken steht nun die Rippe euphemistisch für das Zeugungsglied, und dieses wird dem Adam, während er schläft, von seinem Sohne abgeschnitten. Eine andere Art der Redressierung nimmt Rank (*Völkerpsych. Parallelen*) vor. Für ihn ist das Entspringen der Hawwa aus Adam (Rippe) eine Umkehrung. Er verweist auf die immer wiederkehrende „Weltelternmythe" der Naturvölker, in der der Sohn mit der Mutter das neue Geschlecht erzeugt. Er zitiert nach Frobenius eine Erzählung aus Joruba (Afrika), wo Sohn und Tochter des Welternpaares einander heiraten und einen Sohn bekommen, der sich in seine Mutter verliebt. „Da sie sich weigert, seiner Leidenschaft zu willfahren, verfolgt und vergewaltigt er sie. Sie springt gleich darauf wieder auf die Füße und rennt jammernd von dannen. Der Sohn verfolgt sie, um sie zu beschwichtigen, und als er sie endlich fast erreicht hat, stürzt sie rittlings zu Boden, ihr Körper beginnt zu schwellen, zwei Wasserströme quellen aus ihren Brüsten und der Körper zerbirst. Ihrem zerklüfteten Leib[22] entspringen fünfzehn Götter ..."

Rank nimmt nun an, daß die Symbolik des biblischen Weltelternberichtes der Inzestverhüllung (und natürlich gleichzeitig der symbolischen Durchsetzung des Inzests) dient. Er führt aus: „Man braucht nämlich nur die infantile Geburtstheorie[23], die sich infolge Vernachlässigung des weiblichen Sexualapparates auf beide Geschlechter erstreckt, auf die nächsthöhere Erkenntnisstufe des kindlichen Wissens zu heben, die dem Weib allein die Fähigkeit zuschreibt, durch Öffnung ihres Leibes Kinder in die Welt zu setzen. Es stellt sich dann in Umkehrung der biblischen Erzählung

22 Motiv der Zerreißung des Mutterleibs. Der zerstachelte Löwe enthält natürlich auch dieses Motiv. Aus dem zerrissenen Leib kommen männliche und weibliche (rote und weiße) Kinder.

23 Geburt aus dem Anus, dem Nabel usw. Das Entnehmen der Rippe = Geburtsvorgang.

der naturgetreuere Vorgang her, wonach Adam aus dem geöffneten Leib der Eva herauskommt. Dürfen wir dies nach Analogie anderer Überlieferungen für das Ursprüngliche nehmen, so ist klar, daß Adam dann mit seiner Mutter geschlechtlich verkehrt, und daß die Verhüllung dieses anstößigen Inzests zur Entstellung der Sage und zur symbolischen Einkleidung ihres Inhalts Anlaß gab." Die Geburt aus der Seite des Leibes, aus dem Nabel, aus dem After usw. sind bei den Kindern gewöhnlich vorkommende Geburtstheorien. In den Parallelmythen zur biblischen Apfelszene reicht fast immer der Mann der Frau den Apfel; der biblische Bericht dürfte eine Umkehrung sein. Der Apfel ist ein Liebesapfel und Befruchtungssymbol. Die Befruchtung durch Speise ist wieder eine infantile Zeugungstheorie. Für Rank ist es also Adam, der die Trennung der Ureltern (Jahwe und Hawwa) und den Mutterinzest begeht. Die zwei vorstehenden Auffassungen des Adamsmythos dürfen nicht eine gegen die andere ausgespielt werden. Daß sie nebeneinander bestehen können, ist um so begreiflicher, als die Genesis selbst aus heterogenen Stücken zusammengeschweißt ist und verschiedene Bearbeitungen der Welteltermotive bringt. Verschiebungen, Umkehrungen und daher scheinbare Widersprüche müssen ganz naturgemäß in einem solchen Material liegen. Es kommt übrigens bei den Deutungen gar nicht so sehr auf die Träger der aufgefundenen Motive, als auf diese selbst an.[24]

Kehren wir nun zum Motiv der Zerstückelung zurück. Eines der bekanntesten Beispiele für die Zerstückelung im Mythos ist diejenige des Osiris. Schon im Mutterschoße entbrannten, wie der Mythos erzählt, beide Geschwister Isis und Osiris in Liebe zueinander und begatteten sich, so daß von der Ungeborenen Arueris geboren wurde. So kamen die beiden Götter schon als Geschwistergatten zur Welt. Osiris durchzog die Erde, den Menschen Wohltaten spendend. Allein er hatte einen bösen Bruder, voll Neid und Scheelsucht gegen ihn erfüllt, Typhon (Set), der gerne die Abwesenheit seines Bruders benutzt hätte, um sich an seiner Stelle auf den Thron zu setzen. Isis, die während der Abwesenheit des Osiris regierte, wußte sich so kräftig und standhaft zu benehmen, daß alle seine bösen Anschläge vereitelt wurden. Endlich kehrt Osi-

24 Über d. Bedeutung d. mytholog. Motive vgl. Lessmann (*Aufg. und Ziele*, 12).

ris zurück, und Typhon, der mit einer Anzahl Genossen (die Zahl schwankt) und mit der äthiopischen Königin Aso einen Bund gemacht gegen das Leben des Osiris, veranstaltet in geheuchelter Freundschaft ein Fest. Er hat aber einen prächtigen Kasten machen lassen, und als sie fröhlich beim Gastmahle sitzen, läßt Typhon denselben hereintragen und verspricht ihn dem zu schenken, welcher ihn mit seinem Körper ausfüllen werde. Heimlich hatte er nämlich das Maß vom Leibe des Osiris genommen und danach den Kasten verfertigen lassen. Alle versuchen es der Reihe nach. Keiner paßt. Endlich legt sich Osiris hinein. Da springt Typhon mit seinen Genossen herbei, sie schließen den Kasten zu und werfen ihn dann in den Fluß, der ihn dem Meere zuträgt (Creuzer, I., 259f.). Für die Tötung des Osiris durch seinen Bruder Set, die nach der ursprünglichen Version aus Herrschsucht geschieht, machen spätere Überlieferungen einen unbewußten Inzest verantwortlich, den Osiris mit seiner zweiten Schwester Nephthys, der Gattin Sets, begangen hätte, welcher Verbindung Anubis (der hundsköpfige Gott) entsprossen sei. Set und Nephthys sind nach H. Schneider wahrscheinlich kein ursprüngliches Geschwistergattenpaar wie Isis-Osiris, sondern dürften später auf dem Weg der Dublettierung eingeführt worden sein, um den Kampf zwischen Osiris und seinem Bruder zu motivieren. Mit Hilfe des Anubis findet Isis den Sarg wieder auf, bringt ihn nach Ägypten zurück, eröffnet ihn im stillen und läßt ihrer Zärtlichkeit und Trauer freien Lauf. Hierauf verbirgt sie den Kasten mit dem Leichnam im Dickicht des Waldes, an einem einsamen Orte. Eine Jagd, die der wilde Jäger Typhon anstellt, entdeckt den Sarg. Typhon zerstückelt den Leichnam in vierzehn Teile. Isis bemerkt bald den Verlust, sie sucht auf einem Papyruskahne den zerstückelten Leichnam des Osiris und fährt durch alle sieben Mündungen des Nil, bis sie endlich dreizehn Stücke zusammengefunden; nur das vierzehnte, der Phallos, fehlt, er war ins Meer getragen und von einem Fisch verschlungen worden. Sie fügt den Leichnam zusammen und ersetzt das fehlende männliche Glied durch ein nachgebildetes aus dem Holze des Sykomorus und stiftet zum Andenken den Phallos (als Heiligtum). Mit Hilfe ihres Sohnes Horus, der nach späteren Überlieferungen erst nach Osiris' Tode von diesem erzeugt wurde, rächt Isis die Ermordung ihres Gatten und Bruders. Zwischen Horus und Set, die ursprünglich selbst Brüder waren, entspinnt sich ein erbitterter Kampf, wobei die Gegner einander gewisse Teile des Körpers als kraftspendende Amulette entreißen: Set schlägt dem Gegner ein Auge aus und verschlingt es, verliert aber dabei seine eigenen Genitalien (Hoden), die der ursprünglichen Fassung nach wohl von Horus verschlungen worden sind. Schließlich unterliegt Set und wird gezwungen, das Horusauge wieder von sich zu geben, mit dessen Hilfe Horus den Osiris wieder belebt, so daß er als Herrscher ins Totenreich eingehen kann.

In der Zerstückelung mit schließlichem Fehlen des Phallos ist die Kastration deutlich zu erkennen. Das Ausreißen des Auges ist gleichfalls als Entmannung aufzufassen. Man findet dieses Motiv als (Selbst-)Bestrafung für den Inzest am Schlusse des Oedipus-Dramas. Über die Zerstückelung des Osiris als Kastration schreibt Rank (*Inz.-Mot.*, 311): „Zeigt uns … die charakteristische Phallusstiftung der Isis, daß ihre Trauer vorwiegend dem Verlust des Phallus gilt – was auch darin zum Ausdruck kommt, daß sie nach einer späteren Version doch noch von dem entmannten Gatten auf geheimnisvolle Weise befruchtet wird –, so zeigt uns andererseits das Verhalten des grausamen Bruders, daß es auch ihm bei der Zerstückelung wesentlich auf den Phallus ankam, da ja nur dieser unauffindbar ist, also offenbar unter ganz besonderen Vorsichtsmaßregeln beseitigt wurde. Ja, beide Motivierungen scheinen geradezu vereinigt in einer von Jeremias (*Babylonisches im N. T.*, 721) angeführten Version, wonach Anubis, der Sohn aus der ehebrecherischen Verbindung des Osiris mit seiner Schwester Nephthys, den Phallos des von Typhon mit zweiundsiebzig Gehilfen zerstückelten Osiris gefunden habe, den Isis in der Lade (Kiste) verborgen hatte. So konnte der Phallos allein, aus dem das neue Weltzeitalter entsteht, dem Typhon entgehen. Zeigt diese Version deutlich, daß Isis ursprünglich den wirklichen, unverweslich gemachten Phallos des Gatten und Bruders im Kästchen bewahrte und nicht bloß einen hölzernen, so wird anderseits die Wahrscheinlichkeit, daß es sich ursprünglich lediglich um die Entmannung gehandelt habe, erhöht durch die verschiedenen Abschwächungs- und Motivierungsversuche, die uns im Motiv der Zerstückelung entgegentreten."

In der Gestaltung der Osirissage tritt uns die Zerstückelung aber nicht bloß als Entmannung entgegen. Vielmehr erkennen wir auch die Trennung der Ureltern, das Hinsterben des Urwesens, mit der Befreiung der Urzeugungskraft zu frischer Weltschöpfung. Es ist ein recht interessanter Zug, daß in einer der Versionen aus dem Leichnam des Osiris ein gewaltiger Baum wächst. Ferner lernen wir zum erstenmal das wichtige Motiv der Wiederzusammensetzung des Zerstückelten, Belebung des Getöteten kennen.

In dem finnischen Epos *Kalevala* stürzt z.B. Naßhut den Lemminkäinen in die Fluten des Totenflusses. Lemminkäinen wird zerstückelt, dann fischt seine Mutter die Stücke, von denen übrigens einige fehlen, wieder heraus, setzt sie zusammen und belebt sie in ihrem Schoße. Nach Stuckens Erörterungen erkennt man in Naßhut eine Vaterfigur, in Lemminkäinen eine Sohnfigur. In der Überlieferung wird zwar kein Verwandtschaftsverhältnis zwischen den beiden erwähnt. Das ist aber eine „Differenzierung und Ablassung von Zügen, die jedem Mythologen geläufig ist" (SAM, 107).

In der Edda wird berichtet: „… daß Thôr ausfuhr mit seinem Wagen und seinen Böcken und mit ihm der Ase, der Loki heißt. Da kamen sie am Abend zu einem Bauern und fanden da Herberge. Zur Nacht nahm Thôr seine Böcke und schlachtete sie; darauf wurden sie abgezogen und in den Kessel getragen. Und als sie gesotten waren, setzte sich Thôr mit seinem Gefährten zum Nachtmahl. Thôr bat auch den Bauern, seine Frau und beide Kinder, mit ihm zu speisen. Des Bauern Sohn hieß Thialfi und die Tochter Röskwa. Da legte Thôr die Bocksfelle neben den Herd und sagte, der Bauer und seine Hausleute möchten die Knochen auf die Felle werfen. Thialfi, des Bauern Sohn, hatte das Schenkelbein des einen Bocks, das schlug er mit seinem Messer entzwei, um zum Mark zu kommen. Thôr blieb die Nacht da, und am Morgen stand er auf vor Tag, kleidete sich, nahm den Hammer Miölnir und erhob ihn, die Bocksfelle zu weihen. Da standen die Böcke auf; aber dem einen lahmte das Hinterbein. Thôr befand es und sagte, der Bauer oder seine Hausgenossen müßten unvorsichtig mit den Knochen des Bocks umgegangen sein, denn er sehe, das eine Schenkelbein wäre zerbrochen."

Zu bemerken ist hier besonders, daß der Hammer ein phallisches Symbol ist. Im Märchen kommen Zerstückelungen und Wiederbelebungen auch recht oft vor. So wird z.B. im Märchen vom Machandelboom (Grimm, KHM, Nr. 47) ein durch Köpfen getöteter Junge zerstückelt, gekocht und dem Vater zum Essen vorgesetzt. Diesem schmeckt das Mahl ausnehmend gut. Auf seine Frage nach dem Sohn wird ihm geantwortet, der sei auf längere Zeit zu Verwandten gegangen. Der Vater wirft alle Knochen unter den Tisch; sie werden vom Schwesterchen gesammelt, in ein Tüchlein gebunden und unter den Machandelboom (Wacholder) gelegt. Als Vöglein schwingt sich die Seele des Knaben in die Luft und wird dann später wieder in einen lebenden Jungen verwandelt. Die Brüder Grimm führen als Parallelen an: „Das Sammeln der Knochen kommt in den Mythen von Osiris und Orpheus, auch in der Legende von Adalbert vor: das Wiederbeleben in vielen anderen, z. B. im Märchen vom Bruder Lustig (KHM, Nr. 81), vom Fitchers Vogel (Nr. 46) in dem altindischen Lied von der Maribö-Quelle, in der deutschen Sage vom ertrunkenen Kind usw …" Übrigens hat W. Mannhardt (*Germ. Mythen*, 57–75) zahlreiche Sagen und Märchen dieser Art zusammengestellt. Man findet die Wiederbelebungen zerstückelter Rinder, Fische, Böcke, Widder, Vögel, Menschen.

Das grausige Mahl im Märchen vom Machandelboom erinnert selbstverständlich an die Tantalussage und das Thyestes-Mahl. Von dem zerstückelten Pelops, der von seinem Vater Tantalus den Göttern vorgesetzt wird, genießt Demeter (oder Thetis) eine Schulter des Kindes, die bei der Wiederbelebung durch eine Elfenbeinschulter ersetzt wird. Eine künstliche Schulter (aus Holz) bekommen auch Gemsen, die in einer Sage des nordöstlichen Kaukasus ähnlich zerstückelt und wiederbelebt werden, wie die Böcke Thôrs.

Zur Wiederbelebung des Zerstückelten werden die Bestandteile regelmäßig in ein Gefäß oder eine Hülle (Kessel, Kiste, Tuch, Fell) eingeschlossen. Im Falle des Kessels, der dem Bauch oder Uterus entspricht, werden sie meistens gekocht. So im Märchen vom Machandelboom, bei den Verjüngungskünsten der Medeia, die sie – abgesehen von jener Version, die von Zaubertränken berichtet, – an Iason und Aison übt und auch an Böcken bewährt (so wie Thôr an seinen Böcken). Aus Rank (313ff) muß ich noch einige hiehergehörige Bemerkungen anführen. Das innig zur Zerstückelung gehörige Motiv der Wiederbelebung scheint nicht nur sekundär die ursprüngliche Tötung kompensieren zu sollen, sondern auch die einfache Belebung selbst, d. h. die *Geburt* darzustellen. Rank glaubt, daß die Wiederbelebung sich ursprünglich auf eine zerstückelte Schlange (später andere Tiere, besonders Vögel) bezieht, in der man leicht den symbolischen Ersatz des abgeschnittenen, i. e. zeugungsunfähigen Phallos der Osiris-Sage wiedererkennt, der durch das „Lebenswasser“ wieder belebt werden kann. „Die Vorstellung, daß der Mensch selbst bei der Zeugung oder Geburt aus einzelnen Stücken zusammengesetzt wird, hat nicht nur in typischen allgemein-menschlichen Sexualtheorien der Kinder Ausdruck gefunden, sondern auch in zahlreichen Schwänken (z.B. Balzacs „Contes drôlatiques“) und mythischen Überlieferungen. Von besonderem Interesse wird uns die von Mannhardt (*Germ. Myth.*, 305) mitgeteilte altertümliche Ausdrucksweise, die von einer Schwangeren sagt: se het'n bûk vull knâken (sie hat den Bauch voll Knochen), was auffällig an den in allen Überlieferungen betonten Zug gemahnt, daß die Knochen des Zerstückelten auf einen Haufen oder in einen Kessel (Bauch) geworfen oder in ein Tuch[25] eingebunden werden.“ Den Umstand, daß dem wieder zusammengesetzten Zerstückelten zumeist ein Glied fehlt, deutet Rank ausnahmslos auf Kastration.

Das über die Zerstückelung Gesagte können wir nun mit Bezug auf den Löwen der Parabola in die Schlagworte fassen: Trennung der Eltern – Beseitigung des Vaters – Kastration des Vaters – Seine Stelle Einnehmen – Freiwerden der Zeugungskraft – Bessermachen. In Bezug auf den Inzestwunsch ist wohl „Kastration“ die treffendste Übersetzung für das „Anatomieren“ des Löwen. Der Drachenkämpfer pflegt ein Weib zu erlösen. Die Vorstellung, daß die Mutter erlösungsbedürftig sei und daß es ein gutes Werk sei, sie von dem Unterdrücker, Vater, zu erlösen, ist nach

25 Auch der getötete Jesus, der wieder lebendig werden soll, wird in ein Tuch gewickelt. Er gehorcht in mehreren Punkten den Anforderungen des richtigen Verjüngungsmythos. Der Zug fehlt nicht, daß die ins Tuch kommenden Glieder intakt sein müssen, damit die Wiederherstellung recht gelinge (wie in einer Vogelmythe, wo dem getöteten Vogel sorgsam die Knochen geschont werden müssen); ebenso kommt auch das Unvollständigsein (Wundenmale) nach der Wiederbelebung vor.
Joh. XIX, 33: „Als sie aber zu Jesu kamen, da sie sehen, daß er schon gestorben war, brachen sie ihm die Beine nicht.“ – 40f.: „Da nahmen sie den Leichnam Jesu und banden ihn in leinene Tücher mit den Spezereien... Es war aber an der Stätte, da er gekreuziget ward, ein Garten, und im Garten ein Grab, in welches niemand je gelegt war.“
Von der Bedeutung von Garten und Grab wird noch gesprochen werden. Sie unterstützt diejenige der Tücher.

der Ansicht der Psychanalyse ein typischer Bestandteil der unbewußten Phantasien des Menschen, welche am deutlichsten in den eingebildeten „Familienromanen“ der Neurotiker sich ausprägen. Zu dem typischen Drachenkämpfermythos gehört aber (nach Stuckens gewiß richtigem Schema) auch das Motiv der Verweigerung. Tatsächlich wird dem Helden unserer Parabola der in Aussicht gestellte Preis – die Aufnahme ins Kollegium – verweigert, denn mehrere von den Alten stellen jetzt die neue Bedingung auf, der Wanderer müsse den Löwen wieder lebendig machen (7. Absatz). In jenen Mythen, wo der Drachenheld mit einer Mehrheit zu kämpfen hat, fällt die Entscheidung häufig dadurch, daß er Uneinigkeit unter seine Gegner bringt. (Iason schleudert einen Stein unter die Männer aus der Drachensaat, diese balgen sich um den Stein und bringen einander um.) Die Uneinigkeit fehlt auch unter den Alten nicht. Sie kamen, wenn auch nur mit Worten, „hart aneinander“ (7. Absatz).

Durch den Kampf hat der Wanderer gleichsam ein Hindernis weggeräumt, eine Mauer oder Hemmung niedergerissen. Dieses Bild findet man in Träumen häufig; gleiche Bedeutung hat ein Überfliegen oder Überspringen von Mauern. Der Wanderer wird wie im Flug auf die höchste Höhe der Mauer getragen. Nun beginnen aber erst recht wieder die Bedenklichkeiten. Die Symbolik der zwei Pfade, des Rechts und Links, wurde schon besprochen. Der Mann, der vor dem Wanderer geht (Absatz 7–8), darf wohl füglich als die Gestalt des Vaters aufgefaßt werden. Einmal deshalb, weil sich der Wanderer auf der Wanderschaft zur Mutter befindet (das ist ja die Tendenz des Traumes), und auf diesem Weg der Vater natürlich sein Vorgänger ist. Der Vater ist aber auch der Erzieher, der sich als Beispiel bezeichnet und zum Gehen auf dem rechten Wege anhält. Auch zur Mutter geht der Vater auf dem rechten Wege, er ist der rechtmäßige Gatte. Der Sohn kann nur auf dem linken Weg zu ihr gelangen. Den schlägt er ein; auch des Bessermachens wegen. Ein Jemand folgt dem Wanderer auf der anderen Seite (Absatz 8); man weiß nicht, ob Weib oder Mann. Der Vater vor dem Wanderer ist seine Zukunft, denn an des Vaters Stelle will er sich ja setzen. Das Wesen hinter ihm ist wohl die Vergangenheit – die sorglose Kindheit, die den Geschlechtsunterschied zwischen Mann und Weib noch nicht kennt; sie wandelt nicht auf dem beschwerlichen rechten Weg, sondern spielerisch selbstverständlich auf dem linken. Der Wanderer geht nun selbst zur kindlichen Skrupellosigkeit über, er betritt den linken Weg. Die vielen Leute, die hinabfallen, mögen Folie sein zur Illustration der Gefährlichkeit des Weges, um den Eindruck des Bessermachens zu erhöhen. Phantasie hervorragenden Könnens, besonderer Macht; Gegenstück zur Prüfungsangst; beim Wanderer schlägt ja alles aus der Phase der Befürchtung in die der Erfüllung um. Ein ehrgeiziges Moment ist dabei nicht zu verkennen; es soll noch besprochen werden. Im Sinne der von Stucken aufgestellten Mythenmotive ist die ganze Mauerbegebenheit als „magische Flucht" aufzufassen; die Hinabstürzenden sind die Verfolger.

Im Beginn des 9. Absatzes der Parabola reißt der Wanderer von einem Rosenstock rote und weiße Rosen ab und steckt sie auf den Hut. Rot-Weiß kennen wir schon als Sexualität. Das Abreißen von Blumen u. dgl. pflegt in Träumen Onanie zu bedeuten; auch die vulgäre Sprache kennt dieses „Abreißen" oder „Herunterreißen". Der Hut ist in der Symbolik des Traumes und des Mythos zumeist der Penis. Diese Tatsachen allein wären kaum erwähnenswert, es kommen aber andere gleichsinnige Züge hinzu. Auf eine auterotische Komponente in der psychosexuellen Konstitution des Wanderers deutet die (freilich nicht als solche vollkommen sicher agnoszierte) Impotenzbefürchtung, sowie insbesondere die zum Ehrgeiz führende Angst vor Spott und Schande, welche sich in den Absätzen 6, 10 und 14 der Parabola am meisten zeigt. Daß das onanistische Symbol der jetzt folgenden Gartenszene vorangestellt wird, könnte dahin gedeutet werden, daß die Masturbationsphantasie (die psychisch eine enorme Bedeutung hat) den (nun folgenden) Inzest erlebt oder vorherbestimmt.

Die Mauer um den Garten, die den großen Umweg (Absatz 9) erforderlich macht, ist, wie wir wissen, die Hemmung. Überwinden der Hemmung = Umgehen der Mauer = Beseitigen der Mauer. Tatsächlich ist nach der Absolvierung des Umweges auch keine Mauer mehr da. Die Mauer bedeutet aber auch die Unzugänglichkeit oder Jungfräulichkeit des Weibes. Die Mauer ist um einen Garten gezogen; der Garten ist aber (abgesehen von der gleichfalls dahin führenden Paradiesbedeutung) eines der ältesten und unbezweifeltsten Symbole für den weiblichen Leib.

Jungfräulein, soll ich mit euch gehn
In euren Rosengarten,
Dort, wo die roten Röslein stehn,
Die feinen und die zarten,
Und auch ein Baum daneben,
Der seine Läublein wiegt,
Und auch ein kühler Brunnen,
Der grad darunter liegt.

Ohne viel Veränderung steht die gleiche Symbolik in sehr erhabener Verwendung im Melker Marienlied des XII. Jahrhunderts. (Vgl. Jung, *Jb. ps. F.*, IV, 398f):

Sancta Maria
Verschloßne Pforte
Aufgetan Gott's Worte –
Brunnen versiegelter,
Garten verriegelter,
Pforte vom Paradies.

Man gedenke auch des Gartens, der Rosen und des Brunnens im Hohen Liede Salomonis. Der Wanderer wünscht seine Mutter als unberührte Braut zu besitzen. Auch ein der Psychanalyse geläufiger Zug. Das häufig damit koexistierende Gegenteil ist die Phantasie, daß die Mutter eine Dirne = erreichbares, geschlechtlich interessantes Weib ist. Vielleicht wird sich auch dieser Gedanke in der Parabola finden lassen.

Die durch die Mauer getrennten jungen Leute beiderlei Geschlechtes kommen nicht zueinander, weil sie den weiten Umweg zur Türe scheuen. Mit etwas Kühnheit könnte man übersetzen: Die auterotische Befriedigung ist bequemer.[26] Auf seinem Umweg

26 C. G. Jung schreibt (*Jb. ps. F.*, IV, 213f): „Psychologisch ist ... die Onanie eine Erfindung von nicht zu unterschätzender Bedeutung: Man ist geschützt vor dem Schicksal, indem keine sexuelle Bedürftigkeit es dann vermag, einen dem Leben [und seinen Schwierigkeiten] auszuliefern. Man hat ja mit der Onanie den großen Zauber in Händen, man braucht nur zu phantasieren und dazu zu onanieren, so besitzt man alle Lüste der Welt und ist durch nichts gezwungen, durch harte Arbeit und schweres Ringen mit der Wirklichkeit, sich die Welt seiner Wünsche zu erobern. Aladdîn reibt seine Lampe, und die dienstbaren Geister stehen zu seiner Verfügung; so drückt das Märchen den großen psychologischen Gewinn der billigen Regression

trifft der Wanderer (der ja doch zur Tür des Weibes gelangen möchte) Leute, die einzeln in Kammern sind und sudelhafte Arbeit verrichten. Schmutz und Onanie pflegen psychisch stark assoziiert zu sein. Die schmutzige Arbeit gewährt „nur einen Schein, nachdem eines jeden Anbildung ist“, hat aber „kein Fundament in der Natur“. Der Wanderer weiß, daß „solche Künste mit dem Rauche verschwinden“. Er hat sie früher selbst betrieben, jetzt will er sich nicht mehr damit aufhalten; er strebt zum Weibe. Daß die allein getane Arbeit zu nichts führt, wird damit noch unterstrichen, daß die Arbeit zu zweit förderlicher ist. Es ist aber bei der „sudelhaften Arbeit“ auch an Sinnengenuß ohne Liebe zu denken.

Im 10. Absatz tritt uns wieder die schon besprochene Symbolik des Gartens mit der Mauer entgegen. Der Wanderer ist der einzige, der sich bei der Jungfrau Eingang verschaffen kann. Nach einer vorübergehenden Impotenzbefürchtung (Angst vor Blamage) tritt er entschlossen an die Tür und öffnet mit seinem „Diederich“, den er in die enge, kaum sichtbare Öffnung steckt (Defloration). Er „weiß die Gelegenheit des Ortes“, ob er gleich noch nicht darin gewesen sein will. Ich meine, einmal, bevor er noch er war, ist er darin gewesen, im Leib der Mutter. Was nun folgt, mutet wie eine Geburtsphantasie an, wie sie in den Träumen vom Geborenwerden vorkommt. Tatsächlich macht jetzt der Wanderer das Geborenwerden in umgekehrter Richtung mit. Hier gebe ich einige Träume vom Geborenwerden wieder:

„Ich befinde mich auf einer sehr engen Treppe, die in Wandelgängen heruntergeht. Eine Wendeltreppe. Ich drehe und winde mich mühsam durch … schließlich finde ich eine kleine Türe, die mich ins Freie, auf eine grüne Wiese führt, wo ich im weichen, üppigen Gebüsche der Ruhe pflege. Der warme Sonnenschein tat mir sehr wohl.“

F. S. träumt: „Ich ging mit meinem Bruder in der Früh in den Dienst (da wir denselben Weg haben); in der hinteren Zollamtsstraße vor dem Amtsgebäude sah ich den Oberpostillon stehen. Von ihm aus führte der Weg zur Straße zwischen zwei Holzwän-

---

auf die lokale Sexualbefriedigung aus.“ Jung bezieht das mythologische Motiv der schwer erreichbaren Kostbarheit und dasjenige des Feuerraubes auf die Onanie. Ja, er scheint sogar die Feuerbereitung irgendwie von der Onanie abzuleiten. Dahin möchte ich Ihm allerdings nicht folgen.

den; der Weg schien sehr lang und schien sich gegen das Ende zu verschmälern, und zwar so arg, daß ich fürchtete, gar nicht durchzukommen. Ich ging voraus, mein Bruder hinter mir; ich war froh, als ich aus dem Gange heraußen war und wachte mit Herzklopfen auf." Nachtrag: „Der Weg war sehr düster, mehr wie ein Schacht. Man sah nichts. Nur in der Ferne das Ende wie einen Lichtpunkt in einem Bergwerksstollen. Ich schloß die Augen."

Zu dem Traum von F. S. bemerkt Stekel: „Der Traum ist ein typischer Geburtstraum. Der Oberpostillion ist der Vater. Der Träumer will die Erstgeburt seines um zehn Jahre älteren Bruders rückgängig machen: Ich ging voraus, mein Bruder hinter mir." Ein weiteres hübsches Beispiel bei Stekel: „Inter faeves et urinas nascimur", sagt der heilige Augustinus.

Eine drastische an diese Kloakentheorie erinnernde Darstellung seiner Geburt bringt uns Herr F. Z. S.: „Ich ging ins Bureau und mußte eine lange, schmale, holprige Gasse passieren. Die Gasse glich eigentlich einem langen Hofe, zwischen zwei Durchhäusern und ich hatte die unbestimmte Empfindung, daß der Durchgang nicht erlaubt sei. Trotzdem ging ich raschen Schrittes durch. Plötzlich öffnete sich über mir ein Fenster und jemand – ich glaube ein weibliches Wesen – schüttete den nassen Inhalt eines Gefäßes auf mich aus. Mein Hut wurde dadurch ganz naß und als ich ihn später näher ansah, bemerkte ich noch die Spuren einer schmutziggrauen Flüssigkeit. Ich ging trotzedem ohne stehenzubleiben und beeilte meine Schritte. Am Ende der Gasse mußte ich durch das eine Haus, welches mit dem andern durch ebendiese Gasse verbunden war, durchgehen. Hier befand sich ein Lokal (Wirtshaus?), das ich passierte. In diesem Lokal waren Leute (Packträger, Hausknechte u. dgl.) damit beschäftigt, schwere Gegenstände, Möbel u. dgl., zu transportieren, wie wenn ausgeräumt oder umgestellt würde. Ich mußte mich daher ein wenig vorsehen und durchzwängen. Endlich kam ich doch ins Freie, auf die offene Straße und suchte nach einer Elektrischen. Da sah ich auf einem Wege, der schief nach abwärts führte, einen Mann, den ich für einen Wirt hielt, mit dem Abmessen oder Befestigen eines Zaunes oder Gitters beschäftigt. Genau weiß ich eigentlich nicht, was er machte. Er zählte oder murmelte dabei etwas und war total betrunken, so daß er taumelte."

Stekel: „In diesem Traume verbindet sich die Geburt mit dem Affekte des Verbotenen, Unerlaubten. Der Träumer geht den Weg wieder – offenbar als Erwachsener. Die Erlebnisse stellen eine Verdächtigung der Mutter dar. Diese Verdächtigungen waren nicht grundlos. Herr F. Z. S. hatte eine freudenlose Jugend. Seine Mutter war eine schwere Alkoholikerin. Er belauschte oft den Koitus mit fremden Männern. (Einpacken = koitieren.) Die Möbelpacker, Hausknechte sind die fremden Herren, die sein Wirtshaus (die Mutter war auch seine Amme) besuchen, dort schwere Gegenstände einräumen usw. Schließlich wird er noch in seiner Geburt verhindert, weil gerade ein Mann mit dem Abmessen beschäftigt ist. Der Vater war ein Vermessungsbeamter. (Der Wirt.) Auch in dem Traum mißt er das Gitter aus. Auch Gitter und Zaun sind typische Symbole für Hindernisse bei der Begattung.“

Man vergleiche Absatz 10–11 der Parabola genau mit dem wesentlichen Inhalt dieser Träume, und man wird erstaunliche Übereinstimmungen finden. Man beachte auch Einzelheiten, wie die Rosenbüsche, die Sonne, den Regen, den Zaun. Zum „wohlgebaweten Haus“ des 10. Absatzes möchte ich nur bemerken, daß schon Scherner darauf aufmerksam gemacht hat, daß der Traum gern den menschlichen Leib als Gebäude darstellt. „Wohlgebautes Haus“ heißt „schöner Leib“.

Wenn wir uns dessen bewußt bleiben, daß der Wanderer den Geburtsweg umgekehrt geht, so werden wir uns nicht wundern, daß er im Garten noch ein Gärtlein findet. Das wird wohl der Uterus sein. Der Wanderer erreicht die denkbar innigste Vereinigung mit seinem Ideal, der Mutter, indem er sich in ihren Leib hineinphantasiert. Diese Phantasie wird in der Parabola noch viel unzweideutiger ausgeführt – ich will nicht vorgreifen. Soviel sei nur gesagt: Er besitzt die Mutter als Gatte und als Kind; es ist, als wollte er in der Tendenz, alles besser zu machen als sein Vater, nun auch sich selbst neu erzeugen. Wir kennen ja schon das mythische Motiv der neuen Schöpfung, das auf die gewaltsame Trennung der Eltern folgen soll und von dem wir in unserer Parabola noch nichts gemerkt haben. Jetzt soll doch endlich die verbesserte Welt erschaffen, die zerstückelte Vaterkraft in eine Neugestaltung gebracht, der Löwe wieder lebendig gemacht werden? Der viereckige Platz im Garten mutet aber auch wie eine Grabstelle an. Eine Mauer bedeutet im Traum mitunter die Friedhofsmauer, der Garten den Friedhof. Und so sehr auch diese Vorstellung mit der vom lebengebenden Mutterleib kontrastieren mag, gehört sie doch psychologisch eng mit ihr zusammen. Ja vielleicht nicht nur psychologisch.

Stekel erzählt einen Traum der Frau Delta, worin auch ein „offener viereckiger Raum, Garten oder Hof vorkommt … In der Ecke stand ein Baum, der ist vor unseren Augen langsam versunken, als ob er ins Wasser gesunken wäre. Ich habe geistreicherweise bemerkt, als der Baum und der Hof auch Schaukelbewegungen machten: da sehen, wir, wie die Veränderung an der Erdoberfläche vor sich geht." Die oberste psychische Schichte des Traumes erweist sich als eine Erdbebenreminiszenz. „Erde" führt aber bald zur Vorstellung von „Mutter Erde". Der in sie versinkende Baum ist der Lebensbaum Phallos. Der viereckige Raum ist das Schlafzimmer, das Ehebett. Die Schaukelbewegungen kennzeichnen das ganze Bild noch besser. Der Erdbebentraum enthält aber, wie in der Analyse gefunden wird, auch Todesgedanken. Der viereckige Raum wird zum Grab. Auch das „Wasser" des Traumes will beachtet sein. „Aus dem Wasser kommen die Kinder" lautet eine infantile Zeugungstheorie. Im Fruchtwasser schwimmen die Kinder, so lernen wir später. Dieses „Wasser" liegt natürlich in der „Mutter" Erde. Andererseits haben wir das Wasser der Toten (Totenstrom, Toteninsel usw.). Beiderlei Wasser ist für die natürliche Symbolik gleich; es ist der mythische Aufenthalt der nicht (noch nicht oder nicht mehr) in dieser Welt befindlichen Menschen.

Da das Wasser in der Parabola noch an wichtigen Stellen vorkommen wird, verweile ich ein wenig dabei. Aus Hollas Brunnen kommen die kleinen Kinder. Es gibt in deutschen Landen eine Menge Hollenteiche und Hollenbrunnen (Hollabrunn?) mit entsprechenden Sagen. Weiber, die in solche Brunnen steigen, werden fruchtbar, behauptet man. Müllenhof berichtet von einem alten steinernen Brunnen in Flensburg, der die Grönnerkeel heißt. Sein klares, reiches Wasser fällt aus vier Hähnen in ein weites Becken und versorgt einen großen Teil der Stadt. Die Flensburger halten diesen Brunnen sehr in Ehren, denn in dieser Stadt bringt nicht der Storch die kleinen Kinder, sondern sie werden aus diesem Brunnen aufgefischt. Dann erkälten sich die Frauen dabei, und darum müssen sie das Bett hüten. Bechstein (*Fränk. Sagensch.*) erwähnt ein Lindenbrünnlein auf der Straße von Schweinfurt nach Königshofen. Aus ihm schöpfen die Ammenfräulein in silbernen Eimern die kleinen Kinder, und seine Flut ist nicht Wasser, sondern Milch. Wenn die Kleinen zu diesem Kindsbrunnen kommen, so sehen sie durch das Loch des Mühlsteins (wegen des Späteren hervorgehoben) hinab auf sein stilles Wasser, das ihnen das eigene Bild zurückspiegelt, und glauben dann ein Brüderchen oder Schwesterchen erblickt zu haben, das ihnen recht ähnlich sieht (Nork, *Mythol. d. Volkss.*, 501).

Aus dem niederösterreichischen Volksmund zitiert Rank nach Wurth (*Zf. d. Mythol.*, IV. 140): „Weit, weit im Meere da steht ein Baum, bei diesem wachsen die kleinen Kinder. Sie sind mit einer Schnur an dem Baume angewachsen, wenn das Kind reif ist, so reißt die Schnur ab und das Kind schwimmt fort. Damit es aber nicht ertrinkt, so ist es in einer Schachtel und mit dieser schwimmt es nach dem Meere herab, bis es in einen Bach kommt. Nun läßt unser Herrgott ein Weib, welchem er das Kind zugedacht hat, krank werden. Da wird der Arzt geholt. Diesem hat es unser Herrgott schon eingegeben, daß das kranke Weib ein kleines Kind bekommen wird. Er geht daher hinaus zum Bache und paßt da so lange auf, bis endlich die Schachtel mit dem Kinde herabgeschwommen kommt, welche er auflängt und dem kranken Weibe bringt. Und auf solche Weise bekommen alle Leute die kleinen Kinder."

Ich weise noch kurz auf die Sage vom Jungbrunnen hin, auf die mythische und naturphilosophische Idee des Wassers als des ersten Elements und Ursprungs alles Lebenden, sowie auf den Göttertrank (Soma usw.). Vgl. auch die Brunnen in den 60 mitgeteilten Gedichten.

Das Brautpaar der Parabola schreitet (Abs. 11) durch den Garten, und die Braut sagt, sie seien im Begriffe, in ihrem Gemach „Freundschaft zu pflegen". Sie haben viele duftende Rosen gepflückt. Man erinnere sich des Pflückens der Erdbeeren im Traum des Herrn T. Der Garten wird zum Brautgemach. Der etwas früher (gleichfalls Absatz 11) erwähnte Regen ist ein befruchtender Regen, ist Lebenswasser, das auf die Mutter Erde niederträufelt. Es ist identisch mit dem versinkenden Baum des Traumes der Frau Delta, mit der vom Wanderer entfesselten Schöpferkraft, mit dem mythischen Göttertrank, der Ambrosia, dem Soma. Wir werden jetzt den Wanderer zu den Quellen dieses Lebenswassers empor- oder hinabsteigen sehen. Zum Gewinnen des Lebenswassers ist es mythisch meistens notwendig, in die Unterwelt (Istars Höllenfahrt) in den Bauch eines Ungeheuers u. dgl. hinabzutauchen. Erinnern wir uns daran, daß der Wanderer sich in den Uterus seiner Mutter versetzt. Dort ist in der Tat der Ursprung seines Lebens. Der Vorgang wird aber von der Parabola sogleich noch deutlicher ausgeführt.

Der Wanderer gelangt (Absatz 11, nach der Szene im Garten) in eine Mühle. Das Wasser des Mühlbaches spielt auch noch in der Folge eine bedeutende Rolle. Der Leser wird gewiß bereits darüber Bescheid wissen, was für eine Mühle, was für ein Wasser da gemeint ist. Ich begnüge mich mit der schlichten Mitteilung einiger Tatsachen aus Folklore und Traumleben.

Nork (*Myth. d. Volkss.* 301f.) schreibt: „... daß Fenia im ... Mythus (Horwendil) weiblichen Geschlechts ist, muß man ihrer Beschäftigung zuschreiben, denn im Altertum, wo nur noch Handmühlen im Gebrauch waren, besorgten ausschließlich Frauen dieses Geschäft. ... In der symbolischen Sprache bedeutet aber Mühle das weibliche Glied (*μυλλός*, wovon mulier), und der Mann ist der Müller, daher der Satiriker Petronius „molere mulierem“ für: Beischlaf gebraucht, und Theokrit (*Idyll.* IV, 48) *μύλλω* (mahlen) in demselben Sinne. Der durch die Buhlin der Kraft beraubte Samson muß in der Mühle mahlen (Richter XVI, 21), welche Stelle der Thalmud (*Sota* fol. 10), wie folgt kommentiert: Unter dem Mahlen ist immer die Sünde des Beischlafs zu verstehen. Darum standen am Feste der keuschen Vesta in Rom alle Mühlen still ... Wie Apollo, war auch Zeus ein Müller (*μυλεὺς*, Lykophron, 435), aber schwerlich ein Müller von Profession, sondern insofern er als schaffendes, lebengebendes Prinzip der Fortpflanzung der Geschöpfe vorsteht. – Ist nun erwiesen, daß jeder Mann ein Müller und jede Frau eine Mühle, woraus allein sich begreifen ließe, daß jede Vermählung eine Vermehlung ... usw.“ Vermehlung bezieht sich auf das römische „confarreatio“; bei Verlobungen pflegten die alten Römer zwei Mehlhaufen untereinander zu mischen. Bei demselben Autor (S. 303 und 530): Fengo ist also die Personifikation des Mahlens, die Mühle (Grotti) ist sein Weib Gerutha, die Mutter des Amleth oder Hamlet. Grotti bedeutet Frau und Mühle zugleich. Greeth ist nur eine Umschreibung von Frau. Er führt an:

„Herzog Otto Ludwigs von Bayern jüngster Sohn ... verzehrte sein Gut mit einer schönen Müllerin, namens Margareth, und wohnte im Schlosse Wolfstein ... Diese Mühle wird noch die Grethelmühle genannt, und der Fürst Otto der Finner.“ (Grimm DS, Nr. 496.) „Finner bedeutet wie Fengo den Müller (Fenia, altn. die Müllerin), denn die Vermählung ist eine Vermehlung, das Kind ist das gemahlene Korn, das Mehl ...“ Der gleiche Autor (*Sitt. u. Gebr.*, 162): „In der Idee galt das Samenkorn gleich dem Menschenkeime. Das Weib ist die Mühle, der Mann der Müller.“

Bei Dulaure-Krauss-Reiskel (*Zeugung i. Glaub. usw. d. Völk.*, 100f) finde ich folgenden Zauber aus den Schriften Burkhards, Bischofs von Worms: „... Habt ihr nicht getan, was gewisse Frauen gewohnt sind zu tun? Sie entledigen sich ihrer Kleider, salben ihren nackten Leib mit Honig, breiten auf der Erde ein Tuch aus, worauf sie Getreide streuen, wälzen sich wiederholt darauf herum, hierauf sammeln sie sorgfältig alle Körner, die sich an ihren Leib geheftet haben, und mahlen sie auf dem Mühlstein, den sie dabei verkehrt drehen. Wenn die Körner zu Mehl gemahlen sind, so backen sie ein Brot daraus, das sie ihren Männern zu essen geben, damit sie siech werden und sterben. Wenn ihr's getan habt, so werdet ihr vierzig Tage lang bei Wasser und Brot Buße tun.“ Töten ist das Gegenteil von Zeugen; darum wird hier die Mühle verkehrt gedreht.

Sprachlich ist noch zu bemerken, daß dem Verbum mahlen, Iterativum von mähen, ursprünglich eine Bedeutung des Sich-hin-und-her-Bewegens zukommt. Mulieren oder mahlen, molere, *μυλλειν*, für coire vgl. *Anthropophyteia* VIII, 14. Zahlreich sind die Geschichten, worin die Mühle als ein Ort von Liebesabenteuern vorkommt. Bekannt ist ferner die „Altweibermühle“; alte Weiber gehen hinein und jung kommen sie heraus. Sie werden in der zauberischen Mühle gleichsam umgemahlen. Dem liegt die Vorstellung eines Umschaffens im Uterus zugrunde, ähnlich wie in der groben Redensart: „Lassen Sie sich umvögeln!“

In einer Sage der transsilvanischen Zigeuner: ... Da kam wieder eine alte Frau zum König und sagte: „Gib mir ein Stückchen Brot, denn siebenmal ist schon die Sonne untergegangen, ohne daß ich etwas gegessen habe!“ Der König erwiderte: „Gut, ich will dir aber vorerst das Mehl mahlen lassen!“ Und er rief seine Knechte herbei und ließ die Alte zersägen. Da verwandelte sich der zersägte Körper der Alten wieder in die gute Urme (Fee), die sich in die Luft erhob … (H. v. Wlislocki, *Märchen u. Sag. d. transs. Zig.*)

Traum: „Ich kam in eine Mühle und in immer engere Räume, bis ich zum Schluß keinen Platz mehr hatte. Ich war fürchterlich geängstigt und wachte mit Schrecken auf." Eine Mutterleibs- bzw. Geburtsphantasie.

Ein anderer Traum (Stekel, *Spr. d. Tr.*, 398f): „Ich komme durch einen Spalt zwischen zwei Brettern aus der ‚Radstube' hervor. Die Wände triefen vor Wasser. Knapp vor mir ist ein Bach, darin steht ein wackeliges schwarzes Klavier. Ich benütze es zum Überschreiten des Baches, denn ich bin auf der Flucht. Hinter mir her ist ein Haufen Männer. Ihnen allen voran mein Onkel. Er feuert die anderen an, mich zu verfolgen, und brüllt und schreit. Die Männer haben Bergstöcke, die sie gelegentlich nach mir werfen. Der Weg geht durchs Grüne bergauf und bergab. Die Straße ist mit Kohlenabfällen besät und daher schwärzlich. Ich muß mich furchtbar plagen, um vorwärts zu kommen. Manchmal komme ich mir vor, wie angewachsen, und die Verfolger kommen mir immer näher. Plötzlich kann ich fliegen. Ich fliege in eine Mühle durchs Fenster hinein. Darin ist ein Raum mit Bretterwänden, an der gegenüberliegenden Wand ist eine große Kurbel. Ich setze mich auf das Heft, halte es mit den Händen fest und fliege in die Höhe. Wie die Kurbel oben ist, drücke ich sie durch mein Gewicht wieder herunter und setze so die Mühle in Gang. Hierbei bin ich ganz nackt, ich sehe aus, wie ein Amor. Ich bitte den Müller, er möge mich hier bleiben lassen, ich würde ihm dafür die Mühle auf die besagte Art treiben. Er aber weist mich ab und ich muß zu einem anderen Fenster wieder hinausfliegen. Da kommt oben draußen die ‚fliegende Post' vorbei. Ich setze mich vorne neben den Kutscher. Bald werde ich aufgefordert zu zahlen, aber ich habe nur drei Heller bei mir. Da sagt mir der Kondukteur: ‚Ja, wenn Sie nicht zahlen können, dann müssen Sie sich unsere Schweißfüße gefallen lassen.' Nun ziehen wie auf Kommando alle Insassen des Wagens einen Schuh aus und jeder hält mir einen Schweißfuß vor die Nase."

Auch dieser Traum enthält (nebst anderen Dingen) eine Mutterleibsphantasie. Radstube, Mühle, Raum mit nassen Wänden = Mutterleib. Der Träumer wird von einer Vielheit verfolgt, sowie auch unserem Wanderer eine Vielheit entgegensteht: die Alten.

Diesen Traum, der uns noch näher beschäftigen wird, will ich den von der „Fliegenden Post" nennen.

Kehren wir zur Parabola zurück. Die Mühle des Absatzes 11 ist der Mutterleib. Der Wanderer erstrebt die innigste Vereinigung mit der Mutter; sein Bestreben, es besser zu machen als der Vater gipfelt darin, daß er sich, den Sohn, noch einmal und besser zeugt. Er will die Mutter ganz erfüllen, ganz der Vater sein. Freilich, ohne psychische Hemmungen läuft die Phantasie nicht ab. Der angstvolle Gang über den schmalen Steg spricht es aus. Wir haben hier wieder die wohlbekannte Gehhemmung, und zwar in einer Form, die an den gefährlichen Pfad auf der Mauer erinnert. Der Gang übers Wasser ist auch eine Todessymbolik. Es wird nicht nur die durch den moralischen Konflikt erzeugte Todesangst angedeutet, sondern wir haben auch daran zu denken, daß der Gang in den Uterus ein Gang ins Jenseits ist. Das Wasser ist das Wasser des Todes (stygisches Gewässer) und des Lebens; es ist in engerem Sinn das Sperma und auch das Fruchtwasser: es ist, wie es wohl alle Symbole sind, mehrfach determiniert. Das Wasser trägt die Totenfarbe, Schwarz; im Traum von der fliegenden Post kommt ein schwarzer Weg vor. Der Träumer hat ähnliche Konflikte wie unser Wanderer.

Der alte Müller, der keine Auskunft geben will, ist der Vater. Der will ihn freilich nicht zur Mutter lassen; und er gibt ihm keine Auskunft über das Mahlwerk des Zeugungsgeschäftes. Die Räder sind einerseits die das Kind mahlenden (es wie das Mehl hervorbringenden) Organe; anderseits auch die zehn Gebote, deren irdische Handhabung – durch strenge Erziehung, Strafen – dem Vater obliegt. Indem der Wanderer über den Steg tritt, setzt er sich hinweg über die zehn Gebote und über die Gerechtsame des Vaters. Der Wanderer zieht sich aber immer gut aus der Affäre; die Angst ist bald abgestreift, und es tritt die Phase der Erfüllung ein. Es ist nur wie ein schwacher Nachklang der väterlichen „Gebote", wenn die Alten (unmittelbar nach der Mühlenszene, Absatz 11) dem Wanderer ihren Brief von der Fakultät vorhalten. Im Grunde kommen sie ja – bei gewahrter Form ihrer Autoritat – seinen eignen Wünschen entgegen. (Auch ein typischer Kniff der Traumtechnik.) Ich habe die Briefszene, sowie den 12. und den 13. Absatz schon genügend erörtert, brauche kein Wort mehr über den sich darin aussprechenden Inzestwunsch zu verlieren.

Die beiden Brautleute werden (Absatz 14) in ihr krystallnes Gefängnis getan. Wir haben die Wiederzusammensetzung des Zerstückelten erwartet: sie geschieht jetzt vor unseren Augen. Die weißen und roten Stücke, Knochen und Blut, sind ja Bräutigam und Braut. Das Gefängnis ist das Fell oder das Gefäß, in dem, wie in den Mythen, die Wiederbelebung vorgenommen wird. Nicht im Sinne einer Wiederbelebung des vernichteten Vaters, sondern einer Umschöpfung (Bessermachen), die der Sohn vornimmt – obgleich die Schöpferkraft an sich die gleiche bleibt. Der Sohn „vermählt und vermehlt" sich mit der Mutter. Denn der krystallne Behälter ist wieder dasselbe, was die Mühle: der Uterus. Auch das Fruchtwasser und die Ernährungssäfte für den Foetus fehlen nicht. Und der Wanderer schafft sich um zum glänzenden König. Er kann's wirklich besser als der Vater. Der Traum treibt die Wunscherfüllung bis an die äußerste Grenze.

Betrachten wir den Vorgang etwas genauer. Der Wanderer ist jetzt infolge der Abspaltung doppelt vorhanden: einmal als der Jüngling im Innern der Glaskugel, und einmal außerhalb in seiner bisherigen Gestalt. Außen und innen ist er mit der Mutter vereinigt, als Gatte und als das werdende Kind; und auch als der Innere, als Foetus, ist er nicht ohne Liebe: er umarmt da seine „Schwester" (Abbild der Mutter, die gleichsam mit ihm wiedererneut wird) wie Osiris seine Schwester Isis. Und überdies findet die kindliche Sexualkomponente des Schautriebes Befriedigung, dem zuliebe die Hülle des Zeugungsmysteriums gläsern ist. Die sexuelle Einwirkung des Wanderers auf den Kessel (Uterus) wird durch die ihm zugewiesene Aufgabe des Feuerns symbolisch angedeutet. Das Feuer ist eines der häufigsten Liebessymbole im Traum. Auch die Sprache pflegt vom Feuer der Liebe, von verzehrenden Flammen der Leidenschaft, von glühendem Begehren usw. zu reden. Gebräuche, namentlich manche Hochzeitsgebräuche, weisen die gleiche Symbolik auf. Daß dem Wanderer seine Funktion aufgetragen wird, also just das befohlen wird, was er ohnedies haben will, ist wieder das schon vorhin erwähnte pfiffige Auskunftsmittel der Traumtechnik, um das Imkompatible zusammenzubringen. Fast witzig nimmt es sich aus, wenn das Behältnis mit dem Siegel der hochwohlweisen Fakultät verschlossen wird; ich erinnere an den Ausdruck „petschieren"; die Versiegelung ist eine Applizierung des väterlichen Penis. An Stelle des Vaters befindet sich natürlich der amtshandelnde Wanderer. Die Versiegelung bedeutet aber auch die Einschließung des in die Mutter gelegten Lebenskeimes. Wird doch auch gesagt, daß dem Paar nach der Verschließung des Gefängnisses keine Nahrung mehr hineingereicht werden kann; und daß die Atzung, mit der sie versehen werden, ausschließlich aus dem Wasser der Mühle stammt; das geht also auf die intrauterine Ernährung, zu der freilich nichts anderes geliefert werden kann als das Wasser der uns wohlbekannten Mühle.

Das kostbare Gefäß, das der Wanderer bewacht, ist von starken Mauern umgeben; es ist unzugänglich für andere; nur er darf mit seinem Feuer nahe sein. Es ist Winter. Das ist nicht bloß eine Rationalisierung (Vorwand zur banalen Begründung) des Feuerns, sondern auch ein Anzeichen des im Uterus eintretenden Todes. Das liebende Paar im Gefängnis zergeht ja und stirbt, ja es verwest (Absatz 15) sogar. Ich muß zum Verständnis dieser Nuance einflechten, daß man zu der Zeit der Abfassung der Parabola den Befruchtungsvorgang mit der Idee der „Fäulung“ oder „Verwesung“ des Samens verknüpfte. Der Mutterleib wurde der Erde verglichen, in der das Getreidekorn „verwest“. Die der Entstehung der frischen Wesen vorangehende Verwesung ist mit einer großen Überflutung verbunden. Mythisch pflegt nun tatsächlich eine Sintflut die (verbesserte) Schöpfung einzuleiten. Ein richtiger Mythos kann der Idee des Urwassers kaum entraten. Ich möchte nebenbei anmerken, daß die gegenwärtige Phase der Parabola mythologisch dem Motiv: Verschlungensein entspricht; das spätere Entlassen aus dem Gefängnis ist das Ausspeien (aus dem Rachen des Ungeheuers), Rückkunft aus der Unterwelt. Auch das Zerstückelungsmotiv der Kosmogonien pflegt mit einem Flutmotiv verbunden zu sein. In der Flutschilderung der Parabola sind übrigens einige Züge der biblischen Darstellung entnommen; so z.B. die vierzig Tage, der Regenbogen. Dieser war, nebenbei bemerkt, schon einmal zu sehen; er ist ein Zeichen des Bundes. Er verbindet Himmel und Erde, Mann und Weib. Die Flut rührt im vorliegenden Falle von Tränen her, entspringt also dem Körper des Weibes – es handelt sich um das genugsam bekannte vieldeutige Wasser. Stekel hat für den Traum die sogenannten „symbolischen Gleichungen“ aufgestellt; danach können u.a. alle Sekrete und Exkrete und manche anderen Stoffe symbolisch füreinander eintreten. Unter der Voraussetzung, daß das Gleichheitszeichen nicht in seinem engeren Sinn aufgefaßt wird, kann etwa folgende Gleichung aufgestellt werden: Schleim = Blut = Eiter = Urin = Stuhl = Sperma = Milch = Schweiß = Träne = Seele = Luft = (Atem = Flatus =) Sprache = Geld = Gift. Daß in dieser Gleichung auch Seele und Tränen vorkommen, ist für unsere Analyse der Parabola besonders interessant; das belebende oder zeugende Prinzip kommt im 15. Absatz als Seele in Form von Wolken vor. Diese bilden sich aus dem Wasser, dem Lebenswasser. Der daraus entstehende „Thau" befruchtet die Erde.

Da wir eben bei den Exkreten angelangt sind, möchte ich an die in einer Flüssigkeit liegenden faulenden und stinkenden schwarzen Körper der Parabola (Absatz 15) erinnern, auf die ein warmer Regen niederfällt. Die Parabola, so wie wir sie psychanalytisch betrachten, ist das Produkt einer Regression, die ins infantile Denken und Fühlen führt: wir haben es an der Annäherung an die Mythen deutlich genug gesehen. Und da ist denn auch daran zu denken, ein wie großes Interesse die Kinder den Defäkationsvorgängen zuwenden. Ich würde dies gar nicht des Erwähnens wert erachtet haben, wenn nicht die hermetische Symbolik, wie wir später erfahren werden, in parallelen Fällen wirklich die Ausdrücke „fimus", „urina puerorum" usw. ganz unmißverständlich gebrauchte. Als merkwürdig festzuhalten ist jedenfalls, daß aus den kot- und urinartigen Dingen, die da in widerlicher Weise stinkend sich zersetzen, frisches Leben entsteht. Einerseits stimmt dies mit jener infantilen Zeugungstheorie, daß die Kinder wie die Ruckstände des Stoffwechsels zutage gefördert werden; es sind aber noch andere Zusammenhänge zu beachten, auf die wir später kommen werden. Mythologischer Parallelen ließen sich eine Reihe anführen. Ich begnüge mich damit, auf die schnurrige Geschichte „Der dumme Hans" (Jos. Haltrich, *D. Volksm. a. Siebenbürg.*, II, 224ff) hinzuweisen.

Der dumme Hans lädt Mist *(faeces, Jauche)* in einen Wagen und fährt damit an einen Edelhof; dort erzählt er, er komme aus dem *Mohrenlande* (also aus dem Lande der Schwarzen) und fahre in dem Fasse *Wasser des Lebens*. Da jemand unberechtigterweise das Faß öffnet, stellt sich der dumme Hans so, als habe sich infolge des Vorwitzes eine Verwandlung des Lebenswassers in Jauche vollzogen. Er wiederholt das Stücklein mit seiner *toten* Großmutter, die er in *schwarze* Tücher einnäht und für eine wunderschöne Prinzessin ausgibt, die in hundertjährigem Schlaf liege. Wieder wird (worauf er rechnet) die Hülle von unberufner Hand geöffnet, und Hans wehklagt, weil deshalb statt der Prinzessin, die er dem König bringen wollte, nun ein ekelhafter *Leichnam* hergezaubert worden sei. Er erreicht es so, daß man ihn mit *viel Geld* entschädigt.

Insoferne sich der Wanderer unserer Parabola nicht außer-, sondern innerhalb des Gefäßes befindet, ist er wie in einem Bade. Ich bemerke beiläufig, daß Schriften, die der Parabola verwandt sind, an der analogen Stelle ausdrücklich von einem „Bad“ sprechen, wie es übrigens auch die Parabola (Absatz 15) en passant tut. In Träumen scheint das Bild des Badens öfters als Mutterleibs- oder Geburtsphantasie vorzukommen.

Zu Ende des 14. Abs., als die Insassen des Gefängnisses sterben, stehet auch dem Wanderer „sein gewisser Untergang für Augen“ – wieder ein leiser Anklang seiner Zusammengehörigkeit mit dem Bräutigam. Wir haben uns schon längst mit dem Gedanken vertraut gemacht, daß in dem Glasgefängnis die Wiederbelebung des Zerstückelten vor sich geht. Wer darüber noch einen geringsten Zweifel hat, kann dies am Beginn des 15. Absatzes aufs schönste bestätigt finden: nennt doch der Verfasser der Parabel selbst die Medeia und den Aison! Von den Zerstückelungs- und Verjüngungskünsten der kolchischen Zauberin brauche ich nichts mehr zu erzählen.

Im 18. Absatz „scheint die Sonne sehr helle, unnd der Tag wurd wärmer als zuvor, und waren die Hundstage für der Tür“. Bald darauf (Absatz 19) wird der König aus dem Gefängnis entlassen. Er war vor dem Winter (Absatz 14), aber nach jener Jahreszeit, wo die Sonne „sehr warm schiene“ (Absatz 11), also wohl im Herbst eingeschlossen worden. Wählen wir für die Einschließung einen mittleren Zeitpunkt zwischen dem ausgehenden Sommer und dem hereinbrechenden Winter, etwa Ende Oktober, und ziehen wir in Betracht, daß die Hundstage in den August fallen, also Ende Juli vor der Tür stehen, so finden wir für das Verweilen im Behälter neun Monate – die Zeit der menschlichen Schwangerschaft.

Der Neugeborene (Absatz 20) ist natürlich – durstig. Womit sollte er gespeiset werden, wenn nicht mit Wasser aus der Mühle? Und das Wasser macht ihn wachsen und gedeihen. Zwei königliche Personen stehen vor uns, in Pracht und Herrlichkeit. Der Wanderer hat sich da ein neues Elternpaar geschaffen (der Vater-König ist freilich auch er selbst), wie es dem „Familienroman“ des Neurotikers entspricht, einem Phantasieroman, der wohl auch im Seelenleben des Gesunden spukt. Es ist eine Wunschphantasie, die in ihrer ausgesprochensten Form darin gipfelt, daß man eigentlich aus königlichem oder sonstwie ausgezeichnetem Geblüte stamme und von den wirklichen Eltern, zu denen man gar nicht paßt, bloß gefunden worden sei; diese verheimlichten die wahre Herkunft, einst werde aber der Tag kommen, an dem man in jene Herrlichkeiten versetzt werden wird, die einem von Rechts wegen gebühren: kurz es gehören jene zügellosen Wunschphantasien hierher, die, gleichviel in welcher konkreten Form, den soeben naiv skizzierten Inhalt variieren. Sie entspringen aus der Unzufriedenheit mit der Umgebung und suchen zu der Enge oder Ärmlichkeit den angenehmsten Kontrast. In der Parabola wird besonders der König (in seiner Vatereigenschaft) hübsch charakterisiert. Zuerst „erschreckt“ im 19. Absatz das „große Ansehen“ des gestrengen Herrn Vaters den Wanderer; dann stellt sich aber heraus, daß der König (idealer Vater) freundlich, holdselig, ja demütig ist und beweist, „daß hohe Personen nichts so wohl zieret, als diese Tugenden“. Und dann führt er ihn in sein Königreich und läßt ihn aller nur erdenklichen Schätze genießen. Es findet sozusagen eine Generalerfüllung aller Wünsche statt.

Mythologisch sollten wir nun erwarten, daß der ausgespiene Held aus der Unterwelt den Trank des Wissens mitgebracht habe. Dies ist wirklich der Fall, denn er hat ja das gewonnen, von dessen Herstellung die ganze Geschichte metaphorisch handelt: den Stein der Weisen. Der Wanderer ist also ein echter Soma-Räuber.

Greifen wir nochmals auf den vorletzten Absatz zurück. Hier, nahe dem Ende des Traumes, fühlt sich der König schläfrig. Der wahre Schläfer fühlt hier wohl schon das Erwachen nahen und möchte noch weiter schlafen (phantasieren). Er läßt aber, das Lästige von sich abwälzend, den König schläfrig sein. Und an dieses Erlebnis schließt sich bald ein Symbol des Erwachens: der Wanderer, der Träumer der Parabola, wird (Absatz 21) in ein anderes Land, und zwar in ein helles Land, geführt – er erwacht aus seiner Träumerei, einen frommen Nachklang seiner Wunscherfüllungen auf den Lippen … dazu verhelfe uns Gott Vater, Sohn und heiliger Geist – Amen. Es ist gar prosaisch, diesen schönen Ausklang mit der Formel „Schwellensymbolik“ abzutun.

Wenn ich noch in ein paar Worten resümieren soll, was die Parabola in psychanalytischer Betrachtung enthält, ohne durch den Hinweis auf die „Generalerfüllung“ aller Wünsche zu allgemein zu werden, so muß ich wohl sagen: der Wanderer phantasiert die Beseitigung oder Verbesserung des Vaters, gewinnt die Mutter, erzeugt mit ihr sich selbst, genießt ihre Liebe auch im Mutterleib und befriedigt außerdem seine infantile Neugierde, indem er den Zeugungsprozeß von außen beobachtet. Er wird König und erlangt Macht und Herrlichkeit, ja übermenschliche Fähigkeiten.

Man wird sich über soviel Ungereimtheit vielleicht wundern. Man bedenke indes, daß jene unbewußten titanischen Bildungskräfte, die aus dem Innersten heraus die dunkel schaffende, träumende Phantasie bewegen, nur wünschen können, nichts als wünschen. Sie kümmern sich nicht darum, ob die Wünsche gereimt seien oder ungereimt; die Fähigkeit zur Kritik ist ihnen nicht eigen; die ist Aufgabe des geordneten Denkens, wie wir es bewußt üben: da betrachten wir die aus dem Dunkel emporsteigenden Wünsche nach Maßstäben der Zweckmäßigkeit, vergleichen, erwägen. Das unbewußt treibende Affektleben aber wünscht blind drauf los. Es *will*; – um etwas anderes kümmert es sich nicht.

2. Abschnitt
Alchemie

Die Handwerkstraditionen der Metallurgie, deren Ausübung in fernste Zeiten zurückreicht, wurden in den spekulativen Perioden der Menschheit stark mit Philosophie durchsetzt. Vor allem scheint dies in Ägypten der Fall gewesen zu sein, wo die Metallurgie als Quelle des königlichen Reichtums, und namentlich die Prinzipien der Goldgewinnung und -behandlung als ein königliches Geheimnis gehütet wurden. Zur hellenistischen Zeit drangen in die Metallkunst, deren Kenntnisse sich erweiterten und deren Interesse sich zu einem wissenschaftlichen erhob, die philosophischen Theorien der Griechen, die Elementen- und Atomenlehren der Naturphilosophen, des Platon, des Aristoteles ein, die religiösen Anschauungen der Neuplatoniker, die Zauberlehren des Orients verschmolzen damit, christliche Elemente kamen hinzu, kurz der Inhalt der damaligen Chemie (die eben hauptsächlich von der Metallbehandlung ausging) nahm an den Gedankenkreuzungen des Synkretismus der ersten nachchristlichen Jahrhunderte lebhaft teil.

Da die chemische Wissenschaft (in Alchemie, al-kimîa, ist al der arabische Artikel vor dem griechischen *χημεία*) im Mittelalter von den Arabern (Syrern, Juden usw.) zu uns gekommen ist, glaubte man lange, sie sei überhaupt arabischen Ursprungs. Später fand man jedoch, daß die Araber, wenn sie auch manches Eigene dazugetan, doch nur die Bewahrer griechisch-hellenistischen Wissens waren, und überzeugte sich, daß die Alchemisten im Grunde recht daran taten, wenn sie traditionell als ihren Stammwater den sagenhaften ägyptischen Hermes bezeichneten. Diese Idealgestalt ist eigentlich der ägyptische Gott Thot, der zur Ptolemäerzeit mit dem griechischen Hermes identifiziert wurde. Man verehrte ihn als Herrn der höchsten Weisheit und liebte es, in philosophischen, vor allem theologischen Werken ihn als den Verfasser anzugeben. Es bildeten sich auch kultische Hermes-Gemeinden, die ihre eignen religiösen Hermes-Schriften hatten.[27]

In späterer Zeit schwächte sich die göttlich-königliche Hermesgestalt zu der eines Zauberers ab. Wenn ich in der Folge von „hermetischen" Schriften rede, meine ich (der oben erwähnten Tradition folgend) schlechtweg: die alchemistischen Schriften, allerdings mit einem Vorbehalt, der später erwähnt werden wird.

Der Gedanke der Herstellung des Goldes wurde in der Alchemie so dominierend, daß man von dieser geradezu als der „Goldmacherkunst" sprach. Man meinte, Gold aus geringerem Material, insbesondere aus anderen Metallen, erzeugen zu können. Der Glaube daran und an die Verwandlungsfähigkeit der Stoffe war durchaus nicht unsinnig, sondern muß als eine Entwicklungsphase des menschlichen Denkens gewürdigt werden. Noch unbekannt mit der modernen Lehre von den unwandelbaren chemischen Elementen, konnte man aus den Veränderungen der Stoffe, deren Zeu-

27 Auskunft darüber findet man bei Reitzenstein, „Poimandres".

ge man täglich war, keine andere Konsequenz ziehen. Bereitete man Gold aus Erzen oder Legierungen, so durfte man meinen, man hätte es „gemacht“. Man konnte auch analog den Färbverfahren (die man an Geweben, Gläsern usw. übte) annehmen, man hätte das geringere Metall zu Gold gefärbt *(tingiert)*.

Unter philosophischem Einfluß entstand die Lehre, daß die Metalle wie die Menschen Körper und Seele hatten; letztere dachte man sich als eine feinere Körperlichkeit. Man sagte, die „Seele“ oder „erste Materie“ *(prima materia)* sei allen Metallen gemeinsam; und, um ein Metall in ein anderes zu verwandeln *(transmutieren)*, müsse man auf seine Seele tingierend einwirken. In Ägypten galt das Blei (unter dem Namen Osiris) als die prima materia der Metalle; später, als man das noch bildsamere Quecksilber (Mercurius) entdeckte, betrachtete man dieses als die Seele der Metalle. Man dachte sich, man müsse diese flüchtige (*volatile*) Seele durch irgendein Mittel fest machen (*figieren*), um ein edles Metall (Silber, Gold) zu gewinnen.

Jenes problematische Mittel, welches zur Auffärbung oder Transmutation der geringen Metalle bzw. ihres Mercurius zu Silber oder Gold dienen sollte, hieß man den *Stein der Weisen*. Er hatte die Kraft, die kranken (unedlen) Metalle zu gesunden (edlen) zu machen: hier spielt die Idee der *Universalmedizin* hinein; die Alchemie wollte ja im Stein der Weisen auch eine Panazee darstellen, die den Menschen von allen Leiden befreien und verjüngen sollte. Es wird nicht überflüssig sein, gleich zu erwähnen, daß man die hier genannten Materien, Substanzen, Begriffe in den theoretischen Abhandlungen der Alchemisten in um so allgemeinerer, umfassenderer Bedeutung – man kann auch sagen: großzügiger – verwendet findet, jemehr der betreffende Autor der philosophischen Spekulation zuneigt. Gerade die großzügigen Autoren werden von den Alchemisten am meisten geschätzt und als die größten Meister gepriesen. Bei ihnen nun entfernt sich der Begriff „Mercur“ (als Urstoffbegriff) wesentlich von jenem des gemeinen Quecksilbers. Auf dieser Stufe der Spekulation wird eben nicht mehr das Quecksilber (Hg) für den Urstoff gehalten, sondern man betrachtet diesen als ein übersinnliches Prinzip, dem nur der Name des Quecksilbers, Mercurius, verliehen wird. Es wird ausdrücklich betont, daß man den Mercurius Philosophorum nicht verwechseln dürfe mit dem gemeinen Quecksilber. Ähnliche Wandlungen macht der vom Mercurius eigentlich gesonderte Begriff der prima materia durch. Prima materia liegt allem Entstandenen zugrunde. Außerdem bezeichnet man so, namentlich in späterer Zeit, jene Materie, woraus der Stein der Weisen hergestellt werden soll; also gewissermaßen den Rohstoff (materia cruda) für seine Gewinnung. Doch ich greife da vor. Dies gehört eigentlich in die abendländische „Blütezeit" der Alchemie von der Scholastik an.

Eine sehr bedeutende und sehr alte Idee ist in der Alchemie jene des *Keimens* und der *Zeugung*. Die Metalle wachsen wie Pflanzen, vermehren sich wie Tiere. „Gold zeugt Gold, wie das Korn Korn, der Mensch Menschen zeugt", versichern die Adepten in der griechisch-ägyptischen Periode wie auch später. Die zu dieser Vorstellung gehörige Praxis besteht darin, der zu verwandelnden Mischung etwas Gold zuzusetzen, welches wie ein Samen darin aufgehen und Frucht (Gold) bringen soll. Auch als ein Ferment wurde dieser Goldzusatz aufgefaßt, der die ganze Mischung sauerteigartig durchsetzt und gleichsam zu Golde gären macht. Ferner wurde auch der tingierende Stoff als Mann, der zu tingierende Stoff als Weib aufgefaßt. Behält man das Symbol des Korns und Samens im Auge, so wird der Stoff, worein der Same getan wird, zur „Erde" und zur „Mutter", worin er keimen soll, um zur Frucht zu werden.

In diesen Zusammenhang gehört auch das alte alchemistische Symbol vom *philosophischen Ei*. Das Symbol wird dem „ägyptischen Stein" und dem *Drachen* gleichgesetzt, der sich in den Schwanz beißt, also das Zeugungssymbol einem Ewigkeits- oder Kreislaufssymbol. Der „ägyptische Stein" aber ist der Stein der Weisen oder, metonymisch, das große Werk (magnum opus, magisterium) seiner Bereitung. Das Ei ist das Weltei, das in so vielen Kosmogonien wiederkehrt. Das große Magisterium weist überhaupt häufig Weltschöpfungsgedanken auf. – Als „Philosophisches Ei" wird auch das der Eiform sich nähernde Gefäß bezeichnet, worin das große Meisterstück bereitet wird. Dieses Gefäß wurde mit dem magischen Siegel des Hermes, also hermetisch, verschlossen.

Eine weitere theoretische Konzeption, bei den Arabern entstanden, ist die Lehre von den zwei Prinzipien. Sie wurde in der Folge beibehalten und noch ausgestaltet. Ibn Sina (Avicenna, 980 bis ca. 1037) lehrte, daß jedes Metall aus *Mercurius* und *Sulphur* bestehe. Natürlich darf man hier nicht an das gewöhnliche Quecksilber und den gewöhnlichen Schwefel denken.

Von den Arabern kam die Alchemie ins Abendland und gewann hier eine ungeheuere Ausbreitung. Auserlesene Geister finden sich hier unter den ersten Autoren: Roger Bacon, Albertus Magnus, Vincentius von Beauvais, Arnaldus von Villanova, Thomas von Aquino, Raymundus Lullus usw.

Der geschichtliche Stoff, über den zu berichten wäre, ist enorm. Es ist jedoch nicht nötig, daß wir ihn betrachten. Was ich von den Anfängen der Alchemie berichtet habe, genügt nämlich bereits, um die folgende Darstellung des alchemistischen Gehaltes der Parabola zu verstehen. Und was ich über die alchemistischen Theorien der abendländischen Blütezeit noch nachtragen muß, erfährt man ohnedies gelegentlich der bevorstehenden Analyse.

Zum Schluß dieses vorbereitenden Überblicks muß ich nur noch einer Neuerung in der Theorie gedenken, die Paracelsus (1493–1541) eingeführt hat. Ibn Sina hatte gelehrt, daß zum Bestande des Metalls zwei Prinzipien gehören. Mercurius ist der Träger der metallischen Eigenheit; Sulphur hat den Charakter des Brennbaren und ist die Ursache der Veränderungen des Metalls im Feuer. Die Lehre von den zwei Prinzipien führte dazu, daß man zur Herstellung des Goldes sich bemühte, aus Metallen einen möglichst reinen, vollkommenen Sulphur und einen ebensolchen Mercur zu gewinnen, um durch Vereinigung beider das Gold zu erlangen. Paracelsus fügte nun zu den zwei Prinzipien noch ein drittes hinzu, das *Sal* (Salz), als dasjenige der Festigkeit oder „Greifflichkeit", wie er sich ausdrückt. Nach meiner Meinung hat Paracelsus damit keine prinzipielle Neuerung eingeführt, sondern nur terminologisch in ein neues System gebracht, was andere schon vor ihm gesagt, wenn auch nicht so konsequent ausgeführt haben. Die Prinzipien: Mercurius, Sulphur und Sal – ihre Zeichen sind ☿, 🜍 und ⊖ – werden in der Folge von den Alchemisten in ihrer Kunstsprache außerordentlich viel verwendet. Sie werden gern auch genannt: Geist, Seele und Leib. Sie werden zu dreien, aber auch nach wie vor zu zweien zusammengestellt, je nach Erfordernis der Symbolik.

Die bei den Alchemisten übliche Verschwisterung der Planeten mit Metallen hat man wohl den Babyloniern zu verdanken. Ich teile diese Korrespondenzen hier in der Form mit, wie sie in der Alchemie herrschend wurde. Ich muß den Leser bitten, sie sich womöglich einzuprägen, denn die Alchemie nennt häufig die Metalle beim Planetennamen. Nach der alten (wenn auch nicht nach der ältesten) Anschauung gibt es sieben Planeten (worunter die Sonne sich befindet!) und sieben Metalle:

Planet	*Zeichen*	*Metall*
Saturn	♄	Blei
Jupiter	♃	Zinn
Mars	♂	Eisen
Sonne	☉	Gold
Venus	♀	Kupfer
Mercur	☿	Quecksilber
Mond	☽	Silber

Bezüglich der Kunstsprache, die ich ja in meinen folgenden Ausführungen auch werde gebrauchen müssen, habe ich eine überaus wichtige Bemerkung zu machen, die man sich wohl einprägen möge. Es ist eine Eigentümlichkeit der alchemistischen Autoren, daß sie für eine Sache fünfzig und mehr Namen abwechselnd gebrauchen und daß andererseits wieder ein und derselbe Name vielerlei Bedeutung hat. Zum Teil ist dieser Usus ursprünglich begründet in der Unsicherheit der Begriffe, die schon früher besprochen wurde. Diese Unsicherheit erklärt indes nicht, warum der Usus trotz den zunehmenden Kenntnissen geradezu absichtlich ausgebaut wurde. Über die Gründe, die da wirksam waren, wird später noch gesprochen werden. Vorläufig sei bloß die Tatsache selbst konstatiert und zugleich ein Hinweis gegeben, worauf es ankommt, um sich trotz der seltsamen terminologischen Freiheit, die beständig und mit Absicht eins mit dem andern verwechselt, in den hermetischen Schriften zurechtzufinden: abgesehen von einer gewissen Übung in der Bildersprache der Alchemisten ist es notwendig, sich die Worte, die gebraucht werden, gleichsam wegzudenken und einzig auf den Zusammenhang zu achten, in dem sie stehen. Wenn z. B. das eine Mal beschrieben wird, daß ein Körper mit Wasser, das andere Mal, daß er mit Seife (sapo), das dritte Mal, daß er mit Mercurius usw. zu waschen sei, so ist nicht „Wasser“, „Seife“ oder „Mercurius“ die Hauptsache, sondern die Beziehung beider zueinander: das Waschen; und dann dürfte sich bei näherer

Betrachtung des Zusammenhanges meist herausstellen, daß alle drei Male dasselbe Reinigungsmittel gemeint war, nur dreimal mit einem anderen Namen bezeichnet.

***

Die alchemistische Deutung unserer Parabola ist eine Herauswicklung dessen, was ihr Verfasser damit lehren wollte. Wir brauchen nicht erst zu beweisen, daß er einen hermetischen Zweck verfolgte, denn das sagt er uns ja selber, und sagt uns die Umgebung, das Buch, in dem die Parabola steht. In dieser Hinsicht wären wir also bei der alchemistischen Deutung viel besser dran als bei der psychanalytischen, bei der wir aufs Unbewußte gezielt haben. Jetzt haben wir den bewußten Zweck vor uns, und gehen mit dem Einverständnis des Autors vor, während wir vorhin gleichsam *gegen* sein Einverständnis arbeiteten und aus seinem Geistesprodukt Dinge ableiteten, die sein bewußter Mensch wohl kaum zugeben würde, wenn wir ihn lebend vor uns hätten – es sei denn, wir unterrichteten ihn und überzeugten ihn von der Bedeutung der Psychanalyse.

In der einen Hinsicht sind wir also jetzt besser dran. In einer anderen aber recht schlecht. Denn die Materie, in welcher wir vorhin arbeiteten, das Unbewußte, bleibt sich in großen Zeitläufen ziemlich gleich; das Unbewußte des Wanderers ist in seinen Grundlagen nicht viel anders als das eines heutigen Menschen oder jenes des Zosimos[28]: es ist die Seele der Rasse, die da spricht; das „Menschliche". Viel rascher ändern sich dagegen im Lauf der Zeiten das äußere Wissen und die Bilder, womit wir dieses Wissen ausdrücken. Von diesem Standpunkt aus ist das Bewußte schwerer zugänglich als das Unbewußte. Und nun gar ein unserer Bildung so ferne gerücktes Wissen wie das alchemistische.

Zum Glück brauche ich es nicht als meine Aufgabe zu betrachten, die Parabola etwa so ausführlich alchemistisch zu „deuten", daß jemand danach in einem chemischen Laboratorium arbeiten könnte. Vielmehr genügt es für unsere Zwecke vollauf, wenn ich in großen Zügen angebe, wie man die Hauptgestalten und -vor-

28 Zosimos ist einer der ältesten alchemistischen Autoren, von denen man Bestimmtes weiß; ca. IV. Jahrh.

gänge der Parabola in den Ideenkreis der alchemistischen Lehre einzuordnen hat. Wenn es mir gelungen ist, dies in verständlicher Weise zu tun, so sind wir bereits um eine arge Klippe herumgekommen. Nachher erst darf ich mich weiter wagen – zur eigentlichen Aufgabe dieser Untersuchung. Doch Geduld! Wir sind noch nicht so weit.

Es wird nun vor allen Dingen nötig sein, daß ich in einigen rohen Zügen eine Skizze davon entwerfe, wie man in der Blütezeit der Alchemie die Ausführung des großen Werkes zu schildern pflegte. Trotz der Vielfältigkeit der Darstellungen trifft man nämlich gewisse Grundsätze an, an denen im allgemeinen nicht gerüttelt wird. Von diesem eisernen Bestand der alchemistischen Anleitungen will ich einiges mitteilen.

Da ist vor allem die Zentralidee der Zusammenfügung oder des Zusammenwirkens zweier Dinge, die am häufigsten Mann und Weib, Rot und Weiß, Sonne und Mond, Sulphur und Mercur genannt werden. Daß die Metalle durch Zusammenwirken von Sulphur und Mercur bestehen, haben wir bereits bei lbn Sina gesehen. Schon früher gab es aber Zusammenfügungen zweier Teile unter dem Bild der Befruchtung. Beides fließt nun in ein Symbol zusammen, und zwar um so leichter, als es wohl in Verfolg gleicher (vom sexuellen Komplex konstellierter) Gedanken entstanden ist. Auch die Vorstellung kommt hinzu, daß man ein männliches Agens dem Gold, ein weibliches dem Silber entnehmen müsse, um durch ihre Vereinigung das zu erhalten, was den Mercur der Metalle zur Vollkommenheit bringt. Daher mag es ursprünglich rühren, daß für das oben erwähnte Paar, welches verbunden werden soll, auch die Bezeichnung Gold und Silber (☉ und☽) aufkam. Rot und Weiß = Mann und Weib (männliches und weibliches Agens) fanden wir auch auf psychanalytischem Weg in der Parabola.

Die *Turba Philosophorum* nennt „das Weib Magnesia, das Weiße; den Mann das Roth, Sulphur".

Morienus sagt: „Unser Stein ist gleich der Erschaffung des Menschen. Denn erstlich ist allda die Zusammenvereinigung, und 2. die Corruption [d. h. die Putrefaktion des Samens], 3. die Schwängerung, 4. die Geburt des Kindes, 5. folget die Nahrung." Beide Bestandteile entspringen aus einer Wurzel, daher versichern die Autoren, daß der Stein nur ein einiger sei. Nennt man die Materie „Mercurius“, so spricht man deshalb häufig von einem doppelten Mercurius, der doch nur einer sei.

Arnaldus (*Ros.* II, 17): „So erscheint es ... gantz klärlich, dass dennoch die Philosophen an dem die Warheit gesagt, ob es schon den Thoren und Narren unmöglich zu seyn bedüncket, daß nemlich nur ein einiger Stein seye, eine einige Medicin, eine Anordnung, ein Werck, ein Gefäß, beydes den weissen und rothen Schwefel zugleich, und auff einmal zu machen.“ Derselbe (*Ros.* II, 6): „Dann es ist nur ein einiger Stein, eine einige Medicin, welchem nichts fremdes zugesetzt, auch nichts daran vermindert wird, ohne allein daß man das überflüssige davon absondert.“ Hierin liegt die Idee der Reinigung oder Waschung; sie kehrt stets wieder. Arnaldus (*Ros.* II, 8): „Wenn Du nun die Elementen ... geschieden hast, so wasche dieselbigen ab ...“ Die Idee des Waschens hängt mit jener der mechanischen Reinigung Zerreibung (Zerstückelung in der Parabola!), Zermahlung (Mühle) zusammen, sowie mit dem Bad und der Auflösung (Auflösung der beiden Brautleute), „Bad“ heißt andererseits auch das umgebende Gefäß, Wasserbad. – Arnaldus (*Ros.* I, 9): „So ist derowegen der wahre Anfang die Dissolution und Auflösung des Steins.“ Auch durch Feuer kann eine Auflösung geschehen; entweder die Schmelzung oder die der Zerreibung (contritio) ähnliche Einäscherung (calcinatio). Alles das sind Vorgänge, die den betreffenden Körper in seine reinste oder chemisch zugänglichste Form bringen.

Arnaldus (*Ros.* I, 9): „Das Philosophische Werck ist, den Stein in seinen Mercurium dissolviren und auffl̈ösen, damit er in seine primam Materiam [d. h. Urzustand, reinste Form] reduciret und wiederbracht werde.“

Durch das Aufschließen der einigen Materia erhält man die zweierlei Dinge oder Samen, roten und weißen. Welches ist aber das „subiectum“, das man diesen Behandlungen unterziehen, die Materie, die man so bearbeiten muß? Gerade das ist es, was die Alchemisten am meisten verheimlichen. Sie geben der prima materia (Rohstoff) hunderterlei Namen, wovon jeder ein Rätsel ist. Man macht Andeutungen, will aber nicht zu deutlich sein. Nur der Würdige soll den Schlüssel des ganzen Werkes finden. Den übrigen Prozeß könnte allenfalls verstehen, wer nur einmal die prima materia wüßte. Über sie und ihre Rätselnamen wird viel geschrieben. Sie heißt (teils als Rohstoff, teils als Urstoff, teils als Urzustand usw.) u. a.: Lapis philosophicus, aqua vitae, venenum, spiritus, medicina, coelum, nubes, ros, umbra, stella signata & Lucifer, Luna, aqua ardens, sponsa, coniux, mater, Eva: aus ihr werden dem König königliche Kinder geboren, virgo, lac virginis, menstruum, materia hermaphrodita catholica Solis & Lunae, sputum Lunae, urina puerorum, faeces dissolutae, fimus, materia omnium formarum, Venus.

Dem Psychanalytiker wird auffallen, daß die Urmaterie mehrmals mit Sekreten und Exkrementen identifiziert wird: Speichel, Milch, Kot, Menstruum, Urin. Das entspricht ganz den infantilen Zeugungstheorien sowie der Tatsache, daß diese Theorien leicht dort zum Vorschein kommen, wo die Phantasie in primitiver Tätigkeit Symbole schafft. Es ist auch zu vermerken, daß unzählige alchemistische Sudler, die die Werke der „Meister" nicht verstanden, mit Stoffen arbeiteten wie Urin, Sperma, Speichel, Kot, Blut, Menstrualblut usw., wobei immer die dunkle Vorstellung des zeugungskräftigen Wesens dieser Dinge im Spiel war. Ich werde darüber beim Homunculus mehr sagen. Einstweilen möchte ich nur auf die enge Zusammengehörigkeit von Dreck und Gold in Mythos und Folklore verweisen.[29] Es ist klar, daß für die Kunst der Goldbereitung diese mythologische Verwandtschaft von Belang ist.

Zu den Tätigkeiten der Zerlegung der Materie, welche der Zusammensetzung oder dem Wiederaufbau vorangehen, gehört nebst der Waschung und Zerreibung auch die Putrefaktion oder Fäulung. Ohne diese ist kein fruchtbringendes Werk möglich. Ich habe schon früher erwähnt, daß man sich dachte, das Sperma müsse faulen, um zu befruchten. Das Samenkorn unterliegt in der Erde der „Putrefaktion". Aber auch an die befruchtende Wirksamkeit des Düngers ist zu denken, will man die Assoziation Faulen – Zeugen genetisch recht verstehen. Putrefactio ist übrigens eine der Formen von Corruptio; und corruptio unius est generatio alterius.

Arnaldus (*Ros.* I, 9): „Wofern die Cörper nicht unleiblich oder flüchtig werden, also dass sie keine Cörper mehr [als solche also zerstört] seynd, ... so richtet ihr in eurem Werck nichts aus." Der rote Mann und das weiße Weib, auch roter Löwe und weiße Lilie und noch mit vielen anderen Namen benannt, werden in einem Gefäß,

29 Siehe rückwärts die Anmerkung B.

dem philosophischen Ei, miteinander vereinigt und gekocht. Die gesamte Materie wird dabei allmählich schwarz (und heißt Rabe oder Rabenhaupt), später weiß (Schwan); jetzt etwas stärkerer Hitze unterworfen, sublimiert sich die Substanz im Gefäß (der Schwan fliegt auf); bei weiterer Erhitzung tritt ein lebhaftes Farbenspiel auf (Pfauenschwanz oder Regenbogen), schließlich wird die Substanz rot, und das ist der Schluß der Hauptarbeit. Die rote Substanz ist der Stein der Weisen (auch unser König, roter Löwe, großes Elixier usw. genannt). Die Nacharbeit ist eine Nachbehandlung, durch die der Stein noch gekräftigt, in seiner Wirksamkeit „multipliziert" wird. Dann ist er fähig, in der „Projektion" auf ein geringeres Metall riesige Mengen davon zu Gold zu tingieren.[30] Hätte man die Hauptarbeit in dem Grad der Weiße unterbrochen, statt die Röte zu erwarten, so besäße man den weißen Stein, das kleine Elixier, womit man die unedlen Metalle nur in Silber transmutieren kann.

Wir haben soeben von der Hauptarbeit und der Nacharbeit gesprochen. Ich erwähne also der Vollständigkeit halber noch, daß die Zerreibung und Reinigung usw. der Materie, welche der Hauptarbeit vorausgeht, die Vorarbeit genannt wird. Die Einteilung wird indes auch abweichend angegeben.

Mit diesen Kenntnissen ausgerüstet, können wir uns nun daran wagen, die alchemistischen Hieroglyphen in unserer Parabola aufzusuchen. Ich muß den Leser bitten, sich die Hauptszenen in Erinnerung zu bringen.

Unter dem Wanderer haben wir uns einen Menschen vorzustellen, der sich auf den Weg gemacht hat, um das Geheimnis des großen Werkes kennen zu lernen. Er gerät in den Wald der widersprechenden Meinungen. Er ist tief in Irrtümer geraten, das Studium, obgleich beschwerlich, hält ihn aber fest; er kann nicht zurück (Absatz 1). So verfolgt er denn seinen Zweck immer weiter (Absatz 2) und glaubt nun die richtigen Autoren gefunden zu haben (Absatz 3), die ihn in das Kollegium der Weisheit einweihen könnten. Aber die Leute sind untereinander nicht einig. Auch gebrauchen sie Bilderreden, die die eigentliche Lehre verdunkeln (Absatz 4) und die, der Praxis entgegengehalten, etwas Nichtiges sind. (Ich erwähne

30 Im Stadium der Projektion wird die rote Tinktur durch den Pelikan versinnbildlicht. Warum, wird später erläutert werden.

beiläufig, daß die großen Meister der hermetischen Kunst dem Leser einzuschärfen pflegen, er solle sich nicht an ihre Worte klammern, sondern die Dinge immer nach der Natur und ihren Möglichkeiten messen). Die Alten versprechen ihm wohl die Eröffnung wichtiger Lehren, wollen aber den Anfang des Werkes nicht mitteilen (Absatz 5–6, Vorbereitung zum Löwenkampf). Das ist eine ganz gelungene Charakteristik der hermetischen Literatur.

Wir sind beim Kampf mit dem Löwen angelangt, der in einem Graben vor sich geht. Der Wanderer tötet den Löwen und entnimmt ihm rotes Blut und weiße Knochen, also Rot und Weiß. Rot und Weiß treten später als Rosen auf, dann als Mann und Weib. Ich setze nun einige Stellen aus verschiedenen alchemistischen Büchern her.

Höhler (*Herm. Phil.*, 91) führt – wahrscheinlich nach Michael Meiers *Septimana Philosophica* – an: Der grüne Löwe [ein häufiges Symbol für die Materie am Beginn] schließt die rauhen Samen ein; gelbe Haare schmücken sein Haupt [das Detail ist auch in der Parabola nicht vergessen], d.h. wenn die Projektion auf die Metalle geschehen wird, werden sie gelb, golden werden. [Grün ist die Farbe der Hoffnung, des Wachsens. Vorläufig ist nur das Haupt des Löwen goldig: seine Zukunft. Später wird er ein roter Löwe – der Stein der Weisen, der König im Purpurmantel sein. Vorher muß er allerdings getötet werden.]

Der Löwe, der sterben muß, ist der Drache, den der Drachenkämpfer tötet. So haben wir es in den mythologischen Vergleichungen gesehen. Die Psychanalyse zeigte uns ferner: Löwe = Drache = Vater (= Eltern usw.). Es ist nun sehr interessant, daß die alchemistische Symbolik ganz dieselben Gestalten füreinander einsetzt. Wir werden das noch öfters bemerken können.

Berthelot zitiert (*Orig. de l'Alch.*, 60) aus einem alten Manuskript: „Le dragon est le gardien du temple. Sacrifie-le, écorche-le, sépare la chair des os et tu trouveras ce que tu cherches.“ Dieser Drache ist, wie aus den alten Autoren erwiesen werden kann, auch die Schlange, die sich in den Schwanz beißt, die anderseits auch wieder durch zwei Schlangen dargestellt wird.

Flamel schreibt über ein hieroglyphisches Bild zweier Drachen (im 3. Kapitel seiner *Auslegung d. hierogl. Fig.*) u.a. das folgende: „Betrachte wohl diese beyde Drachen, denn dies sind die wahren Anfänge der Philosophiae [Alchemie], welche die Weisen ihren eigenen Kindern nicht haben zeigen dörfen ... Der erste wird Sulphur genannt oder das Warme und Trockene. Das andere wird geheißen Quecksilber oder die Kälte und Feuchte. Diese sind die Sonne und der Mond ... Diese sind Schlangen und Drachen, welche die alten Egyptier in Gestalt eines Cirkels gemahlet, da der Kopf in den Schwanz beißt, um dadurch zu lehren, daß sie von und aus einem Dinge [unserem Löwen!] entsprossen. – Diese sind die Drachen, so die Alten Poeten bestellet, ohne Schlafen die güldenen Aepfel im Garten der Hesperidischen Jungfrauen zu bewahren. Diese sind diejenigen, über welche Iason in seinem Ebentheuer des güldenen Vliesses die durch die schöne Medeam ihme zugerichtete Suppe geschüttet [vgl. meine Erläuterungen zum Motiv der Zerstückelung], von welchen Discursen die Bücher der Philosophen dergestalt angefüllet sind, dass kein einziger Philosophus jemehls gewesen, von dem wahrhaftigen Hermete Trismegisto, Orpheo, Pythagora, Artephio, Morieno und andern folgenden, biß auf mich zu rechnen, der nicht von diesen Dingen geschrieben hätte. Diese sind die beyden von Junone (welche ist die Metallische Natur) herabgesandte Schlangen, die der starke Hercules (das ist der Weise in seiner Wiegen) [unser Wanderer] erwürgen, das ist, überwinden und tödten soll, um dieselbige im Anfang seines Werks verfaulen, zerstören, und gebähren zu lassen. Diese sind die beyden Schlangen, welche um den Heroldsstab und Ruthe des Mercurii fest gemachet sind ... Derowegen, wann diese beyde, (welche Avicenna die Hündin von Carascene und den Hund von Armenien nennet) in dem Gefäß des todten Grabes zusammen gesetzet sind, so zerbeißen sie sich untereinander grausamlich. [Vergleiche den Streit der Drachenmänner bei Iason, der Alten in der Parabola, aber auch das Umfangen der Brautleute und die mythologische Gleichung Ringkampf = Drachenkampf = Gewinnen der Königstochter (= Inzest = Liebesumarmung bzw. Trennung der Ureltern usw.)] ...“ Eine Korruption [Zerstörung] und Putrefaktion muß stattfinden vor der Erneuerung in besserer Gestalt. „Diese sind die beyden Männlich und Weibliche Saamen, so ... in den Nieren und Eingeweiden ... der vier Elementen selbst gezeugt sind.“

Den Drachen, der am Anfang des Werkes getötet wird, nennen die alten Alchemisten auch Osiris. Seiner Zerstückelung wurde bereits gedacht, ebenso seiner Beziehung zu Bleierzen. Flamel bezeichnet das Gefäß der alchemistischen Operation ein „Grab“. Olympiodor spricht in einem alchemistischen Werk vom (Grab des Osiris. Nur das Antlitz des (offenbar wie eine Mumie eingewickelten) Osiris sei sichtbar. In der Parabola ist nur das Haupt des Löwen golden. Das Haupt als das von der Tötung (Zerstückelung) Aufbewahrte steht wohl für das Zeugungsorgan.

Der Phallos ist ja eigentlich das, was die zeugenden Materien (Samen) liefert. Der Phallos ist die Zukunft. Der Phallos wurde als Denkmal von der Isis gestiftet.

Janus Lacinius gibt in seiner *Pretiosa Margarita* folgende Allegorie. In dem Palast sitzt der König mit dem Diadem geschmückt, das Szepter der ganzen Welt in der Hand. Vor ihm erscheint sein Sohn mit fünf Dienern und fleht in fußfällig an, ihm und den Dienern die Herrschaft zu geben.[31] Da tötet der Sohn im Zorn auf Anstiften der Gesellen den *Vater* auf dem Thron. In seinem *Gewande* sammelt er das Blut des Vaters. Es wird eine Grube [der Löwengraben, das „Grab“] gegraben, in die der Sohn den Vater hinabstoßen will, aber es fallen beide hinein. [Man vergleiche den gefährlichen Gang des Wanderers auf der Mauer, Abs. 8, wo Leute hinabfallen.] Der Sohn strengt sich an, wieder herauszukommen, aber es kommt einer, der es nicht gestattet. [Symbolik der Hemmung, der verschlossenen Tür usw. in der Parabola. Das Grab geht unvermerkt über in das Gefäß; wo die beiden Brautleute – bei Lacinius Vater und Sohn statt Mutter und Sohn – vereinigt und streng abgeschlossen werden.] Wann der ganze Körper gelöst ist, werden die Gebeine aus dem Grab herausgeworfen. Sie werden in neun Teile geteilt [Zerstückelung]; die gelöste Materie wird neun Tage lang über gelindem Feuer gekocht, bis die Schwärze erscheint. Wiederum wird neun Tage gekocht, bis das Wasser hell und rein wird. Die Schwärze wird mit ihrem Lebenswasser [in der Parabola ist das Mühlenwasser schwarz] neun Tage lang gekocht, bis die weiße Erde der Philosophen erscheint. Ein Engel wirft die Gebeine auf die gereinigte und geweißte Erde, welche jetzt mit ihrem Samen vermischt wird. In einem stärkeren Feuer wird sie vom Wasser geschieden. Zuletzt

---

31 Der Autor packt die Sache von einem anderen Ende an als die vorigen. Das Gold (König) wird von den übrigen sechs Metallen bestürmt, weil sie selbst Gold werden wollen. Der König wird getötet. Im Grunde handelt es sich aber doch wieder um dieselbe Sache wie oben.

wird die Erde der Gebeine rot wie Blut und Rubin. Da erhebt sich der König aus seinem Grab, voll der Gnade Gottes, ganz himmlisch mit großer Gewalt, alle seine Diener zu Königen zu machen. Er setzt seinem Sohn und seinen Dienern goldne Kronen aufs Haupt.

Als Träger von beiderlei Samen, männlich und weiblich, ist der Löwe androgyn. In der Tat wird auch sonst das Subjectum (d.h. die erste Materie) als zwiespältig, zwiegeschlechtig aufgefaßt. Man nennt es mit solchen Namen, die beide Sexus andeuten, es heißt auch „Hermaphrodit". Es wird als „Rebis" (res bina) dargestellt, als ein Mensch mit einem männlichen und einem weiblichen Kopf, stehend auf einem Drachen: aus dem überwundenen Drachen (Löwen) geht das Doppelte hervor. Die Materia heißt auch Mercurius; sein Stab trägt die zwei antagonistischen Schlangen auf die Flamel hinweist. In der Parabola kommt dann noch ein Hermaphrodit vor: das Wesen (Absatz 8), von dem der Wanderer nicht weiß, ob es ein Mann oder ein Weib ist. Es ist die Materia des Ursprungs: Mercurius, ☿, „unser Hermaphrodit". Im Abs. 9 der Parabola und auch später treten Rot und Weiß als Rosen auf. Die weiße und die rote Tinktur werden alchemistisch oft verglichen mit weißen und roten Rosen. Im Abs. 9 kommt der Wanderer zu jenen Häusern, wo einzeln oder zu zweit Leute arbeiten. Sie arbeiten „sudelhaft". Die alchemistischen Patzer werden von den Meistern der Kunst häufig „Sudler" und „Sudelköche" genannt. Das sind die, die nicht nach der „Möglichkeit der Natur" arbeiten, die doch der Prüfstein alles richtigen Schaffens sein soll.

Der Garten (Absatz 10–11) ist einer der „Rosengärten", die z.B. der Alchemist Michael Meier gern erwähnt.

Es macht Schwierigkeiten, die roten Jünglinge mit den weißen Mädchen zu vereinigen. Eine Mauer trennt sie. Der Wanderer beseitigt das Hindernis, indem er eine Tür aufschließt. Das mag ein chemisches Aufschließen besagen, durch welches die Körper einander chemisch näher gebracht werden.

Der Wanderer kommt (Absatz 11) zur Mühle. Die Mühle bedeutet natürlich die schon besprochene Zerreibung der Materia. Sie hat aber auch Beziehung zur Fermentation, und zwar durch Vermittlung des Mehls.

Rulandus (*Lex.*, 211f, Schlagwort Fermentum): „Ferment ist Elixir, Sawrteig, Deyssen, Hefel, oder Urheb, wie mans nennet, macht das corpus lück, daß auffgehet, unnd der spiritus Platz findet, damit es zum backen geschickt werde: Wie nun das Meel kein Hefel ist, sonder das Meel und Wasser [Mühlenwasser!] und der gantze Teig wirdt durchsäwert, und eidel Hefel, also ist auch allhie der lapis selbs das ferment, doch wirdt Gold und Mercurius auch ferment genennet."

Es beginnt nun das Hauptwerk – Verehelichung, Gefängnis, Umarmung, Conceptio, Gebärung, Verklärung – dem der Rest der Parabola gewidmet ist.

Das Gefängnis ist das philosophische Ei. Man nennt es auch: „Atnanor, ein Sieb, Misthauffen, Marien Bad, einen Brenn-Ofen, runde Kugel, grünen Löwen, Gefängniß, Grab, Brunz-Kachel, Phiol und Cucurbit." Es ist „gleich als der Bauch und die Bärmutter, die wahre natürliche Wärme (um unsern jungen Könige das Leben zu geben) in sich begreiffend". Die Wärme, die man anwendet, soll zuerst gelind sein, „wie nach dem Winter"; später kräftiger, wie die Sonne im Frühjahr, im Sommer. [Vgl. die Jahreszeiten in unserer Parabola.] (Flamel, 50ff.)

Daustenius (*Ros.* VII): „... Und dieses Dinges kann ein Exempel seyn der Frauen Bauch, welche, wenn sie empfangen hat, so wird alsbald die Mutter verschlossen ..."

Derselbe (*Ros.* VII): „... Derowegen, wann du sie (das weiße Weib und den roten Mann) in ihr Gefäß geleget hast, so verschließe es aufs fleißigste ..." [Siegel Hermetis.]

Derselbe (*Ros.* VIII): „... Derowegen so du die Materien recht und fein einrichten, und dein Werk wohl regieren wirst, und Bluts-Freunde mit ihren Bluts-Freunden gebührender Maassen verehelichen ..." [Inzest.]

Derselbe (*Ros.* VII): „So ist nun dieses unsere Solution, daß du den Gabricum mit der Beja vermählest: Welcher, wann er bey der Beja schläffet, *stirbet* er alsbald und wird in ihre Natur verwandelt ... Und wiewohl die Beja ein Weib ist, so verbessert sie doch den Gabricum, darum, weil *er von ihr ist herkommen.*" [Tod des Bräutigam-Sohnes. Es sei daran erinnert, daß alle Metalle oder alle Stoffe überhaupt – also auch das ☉ – aus der „Mutter", der Urmaterie ☿ herkommen.]

In einer „Visio" von Daustenius soll der König in seiner Mutter Leib zurückgehen, um frisch gezeugt zu werden. Der König geht

„in seine Schlafkammer, und unversehens wird er von großer Begierde des Beyschlaffens entzündet, und schläffet alsbald ein, und hat gelegen bey einer überaus schönen Jungfrauen, welche eine Tochter war seiner Mutter". [Abgeschwächter Mutterinzest.] Später heißt es in der Visio: „Das Weib aber verschloß ihren Mann, als eine Mutter, gar fleißig in das Innerste ihres Leibes."

Die im Gefäß verschlossenen Körper zergehen und werden zum Teil flüchtig. Die Dämpfe („Seele") kehren aber in die Leiber zurück. Da geschieht die Conceptio.

Daustenius (*Ros.* IX): „... Daher sind luftige Geister geworden, so miteinander in die Luft gestiegen, und daselbst das Leben empfangen haben, so ihnen von ihrer Feuchtigkeit ist eingeblasen worden, wie der Mensch von der Luft das Leben hat, darum er sich vermehret ... Denn das Leben aller natürlichen Dinge bestehet vom Einblasen der Luft."

Das Erteilen von Leben durch ein Einblasen von Luft spielt im Mythos eine große Rolle. Auch kommen insbesondere Befruchtungen durch Luft und Wind häufig genug vor. Es ist eine primitive Befruchtungstheorie, die man auch im Vorstellungskreis der Kinder findet. Kindern scheint namentlich die Idee des Einblasens von Luft in den Anus eine natürliche Sexualtheorie zu sein. Mir sind mehrere Fälle bekannt, wo diese Praktik mit entschiedener erotischer Betonung unter der Maske des „Doktor-Spielens" vorgenommen wurde. Ein Kind äußerte sich einmal darüber, was Papa und Mama tun, wenn sie allein sind: sie tun ihre nackten Popos aneinander und blasen sich gegenseitig Luft ein.

Eine andere infantile Theorie erklärt die Befruchtung durch das Verschlucken eines Gegenstandes. In Mythen und Märchen kommt dieses Motiv außerordentlich häufig vor. Dem Verschlucken als conceptio entspricht als partus: defaecatio. Beiläufig bemerkt, gehen ja wirklich die Körper im philosophischen Ei in eine faulende, stinkende schwarze Masse über, die von manchen Autoren ausdrücklich „Mist" genannt wird. Dazu kommt als „Wasser" der Urin. Die Prima materia heißt auch „urina". Im philosophischen Ei verschlingt das weiße Weib den roten Mann. Menschenfressermotiv – vgl. Stucken.

„Liber *Apocal. Hermetis*" (zitiert bei Höhler, 105f): „... Darumb so haben die Philosophen diese Zarte reine Jungfrau dem Gabrico vermehlet (sic!), damit sie Frucht zeugeten, und da sie Gabricus beschlaffen, ist er gestorben. Die Beja [d. i. die weiße Jungfrau] hat ihn von wegen grosser Lieb *verschlucket und verzehret.*“

Nun zur intrauterinen Ernährung des Foetus mit dem Lebenswasser: Daustenius (*Ros.* VI.): „… die Frucht im Leibe wird alleine ernähret von der Mutter Blut.“ Derselbe (*Ros.* X.):

> Ohn Saamen keine Frucht dir jemahls kan aufgehen,
> Zuvor der Saam erstirbt, dann wirst du Früchte sehen.
> Im Magen wird die Speiß‘ gekochet sanftiglich,
> Daraus hernach das best‘ die Glieder ziehn zu sich.
> Wenn auch der Saame ist in Mutter-Leib gegossen,
> Alsdann die Mutter bleibt fein sanfte zugeschlossen,
> Das Menstruum der Frucht zur Nahrung mangelt nicht.
> Bis sie zu rechter Zeit kommt an des Tages Licht.

Später heißt es (*ibidem* XI) „… lege ihr den Sohn an, daß sie ihn *säuge.*“ [Das Wasser des Lebens ist also auch die Milch.]

Der neue König ist geboren, und nun erscheinen er und die Gemahlin in immer köstlicheren Gewändern (Absatz 18 der Parabola). Durch Gewandwechsel wurde der Farbenwechsel der Materie ausgedrückt (ähnlich wie: Pfauenschwanz, Regenbogen). Das Fortschreiten geht von schwarz über grau zu weiß, gelb, rot, purpur.

Mit Purpur ist die Vollendung erreicht. Der Wanderer schildert zum Schluß die Tugenden des Steins der Weisen. Wir haben das große Elixier bereits mit dem Soma zusammengebracht. In dem alten alchemistischen Buch, das den Namen des persischen Magiers Osthanes (Berthelot, *Orig.*, 52) trägt, heilt das göttliche Wasser alle Krankheiten. Wasser des Lebens = Lebenselixier.

***

Mancher Leser ist vielleicht nur mit Kopfschütteln die psychanalytische Auslegung der Parabola durchgegangen. Die krasse Entwicklung der Sexualität und des Oedipus-Komplexes mag ihm unwahrscheinlich erschienen sein. Die alchemistische Hieroglyphik hat nun in unerwarteter Weise bewiesen, daß all die überraschenden Dinge nicht am Ende von der Psychanalyse in die Parabola hineinkomponiert, sondern richtig herausgelesen worden sind (wenn auch der Gehalt der Parabola damit noch lange nicht erschöpft ist). Was anfangs als kühne Vermutung erscheinen mochte, wie der Vatermord, der Mutterinzest, die Auffassung des roten Blutes und der weißen Knochen als Mann und Weib, die Fäkalien als Zeugungsstoff, das Gefängnis als Uterus: all das hat sich als beliebtes Bildwerk bei den alchemistischen Autoren erwiesen.

Die Alchemisten verweilen gern bei den Vorgängen der Zeugung und bei infantilen Sexualtheorien. Das tiefe Interesse, das sie diesen Dingen entgegenbringen, und ohne welches sie gewiß nicht so gerne in ihrer Hieroglyphik damit operieren würden; die Bedeutung, welche diese Dinge haben mußten, um für würdig erachtet zu werden, die Vorgänge des großen Meisterstückes zu illustrieren; und – die Bedeutung, die sie schließlich (in irgendeiner Form) im Gefühlsleben jedes Menschen haben: all das läßt begreiflich erscheinen, daß sich dieser eine Zweig der phantasiereichen Spekulationen, die wir kennen gelernt haben, zur selbständigen Behandlung empfahl. Wirklich fand so eine Abspaltung statt; die Zeugung wurde zum selbständigen Problem für Alchemisten. Doch die Jünger der Kunst lernten ja von der Natur, um ihre Kunst die Werke der Natur nachahmen, ja verbessern zu lassen: was wunder, wenn sich manche von ihnen auf die künstliche Erzeugung des Menschen legten? Ist doch der Glaube an die Generatio aequivoca noch nicht so lang erloschen; mußte es nicht angesichts der vermeintlichen Tatsache, daß man Insekten aus der Erde, Würmer aus Mist usw. sich entwickeln sah, irgendwie möglich sein, durch besonders künstliches Eingreifen auch höhere Lebewesen aus leblosem Stoffe entstehen zu machen? Und so ganz leblos war ja schließlich keiner von allen Stoffen; wachsen und vermehrten sich doch sogar die „beseelten“ Metalle. Kurzum, es ist, wenn man die Sache etwas näher betrachtet, gar nicht so absonderlich, daß es zu ernsten Bestrebungen kam, den Homunculus zu erzeugen.

Gewöhnlich wird Paracelsus als Autor der Idee bezeichnet, die meines Erachtens für die nicht ganz kritischen Geister in der Luft liegen mußte. Betreffs der Rolle, die Paracelsus dabei spielte, kann man verschiedener Ansicht sein. Die Anleitung, die er zu der Herstellung des Homunculus gibt, befindet sich in einem Werk (*De Natura Rerum*), dessen Autorschaft vielleicht nicht feststeht. Und, gesetzt, Paracelsus wäre der Verfasser, so ist zu erwägen, ob er hier nicht dem fragelustigen Freunde, dem das Werk gewidmet ist, bloß ein Kuriosen-Ragout vorlegt, aus dem bunten Schatz, den er auf seinen Reisen, unter fahrendem Volk, bei Gott und der Welt gesammelt. Wir müssen die Dinge nehmen, wie sie liegen; die Untersuchung, ob Paracelsus oder nicht, wäre müßig. Genug, ein Buch ist da, von irgendeinem Verfasser, der das Werk beschreibt, und so beschreibt, wie es die naive Gelehrtheit ganz folgerichtig hat imaginieren können. Die Idee als solche ist uns ja schon begreiflich erschienen. Ihre Form in dem erwähnten Buch zeigt sich durch alchemistische Vorstellungen deutlich determiniert. Der Leser wird dies sogleich selbst wahrnehmen, denn ich gebe hier einige Stellen der Schrift wieder. (Vgl. die Straßb. Folio-Ausg. des Paracelsus, 1. Bd., 881–884.) Die Würdigung der Homunculus-Bereitung erscheint mir deshalb wichtig, weil sie einen Hauptinhalt des alchemistischen Ideengewebes in vergrößertem Ausbau und vollendeter Ausprägung zeigt; einen Inhalt, der übrigens ungefähr das bietet, wonach die Psychanalyse hier suchen könnte.

Paracelsus geht davon aus, daß die Putrefaktion alle Dinge in ihre erste Gestalt transmutiere und der Anfang der Generation und Vervielfältigung sei. Die spagirische Kunst[32] vermöge Menschen und Monstra zu erzeugen. Ein solches Ungeheuer ist der Basilisk.

„Der Basiliscus wächst und wird geboren auß und von der grösten vnreinigkeit der Weyber / nemlich auß den Menstruis und auß dem Blut spermatis, so dasselbig in ein Glaß und Cucurbit gethan / in uentre equino putreficirt / in solcher putrefaction der Basiliscus geboren wirdt. Wer ist nun so keck und frewdig/ denselbigen zu machen / oder auß zu nemmen / oder widerumb zu tödten / der sich nicht zuvor mit Spiegeln bekleidet und bewaret? ich rahts niemandts / sonder will hiemit menniglich gewarnet haben[33]... Nun ist aber auch die Generation der Homunculis in keinen weg zuvergessen. Dann etwas ist daran: wiewol solches bißher in grosser Heimligkeit und gar verborgen ist gehalten worden / unnd nicht ein kleiner zweyffel und frag under etlichen der Alten Philosophis gewesen / ob auch der Natur unnd Kunst müglich sey / dass ein Mensch ausserthalben weyblichs Leibs und einer natürlichen Mut-

32 Einer der Namen für Alchemie. Von σπᾶν (scheiden) und ἀγείρειν (vereinigen).

33 Von dem Basilisken ist damals viel gefabelt worden. Auch der Glaube war verbreitet, dieses schreckliche Tier entstehe aus einem Hahnenei. Hierin liegt abermals die Vorstellung der unnatürlichen Zeugung.

ter möge geboren werden? Darauff gib ich die antwort / daß es der Kunst Spagyrica unnd der Natur in keinem weg zu wider / sonder gar wol müglich sey: wie aber solches zugang und geschehen möge / ist nun sein Proceß also: Nemlich daß der Sperma eines Manns / in verschlossenen Cucurbiten per se, mit der höchsten Putrefaction ventre equino[34] putreficirt werde auff 40. Tag / oder so lang biß er lebendig werde / und sich beweg / und rege / welchs leichtlich zu sehen ist. Nach solcher zeit wirdt es etlicher massen einem Menschen gleich sehen / doch durchsichtig / ohn ein Corpus. So er nun nach diesem / teglich mit dem Areano sanguinis humani[35] gar weißlich gespeiset und ernehret wirdt / biß auff 40. Wochen / unnd in stäter gleicher Werme ventris equini erhalten: wirdt ein recht lebendig Menschlich Kind darauß / mit allen Gliedmassen / wie ein ander Kind / das von einem Weyb geboren wirdt / doch vil kleiner: dasselbig wir ein Homunculum nennen / unnd soll hernach nicht anders als ein anders Kind mit grossem fleiß und sorg aufferzogen werden / biß es zu seinen Tagen und Verstand kompt. Das ist nun der aller höchsten und grössesten Heimligkeiten eine / die Gott den tödtlichen und sündigen Menschen hatt wissen lassen. Dann es ist ein Mirackel und Magnale Dei, und ein Geheimnuß uber alle Geheimnuss: soll auch billich ein Geheimnuß bleiben / biß zu den aller letzten Zeitten / da dann nichts verborgen wird bleiben / sondern alles offenbaret werden.

Und wiewol solches biß anher dem natürlichen Menschen ist verborgen gewesen / ist es doch den Syluestris unnd den Nymphen unnd Riesen nicht verborgen / sondern vor langen Zeiten offenbar gewesen / daher sie auch kommen. Dann auß solchen Homunculis, so sie zum mannlichem Alter kommen / werden Riesen / Zwerglen / und andere dergleichen grosse Wunderleuht[36] die zu einem grossen Werckzeug und Instrument gebraucht werden / die grossen gewal-

---

34 Venter equinus metonymisch für fimus equinus. Pferdemist oder Dünger war ein leicht zu beschaffendes Material, das dazu diente, ein Gefäß, das man darein versenkte, in gleichmäßiger, gelinder „feuchter" Wärme zu erhalten. Fimus equinus heißt dann schließlich die gelinde „feuchte Wärme" überhaupt, gleichviel, durch welches Mittel erzeugt. Im vorliegenden Fall darf freilich die engere Bedeutung des tierischen Venter oder Fimus nicht übersehen werden. Hier hat ja dieser Venter mit seiner feuchten Wärme als Ersatz eines Uterus zu fungieren.

35 Das Wasser des Lebens, das den Foetus ernährt.

36 Ähnlich wie 1. Mose VI, 4.

tigen Sieg wider jhre Feind haben / und alle heimliche und verborgene ding wissen / die allen Menschen sonst nicht müglich seyn zu wissen. Dann durch Kunst uberkommen sie jhr Leben / durch Kunst uberkommen sie Leib / Fleisch / Bein unnd Blut / durch Kunst werden sie geboren: darumb so wird jhnen die Kunst eyngeleybt und angeboren / und dörffen es von niemandts lehrnen / sondern man muß von jhnen lehrnen: dann von der Kunst seind sie da / und auffgewachsen / wie ein Rosen oder Blumen im Garten / unnd werden der Sylvestern und Nymphen Kinder geheissen / darumb daß sie mit jhren Kräfften unnd Thaten / nicht Menschen / sondern sich Geystern vergleichen." [Es ist charakteristisch, daß Paracelsus anschließend unvermittelt auf die Erzeugung der Metalle übergeht.]

In der Beschreibung der Generation des Homunculus hat sich wieder die Wichtigkeit der faulenden Stoffe gezeigt. Die der intrauterinen Ernährung entsprechende Speisung mit einem Magisterium aus Blut (Wasser des Lebens) ist wohl verständlich. Wir wollen uns merken, daß aus den Homunculis Riesen und Zwerge und wunderbare Wesen werden. Nicht wenig Bedeutung für das Zustandekommen der Homunculus-Praktiken scheint die Idee von der Palingenesie zu haben. Man stellte sich vor, daß ein getötetes Lebewesen wieder hergestellt werden könne (wenigstens als rauchartiges Bild), wenn man alle seine Teile sorgfältig sammle, zerkleinere und die Masse in einem Gefäß mit dem richtigen Feuer behandle. Dann erscheine nach einiger Zeit gleich einer Rauchwolke das zarte Bild des früheren Wesens (Pflanze, Vogel, Mensch). Die Wolke verschwinde wieder, wenn man die Erwärmung unterbreche. Es sei ferner möglich, wenn auch schwieriger, über dieses bloße Schattenbild hinauszugehen und das frühere Wesen in seiner ganzen Leiblichkeit aus der Asche wieder erstehen zu lassen. In den diesbezüglichen Vorschriften spielt nun auch der Pferdemist oder eine sonstige faulende Substanz ziemlich regelmäßig eine wichtige Rolle. Manche Autoren fabeln von allerlei wunderbaren Proben, die sie selbst gemacht hätten. So erzählt einer, er habe einen Vogel zu Aschen verbrannt und wieder erstehen lassen, ein anderer will aus dem verwesenden Leichnam eines Kindes dessen Schattenbild in der Retorte dargestellt haben usw. Man sieht hier eigentlich das mythische Motiv von der Zerstückelung und der Wiederbelebung in einer naiven Praxis sich ausdrücken. Sehr beachtenswert ist, daß diese Praxis dieselben Züge trägt wie die mythische Vorstellung: Es müssen alle Bestandteile des in kleine Teile *Zerstückelten* sorgfältig zusammengetan werden, sie werden in ein *Gefäß* eingeschlossen und werden (häufig) *gekocht*.

Das menschliche Kind als Ergebnis einer Kochprozedur oder sonst eines Vorgangs in einem Gefäß ist in primitiven Mythen nicht selten. Ich möchte eine Zulu-Mythe (Frobenius, *Zeitalt. d. Sonneng.*, I., 237) erwähnen: Einer bis dahin unfruchtbaren Frau wird gesagt, sie solle einen Blutstropfen in einem Topf auffangen, dann den Topf verschließen und auf acht Monate beiseitestellen; im neunten Monat solle sie ihn öffnen. Die Frau tut, wie man ihr geraten, und findet in dem Topf ein Kind. Der Blutstropfen aber stammt – notabene – aus ihr selbst. Die vielen Walfischdrachenmythen (Frobenius), wo es im Innern des Walfisches sehr heiß ist, gehören motivisch hierher. Aus dem Walfischbauch kommt ja der gleichsam ausgebackene junge (Sonnen=)Held.[37] Interessant ist, daß die Idee des Menschenkochens in einem genau analysierten Fall von Dementia praecox sehr ausgeprägt vorkommt (Spielrein im *Jb. ps. F.*, III, 358ff) In den stark regressiven Fantasien der Kranken werden Bruchstücke von allerlei Dingen gekocht oder verbrannt; und „die Asche kann zum Menschen werden".

Eine sehr interessante Variante der infantilen Theorie der Erzeugung des Lebenden im Miste findet man in dem Buch *De Homunculis et Monstris* (Bd. II, 278ff der Straßburger Ausgabe der Werke des Paracelsus). Es wird dort behauptet, daß durch Sodomie, womit Päderastie, genauer: coitus in anum (und auch in os) gemeint ist, eine monströse Zeugung möglich sei.

Wie der Alchemie überhaupt, haben sich Schwindler auch der Homunculus-Bereitung bemächtigt. Ihr Geschäft stützte sich auf die großen Vorteile, die man sich von dem Besitz eines Homunculus versprach und die denjenigen des Alrauns gleichwertig sind. Der Alraun leistete der Entwicklung der Homunculus-Idee und -Praxis gewiß Vorschub. Es läßt sich zeigen, daß auch ihm zum Teil Zeugungsgeheimnisse zugrunde zu liegen scheinen.

---

37 Der übrigens auch häufig im Walfischdrachenbauch sich Nahrung verschafft. Nutritio. Herz-Motiv bei Frobenius.

Nicht von der Hand zu weisen ist die Möglichkeit, daß so mancher „Sudler“ durch irrige Auslegung der in den alchemistischen Schriften angewendeten Zeugungssymbolik zur Herstellung des Homunculus verleitet wurde. Er brauchte bloß in seiner Beschränktheit ein oder die andere Anleitung ad litteram zu nehmen. Auf diese Art sind ja wirklich die lächerlichsten Mißgriffe geschehen. Weil von einem philosophischen Ei die Rede war, nahm man Eier als Subjectum. Weil von einer spermatischen Masse die Rede war und von Samen, nahm man an, die prima materia sei der menschliche Samen; so entstand die Schule der Seminalisten. Und weil von dem Subjectum geschrieben stand, daß es überall zu finden sei, wo Menschen wohnen, und daß es ein geringes, verachtetes Ding sei, das man, seinen Wert nicht kennend, wegwerfe; und weil man von der Putrefaktion nun einmal so viel hielt: vermeinte man im menschlichen Kot die rechte Materie zu finden, und so bildete sich die Schule der Sterkoristen. Von dem Glauben an die Heil- und Wunderkraft des Kotes zeugt übrigens die berühmte „Dreckapotheke“, die in nicht geringem Ansehen stand.

Das Thema „Homunculus“ ist überaus interessant; leider kann ich mich im Rahmen dieses Buches nicht eingehender damit beschäftigen. Ich werde es an anderem Orte tun.

3. Abschnitt
Die hermetische Kunst

Jedem, der sich eingehend mit der alchemistischen Literatur befaßt, muß der religiöse Ernst auffallen, der in den Schriften namentlich der bedeutenderen Autoren obwaltet. Jene „Meister“, welche bei den Jüngern der hermetischen Kunst die höchste Achtung genießen, haben eine gewisse großzügige Art, die sich von der detaillierten Beschreibung chemischer Laborantenarbeit fernhält und – wenngleich ohne von der alchemistischen Kunstsprache abzuweichen – sichtlich irgendwelchen Themen zustrebt, die weit bedeutender sind als es jemals die Herstellung eines chemischen Präparates sein kann, und wäre dieses auch eine Tinktur, mit der man Blei zu Gold tingiert. Diese nach höheren, edleren

Dingen ausblickenden Autoren, deren schlichte Sprache oft recht ans Gemüt greift, machen selber den Leser gern aufmerksam darauf, daß sie mit den „Sudelköchen“, die in chemischen Küchen ihre Töpfe brodeln lassen, nichts gemein haben wollen und daß das Gold, von dem sie schreiben, nicht das Gold der Menge ist; nicht das feile Gold, das man für Geld eintauschen kann. Kaum anders klingen ihre Reden, als ob sie sagten: „Unser Gold ist nicht von dieser Welt.“ Ja sie gebrauchen Redewendungen, die diesen Sinn mit vollendeter Deutlichkeit erkennen lassen. Die Autoren dieses Schlages werden nicht müde, den Jüngern der Kunst einzuschärfen, daß der Glaube, das Bibelwort, die Frömmigkeit die wichtigsten Requisita[38] für den alchemistischen Prozeß seien.

Wer die Augen offen hat, bedarf eigentlich nicht erst so deutlicher Winke, um bei der Lektüre zu erkennen, daß es sich in den sogenannten „alchemistischen“ Anleitungen nicht immer bloß um ein chemisches Werk drehen kann. Eine schwache Notion des Umstandes, daß die alchemistischen Theorien schon in ihrem Beginn mit kosmogonischen und religiösen Ideen vermengt waren, muß eigentlich – so sollte man meinen – genügen, ja sogar überflüssig sein, um zu erkennen, daß z. B. in der berühmten Smaragdtafel des Hermes[39], einem ehrwürdigen Grundpfeiler der Alchemie, etwas mehr enthalten sein muß als ein chemisches Rezept. Die Sprache der Smaragdtafel gehört zwar notorisch zu dem Dunkelsten, was die hermetische Literatur hervorgebracht hat; es stehen da keine deutlichen Hinweise auf Glauben oder Frömmigkeit; und dennoch, meine ich, wird ein unbefangener Leser, der nicht von vornherein eine chemische Anleitung erwartet, wenigstens dem Gefühle nach etwas von Philosophie oder Theologie darin empfinden:

[1.] Verum, sine mendacio, certum et verissimum: [2.] Quod est inferius est sicut quod est superius, et quod est superius est sicut quod est inferius, ad perpetranda (auch: penetranda, praeparanda) miracula rei unius. [3.] Et sicut res omnes fuerunt ab uno, meditatione unius: sic omnes res natae fuerunt ab hac una re, adaptatione (adoptione). [4.] Pater ejus est Sol, mater ejus est Luna. [5.] Por-

38 Bei den „Sudlern“ war es nämlich eine Kapitalfrage, wie viele und was für Öfen, Retorten, Kessel, Tiegel, Erze, Feuerungsmittel usw., kurz, welche „requisita“ man zu dem großen Werk brauche.

39 Ihr wahrer Verfasser ist unbekannt.

tavit illud ventus in ventre suo. [6.] Nutrix ejus terra est. [7.] Pater omnis Telesmi totius mundi est hic. [8.] Virtus ejus integra est, si versa fuerit in terram. [9.] Separabis terram ab igne, subtile a spisso, suaviter, magno cum ingenio. [10.] Ascendit a terra in coelum, iterumque descendit in terram, et recipit vim superiorum et inferiorum. [11.] Sic habebis Gloriam totius mundi. Ideo fugiet a te omnis obscuritas. Haec est totius fortitudinis fortitudo fortis, quia vincet omnem rem subtilem, omnemque solidam (solidum) penetrabit. [12.] Sic mundus creatus est. [13.] Hinc erunt adaptationes mirabiles, quarum modus est hic. [14.] Itaque vocatus sum Hermes Trismegistus, habens tres partes philosophiae totius mundi. [15.] Completum est quod dixi de operatione Solis.

Übersetzung: 1. Es ist wahr, ohne Lüge und ganz gewiß: 2. Das Untere ist wie das Obere, und das Obere ist wie das Untere, zur Vollbringung (Durchdringung) der Wunderwerke eines Dinges. 3. Und so wie alle Dinge von Einem und seinem Gedanken kommen, so sind sie alle aus diesem einen Dinge durch Anneigung (Einsetzung usw.) entstanden. 4. Der Vater dieses Dinges ist die Sonne, seine Mutter der Mond. 5. Der Wind hat es in seinem Bauche getragen. 6. Die Erde hat es ernährt. 7. Es ist die Ursache aller Vollendung in der Welt. 8. Seine Kraft ist voll, wenn es zur Erde wird. 9. Scheide die Erde vom Feuer, das Feine vom Groben, sanft und gar verständig. 10. Es steigt von der Erde zum Himmel und wieder herab zur Erde und empfängt die Kraft des Oberen und des Unteren. 11. So hast du die Glorie der ganzen Welt. Und alles Dunkel wird von dir weichen. Es ist die Stärke aller Stärke, denn es überwältigt alles Feine, durchdringt alles Grobe. 12. So ist die Welt erschaffen worden. 13. Daher werden wunderbare Anpassungen (Anneigungen, Anwendungen) sein, deren Weise hierin liegt (oder: deren Vorbild jenes ist). 14. Darum werde ich Hermes der dreimal Größte genannt, der die drei Teile alles Wissens besitzt. 15. Vollendet ist, was ich vom Werk der Sonne gesagt.

Sonne und Gold sind in der hieroglyphischen Ausdrucksweise der Alchemisten identisch. Wer nur das Chemische suchte, mußte also lesen: das Werk des Goldes, der Goldbereitung; und so haben denn auch Tausende, haben Millionen gelesen. Das eine Wörtchen: „Gold“ genügte, um Gemüter ohne Zahl für alles blind zu machen, was außer dem Goldrezept in der Tabula Smaragdina stecken mochte. Freilich gab es auch alchemistische Meister, die sich von dem „Gold" nicht blenden ließen und die Rede der Tabula Smaragdina kongenial weiterführten; das waren eben die vorerwähnten großzügigen Männer. Die gierige Menge der Sudler aber fiel pünktlich auf das „Gold" (der Smaragdtafel und anderer Schriften) hinein und hatte Sinn für nichts anderes. Den modernen Historikern der Alchemie erging es lange Zeit ebenso.

Die Tatsache, daß den hermetischen Arbeiten die heutige chemische Wissenschaft entsprossen ist als der einzige, gegenwärtig klar sichtbare und greifbare Ast dieses nebelhaften Erkenntnisbaumes, brachte es mit sich, daß man, rückschauend, einen falschen Eindruck gewann. Chemische Fachmänner forschten in der hermetischen Kunst und fingen sich in den Schlingen ihrer Hieroglyphik ganz genau so, wie vor ihnen die verblendeten Goldsucher.

Die hermetische Kunst (oder Alchemie im weiteren Sinn) ist nicht erschöpfend definiert mit Goldmacherei oder auch nur mit primitiver Chemie. Für uns, die wir von den philosophischen Voraussetzungen der Alchemie wissen, ist es am Ende nicht erstaunlich, daß neben der chemisch-handwerklichen auch die philosophisch-religiöse Seite Fortbildung und Pflege erfuhr; ich meine aber, daß dieses historische Wissen gar nicht notwendig wäre, um aus der religiösen Sprache mancher Meister der hermetischen Kunst ihre frommen Absichten zu erraten. Diese kindlich naive Logik war indes den geschichtlich forschenden Chemikern verwehrt; ihre Fachgelehrsamkeit behinderte sie. Es liegt mir sehr ferne, die Verdienste, die sich ein Chevreul oder ein Kopp um die Geschichte der Chemie erworben haben, im geringsten schmälern zu wollen; was ich hervorheben möchte, ist bloß, daß die ehrenwerten Väter der chemischen Geschichte von der Alchemie bloß das „inferius" und nicht das „superius" sahen – um mit der Tabula Smaragdina zu reden; und daß sie damit für das allgemeine Urteil dermaßen vorbildlich wirkten, daß es erst einer besonderen Entdeckergabe bedurfte, um den zugeschütteten Bronnen wieder frei zu machen.

Ich könnte jetzt ausführen, daß die Dichter glücklicher gewesen sind als die Gelehrten. So Wieland, der z. B. in der *Musarion* (2. Buch) den Theophron sagen läßt:

… Das Schöne kann allein
Der Gegenstand von unsrer Liebe sein:
Die große Kunst ist nur, vom Stoff es abzuscheiden.
…………………………………………
Ihr [der Seele] tut nichts Sterbliches genug,
Ja, Götterlust kann einen Durst nicht schwächen,
Den nur die Quelle stillt. So, meine Freunde, wird,
Was andre Sterbliche, aus Mangel
Der höhern Scheidekunst, gleich einer Flieg‘ am Angel
Zu süßem Untergange kirrt,
So wird er für den ächten Weisen
Ein Flügelpferd zu überird‘schen Reisen.

Aber die Dichter pflegen ja nur gleichnisweise zu sprechen. So will ich‘s bei diesem einen Beispiel bewenden lassen.

Das Verdienst, den über das Chemische und Physikalische hinausgehenden Gehalt der Alchemie wiedergefunden zu haben, gebührt wohl dem Amerikaner Ethan Allen Hitchcock, der seine Ansichten über die Alchemisten in dem Buch *Remarks upon Alchemy and the Alchemists* niederlegte, das 1857 in Boston erschien. Und der Franzose N. Landur, Berichterstatter der wissenschaftlichen Zeitschrift *L'Institut*, schrieb 1868 im gleichen Sinne,[40] ich weiß nicht, ob mit Kenntnis des amerikanischen Werkes. Die Bemerkungen Landurs führt Kopp (*Alch.* II, 192) an, weiß aber ihren Wert nicht zu würdigen. Es kann ihn deshalb, wie gesagt, kein Vorwurf treffen; er ging eben als chemischer Fachmann an eine Arbeit, die ebensogut einen Psychologen, einen Philosophen und einen Theologen erfordert hätte.

Die Entdeckungen, zu welchen der tiefsinnige Hitchcock gelangte, sind für unsere Analyse so wichtig, daß ihre ausführliche Entwickelung nicht umgangen werden kann. Ich würde einfach auf Hitchcocks Buch verweisen, wenn es nicht so viel wie unauffindbar wäre. Wir haben gehört, daß die größte Klippe für die Uneingeweihten in der hermetischen Kunst darin lag, das richtige Subjectum, die prima materia, ausfindig zu machen. Die Autoren nannten sie mit hundert Namen; und die goldsuchenden Laboranten wurden denn auch hundertfach in die Irre geführt. Hitchcock

40 In dem Organ *L'Institut*, Ire Section, T. XXXVI, 273f.

liefert uns in einem einzigen Wort den Schlüssel zum Verständnis der hermetischen Meister, wenn er sagt: Das Subjectum ist – der Mensch. Man kann sich auch eines Wortspiels bedienen und sagen: das Subjectum ist das Subjekt.

Der Unkundige liest bei manchen Alchemisten mit Staunen, daß „unser Subjectum", also die zu bearbeitende Materie, auch identisch sei mit dem Gefäß, dem Destillierkolben, dem philosophischen Ei usw. Das wird nun leicht verständlich. Hitchcock schreibt (HA, 117) sehr hübsch: „,... Die Arbeit der Alchemisten war keine Verrichtung der Hände, sondern Kontemplation. Der alchemistische Alembicus, Ofen, Destillierkolben usw., worin das Werk der Fermentation, Destillation, Extraction von Essenzen und Geistern und die Präparation von Salzen vor sich geht, das ist der Mensch, – du, freundlicher Leser, du selbst bist es; wenn du dich in Arbeit nehmen, gutherzig und ehrlich sein willst und dabei keiner anderen Autorität gehorchest als der Wahrheit, so mag es dir leicht passieren, daß du unvermerkt etwas von der hermetischen Philosophie entdeckest; und wenn du auch am Beginn vielleicht ein wenig Zittern und Zagen verspüren magst, das Ende der Arbeit wird dir einen Frieden bringen, der diese überreich bezahlt."

Der Alchemist Alipili (HA, 34) schreibt: „Die höchste Weisheit für den Menschen ist die, sich selbst zu kennen, denn in ihn hat Gott sein ewiges Wort gelegt. ... Wer in die Tiefen der Natur eindringen will, lerne also zuerst wissen, was er selber sei, ohne in fremden Materien außerhalb seiner selbst zu suchen; durch die göttliche Kraft, die in ihm liegt, heile er sich vor allem selber und transmutiere seine eigene Seele ... Wenn du das, was du suchest, in dir nicht findest, wirst du es auch außer dir nicht finden. Wenn du die Vortrefflichkeit deines eigenen Hauses nicht kennest, was streichst und suchest du nach der Vortrefflichkeit fremder Dinge? Der gesamte Kreis der Welt schließt nicht so große Geheimnisse und Wunderdinge ein wie ein kleiner Mensch, von Gott nach seinem Bild beschaffen. Und wer zuvorderst sein will unter den Forschern der Natur, der wird nirgend ein größeres oder besseres Feld für sein Studieren finden als sich selbst. Darum will ich dem Beispiel der alten Ägypter folgen ..., und aus gewisser Erfahrung sprechend, dir dies ans Herz legen: O Mensch, erkenne dich selbst; in dir ist verborgen der Schatz der Schätze. "

Ein Seminalist hätte hieraus geschlossen, die prima materia sei das Sperma; ein Sterkorist: der Kot. George Ripley beschreibt das Subjectum des Steins der Weisen so:

For as of one mass was made the thing,
Right so must it in our praxis be,
All our Secrets of one Image must spring:
In Philosophers‘ books therefore who wishes may see,
Our Stone is called the less-world, one and three.

Der Stein ist also die kleine Welt, der Mikrokosmos, der Mensch. One: eine Einheit; three: ☿ Mercurius, 🜍 Sulphur, ⊖ Sal oder Geist, Seele, Leib. Auch die Zweiteilung kommt oft vor: Mercurius und Sulphur, was dann zumeist als Seele und Leib wiedergegeben werden kann. Ein Autor sagt: „Man muß solche Mineralia wählen, welche aus einem lebenden Mercurius und einem lebenden Sulphur bestehen; bearbeite sie sanft[41], nicht mit Hast und Übereilung.“

Hitchcock (HA, 42): Das „eine“ Ding der Alchemisten ist zunächst der Mensch seiner Natur nach [as a Nature]; essentiell und substantiell eines; – wenn aber die Autoren den Menschen seiner Erscheinung nach nehmen, so bezeichnen sie ihn mit verschiedenen Namen, je nach den verschiedenen Zuständen vor und nach seiner „Putrifikation“; oder sie meinen speziell den Körper, die Seele, den Geist, wofür sie verschiedene Namen gebrauchen. Manchmal sprechen sie von dem ganzen Menschen als Mercurius … und wenden dann für etwas Besonderes wieder die Bezeichnung „unser Mercurius“ an, wofür es abermals eine ganze Menge anderer Ausdrücke gibt … Obgleich die Menschen verschiedene Anlagen und Temperamente haben, obgleich einige englisch, andere teuflisch sind, bestehen die Alchemisten mit St. Paulus darauf, daß die Menschen aller Völker eines Blutes seien; das heißt einer Natur. Und just dasjenige in den Menschen, wodurch sie einer Natur sind, das ist‘s, woran die Alchemie arbeitet, um es zum Leben und zur Aktivität zu bringen; das ist‘s, was die Menschheit zu einem Bruderbund machen würde, wenn es universell in Wirksamkeit träte.

Die Alchemisten sagen, daß eine Hauptschwierigkeit zu Anfang des Werkes die Entdeckung oder Beschaffung ihres unumgänglich

41 Vgl. Tabula Smaragdina 9: „… suaviter…“

notwendigen Mercurs sei, den sie auch den grünen Löwen, Mercurius animatus, die Schlange, den Drachen, scharfes Wasser, Essig usw. nennen. Dieser geheimnisvolle, entwicklungsfähige Mercur nun, der in den Menschen steckt, allen gemeinsam, nur ungleich herausgearbeitet, was ist er? Hitchcock antwortet: das Gewissen. Das Gewissen ist nicht bei allen Menschen gleich „rein", und nicht gleich ausgebildet; die Schwierigkeit der „Entdeckung", von der die Alchemisten erzählen, das ist die Schwierigkeit, es in der Brust des Menschen zu erregen, um es zu verbessern, zu erziehen. Der springende Punkt bei der Erziehung von Menschen ist ja eigentlich der, in ihrem Busen einen dauernden, permanenten Sinn für das absolut Rechte und den beständigen Vorsatz zur Befolgung dieses Sinnes zu erwecken. Es ist allerdings eines der schwierigsten Dinge in der Welt, „to take a man in what is called his natural state, St. Paul's natural man, after he has been for years in the indulgence of all of his passions, having a view to the world, to honors, pleasures, wealth, and make him sensible of the mere abstract claims of right, and willing to relinquish one single passion in deference to it". Gewiß ist das die eine große Aufgabe der Erzieher; ist sie vollbracht, so ist das Verbesserungswerk leicht und kann schicklich so geheißen werden, wie die Hermetiker die späteren Phasen ihres Werkes gerne nennen: ein bloßes Kinderspiel (HA, 44ff).

Niemand ist so mißtrauisch und so empfindlich wie diejenigen, deren eigenes Gewissen nicht empfindlich genug ist. Solche Leute, die selbst im Irrtum wandeln, sind wie Stachelschweine; es wird einem schwer gemacht, sich ihnen zu nähern; die Alchemisten haben für derlei Menschen passende Namen, wie Arsenik, Vipern usw.; und doch suchen sie in allen diesen Substanzen, wie auch im Antimon, im Blei und in tausend anderen Stoffen nach einem gewissen Mercur, der ebensoviele Namen hat, als es Substanzen gibt, in denen er gefunden wird: Öl, Essig, Honig, Wermut usw. Bei aller Vielnamigkeit ist der Mercur aber doch ein einziges, unveränderliches Ding. Es wird auch ein unverbrennlicher Sulphur geheißen, denn wessen Gewissen einmal richtig erweckt ist, der hat in seiner Brust ein immerwährendes Feuer brennen, das alles verzehrt, was seiner Natur zuwider ist. Dieses Feuer, das wie „Gift" brennen kann, ist eine gewaltige „Medizin", die einzig rechte, für eine (moralisch) kranke Seele.

Das Gewissen im Rohzustand wird von den Alchemisten häufig als „gemeines Quecksilber" bezeichnet, zum Unterschied von „unser Quecksilber". Das erste in den Stand des zweiten zu versetzen, und nach den Erfordernissen der Natur, nicht gewaltsam: das ist der eine große Zweck, den die Hermetiker verfolgen. Dies erste Ziel ist die Voraussetzung zur weiteren Arbeit. Wohin diese führt, könnte man mit dem einen Wort: „Gott" angeben. Und hier möchte schon der „circulare", kreisförmige Charakter des ganzen hermetischen Werkes auffallen, da doch der zur Vorarbeit, zur Reinigung, notwendige himmlische Mercur selbst ein Geschenk Gottes ist; der Anfang hängt also vom Ende ab, setzt dieses voraus. Das Bild der prima materia ist nicht umsonst eine Schlange, die den Schwanz im Maule hat. Ich kann indes vorläufig auf das Problem, das hier auftaucht, nicht näher eingehen; nur mit einem Wort sei angedeutet, daß das Ende dem Anfang als ein *Ideal* vorschweben kann.

Was soll mit dem entdeckten Himmelsboten Mercurius, dem Gewissen, geschehen? Einige Alchemisten geben die Anleitung, in den Mercur, als in eine Erde, Gold zu säen, „philosophisches Gold", das auch „Venus" – die Liebe! – genannt wird. Oft bewährt sich als der beste Kommentar der hermetischen Schriften das Neue Testament. Im ersten Korintherbrief III, 9ff steht: „... Ihr seid Gottes Ackerwerk und Gottes Gebäu. Ich nach Gottes Gnade, die mir gegeben ist, habe den Grund gelegt, als ein weiser Baumeister; ein andrer bauet darauf. Ein jeglicher aber sehe zu, wie er darauf baue. Einen andern Grund kann niemand legen außer dem, der gelegt ist, welcher ist Jesus Christ. So aber jemand auf diesen Grund bauet *Gold*, Silber, edle Steine, Holz, Heu, Stoppeln, So wird eines jeglichen Werk offenbar werden; ... denn es wird durchs Feuer offenbar werden, und welcherlei eines jeglichen Werk sei, wird das *Feuer* bewähren." – Und Galater, VI, 7ff: „... Denn, was der Mensch säet, das wird er ernten. Wer auf sein Fleisch säet, der wird von dem Fleisch das Verderben ernten. Wer aber auf den *Geist* säet, der wird von dem Geist das ewige Leben ernten. Lasset uns aber Gutes tun, und nicht müde werden; denn zu seiner Zeit werden wir auch ernten ohne Aufhören." Der Geist, auf den da gesäet wird, ist eben der ☿ Mercurius; und das Gold, das aufgehen wird, soll sich im Feuer bewähren.

Die Alchemisten sprechen von den Menschen sehr häufig als von Metallen. Bevor ich einiges aus des Johann Isaak Hollandus Werk über das Blei anführe, erinnere ich daran, daß das Blei, ♄, den Namen des Saturn trägt. Die Schrift des Hollandus könnte ebensogut eine Abhandlung über den Menschen heißen, wie über das Blei. Zum besseren Verständnis sei noch hinzugefügt, daß unter Blei, dem weichen, dunklen Metall, in besonderem Zusammenhang der Mensch im Stadium der Demut oder Ergebung verstanden werden muß.

Der Herausgeber der englischen Übersetzung des J.I. Hollandus, welche 1670 datiert ist, spricht den Leser also an: „Geneigter Leser, – Die Philosophen haben viel von ihrem Blei geschrieben, das, wie Basilius gelehrt hat, aus dem Antimon bereitet wird; und ich bin der Meinung, daß dieses Saturnine Werk des vortrefflichen Philosophen, Herrn Johann Isaak Hollandus, nicht zu verstehen ist von dem gemeinen Blei, … sondern von dem Blei der Philosophen …"

Und bei dem Hollandus selbst heißt es: „Im Namen Gottes. Amen. – Mein Kind wisse, daß der Stein, genannt der Stein der Philosophen, aus dem Saturn kommt. Und wisse, mein Kind, als eine Wahrheit, daß in dem ganzen vegetabilischen Werk [vegetabilisch wegen der Symbolik des Säens und Wachsens] kein höheres noch größeres Geheimnis ist als im Saturn. [Vgl. die früher zitierte Stelle aus Alipili.] Denn wir finden selbst im [gemeinen] Gold nicht die Vollkommenheit, die im Saturn zu finden ist, denn innerlich ist er gutes Gold. Darin stimmen alle Philosophen überein; und es ist nur notwendig, daß du zuerst alles entfernest, was darin überflüssig ist; dann, daß du das Innere nach außen wendest, welches die Röte ist: dann wird es gutes Gold sein. [HA, 74 bemerkt, daß Hollandus dasselbe meint, wie Jesaias I, 16: Waschet, reiniget euch, tut euer böses Wesen von meinen Augen usw.] Gold kann aus nichts so leicht gemacht werden wie aus Saturn; denn Saturn läßt sich leicht schmelzen und wieder fest machen, und sein Mercur ist leicht herauszuziehen. [Das heißt also, daß sich nach der Tilgung der Superfluitäten oder Hindernisse in dem bildsamen Blei-Menschen das Gewissen leicht entwickelt.] Und so dieses Quecksilber, aus dem Saturn gewonnen, purificiert und sublimiert wird, wie man Quecksilber zu sublimieren pflegt, sage ich dir, mein Kind, daß dieses Quecksilber ebenso gut ist wie das Quecksilber, das aus dem Gold gezogen wird, in allen Operationen. [Hierin liegt nach HA eine Anspielung darauf, daß essentiell alle Menschen einer Natur sind, indem allen das Bild Gottes innewohnt.]

„Alle die seltsamen Parabeln, in denen die Philosophen mystisch von einem Stein, einem Mond, einem Ofen, einem Gefäß geredet haben – alles das ist Saturn [d. h. alles das ist vom Menschen geredet]; denn du darfst nichts Fremdes hinzutun, außer, was aus ihm selbst entspringt. Es ist keiner auf der Welt so arm, daß er nicht das Werk unternehmen und ausführen könnte; denn Luna kann leicht aus Saturn gemacht werden, in kurzer Zeit [Luna, Silber, steht hier für: gereinigtes Affektleben], und bald darauf kann daraus Sol bereitet werden. [Sol mag hier den Intellekt bedeuten, der in einen Stand größerer Klarheit kommt, wenn die Affekte putrifiziert werden.] … Im Saturn ist ein vollkommenes Quecksilber; alle Farben der Welt sind darin. [Das will sagen, daß in gewissem Sinn das ganze Universum im Menschen liegt, und daß aus ihm alle Religionen, Philosophien und Fabeln, alle Poesie, alle Künste, alle Wissenschaften ihren Ursprung nehmen.]“

Artephius: „Ohne antimonischen Essig [Gewissen] kann kein Metall [Mensch] weiß [innerlich rein] gemacht werden … Dieses Wasser ist eine Art Mittelsubstanz, klar wie fein Silber, welche die Tincturen [Wesen] von Sol und Luna [kurz, wenn auch ungenau, wiederzugeben durch: Seele und Leib], bekommen soll, also daß sie congeliert und verwandelt werden in eine weiße und lebendige Erde. Dieses Wasser verlangt nach den vollkommenen Körpern, auf daß es nach ihrer Dissolution congeliert, figiert und coaguliert werde in eine weiße Erde. [Die erste Stufe ist die Reinigung, Auflösung, die anderwärts auch als Kalzination usw. aufgefaßt wird; sie geschieht durch das Gewissen, unter dessen Einwirkung der harte Mensch weich gemacht, zum Fließen gebracht wird.] Aber ihre [sc. der Alchemisten] Solution ist auch ihre Coagulation: beides liegt in einer Operation, denn das eine wird solviert, das andre congeliert. Kein andres Wasser vermag die Körper aufzulösen, als dasjenige, welches in ihnen wohnt. Gold und Silber [Sol und Luna von vorhin] müssen in unsrem Wasser exaltieret werden…, welches Wasser genannt wird das Mittel der Seele, und ohne welches nichts ausgerichtet wird in unserer Kunst. Es ist ein vegetabiles, mineralisches und animalisches Feuer, das die figierten Geister von Sol und Luna conserviert, ihre Körper zerstört und überwindet; denn es vernichtet, kehret um und verwandelt Körper und metallische Formen, indem es macht, daß sie keine Körper, sondern ein fixer Geist seien.

Das Argentum Vivum ist ... die Substanz von Sol und Luna, oder Silber und Gold, verwandelt von Niedrigkeit zu Adel.

... Es ist ein lebendiges Wasser, das die Erde befeuchtet, auf daß sie viel Frucht hervorbringe zur rechten Zeit... Dieses aqua vitae oder Lebenswasser ... macht den Körper weiß und verwandelt ihn in eine weiße Farbe...

Wie kostbar und was für ein großes Ding ist doch dieses Wasser! Denn ohne es kann die Arbeit weder verrichtet noch vollendet werden; es heißt auch vas naturae, der Mutterleib, der Schoß, das Behältnis der Tinctur, die Erde, die Amme. Es ist der königliche Quellbrunn, in dem der König und die Königin [☉ und ☽] baden; und die Mutter, die in den Schoß ihres Kindes getan und darin versiegelt werden muß; und dieses ist Sol selbst, der aus ihr entsprang, und den sie gezeugt hat; und darum liebten sie einander als Mutter und Sohn, und sind miteinander vereinigt, weil sie von einer Wurzel stammen und von gleicher Substanz und Natur sind. Und dieweil dieses Wasser das Wasser ist des vegetabilen Lebens, macht es, daß die toten Körper vegetieren, wachsen und sprießen und vom Tod zum Leben emporsteigen, dadurch daß sie zuerst dissolviert und dann sublimiert werden. Und wenn dies geschieht, wird der Körper in einen Geist verwandelt und hernach der Geist in einen Körper...

Unser Stein bestehet aus einem Leib, einer Seele und einem Geist. So ist denn offenbar, daß diese Zusammensetzung nicht eine Arbeit der Hände ist, sondern eine Veränderung der Wesen; sintemal die Natur sich selber auflöset und zusammenfüget und sich erhöhet und weiß wird, so sie gereinigt worden von den faecibus [diese faeces sind natürlich dasselbe, was der Hollandus als das ‚Überflüssige' bezeichnet]... Unser Erz oder Letten muß dann durch die Grade des Feuers steigen, aber aus eigenem Antrieb, frei und ohne Gewalt. Wenn es aber hoch emporsteigt, wird es in der Luft oder dem Geist geboren und wird in einen Geist verwandelt; es wird ein mit Leben begabtes Leben. Und durch eine solche Operation wird der Körper zu einem subtilen Wesen, und der

Geist wird dem Körper einverleibt und mit ihm in eins gebracht; und mit einer solchen Sublimation, Conjunction und Aufsteigung wird das Ganze, Leib und Geist weiß gemacht.“ Zur Erläuterung mögen einige Bibelstellen dienen:

Kol. II, 11: „In welchem ihr auch beschnitten seid mit der Beschneidung *ohne Hände,* durch Ableg Leibes im Fleisch, nämlich mit der Beschneidung Christi.“

Psalm LI, 9: „... Wasche mich, daß ich *schneeweiß* werde.“

1. Kor. VI, 11: „... aber ihr seid *abgewaschen*, ihr seid geheiliget, ihr seid gerecht worden durch den Namen des Herrn Jesu ...“

Röm. VIII, 13: „Denn wo ihr nach dem Fleisch lebet, so werdet ihr sterben müssen; wo ihr aber *durch den Geist des Fleisches Geschäfte tötet,* so werdet ihr leben.“

Joh. IV, 14: „Wer aber des Wassers trinken wird, das ich ihm gebe, den wird ewiglich nicht dürsten; sondern das Wasser, das ich ihm geben werde, das *wird in ihm ein Brunnen des Wassers* (☿) *werden,* das in das ewige Leben quillet.“ (In IV, 10 heißt es *„lebendiges Wasser“*.)

Joh. XII, 24f: „... Es sei denn, daß das Weizenkorn *in die Erde falle, und ersterbe*[42], so bleibt‘s allein; wo es aber erstirbet, so bringet‘s viele Früchte. Wer sein Leben lieb hat, der wird‘s verlieren; und wer sein Leben auf dieser Welt hasset, der wird‘s erhalten zum ewigen Leben.“

Röm. VI, 5f: „So wir aber samt ihm *gepflanzet* werden zu gleichem Tode, so werden wir nach seiner *Auferstehung* gleich sein, Dieweil wir wissen, daß unser alter Mensch samt ihm *gekreuziget* [ich muß hier erwähnen, daß die Hieroglyphe für Essig ✢ ist], auf daß der sündliche Leib aufhöre ...“

1. Kor. XV, 42ff: „... Es wird gesäet *verweslich*, und wird auferstehen *unverweslich*. Es wird gesäet in *Unehre*, und wird auferstehen in *Herrlichkeit* ... Es wird gesäet ein natürlicher Leib, und wird auferstehen ein *geistlicher Leib* ... Der erste Mensch, Adam, ‚ward zu einer lebendigen *Seele*‘; und der letzte Adam zum *Geist*, der da *lebendig macht* ... Wir werden alle *verwandelt* werden ... Dies Verwesliche muß anziehen die Unverweslichkeit, und dies Sterbliche muß anziehen die Unsterblichkeit.“

---

42 Putrefactio.

1. Kor. XV, 40f.: „Und es sind himmlische Körper und irdische Körper … Eine andre Klarheit hat die *Sonne,* eine andre Klarheit hat der *Mond* …"

Ephes. II, 14ff.: „Denn er ist unser Friede, *der aus beiden Eines hat gemacht,* und hat abgebrochen den Zaun, der dazwischen war, in dem, daß er durch sein Fleisch wegnahm die Feindschaft, nämlich das Gesetz, so in Geboten gestellt war, auf daß er *aus zweien Einen neuen Menschen* in ihm selber schüfe, und Frieden machete, und daß er beide versöhnete mit Gott in Einem Leibe durch das Kreuz, und hat die Feindschaft getötet durch sich selbst." – Wenn man die beiden Contraria, die vereinigt werden sollen, nach dem Vorgang der hermetischen Philosophen mit ☉ und ☽ (Sonne und Mond, Gold und Silber usw.) bezeichnet und sie verbunden darstellt, mit dem Kreuz + dabei, so erhält man ☿ mithin ☿, das Zeichen des Mercurius. Dieses Ideogramm birgt auch den Begriff: Ostern. Alle diese Ideen sind bekanntlich nicht erst mit dem Christentum auf die Welt gekommen.

2. Kor. V, 1: „Wir wissen aber, so unser irdisch Haus dieser Hütte *zerbrochen* wird, daß wir einen Bau haben, von Gott erbauet, ein Haus, *nicht mit Händen gemacht,* das ewig ist, im Himmel."

Joh. VII, 38: „Wer an mich glaubet … von des Leibe werden Ströme des *lebendigen Wassers* fließen."

Ich erwähne gleich hier, daß die hermetischen Philosophen nicht spekulative Theologie trieben, sondern daß sie, wie aus ihren Schriften deutlich hervorgeht, den Inhalt der religiösen Lehre sich zum Erlebnis werden ließen; das war ihre Arbeit, eine Arbeit der *Mystik.* Alles, was der Leser in den obigen Schriftstellen vielleicht als bloß zum jenseitigen Leben gehörig aufzufassen geneigt ist, suchten sie als Mystiker schon auf Erden in sich darzustellen – unbeschadet der Hoffnung auch auf ein jenseitiges Leben. Ich vermute, daß sie deshalb von zwei „Steinen" reden, von einem himmlischen und von einem irdischen. *Der himmlische Stein* ist die ewige Seligkeit, ist (soweit die christliche Vorstellungswelt in Betracht kommt) Christus, der dem Menschen zu dieser verholfen hat. *Der irdische Stein* ist der mystische Christus, den jeder Einzelne in sich kreuzigen und auferstehen lassen kann, womit er ein Himmelreich auf Erden erlangt mit jenen Eigenschaften, wie sie dem Stein der Weisen allegorisch beigelegt werden. Darum heißt auch der irdische Stein ein Abbild des himmlischen. Und darum heißt es auch, daß aus Blei usw. leicht und „in kurzer Zeit" der Stein herzustellen sei, d. i. nicht erst nach dem Tode.

Der Anempfehlung des „sputum lunae" oder „sperma astrale", „Sternenschleim"[43], kurz eines Ausflusses aus der Lichtwelt ober uns, als erster Materie für das Werk unserer Erleuchtung scheint, allerdings in primitiver Symbolik, ein religiöser Gehalt innezuwohnen, genau so wie dieser Stelle Joh. IX, 5ff: „Dieweil ich bin in der Welt, bin ich das *Licht der Welt.* Da er [Jesus] solches gesaget, *spützte er auf die Erde,* und machte einen Kot aus dem Speichel, und schmierte *den Kot auf des Blinden Augen,* Und sprach zu ihm: Gehe hin zu dem Teich Siloah, (das ist verdolmetscht: gesandt) und wasche dich. Da ging er hin, und wusch sich, und kam *sehend.*" Die Übertragung einer Tugend durch Aufnahme eines Sekrets ist eine recht häufige primitive Vorstellung.

Wie Michael Maier (*Symbola Aureae Mensae*, Lib. XI) berichtet, faßte Melchior Cibinensis, ein ungarischer Priester, die Geheimnisse der verborgenen Kunst unter der heiligen Gestalt der Messe. Denn da dem philosophischen Stein gleichsam Geburt, Leben, Erhöhung, Leiden im Feuer und dann Tod in schwarzer und finsterer Farbe, endlich Auferstehung und Leben in roter und vollkommenster Farbe zugesprochen wurde, verglich er seine Bereitung mit dem Werke der Erlösung der Menschen (also den „irdischen Stein" mit dem „himmlischen Stein"), nämlich mit der Geburt, dem Leben, dem Leiden, dem Tod und der Auferstehung Christi (Höhler, *Herm. Phil.*, 156). Die Bereitung des irdischen Steines ist sozusagen die Nachfolge Christi.

Von Eirenäus Phileletha glaubt Hitchcock (HA, 143), er habe an einer Stelle seiner Schriften deutlich auf die zwei gedanklichen Prozesse: Analysis und Synthesis angespielt, die zum gleichen Ende führen. „Die Einheit durch Sol suchen, heißt, wie ich's auffasse, den Intellekt auf die Idee der Einheit anwenden, bei einer Analysis, die in den Teilen endigt; im Mercur – was hier im weiten Sinn als Natur gesetzt ist – studieren, heißt synthetisch vorgehen und durch

43 In manchen alchemistischen Anleitungen wird derlei empfohlen. Mißverstand führte dazu, einer sogenannten „Sternschnuppensubstanz" nachzujagen. Was man fand und für Sternenschleim hielt, war eine gallertartige Pflanze.

Zusammenfügung der Teile zur Idee der Einheit vordringen. Beides führt zur selben Sache, wenn auch gleichsam von entgegengesetzten Extremen ausgehend; denn die Analysis irgendeines Dinges muß, vollständig durchgeführt, in den Teilen endigen, während die Teile, bei synthetischer Rekonstruktion, wieder die Einheit ergeben müssen. Einer von den zwei Wegen wird von Eirenäus eine herculische Arbeit genannt; ich denke, es ist der zweite, die Rekonstruktion der Einheit durch Wiederverbindung der Teile, was in Ansehung der Natur wirklich ein herculisches Beginnen ist. Die hoffnungsvollere Methode ist die durch Meditation usw.

Manche Autoren fordern uns auf, einen der zwei Körper in den Alembicus zu setzen, d.i. soviel als: nimm die Seele in die Arbeit und richte das Feuer (des Intellekts) auf sie, bis sie überdestilliert als Geist. Dann wird, so sagen sie, dies eine beiseite gesetzt für späteren Gebrauch und der andere Körper der gleichen Procedur unterzogen, bis auch er überdestilliert. Nachher können die beiden Dinge, die als gleich befunden werden in Wesen und Substanz, vereinigt werden."

Die beiden Methoden, von denen Eirenäus spricht, werden in der Alchemie (in Anlehnung an chemische Prozeduren) auch der „nasse" und der „trockene" Weg genannt. Der nasse Weg ist der, der durch gedankliche Verarbeitung der Natur zur Einheit führt. Die Philosophie des indischen Lehrgedichtes *Bhagavad-Gita* kennt auch die zwei Wege und nennt sie „Samkhya" und „Yoga".

> „Denken (Samkhya) und Andacht (Yoga) scheiden nur die Toren doch die Weisen nicht;
> Wer ganz sich nur dem Einen weiht, erlangt aller beider Frucht.
> Durch Denken und durch Andacht wird derselbe Standpunkt doch erreicht;
> Denken und Andacht sind nur Eins, – wer das erkennt, hat recht erkannt." (*Bh. G.*, V, 4f)

„Samkhya" und „Yoga" haben sich in der Folge zu ganzen philosophischen Systemen ausgebildet. Ursprünglich sind sie jedoch bloß „verschiedene Methoden, um zu demselben Ziele, nämlich zur Erlangung des Atman [Allgeistes] zu führen, welcher einerseits als die ganze unendliche Welt sich ausbreitet, andererseits voll und ganz im eigenen Inneren zu finden ist. Im ersteren Sinne kann der Atman erfaßt werden durch Reflexion über die mannigfaltigen Erscheinungen der Welt und ihrer Wesensidentität, und diese Reflexion heißt Samkhya (von sam + khyâ, berechnen, reflektieren); andererseits ist der Atman ergreifbar durch Zurückziehung von der Außenwelt und Konzentration auf das eigene Innere, und diese Konzentration heißt Yoga." (Deussen, *Allg. Gesch. d. Phil.* I, 3, 15).

Zur Ausübung der Alchemie wird ein sittlicher Lebenswandel gefordert, der als Vorbedingung zu bloß chemischen Arbeiten wohl kaum vonnöten ist. Der Jünger der Kunst soll den Vorschriften der Meister gemäß sein Gemüt von allen bösen Sitten befreien, besonders der Hoffart absagen; er soll dem Gebet fleißig obliegen, Werke der Liebe üben usw.; niemand soll seinen Sinn auf dieses Studium richten, wenn er nicht zuvor sein Herz gereinigt, der Liebe zu weltlichen Dingen abgesagt und sich ganz Gott ergeben hat. (Höhler, *Herm. Phil.*, 62f.)

Die Sudler, die, um Gold zu gewinnen, chemisch laborierten, verwirtschafteten damit oft ihr ganzes Vermögen. Die Adepten aber versichern, daß auch der arme Mann den Stein erwerben könne; manche sagen sogar, der Arme habe eine bessere Materia als der Reiche. Röm. II, 11: „Denn es ist kein Ansehen der Person vor Gott." Matth. XIX, 24: „Es ist leichter, daß ein Schiffstau durch ein Nadelöhr gehe, als daß ein Reicher ins Reich Gottes komme." Der Alchemist Khunrath sagt irgendwo, die Kosten der Bereitung des Steins betragen dreißig Taler; man wird dies verstehen, wenn man sich erinnert, daß Jesus um dreißig Silberlinge verschachert wurde.

Rulandus (*Lex.*, 26) definiert[44] die Alchemie sehr hübsch: „Alchimia est impuri separatio a substantia puriore." Das kann für die chemische Alchemie ebenso gelten wie für die seelische.

Warum die hermetischen Philosophen nicht ganz offen, sondern in Bildern schrieben, dafür lassen sich mehrere Gründe angeben. Zunächst ist daran zu denken, daß sie mit ihrer freien Doktrin, die zwar nicht vom wahren Christentum, wohl aber von der engherzigen Kirche abwich, die Verfolgungen der letzteren fürchten mußten, und daß sie deshalb ihre Lehre verhüllten. Hitchcock macht noch auf einen weiteren Punkt aufmerksam. Die Alchemis-

44 In Anlehnung an Tab. Smar. 9.

ten äußern manchmal, die Kenntnis ihres Geheimnisses wäre (für die Allgemeinheit) gefährlich. Es scheint, daß sie ihre Zeit nicht für reif erachteten für eine Religion, die mehr auf ideale Forderungen, auf sittliche Freiheit basiert war als auf Furcht vor Höllenstrafen, Erwartung von Belohnungen und auf äußerlich sichtbare Zeichen und Unterpfänder. Es kommt schließlich noch hinzu, daß, wie später ausgeführt werden wird, eine ganz klare Sprache sachlich gar nicht möglich und didaktisch nicht empfehlenswert ist.

Immerhin tritt die mystische Absicht bei Autoren derjenigen Zeiten, wo die Schutzmaßregeln nicht notwendig waren, unter dem alchemistischen Gewande klarer hervor, wenn sich auch diesbezüglich durchaus keine Regel aufstellen läßt. Für die Einhaltung der Symbolik waren ja eben auch andere, z. B. intellektuelle und konventionelle Gründe maßgebend.

Sehr deutlich mystisch schreiben eine Anzahl hermetischer Künstler, die durch die geistige Schule Jakob Boehmes hindurchgegangen sind. Dieser Theosoph selbst bediente sich in so reichem Maß der alchemistischen Symbolik, daß man sie findet, wo immer man seine Schriften aufschlägt. Ich fange gar nicht an, ihn zu zitieren; will den Leser bloß aufmerksam machen auf seine ebenso schöne als kurze gedankentiefe Schilderung des mystischen Veredelungsprozesses, die als „Processus" am Ende des 5. Kapitels seines Buches *De Signatura Rerum* steht (Ausg. Gichtel, col. 2218f).

Ein Anonymus, der von dem „Philosophus Teutonicus" viel in sich aufgenommen hat, schrieb das seinerzeit von den Liebhabern der hohen Kunst sehr geschätzte Buch *Amor Proximi*. Diese fromme Anleitung steckt durchaus in alchemistischem Gewande, ist aber selbst für wenig Scharfsichtige als mystisches Werk kenntlich. Das gleiche gilt von dem ehemals berühmten *Wasserstein der Weisen* (1. Auflage erschien 1619) und ähnlichen Büchern. Hier einige Proben aus *Amor Proximi*:

„... Diß ▽ [▽ des Lebens] ist nun der Creatur nicht fremde oder äußerlich, sondern es ist ihr aller innerstes, aber verschlossen ... (S. 32). Siehe Christus ist uns nicht äußerlich, sondern er ist in uns allen innerlich, aber verschlossen ..." (S. 32)

„Wer nun eine Sache practicè ausarbeiten soll, der muss erstlich eines Dinges gründliche Erkäntnis haben; darum so der Mensch Microcosmicè, Magicè, das Bild Gottes in sich selbst, alles Gottes Reich, ausarbeiten soll, und in sich finden; so mus er erst dessen rechte Erkäntnis haben …“ (S. 29).

„Christus ist das grosse Universal[45]; der sagt: wer mir will nachfolgen, und mein Jünger (das ist, ein Particular oder glied an meinem Leibe) seyn, der nehme sein ☩ auf sich und folge mir nach … Also siehet man, dass alle, so glieder am Leib des grossen Universals seyn wollen, auch als kleine particulare Medicinen, jeder nach seiner Maas seines Leydens und Processes, theilhafftig werden muss …“ (108f.) „Paracelsus, der Monarcha Arcanorum, sagt: Dass die Astra, sowohl als das Licht der Gnaden, nicht lieber würcken, als in einem nüchtern reinen und ledigen Gemüt. So ist nun dis natürlich wahr, dass den groben Sand und Aschen die Sonne nicht erleuchten kan: also auch kan den alten Adam die SONNE der Gerechtigkeit Christus nicht erleuchten; es sey dann, dass der Sand und Asch (der alte Adam) im △ (des ☩es) sich um und wiederum schmelzen lasse, dass ein rein Glas (ein neu geborner Mensch) aus ihm werde; so kan die ☉ ihre Stralen dann gar leicht darein, und dadurch schiessen, und es also erleuchten und die Wunder seiner Weisheit offenbaren: darum muss der Mensch sich umschmelzen lassen im ☩△ [Kreuz-Feuer], dass die Strahlen beyder Lichter ihn durchdringen können; anders wird warlich niemand ein weiser Mann werden“ (96f.)

Schöne alchemistische Darstellungen, die den mystischen Gehalt unschwer erkennen lassen, finden sich auch bei dem englischen Theosophen Pordage und seinen Schülern, unter diesen namentlich bei Jane Leade (beide XVII. Jahrhundert). Die Sprache ist bei ihnen klarer, durchsichtiger als bei Jakob Boehme. Aus ihren Schriften ließen sich zahllose, hierher passende Stellen anführen; da ich mich indes später eingehender mit Leade befassen muß, setze ich bloß ein einziges Zitat aus Pordage (*Sophia*, 23) her: „… Solchem nach nun, und damit ich zu einer gründlichen und vollkommenen Reinigung von allem Unkraute und Irdigkeit … kommen und gelangen möchte, übergab ich meinen Willen vollkömmlich in Ihrem [der Sophia] feurigen Schmeltz-Ofen, als in einem Rei-

45 Das große Magisterium wurde von den Alchemisten auch das „Universal“ genannt; es tingiert alle Metalle auf Gold und heilt alle Krankheiten (Universalmedizin); etwas Geringeres ist ein „Particular“, welches nur ein bestimmtes Metall tingiert und nur einzelne Krankheiten kuriert.

nigungs-Feuer auszuhalten, bis alle meine eitle, oder denen Spreuern gleiche Lüste, und Unkraut der Irdisch-Gesinntheit im Feuer abgebrandt, und all mein Eysen, Zinn und Schlacken in diesem Ihrem Feuer-Ofen gäntzlich zerschmoltzen wäre, damit ich in meinem Geiste als ein rein Gold erscheinen, und neue Himmel und eine neue Erde in mir geschaffen und formirt sehen möchte."

Aus alledem geht in Verbindung mit den Ausführungen der nächsten Kapitel unzweifelhaft hervor, daß auch unsere Parabola als eine mystische Anleitung interpretiert werden muß.

4. Abschnitt
Rosenkreuzerei und Freimauerei

Das vorige Kapitel hat gezeigt, daß es eine höhere Alchemie gab – sie wurde auch als die „wahre" Alchemie angesehen –, die sich zur chemischen Rosenkreuzerei ebenso verhält wie die Freimaurerei zur praktischen Baukunst. Ein hervorragender Chemiker, der sich gleicherweise mit der Geschichte der Chemie wie mit jener der Freimaurerei befaßte, schrieb mir einst: „Wer nach einem hermetischen Rezept ein chemisches Präparat herstellen wollte, der käme mir vor wie einer, der es unternähme, nach freimaurerischen Ritualen ein Haus zu bauen."

Das Gleichnis ist nicht etwa zufällig entstanden. Vielmehr walten zwischen Alchemie und Freimaurerei beachtenswerte Zusammenhänge, äußere und innere. Die Brücke geht zum Teil über die Rosenkreuzerei. Sintemal nun die Parabola, die stets der Kern unserer Betrachtungen bleiben soll, der rosenkreuzerischen Literatur (und zwar vermutlich einem späten Zweig derselben) angehört, schickt es sich hier zuzusehen, wer und was die Rosenkreuzer eigentlich waren. Auf eine erschöpfende Erörterung dieses ungemein komplizierten Gegenstandes kann selbstverständlich nicht eingegangen werden; es soll nur soviel zur Sprache kommen, als für unsere Zwecke notwendig ist. Doch will ich nicht einseitig sein, sondern von beiden Parteien, die einander in dem hauptsächlichen Streit im historischen Rosenkreuzerproblem gegenüberstehen, Erwähnung tun. Es wird sich zeigen, daß der Zwiespalt auf unser Problem glücklicherweise nur geringen Einfluß hat und daß wir somit der schwierigen Aufgabe überhoben sind, uns durch historische Beweisführungen zur Entscheidung in einer Alternative hindurchzuarbeiten, an der schon gewiegte Spezialforscher – zu denen ich nicht gehöre – gründlich gescheitert sind.

Es sind dreierlei Rosenkreuzer nach Epochen zu unterscheiden. Die alten, die mit den zu Beginn des XVII. Jahrhunderts erschienenen zwei Grundschriften *Fama* und *Confessio* zusammenhängen, dann die mittleren, die, wie es scheint, eine Verwässerung des ursprünglichen überaus ideal gedachten Bundes darstellen, und schließlich die im XVIII. Jahrhundert sich zeitweise zu großer Macht entwickelnden Gold- und Rosenkreuzer. Diese letzten Rosenkreuzer durchsetzten eine Zeitlang (in der zweiten Hälfte des XVIII. Jahrhunderts) die Freimaurerei in einer wenigstens für die kontinentale Maurerei beinahe katastrophalen Weise, doch merke ich vorgreifend gleich an, daß diese Art rosenkreuzerischer Verbreitung mit der Frage nach der ursprünglichen Verwandtschaft von Freimaurerei und Rosenkreuzerei nicht unmittelbar zu tun hat. Man muß Auswüchse von der reinen Idee einer Sache zu unterscheiden wissen. Die Rosenkreuzerei erlosch mit der Wende zum XIX. Jahrhundert. Die heute noch in manchen Systemen der Maurerei bestehenden Rosenkreuzergrade (wie Chevalier Rose-Croix usw.) sind historische Relikte. Was sich sonst heute als Rosenkreuzer aufspielt, sind Betrüger und Betrogene oder aber Vereinigungen, die sich den Rosenkreuzernamen als Aushängeschild dienstbar gemacht haben.

Viele ernste Gelehrte bezweifeln es, daß die alten Rosenkreuzer je als organisierte Brüderschaft existiert haben. Ich verweise auf den Artikel „Rosenkreuz" im *Handbuch der Freimaurerei* (Lenning), wo dieser skeptische Standpunkt dominiert. Andere Autoren glauben dagegen an die Existenz des alten Ordens und meinen, daß die von 1717 an in der heutigen Gestalt auftretenden Freimaurer nichts weiter seien als die unter verändertem Namen fortbestehenden Rosenkreuzer. Schon Joh. Gottl. Buhle, ein Zeitgenosse Nicolais, hatte angenommen, der Rosenkreuzer Michael Maier habe die Rosenkreuzerei nach England gebracht, und daraus sei dann, besonders unter Mitwirkung des Engländers Robert Fludd (1574 bis 1637) die Freimaurerei entstanden. Sehr energisch, aber mit z.

T. angreifbaren Argumenten, trat vor nicht langer Zeit Ferdinand Katsch für die tatsächliche Existenz der alten Rosenkreuzer-Brüderschaft ein. Er nennt eine Anzahl von Leuten mit Sicherheit als „echte Rosenkreuzer“; unter ihnen: Julianus de Campis, Michael Maier, Robert Fludd, Frisius oder Frizius, Comenius. (Katsch, 33.) Die Rosenkreuzerei habe sich aus praktischen Gründen in die Freimaurerei umgewandelt. Da sich nämlich die schamlosesten Betrüger für Rosenkreuzer ausgaben, sei dieser Bundesname auf die Dauer nicht festzuhalten gewesen. Der Unfug sollte verhütet werden, indem die echten Rosenkreuzer zunächst als solche zurücktraten, dann einen Wechsel ihres Gewandes vornahmen.

Im allgemeinen stellt man sich die Entstehung der Freimaurerei anders vor. Man pflegt ihren Ursprung in der Werkmaurerei zu suchen, deren Logen sich bis ins XIV. Jahrhundert zurückverfolgen lassen. Den alten Genossenschaften der Bauleute schlossen sich nach und nach auch Nicht-Werkmaurer, Laien, an, wodurch den Logen vorzüglich geistige Kräfte zugeführt wurden. Zu Anfang des XVIII. Jahrhunderts wurde sodann die alte Werkmaurerei unter Beibehaltung ihrer Formen in die geistige, symbolische Freimaurerei übergeleitet. Die Zahl der Bauhütten war damals in London bis auf vier zurückgegangen, diese traten am 24. Juni (Johannistag) 1717 zusammen und wählten Anton Sayer zu ihrem Großmeister. Das ist der Geburtstag der Freimaurerei, wie sie heute besteht.

Diese Ableitung wurde und wird von vielen für unbefriedigend erachtet, so sehr sie auch den rein dokumentarischen Ansprüchen genügt. Die Versuche, es besser zu machen, erforderten Entdeckerphantasie, und diese wurde nicht immer glücklich betätigt. Die Rosenkreuzer-Theorie läßt sich aber, besonders wenn man sie in einem etwas weiteren Sinne auffaßt, nicht ohne weiteres von der Hand weisen. Im Sinne von Katsch erinnert Höhler (*Herm. Phil.*, 6) daran, wie allgemein man sich im XVI. und XVII. Jahrhundert im ganzen westlichen Europa mit Kabbalistik, Theosophie, Magie (Physik), Astrologie und Alchemie beschäftigte, und zwar gilt dies für höhere und niedere Stände, Gelehrte und Laien, Ordens- und Weltgeistliche. „Die ganze gelehrte Theologie drehte sich um Kabbalistik. Die Medizin wurde unterstützt von Theosophie und Alchymie, und letztere ließ sich leiten von Theosophie und Astrologie.“ Höhler geht in einer Hinsicht noch weiter als Katsch und vermutet: „Die Freimaurerei hat ihre Wurzeln in den chymischen Gesellschaften des XVI. und XVII. Jahrhunderts, in denen all das gepflegt wurde, was den damaligen Stand der Wissenschaft ausmachte.“ Diese Theorie ist unvergleichlich diskutabler, als wenn man die Wurzeln auf den so unsicheren Boden der Rosenkreuzerei lokalisieren will. Wir werden die Bedeutung der „chymischen Gesellschaften“ noch mehr würdigen lernen.

Im Hinblick auf die für unseren Zusammenhang wichtige Frage, wie es mit der Alchemie der Rosenkreuzer (mögen diese nun bloß in Büchern oder als wirkliche Bruderschaft gelebt haben) bestellt sei, verlohnt sich ein Blick auf die Literatur.

Joachim Frizius, den einige für identisch mit Fludd halten, schreibt im *Summum Bonum, quod est verum Magiae, Cabalae, Alchymiae verae Fratrum Roseae Crucis verorum subjectum* (zuerst erschienen 1629 in Frankfurt) u. a.: „Aben (אבן) bedeutet einen Stein. In diesem einzigen kabalistischen Stein haben wir den Vater, den Sohn und den heiligen Geist ... denn in der hebräischen Sprache bedeutet Ab (אב) Vater und Ben (בן) Sohn. Wo aber der Vater und der Sohn gegenwärtig sind, da kann der heilige Geist nicht fehlen ... Betrachten wir also zunächst diesen Stein als Grundlage des Makrokosmus ... Also sprach der Patriarch Jacob: ‚Wie heilig ist diese Stätte; hier ist nichts Anderes denn Gottes Haus‘ (1. Mos. 28, 17) und stand auf und nahm den Stein, den er zu seinen Häupten geleget hatte, und richtete ihn auf zu einem Mal und goß Öl oben drauf. Und sprach: ‚dieser Stein, den ich aufgerichtet habe zu einem Mal, soll ein Gotteshaus werden‘ usw. Wenn also ein Gotteshaus, so ist Gott an jenem Orte oder dessen irdischer Substanz. Hier war es, wo der Patriarch, als er auf diesem Steine schlief, Göttliches und Wunderbares gewahrte durch die Kraft jenes geisterfüllten Steines, welcher sich in seiner Körperlichkeit verhielt wie der Körper zur Seele. Aber der seelische oder geistige Stein war Christus; Christus aber ist die ewige Weisheit, in welcher, wie die Schrift besagt, viele Wohnungen sind, welche zweifellos also unterschieden werden wegen der verschiedenen Grade ihrer Herrlichkeit und Glückseligkeit. Denn dem Wissen oder Erkenntnis folgt die Glückseligkeit; je Höheres und Mehreres wir wissen, um so weiter nähern wir uns der Gottheit ... (*Summ. Bon.*, 17f.) Daraus erscheint klar ersichtlich, wer dieser makrokosmische Stein Aben

… eigentlich sei, und daß sein feuriger … Geist sei der für alle gegebene Grundstein Aller (sit lapis seu petra Catholica atque universalis) … welcher gelegt ward in Zion als das wahre Fundament, auf welchem die Propheten ebenso wie die Apostel gebaut haben, welcher aber auch den unkundigen und schlechten Bauleuten der Stein des Anstoßes und Ärgernisses ward. Dieser Stein also ist Christus, der uns zum Eckstein geworden ist … (*Summ. Bon.*, p. 19.)

Betrachten wir nun aber den Stein Aben in seiner Bedeutung für den Mikrokosmos so … gewahren wir bald, daß als ein steinerner Tempel Gottes nicht minder auch jedweder äußere Mensch gelten kann, insofern ja auch in ihm der heilige Geist von jeher eine Inwohnung gleichfalls sich vorbehielt. (*Summ. Bon.*, p. 20.)

… Das also ist der Grund, weshalb der Stein Aben in doppelter Form uns erscheint (quod ambae Petrae), nämlich ebenso in makrokosmischer wie in mikrokosmischer … Denn der geistige Stein ist Christus, der das All erfüllt; daher sind auch wir Teile des geistigen Steines und als solche auch lebendige Steine, abgelöst von jenem Universalsteine (a petra illa catholica excisi) …“ (*Summ. Bon.*, 20).

Hier haben wir wieder den alchemistischen Unterschied zwischen dem Universal und dem Particular; der gleiche Unterschied wird auch ausgedrückt durch die Gegenüberstellung des himmlischen und des irdischen Steines. Von lebendigen Steinen spricht das zweite Kapitel des ersten Petrusbriefes. 1. Kor. X, 4 sagt sogar: „Und haben alle einerlei geistigen Trank getrunken; sie tranken aber von dem geistigen Fels, der mit folgete, welcher war Christus.“ Alchemistisch ausgedrückt heißt das aurum potabile.

„Nun fragst du aber: Ei, wo ist denn all das Gold, mit welchem jene Alchymisten [der Fama] so ruhmredig prahlten? Da antworten wir dir …: unser Gold ist ja keineswegs das Gold des großen Haufens, sondern es ist das lebendige Gold, das Gold Gottes … Es ist die Weisheit, welche der Psalmist meint Ps. XII, 7: ‚Die Rede des Herrn ist lauter wie durchläutert Silber im irdenen Tigel, bewähret siebenmal‘ … Willst nun du … den wahren und wirklichen animalischen Stein dir darstellen, dann suche den Eckstein, der alle Verwandlungen und Umwandlungen vermittelt, in dir selbst …“ (*Summ. Bon.*, 34ff).

„Es soll aber endlich der Bruder in Gestalt eines *Baukünstlers* der Vollendung seines Werkes obliegen (denique sub architecti figura operatur frater ad huius operis perfectionem)... Allein zu besserer Durchführung unseres Baues und, um hindurch zu gelangen bis zu dem in Mitten unserer Grundlage verborgenen rosenroten Blute unseres Kreuzes ... dürfen wir nicht oberflächlich das Werk angreifen, sondern müssen *bis zur Mitte der Erde* graben, *klopfen und suchen* ...“ (Summ. Bon., 48. – Übers. Katsch, 413ff).

Unmittelbar nachher ist von den drei Raumausdehnungen, *Höhe, Tiefe, Breite,* die Rede. Zur alchemistischen Symbolik gesellt sich im *Summum Bonum* deutlich genug die maurerische. Man übersehe nicht das Klopfen und Suchen; und das in den Lehrfragstücken über die Gestalt der Loge Vorkommende. Zum Überfluß wird gleich darauf vom geometrischen *Kubus* gesprochen.

Frizius und Fludd teilen auch einen Brief mit, welchen Rosenkreuzer an einen deutschen Bewerber gesandt haben sollen. Darin heißt es: „... cum scilicet *talis sis, qualem concupiscis lapidem et* quale opus ... *purga te* lachrymis, *sublima* te moribus et virtutibus, orna ac *colora* te gratiis sacramentalibus, fac *animam sublimem* ad coelestium contemplationem subtilem ac angelicis *spiritibus* conformem, ut *corpus* putridum, ut vilem *cinerem*, possis vivificare, *dealbare* atque *incorruptibile* impassibileque omnino per J.[esum] C.[hristum] D.[ominum] N.[ostrum] resurrectionem efficere...“ An einer anderen Stelle heißt es da: „Transmutemini ergo, transmutemini de lapidibus mortuis in Lapides vivos philosophicos“ – Wandelt, o wandelt Euch aus todten Steinen in lebendige und philosophische.

In der *Clavis Philosophiae et Alchymiae Fluddanae* (lateinisch erschienen 1633) kommen Stellen vor wie: „... Allerdings ist jeder fromme und gerechte Mensch ein geistiger Alchemist ... Wir verstehen darunter einen Mann, der das Falsche vom Wahren, das Laster von der Tugend, das Dunkel vom Lichte, der die Verunreinigungen des Lasters von der Reinheit der Gott nacheifernden Seele nicht nur zu unterscheiden, sondern durch das Feuer des göttlichen Geistes auch abzuscheiden [spagirische Kunst!] versteht. Denn nur auf diese Weise wird unreines Blei in Gold umgewandelt“ (p. 75). „Wagte nun aber jemand zu sagen, das Wort oder Christus oder der heilige Geist der Weisheit wohne im mikrokosmischen Himmel [d. h. in der Seele des Menschen], wie würden den die blinden Kinder der Welt nicht für gottlos und verrucht ausschreien! [Eben der göttliche Geist ist aber, so wird weiter ausgeführt, der *rechteckige Stein* in uns, auf dem wir bauen sollen.] Dieser göttliche Funken aber ist beständig und ewig, er ist unser von Christus erkäufliches Gold… So geschieht es gemäß der Lehre Christi oder des fleischgewordenen Wortes, wenn die echten Alchemisten nunmehr suchen und klopfen, um zur Erkenntnis des lebendigen Feuers … zu gelangen.“ (p. 81). Wieder das in der maurerischen Symbolik wichtige Klopfen und Suchen, und zwar, um ein Feuer kennen zu lernen.

Angesichts der wirklich erhebenden Gedanken des *Summum Bonum* ruft der für seine Idee begeisterte Katsch (441) aus: „Welch‘ eine Sprache!! Welch‘ ein unerschütterlicher Mannesmuth, welch‘ eine würdevolle Demuth! Auch der Widerwilligste wird nunmehr der Anerkenntnis nicht mehr sich zu entziehen vermögen, daß er hier ganz unerwartet … dem Ur- und Idealbild der Freimaurerei entgegengetreten ist“.

Die Zusammenstellung von Maurerei und Alchemie bleibt auch dann aufrecht, wenn man kritischer zu Werke geht als Katsch, dem man große Ungenauigkeiten vorwirft. Ich berufe mich namentlich auf die neueren Untersuchungen des gründlichen und weitblickenden Dr. Ludwig Keller.

Für die Aufhellung des Dunkels, das über die Vergangenheit der Freimaurerei gebreitet ist, kommt nach Keller (B., W. und Z., 1–2) dem reichen Material der Symbolik, das sich dem fleißigen Forscher bietet, „in erster Linie die überaus reiche gedruckte und besonders die handschriftlich überlieferte Literatur in Betracht, die unter dem Namen der *Chemie oder Alchemie* bekannt ist“.

In den Bildern der Alchemisten, der Rosenkreuzer, der Bauhütten usw. „tritt uns eine Sprache entgegen, die unter allen abendländischen Völkern in verwandter Art Verwendung gefunden hat, zwar keine Buchstaben-Sprache und keine Wortsprache, aber immerhin eine Sprache, eine Zeichen- oder eine Bildersprache von ausgebildeten Formen, die schon in den Felsen-Tempeln der sogenannten Katakomben nachweisbar sind, die man einst Latomien und Loggien nannte. Die einzelnen Bilder und Zeichen sagen freilich nur demjenigen etwas, der diese Sprache überhaupt versteht; dem, der sie nicht versteht, sagen sie nichts und sollten ihm nichts sagen.“

Betreffs der „Zeichen- und Bildersprache“, die nur den Eingeweihten verständlich war, könnte man natürlich schon auf die antiken Mysterien hinweisen. Die Kultvereine der ältesten Christen haben in den Jahrhunderten, wo das Christentum im römischen Reich zu den staatlich verbotenen Kulten gehörte, unter der Form von erlaubten Genossenschaften, d. h. als Gilden, Begräbnisvereine und Körperschaften aller Art, eine Daseinsmöglichkeit vor den Gesetzen gefunden. Die ältesten Christen waren nicht die einzigen verbotenen Kultverbände, die diesen Ausweg suchten und fanden. Unter der Hülle von Schulen, Gewerkschaften, literarischen Gesellschaften und Akademien bestanden im Gebiete des römischen Weltreiches und später innerhalb der Weltkirche Organisationen, die vor dem Gesetz weltliche Vereinigungen, im Sinne der Eingeweihten aber Genossenschaften mit sakralem Charakter waren. Innerhalb dieser Genossenschaften erscheint sehr frühzeitig ein fest ausgebildetes System von Symbolen, die vielfach behufs wirksamerer Durchführung der durch die Umstände gebotenen Verschleierung den Gewerkschaften und deren Werkzeugen und Bräuchen entnommen waren, die man als Deckmantel gewählt hatte – Symbolen, die im Kreise der Eingeweihten im Sinne der Lehren des Kultvereins ausgelegt und gedeutet wurden.

Wertvolle Denkmäler solcher Symbolik sind heute noch in den gewaltigen Felsentempeln erhalten, die sich in Ägypten wie in Syrien, in Kleinasien wie auf Sizilien und der Apenninischen Halbinsel, in Griechenland wie in Frankreich und am Rhein finden, und diese Gruftbauten, die teilweise auch den ältesten Christen als Kultstätten gedient haben, zeigen in ihren Bildern und Lehrzeichen wie in ihrer baulichen Anlage eine so nahe Verwandtschaft, daß sie als Eigentum großer, über viele Länder verbreiteter Kultvereine angesprochen werden müssen, die für den Gebrauch solcher Symbole und für die Herstellung dieser Bauten feste Traditionen besessen haben.

Viele dieser Symbole sind, beiläufig bemerkt, den Zeichen und Werkzeugen der Baukorporationen, wie sie zur Durchführung dieser Bauten nötig waren, entlehnt worden. (Keller, *a. a. O.*, 4). Eine große Rolle spielten in der frühchristlichen Symbolik auch die heiligen Zahlen und ihnen entsprechende Zeichen – ein Lehrzeichenkomplex, den man gleicherweise in den pythagoräisch-platonischen Schulen findet. Es ist bekannt, daß die symbolische Sprache der unterirdischen Felsentempel, die teilweise von den ältesten Christen für ihre Kulthandlungen benützt worden sind, mit der pythagoräisch-platonischen Lehre aufs engste zusammenhängt. Von dem Jahre 325 an galt jede Abweichung von dem Glauben der Staatskirche für ein staatliches Verbrechen. Damit waren jene Christen, die an der Verwandtschaft mit den antiken Philosophenschulen festhielten, der Verfolgung preisgegeben. In der kultischen Zeichensprache der Kirche treten daraufhin die heiligen Zahlen natürlich mehr und mehr zurück. In den Schriften Augustins beginnt der Kampf wider die Zeichensprache, deren Gebrauch er für eine Eigenart der Gnostiker erklärt. Trotz dieser Zurückdrängung dauert die Lehre von den heiligen Zahlen in stillen, aber starken Strömungen, die neben der Staatskirche herliefen, durch alle Jahrhunderte in kultischer Verwendung fort. Die Sektennamen, die von der Streittheologie erfunden worden sind, um die Richtungen zu kennzeichnen, die man als Nachfolger der Gnostiker betrachtete, sind höchst mannigfaltiger Art: es mag genügen, daran zu erinnern, daß in allen denjenigen geistigen Strömungen, die wie die altdeutsche Mystik, der ältere Humanismus, die sogenannten Naturphilosophen usw., einen starken Einschlag platonischer Gedanken zeigen, die Lehre von den heiligen Zahlen in mehr oder weniger verhüllter Form, aber doch deutlich erkennbar, wiederkehrt. (Keller, *Heil. Zahl.*, 2.)

Da die alte Zahlensymbolik auch einen Bestandteil der alchemistischen Hieroglyphik ausmacht, will ich einen Augenblick dabei verweilen. Die Verwendung mathematischer und geometrischer Zeichen geht von dem Gebrauche der einfachsten Formen, den Punkten und den Linien aus, doch mit der Maßgabe, daß beide, die Punkte wie die Linien, in allen Fällen, wo es sich nicht um Darstellungen in der Ebene, sondern um Darstellungen im Raume handelt, durch plastische Gestalten, nämlich durch die Gestalten von Säulen, Kugeln, Balken, Bändern, Würfeln usw. wiedergegeben werden. Von hier aus war bis zur Verwendung von Bäumen, Blättern, Blumen, Werkzeugen und sonstigen Dingen, die in ihren Gestalten Ähnlichkeiten zeigen, nur ein kleiner Schritt. Die Säulen kommen daher für die Symbolik der Kulträume ganz besonders in Betracht. In allen Fällen, wo uns auf Bildern und Zeichnungen Punkte und Linien begegnen, treten bei plastischer Darstellung der Gedanken und Symbole die Säulen uns entgegen. Sie bilden das Grundelement der kultischen Ausgestaltung der Akademien und Museen und rechtfertigen daher die Namen Säulenhalle, Stoa, Portikus und Loggia, die überall neben den sonstigen Bezeichnungen wie „Oikos aionios“ usw. vorkommen.

Auch für die Symbolik, die der Kennzeichnung der Organisationsformen und des Aufbaus der Brüderschaft in Stufen und Graden diente, waren Linien unverwendbar, wohl aber konnten plastische Formen, wie sie in Winkelhaken, gekreuzten Balken usw. zur Verfügung standen, an Stelle der Linien und Punkte Verwendung finden. (Keller, *a. a. O.*, 10.)

Wie der Kreis das All und die ewige oder himmlische Einheit des Alls und die Gottheit symbolisiert, so kennzeichnet die Einzahl, die einfache Linie, der Stab oder das Szepter das irdische Abbild der Macht, die herrschende, leitende, stützende und schützende Gewalt der zur Freiheit gelangten Persönlichkeit auf Erden. Dem göttlichen Kreis entspricht in der Alchemie das Sonnen- oder Goldsymbol ☉, und derselbe Kreis kommt auch in anderen Zeichen der Kunst, wie in ♀, ☿ usw. vor.

Die Zweiheit, die Dyas, stellt gegenüber dem einigen himmlischen Sein das zerteilte irdische Sein dar, das durch den Widerstreit der Dinge beherrscht wird und nur ein vergängliches Teilwesen ist: die Gegensätze Flüchtig und Fix, Sulphur und Mercur, Trocken und Feucht usw.

In dem Zeichen der Dreizahl, das häufig in der Form des Winkelhakens auftritt (drei Punkte, durch zwei Gerade verbunden), wird erkennbar, wie die zerteilte und sinnliche Natur durch die höhere Kraft der heiligen Dreizahl zur Harmonie der Kräfte und zu einer neuen Einheit geführt wird. Das Symbol der über die Materie zum Siege gelangenden Vernunft wird sichtbar. Eine Darstellung der Dreizahl ist auch durch das normale Kreuz möglich: man kann darin zwei Elemente erblicken, die Linien, die durch ihre Vereinigung oder Durchdringung das dritte als Schnittpunkt ergeben. Häufiger ist allerdings das Kreuz als Fünfheit bzw. 4+1-heit aufzufassen (alchemistisch vier Elemente, die um die Quinta essentia geschart sind). Eine Kreuzform, worin sich die Einheit in die Zweiheit spaltet, so daß sich die Dreiheit ergibt, ist diese: Y. Mann nennt Y das Gabelkreuz. Aus der Einheit erwächst die Zweiheit, d. h. Natur spaltet sich in Geist und Materie, in die Tat und das Leiden, in die Notwendigkeit und die Freiheit. Das Zerteilte kehrt aber durch die Dreiheit zur Einheit zurück. Alchemistisch haben wir hier die Gestalt Rebis, den Hermaphroditen mit den zwei Köpfen, vor uns. Das antike Lehrzeichen Y wurde später (in beabsichtigter Verschleierung oder in mehr zufälliger Umdeutung) als Buchstabe Y (Ypsilon) aufgefaßt, ebenso wie das Lehrzeichen der drei Linien: △ oder ⍙ u. dgl. nach und nach zu einem A geworden zu sein scheint, das man in den Katakomben häufig findet. Keller weist (*a. a. O.*, 14) auch insbesondere auf die Verdoppelung des Winkelhakens hin, die sich gleichfalls in den alten Latomien findet und das Aussehen zweier verschränkter geöffneter Zirkel hat. Auf das maurerische Analogen brauche ich wohl kaum erst aufmerksam zu machen; alchemistisch haben wir hier die Durchdringung von △ und ▽, also ✡, welches u.a. das Zeichen für die Materie des Steins ist.[46] Mit Bezug auf die sechs Spitzen, wird alchemistisch ✡ auch Chaos genannt im Gegensatz zu ✡, welches Kosmos bedeutet; ähnlich wie der Alaun O wegen des mangelnden Zentrums (Gott, Glaube, Sammlung) etwas Unvollkommenes ist neben ⊙. In den Katakomben findet sich das Dreieck auch in der vielfachen (fünffachen) Verschlingung: ✡. Vier Linien, etwa in der Gestalt des Rechtecks, definieren den begrenzten Raum der irdischen Welt mit der Nebenbedeutung des heiligen Bezirkes, Hauses, Tempels. Maurerisch ist ▭ als Loge wohlbekannt. Das Viereck ist verwandt mit dem Kubus. Ich erwähne also schon hier den kubischen Stein, dieses wichtige maurerische Symbol, dessen alchemistisches Äquivalent noch zur Sprache kommen wird.

Die Fünfzahl wird in einer vielfach üblichen Umdeutung durch fünfblättrige Pflanzen (Rose, Lilie, Weinstock) symbolisiert. „Die Blumen aber und der Garten, in dem sie wuchsen, galten frühzeitig als Symbol der Gefilde der Seligen oder des ‚besseren Landes', in dem die durch den Tod zum Leben eingegangenen Seelen wohnen; im Gegensatz zu dem irdischen Hause Gottes, dem mit Hän-

---

46 △ und ▽ sind die Zeichen für die Elemente Feuer und Wasser. Feuer und Wasser bedeuten aber nebstbei auch die berühmten zwei Gegensätze, die ebensogut durch Warm und Kalt, Rot und Weiß, Seele und Leib, Sol und Luna, Mann und Weib bezeichnet werden.

den erbauten Tempel, der durch die Vierzahl □ dargestellt ward, bezeichnete die heilige Fünfzahl die himmlischen Wohnungen der zur Vollendung gelangten Seelen, und mithin zugleich das Haus der Ewigkeit oder die ‚Stadt Gottes' und das ‚himmlische Jerusalem'... Die heilige Pentas schmückte unter dem Symbol der Rosen sowohl in der antiken wie in der altchristlichen Welt die Gräber der Toten, die ihrerseits wieder die Gärten der Seligen versinnbildlichten. Und die Bedeutung, die in den Akademien und Loggien gerade der in der Rose dargestellten Pentas beigelegt ward, erhellt aus der Tatsache, daß ihr kultisches Hauptfest gerade an diese Sinnbilder anknüpfte. Schon in der antiken Welt wurde am Feste des heiligen Johannes das Rosenfest, der Rhodismos oder die Rosalia gefeiert, bei denen sich die Teilnehmer mit Rosen schmückten und wo kultische Mahlzeiten stattfanden." (Keller, *a. a. O.*, 21.)

Wie schon erwähnt, drückt auch das Kreuz, namentlich das griechische Kreuz mit seinen vier gleichlangen Armen, die Fünfzahl aus. Interessant ist, daß in der alten Zahlensymbolik bereits Rose und Kreuz vereinigt vorkommen, was ich in Hinblick auf die spätere Verbindung dieser zwei Dinge (Rosenkreuzer) hervorhebe.

Der Halbkreis oder Mond ist ein Abzeichen des erborgten Lichtes. Neben den Kreisen oder Kugeln, den Sinnbildern der Äonen (göttlichen Wesenheiten, Kräfte), die im Äther als ewige Wesen thronen, erscheint die menschliche Seele – die Psyche oder Anima, die nicht mit der Vernunft oder der geläuterten Seele zusammenfällt – als geteilter Kreis. Wie die Sonne und ihr Bild, der strahlende Kreis, das ewige Licht symbolisiert, so ist der Halbkreis gleichsam das Lehrzeichen jenes Funkens vom Licht, der in der Menschenseele schlummert oder, wie die Alchemisten oft sagen: des verborgenen Feuers, das durch den Prozeß geweckt werden soll. Halten wir diese Symbolik fest und denken wir daran, daß das Kreuz eine Durchdringung ausdrückt, so erklärt sich leicht das alchemistische Zeichen ☿. Es ist nun recht interessant, daß die gleiche Verbindung in den unterirdischen Kultstätten vorkommt, in dieser Form: ⚲ (*a. a. O.*, 27). Keller nennt es ein Symbol des Alls und der Menschenseele.

Die Siebenzahl (sieben Planeten usw.) spielt auch eine gewisse Rolle in den alten Latomien. Bemerkenswert ist ferner, daß Sonne und Mond häufig als menschliche Gestalten erscheinen; die Sonne trägt dann auf dem Haupt eine Krone, einen Kranz oder einen strahlenden Stern, während die Mondgestalt das Zeichen ♉ zu tragen pflegt. Auch die Alchemie stellt ☉ und ☽ gern menschlich dar, und zwar häufig als gekrönte Figuren, etwa als ein königliches Brautpaar. Aus der alten Lehre von den heiligen Zahlen weht uns etwa dieser Geist entgegen: „Die Menschenseele, die durch die Gelassenheit oder die Demut, wie man damals sagte, zur Reinheit und zur Vereinigung mit dem Ewigen hindurchgedrungen ist, hat ein höheres Leben in sich, das durch keinen Tod vernichtet werden kann. Die Lehre von dem unendlichen Wert der Seele ... und von Gottes Eingehen in die reine Menschenseele bildet den Mittelpunkt des Gedankeninhalts der Kultgenossenschaft ... Weder für den Opferkult, den die Staatsreligionen übten, noch für den Glauben an die Dämonen, von dem die Massen beherrscht wurden, noch für die Idee eines heilsvermittelnden Priestertums war in diesem System Platz, und nicht eine Spur solchen Glaubens ist in dieser Religion der Weisheit und der Tugend nachweisbar." (Keller *a. a. O.*, 35.)

Neben der frühchristlichen Richtung, die die Verwandtschaft der Lehre Christi und der uralten Weisheit des Platonismus erkannte und förderte, gab es frühzeitig eine andere, die mehr den Gegensatz als die Verwandtschaft betonte und weiter auszubilden sich bemühte. Von der Zeit an, wo die neue christliche Staatskirche ins Leben trat und der Opferkult und der Teufelsglaube und das Priestertum wiederhergestellt wurden, entwickelte sich ein Kampf auf Leben und Tod zwischen der Kirche und den sogenannten Philosophenschulen. „Die Brüderschaft sah sich genötigt, die Maske noch tiefer als früher in das Gesicht zu ziehen, und aus dem ‚Haus der Ewigen', der ‚Basilika', den ‚Akademien' und den ‚Museen' wurden Werkstätten von Steinmetzen, Latomien und Loggien oder harmlose Gewerkschaften, Gilden, Vereine und Gesellschaften aller Art. Alle späteren größeren religiösen Bewegungen und Richtungen aber, die am alten Glauben festhielten, gleichviel ob sie unter den Namen der Mystik, der Alchymie, der Naturphilosophie, des Humanismus oder unter sonstigen Decknamen und Deckfarben als Gewerkschaften und Sozietäten erscheinen, haben die Lehre von den ‚heiligen Zahlen' und die Zahlen-Symbolik mehr oder weniger treu bewahrt und in der richtig verstandenen Lehre von der ewigen Harmonie der Sphären den Schlüssel der Weisheit und der Erkenntnis gefunden.“ (Keller, *a. a. O.*, 38.)

Keller leitet die moderne Freimaurerei aus den Akademien der Renaissance her, die, wie wir soeben gehört haben, den Geist der alten Akademien fortleiteten. Es ist nun interessant, daß die späteren Zweige dieser kultischen Verbände (nach der Renaissancezeit) u. a. die Form von Alchemistengesellschaften annehmen und daß ferner auch solche Gesellschaften oder Fraternitäten, die sich nicht alchemistische nennen, doch Symbole verwenden, die wir von der Alchemie her kennen. Der Inhalt der alchemistischen Hieroglyphik scheint eben den zu behandelnden religiös-philosophischen Ideen ganz besonders entgegenzukommen. Die Rosenkreuzerei aber war eine der kultischen Organisationsformen der Alchemie. Es ist ferner wichtig, daß in ebenjenen Sozietäten des beginnenden XVII. Jahrhunderts, welche von den Außenstehenden „Alchymisten“ oder „Rosenkreuzer“ genannt wurden, auch die charakteristischen Sinnbilder der alten Bauhütten vorkamen, wie der Zirkel, der kubische Stein, das Richtscheit, der rechtsschreitende Mann, die Sphäre, das längliche Viereck (Symbol der Loge) usw. (Keller, *Zur Gesch. d. Bauh.*, 17.) Diese „Alchymisten“ verehrten in derselben Weise den heiligen Johannes, wie es für die Gesellschaften des XV. Jahrhunderts nachweisbar ist. Daß die moderne Maurerei in ihrer wichtigsten Form den Namen „Johannis-Maurerei“ trägt, brauche ich kaum erst in Erinnerung zu bringen. Vom Beginn des XVII. Jahrhunderts an sind innerhalb der „Brüderschaft“, wie man die Gesamtheit der gleichsinnig wirkenden Sozietäten nennen kann, Versuche nachweisbar, einen passenden Namen für diese Gesamtheit zu allgemeinerer Anerkennung zu bringen, der auch ein einigendes Band für die zerstreuten Einzelorganisationen bilden könnte. Die Führer wußten und sprachen es gelegentlich auch aus, daß ein angesehener Name der gemeinsamen Sache zugute kommen würde. Besonders tritt diese Absicht in Briefen des Comenius hervor. Eine unentschiedene Frage war es damals allerdings, welche Nation sich an die Spitze des großen Unternehmens zu stellen habe. (Keller, in den *MH. der C. G.*, 1895, 156.) „Thatsächlich wurden denn auch gerade in den Jahren, wo in Deutschland die Brüder an mächtigen Fürsten einen Rückhalt gewonnen hatten und die Bewegung einen großen Aufschwung nahm, sehr entschiedene Versuche, sowohl zur Schaffung größerer Verbände wie zur Einbürgerung eines geeigneten Gesamtnamens gemacht. Die Gründung [der Sozietät] des Palmbaums (1617) war das Ergebnis der ersteren Bemühung, und die Schriften Andreaes über die angebliche Entstehung und die Ziele der Rosenkreuzer hängen mit dem anderen Bedürfnis zusammen. Die Schlacht am Weißen Berge und die unglücklichen Entwicklungen, welche folgten, ertöteten beide Versuche gleichsam im Keime." (*Z. Gesch. d. Bauh.*, 20.) In Parenthese sei bemerkt, daß der Name der „Bruderschaft des Rosenkreuzes" von Symbolen geholt war, die in den Sozietäten bereits gebräuchlich waren. Angesichts dessen ist es wohl verfehlte Genauigkeit, zu behaupten, es heiße richtg: „Brüderschaft des Rosencreutz" und nicht „des Rosencreutzes", wie es das *Handbuch d. Freimaurerei*, S. 259 emendiert. Der Vatter Christian Rosencreutz ist doch selbstverständlich nur eine zum Träger einer bestimmten Symbolik (Christ, Rose, Kreuz) komponierte legendarische Gestalt (und wäre sie auch bloß zum Scherz komponiert). Der Name kommt nicht von der Person des Stifters, sondern umgekehrt die Person des Stifters vom Namen. Dieser, bzw. die zugrunde liegenden Lehrzeichen und -ausdrücke sind das Primäre.

Die erwähnten Versuche, einen gemeinsamen Namen zu finden, taugten auf die Dauer nicht. Die als „Rosenkreuzer" und „Alchymisten" verschrienen Schwärmer und „Ketzer" wurden angefeindet, verfolgt. Ob es eine organisierte Brüderschaft der Rosenkreuzer gab, ist hier irrelevant; es genügte, im Ruf der Rosenkreuzerei zu sein. (Keller, *Z. Gesch. d. B.*, 21.) Die große Organisation gelang erst, als eine europäische Großmacht ihre schützende Hand über sie ausbreitete, d. h. im Jahre 1717, wo in England das neu-englische Großlogen-System der „Free and accepted Masons", also der Freimaurer, entstand. (Keller, *D. Soc. d. Hum.*, 18.)

Man sieht, Keller kommt auf einem anderen, sichereren Weg als Katsch zu einem Resultat, welches die zwischen den Alchymisten oder Rosenkreuzern und den späteren Freimaurern bestehende Sukzession erweist, wenn auch nicht genau so, wie es sich Katsch ausgemalt hatte. Insbesondere kommt Keller ohne die unerweisliche Behauptung aus, daß es (von den späteren Gold- und Rosenkreuzern abgesehen) organisierte Rosenkreuzer gegeben habe. Er beweist etwas viel Wichtigeres, nämlich, daß es Sozietäten gab, die den Namen Rosenkreuzer (oder irgendeinen ähnlichen) tragen konnten.

Einige interessante Einzelheiten möchte ich nicht übergehen So z.B., daß Leibnitz um 1667 Sekretär einer Alchymistischen Sozietät (von sog. Rosenkreuzern) in Nürnberg war. Leibniz bezeichnet die Alchymie „als Anleitung für die Theologia mystica“ und stellt die Begriffe „Arcana naturae“ und „Chymica“ einander gleich. (*M.H. der C.G.* 1903, 143; 1909, 169f.) – In den Gesetzen der Großloge „Indissolubilis“ (XVII.–XVIII. Jahrhundert) finden sich als Lehrzeichen der drei Grade die alchemistischen Zeichen des Salzes (Rectification, Reinigung) des Quecksilbers (Erleuchtung) und des Schwefels (Vereinigung, Tinctur), in der Verwendung, wie sie den Stadien der Realisation des „Großen Werkes“ entsprechen. Die *M.H. d. C.G.*, 1909, 173f. bemerken dazu, daß man darin vielleicht einen Zufall erblicken möchte, wenn sich nicht in berühmten hermetisch-chemischen Schriften die gleichen Zeichen mit Zutaten fänden, die für den Sachkundigen jeden Zweifel über die Absicht ausschließen. Im lahre 1660 erschien zu Paris eine Ausgabe der unter den Anhängern der „Kunst“ sehr berühmten Schrift *Zwölf Schlüssel der Philosophie*, die angeblich von einem Bruder Basilius Valentinus verfaßt war. In dieser Ausgabe sieht man zu Eingang ein merkwürdiges Kupfer, dessen Verwandtschaft mit maurerischen Bildereien unverkennbar ist (Figur 1). Als Zusatz zu dem zuunterst angeordneten Symbol des Salzes (□, als *kubischer Stein* dargestellt) findet sich ein deutlicher Hinweis auf die Erde und das Irdische[47]); die „Rectification“ des in der Kunst aufgenommenen Subjektes (Menschen) vollzieht sich ja in der Tat durch die Prüfung mit irdischen Elementen, gemäß der Anweisung der Alchemisten, welche den Anfang des Werkes „Vitriol“ nennen und aus den Anfangsbuchstaben dieses Wortes den Spruch bilden: Visita Interiora Terrae, Rectificando Invenies Occultum Lapidem.

---

47 Ich muß bemerken, daß die Alchemie neben dem Zeichen ⊖ auch □ für Salz anwandte; darin wird besonders auf die irdische Natur des Salzes angespielt. Bei Platon sind die kleinsten Teilchen des Elementes Erde kubisch. „Salz“ und „Erde“ wechseln in der Terminologie ab, ebenso wie Merkur ☿ und Luft 🜁 oder Wasser ▽; wie Sulphur 🜍 und Feuer △: allerdings nur, wo es der Zusammenhang gestattet.

Figur 1

In halber Höhe schwebt das in den Brüderschaften als *„Bandzeichen"* geltende ☿ (als solches ein Symbol der Bundesgenossenschaft), und links und rechts davon findet man den *Mond* und die *Sonne* oder den *Flammenden Stern.* Weiter oben hat man dann den *Triangel* 🜍; in ihm sieht man einen *Phönix*, der sich aus Flammen erhebt; und auf dem Triangel steht der *gekrönte* Saturnus oder Hermes (maurerisch: Hiram) mit einer Sense und einem Zirkel in den

Händen. Links und rechts von dieser königlichen Gestalt, an deren *Brust* und *Bauch* Planetenzeichen angebracht sind, bemerkt man Wasser in Tropfenform (*Tränen*) und *Flammen*, die auf das *Leiden* und *Wiederauferstehen* hindeuten. „Wenn man beobachtet, daß nicht nur die Grundsätze der alten ‚Liebhaber der Kunst' mit denen der ‚Königlichen Kunst' [= Freimaurerei] übereinstimmen, sondern daß auch die Symbolik in allen Teilen die gleiche ist, so erkennt man, daß die neueren maurerischen Sozietäten nur eine moderne Umgestaltung der alten Sozietäten sind, die die entwerteten Namen der Alchymisten abstreiften, um in neuem Gewande wieder zu erstehen." (*A. a. O.*, pag. 175.) Daß die Behauptung von der durchgängigen Gleichheit der Symbolik kein bloßer Wahn ist, werden die noch folgenden Ausführungen (nicht nur dieses Abschnittes) zur Genüge demonstrieren. In den nachstehenden Beispielen wird das, worauf es am meisten ankommt, durch kursiven Druck hervorgehoben.

Die Alchemie wird von ihren Jüngern als eine *königliche Kunst* angesehen. Alte Quellen geben an, daß die Kunst der Goldbereitung in Ägypten nur den Kronprinzen geoffenbart wurde. Nur den Königssöhnen pflegten die Priester im alten Orient die magischen Wissenschaften mitzuteilen. Die Hermetiker führen ihre Kunst ausdrücklich auf Könige zurück; Hermes, Geber und die anderen Erzväter der Alchemie werden als Könige aufgeführt.

Nach Khunrath (*Amphitheatrum*) führen zur ewigen Weisheit Gebet, Arbeit und Beharrlichkeit auf der mystischen Leiter der *sieben* theosophischen *Stufen*. Alles in allem besteht die Weisheit in der Erkenntnis Gottes und seines Sohnes, in dem Verständnis der heiligen Schrift, in der Selbsterkenntnis und in der Kenntnis der großen Welt und ihres Sohnes, der Magnesia der Philosophen oder des Steins der Philosophen. Die mystischen Stufen umfassen im allgemeinen *drei* Tätigkeiten: hören (audire), ausharren (perseverare), kennen und wissen (nosse et scire), das auf *fünf* Objekte sich erstreckt, so daß man im ganzen sieben Stufen unterscheiden kann. Nur die Reinen dürfen den Tempel der Weisheit betreten, nur den *Würdigen* sollen die Geheimnisse anvertraut werden, die *Profanen* sollen aber fernbleiben. Auf der fünften Tafel in Khunraths Amphitheatrum ist die siebenzackige Burg der Pallas abgebildet (*Proverb.* IX, 1). Am Eingang ist eine Tafel mit der Inschrift Opera bona. Dahinter sitzt ein Mann mit dem Mercurstab. Auf beiden Seiten ist eine *vierseitige Pyramide*. Auf der Spitze der linken ist die *Sonne*, auf der rechten der *Mond*. Auf jener steht das Wort *Fides*, auf dieser *Taciturnitas*. Hinter dem Manne liest man das Wort Mysterion, über dem inneren Eingang: Non omnibus.

Die Alchemie spricht häufig von zwei oder drei *Lichtern*. Darunter versteht sie ☉, und ☽, 🜍 ☿ ⊖, Licht der Gnade und Licht der Natur usw. Interessant ist auch die Zusammenstellung ☉, ☽ und ✡; niemand kann zu dem ersehnten Ziele gelangen, bevor durch das *kreisrunde Rad* der Elemente die Fettigkeit oder das Blut der *Sonne* und der Tau des *Mondes* durch Wirkung der Kunst und der Natur in einen Körper nach der Gestalt des *Hexagramms* sich verbinden, was nur nach dem Willen des *Allerhöchsten* geschehen wird, der allein dieses einzige Geschenk des *heiligen Geistes und unschätzbare Kleinod* nach seiner besonderen Barmherzigkeit zuteilt. (Das oben erwähnte kreisrunde Rad ist identisch mit der Schlange, die sich in den Schwanz beißt; es ist eine sich immer verzehrende und erneuernde Kraft. Dieser Kreis scheint im flammenden Stern nicht zu fehlen: es ist das runde Auge oder das gleichfalls rund gestaltete G, welch letzteres der Schlangenhieroglyphe recht ähnlich sieht. Die Deutung auf Genesis hat ihren guten Sinn. Übrigens stellt das Hexagramm ✡ im kabbalistischen Sinne die mystische Vereinigung der männlichen mit der weiblichen Potenz, △ mit ▽ vor; nach einem rabbinischen Glauben soll in der Bundeslade nebst den Gesetzestafeln ein Bild gelegen sein, das einen Mann und ein Weib in inniger Umarmung, in Hexagrammform zeigte. In kabbalistischen Schriften, wie z. B. in denjenigen von H. C. Agrippa, findet man bisweilen die menschliche Gestalt in einem Stern, zumeist ins Pentagramm, eingeschrieben. Das Genitale fällt genau in den Mittelpunkt und ist manchmal durch ein beigefügtes ☿ als mannweibliche, androgyne Zeugungskraft hervorgehoben. – Eine der schlangenförmigen ägyptischen Hieroglyphen geht häufig in arabisches ج, d. i. gimel, über. Ob diese Tatsache hier etwas zu sagen hat, weiß ich nicht. – Betreffs der obigen Stellen, die vom „Willen des Allerhöchsten" reden, verweise ich auf Wechselreden, die sich auf das G beziehen, z. B.: „Bedeutet es sonst nichts? – Etwas, das größer ist, als Ihr. – Wer ist größer als ich usw.? – Es ist Gott, den die Engländer durch God ausdrücken." – „Betrachtet diesen geheimnisvollen Stern: er ist das Symbol des Geistes … das Sinnbild des heiligen Feuers usw."

Rebis wird als Hermaphrodit dargestellt. Die schon erwähnte[48] Gestalt mit den zwei Köpfen – Figur 2 – befindet sich (wie Höhler angibt) in dem 1618 zu Frankfurt erschienenen Werk: *Joannis Danielis Mylii Tractatus III. seu Basilica Philosophica*, doch ist sie auch in anderen alchemistischen Büchern zu sehen. Der Hermaphrodit steht da auf einem Drachen, der auf der Erdkugel liegt. In der rechten Hand hält er einen *Zirkel*, in der linken ein *Winkelmaß*. Auf der Erdkugel sieht man ein *Quadrat* und ein *Dreieck*. Um die Figur herum sind die Zeichen der sieben Planeten, zuoberst ☿. – Auf einem Bildchen im „Discursus nobilis" des Johannis a Münster sehen wir *Sonne* und *Mond*, oben in der Mitte den Stern ✡ (auch mit Υ = *Ὕλη* bezeichnet) von *Strahlen* umgeben. (Höhler, *Herm. Phil.*, 105.) In der Kabbalah, die in die alchemistisch-rosenkreuzerische Vorstellungswelt Eingang gefunden hat, spielen *drei Säulen* und *zwei Säulen* keine geringe Rolle.

Als ein großer Alchemist wird Thubalkain gerühmt. Er war ein Erzvater der Weisheit, ein Meister in allerlei Erz und Eisenwerk (Gen. IV, 22). Er besaß nicht allein die Kenntnis der gemeinen Chemie und des dazu erforderlichen Feuers, sondern auch der höheren Chemie und des verborgenen elementarischen Feuers. – Nach der Sündflut war kein Mensch mehr, der die Kunst wußte, als der fromme Noah, den etliche Hermogenes oder Hermes nennen, der die Kenntnis der himmlischen und der irdischen Dinge besaß.

Der Kunstbeflissene muß ein *freier* Mann sein. (Höhler, *a. a. O.*, 66.) Das Ordinale von Norton begründet das ungefähr so: „Die Könige haben in alter Zeit angeordnet, daß niemand die freien Wissenschaften lernen sollte außer der Freie von edlem Geiste, und wer ihnen ergeben wäre, sollte in seinen Studien aufs freiste sein Leben hinbringen. Daher haben sie die Alten die sieben freien Künste genannt; denn wer sie vollkommen und gut lernen wollte, der mußte sich einer gewissen Freiheit erfreuen."

Überaus häufig findet man bei den Alchemisten Bilder des *Todes*: Grab, Sarg, Gerippe usw. So zeigt in Michael Maiers *Atalanta Fugiens* das Emblema XLIV, wie der König mit der Krone im

48 Siehe 85 und 118.

Figur 2

Sarge liegt, der eben *geöffnet wird.* Dabei stehen rechts ein Mann mit Turban, links zwei, die den Sarg öffnen und die *Gebärde der* Freude erkennen lassen. In der *Practica* des Basilius Valentinus zeigt das Bild zum vierten Schlüssel einen Sarg, auf dem ein Gerippe steht; das Bild zum achten Schlüssel – siehe Figur 3 – ein Grab, aus dem ein Mann mit aufrechtem Leib und erhobenen Händen halb herausragt.[49] Zwei Männer schießen auf das in Form einer Scheibe auftretende uns wohlbekannte Zeichen ⊙ (ein in den alten

49 Ich verdanke diese Reproduktion sowie auch Figur 1 der Liebenswürdigkeit des Herrn Geh. Archiv-Rats Dr. Ludwig Keller und des Verlages der Comenius-Gesellschaft.

Logen übliches Lehrzeichen), während ein dritter sät. (Gleichnis vom Sämann und dem Samen.) Das Zeichen ⏃ ist eine geschickte Verwendung der Sulphur-Hieroglyphe und ist identisch mit dem Stammbuchzeichen des dritten Grades der Hauptloge Indissolubilis. Das Zeichen ∩ an der Mauer ist gleichfalls ein Lehrzeichen der Akademien: es ist der Halbkreis, der Mensch, dem das Licht erteilt wurde, und bedeutet, wenn kollektiv auftretend, die Brüderschaft; der Gedanke, die geschlossene Sozietät als Umfriedungsmauer darzustellen, ist ja verständlich. Der Engel mit der Posaune ist der Engel des Gerichts, der die Toten erweckt. Betreffs der Vögel verweise ich auf Matth. XIII, 4: „Und indem ersäte, fiel etliches an den Weg; da kamen die Vögel und fraßen's auf." Im Text des Basilius Valentinus, IV. Schlüssel, ist von der uns wohlbekannten *Fäulung*, also dem *Zerfall*, die Rede. Die Idee der Zerstückelung wird nicht selten deutlich zum Ausdruck gebracht, noch deutlicher als in unserer Parabola. Schon in den ältesten alchemistischen Anleitungen wurde eine Operation als das Grab des Osiris bezeichnet. Eines der von Berthelot (Orig., p. 60) angeführten Manuskripte sagt: „*Der Drache ist der Wächter des Tempels;* opfere ihn, ziehe ihm seine *Haut* ab, scheide das *Fleisch* von den *Knochen*, und du wirst finden, was du suchst." Der Drache heißt auch Osiris, mit dessen *Sohn* Horus-Harpokrates der kunstreiche Hermes auch identifiziert wurde. (Bedarf es des Hinweises auf die Beförderung im dritten Grad ? „J...., die Haut verläßt..."; B...., das Fleisch verläßt..."; „M.. B...., er lebt im Sohne.")

Deutlicher als sonstwo sehen wir hier die maurerische Symbolik mit dem Welteltern- oder Schöpfungsmythos verwachsen. Die mythenbildende Kraft scheint nirgend, wo sie schafft, ihre Gesetze verleugnen zu wollen. Auch der aus dem Grab oder Leib des getöteten Urvaters („... bei den Gräbern unserer Väter". „Ich wurde eines schrecklichen Verbrechens beschuldigt") wachsende Baum fehlt nicht; es ist die Akazie, deren Vorhandensein damit rationalisiert erscheint, daß sie ein Merkmal bilden soll zum Wiederfinden der Stätte der Verscharrung. Ein ägyptisches Märchen erzählt von zwei Brüdern. Der jüngere, Bata, wird von seiner Schwägerin *fälschlich angeschuldigt* (wie Josef von Potiphars Frau). Sein Bruder Inpw (Anepu) verfolgt ihn deshalb. Der Sonnengott erschafft ein mächtiges Gewässer, das den Verfolger vom Verfolgten trennt.

Figur 3

Bata entmannt sich und wirft sein Zeugungsglied ins Wasser, wo es von einem Fische geschluckt wird. Batas Herz verwandelt sich im späteren Verlauf der Erzählung in eine Blüte an einer Akazie oder Zeder[50]. Bata versöhnt sich mit Inpw und teilt ihm beim Abschied mit, daß eine Kanne mit Bier ihm als Zeichen dienen soll, wie es dem in der Ferne wohnenden Bruder geht. Wenn das Bier aufschäume, befinde er sich in Gefahr. Batas Weib läßt den Akazienbaum, an welchem Batas Herz sich als Blüte befindet, fällen, und infolgedessen stirbt Bata. Durch die Kanne erfährt Inpw von Batas Lebensgefahr und bricht auf, seinen jüngeren Bruder zu suchen. Inpw *findet die gefällte Akazie* und an ihr eine Beere, die das verwandelte Herz des Bruders ist. Bata *erlangt das Leben wieder;* er verwandelt sich in einen Stier. Sein Weib läßt den Stier schlachten unter dem Vorwand, sie möchte des Stieres Leber essen. Vom durchschnittenen Halse des Stieres fallen zwei Blutstropfen zu Boden und verwandeln sich in zwei Persea-Bäume. Das Weib des Bata läßt die Persea-Bäume fällen. Ein Holzspan fliegt ihr in den Mund, sie verschluckt ihn und wird dadurch schwanger. Das Kind,

50 Auf den Zufall, daß hier eine Akazie vorkommt, will ich natürlich kein Gewicht legen; auf das Motiv des Baums als Lebenszeichen kommt es an.

das sie zur Welt bringt, ist der wiedergeborene Bata. *Dieser lebt also im Sohne weiter, als Kind einer Witwe.* Das zweite Fragment der *Physica et Mystica* vom Pseudo-Demokrit, welches Berthelot (*Orig.*, 151) anführt, erzählt, *daß der Meister starb, ohne Demokritos in die Geheimnisse* der Wissenschaft *eingeweiht zu haben.* Demokritos beschwor ihn aus der Unterwelt herauf. Der Geist ruft: „*Das ist also der Lohn* für das, was ich um dich getan!" Auf die Fragen des Demokrit antwortet er: „Die Bücher sind im Tempel." Man fand sie nicht. Einige Zeit hernach sah man bei Gelegenheit eines Festes eine Säule klaffen; und in der Öffnung fand man die Bücher des Meisters, welche nur drei mystische Axiome enthielten: „Natur gefällt sich in Natur, Natur triumphiert über Natur, Natur beherrscht Natur." Die Beispiele lehren freilich nur die Außenseite der Zusammenhänge zwischen Alchemie und Freimaurerei kennen. Die hinter der Symbolik liegende sachliche Verwandtschaft, von der übrigens unsere Betrachtung über die hermetische Kunst bereits einiges ahnen läßt, wird später behandelt werden. Man könnte auch noch einen psychologischen Zusammenhang annehmen in der Art eines „ätiologischen Anspruchs" nach der Terminologie der Psychanalyse. Er würde die zeitweilige Verschmelzung vom alchemistischen Rosenkreuzertum mit der Freimaurerei erklärlich machen. Der rosenkreuzerische Taumel hätte sich – das will ich sagen – in der Maurerei nie ereignet, wenn keine Disposition dazu vorhanden gewesen wäre; es muß eine emotionelle Grundlage für die Erscheinung existiert haben. Und da die Rosenkreuzerei vornehmlich auf dem Boden der Maurerei spukte, ja eigentlich nur dieser gefährlich wurde, muß dieser ätiologische Anspruch ein solcher sein, der auch ein emotionelles Moment in der Maurerei selbst angibt, nur vielleicht in diskreterer, heilsamerer Form. In der Maurerei mögen psychologische Momente gespielt haben, die, wenn unrichtig geführt, ausarten konnten, so wie es eben geschah, als man der Maurerei die Gold- und Rosenkreuzerei aufpfropfte. Die Bewegung bloß aus der äußerlichen Vereinigung der Rosenkreuzerei mit dem freimaurerischen Apparat zu erklären, erscheint mir zu wenig gründlich; so richtig die Beobachtung ist: den Kern der Sache, das Treibende, das nur die Psychologie ermitteln kann, das trifft sie nicht. Die Freimaurerei muß in der Rosenkreuzerei etwas Verwandtes gefühlt haben, etwas Verwandtes in den psychischen Grundlagen der Ausdrucksmittel (Symbolik, Ritual) beider. Nur sind offenbar die Ausdrucksmittel der Rosenkreuzerei weitergehend oder gefährlicher in dem Sinn, daß sie (lockere gesellschaftliche Führung immer vorausgesetzt) schwache Naturen eher zu einer mißbräuchlichen Auffassung und Übung ermuntern konnte. Daß die Rosenkreuzerei in ihrem besseren Aspekt mit der höheren Alchemie identisch ist, daran sollte nach dem mitgeteilten Material niemand mehr zweifeln. Das psychologisch Gemeinsame wird sich also dann zeigen, wann wir – wie dies in späteren Abschnitten geschehen wird – der tiefern gemeinsamen Grundlage von Alchemie und Freimaurerei nachgehen werden. Erst dann wird also der gesuchte „ätiologische Anspruch" zur wünschenswerten Deutlichkeit gelangen. So viel dürfte aber bereits klar geworden sein, daß wir in beiden Gebieten Gebilde mit religiösem Gehalt vor uns haben, wenn auch zeitweise Namen gebraucht wurden, welche diese Tatsache verschleierten. Ich teile nun vorgreifend einen Satz mit, dessen klare Formulierung der Psychanalyse vorbehalten war: daß nämlich der Gegenstand der kultischen Verehrung regelmäßig als ein Symbol der Libido[51] anzusehen ist, dieser psychologischen Göttin, die das Wunschleben des Menschen beherrscht (und deren Kanzler Eros ist). *Wenn nun das zum idealen Vorwurf erhobene Libidosymbol zu nackt vor den Suchenden gestellt wird, ist immer die Gefahr des Mißverstehens und des Mißbrauchs vorhanden.* Denn er wird durch seine Instinkte verleitet, das Symbol wörtlich, d.h. in seinem ursprünglichen, niedrigeren Sinn zu nehmen und danach zu handeln. Deshalb sind alle Kulte ausgeartet, in denen man als kultisches Libido-Symbol die unverschleierte *Sexualhandlung* selbst wählte; und deshalb mußte auch ein Kult ausarten, bei dem man das *Gold*, diesen Gegenstand der Gier, als Symbol führte.

---

51 Libido ist die Lust oder der Zug zur Lust, wie er unser Triebleben beherrscht. In der ärztlichen Sprache vorwiegend für sexuelle Lust angewendet, erweiterte sich der Begriff Libido in der Psychanalyse (namentlich bei C.G. Jung) zur treibenden Kraft des psychischen Geschehens überhaupt. Libido wäre also die Innenansicht dessen, was man in objektiver Bezeichnung „psychische Energie" nennen müßte. Wie es zu dieser Erweiterung kommen konnte, sieht man ein, wenn man um die Verwandlungs- und Sublimierungsfähigkeit der Libido weiß, wovon später noch die Rede sein wird.

Das, was man in der Maurerei und in der Alchemie den Suchenden (d. h. den, der diese Bezeichnung wirklich verdient) vorwärts treibt, zeigt sich sichtbar als eine gewisse Unbefriedigtheit; dem Suchenden genügt das nicht, was er in den Graden jeweils erfährt, er erwartet mehr, will erschöpfende Aufschlüsse haben, will wissen, wann ihm endlich das „Eigentliche" gezeigt wird. Man klagt z. B. über den zu geringen Inhalt des Gesellengrades. Viel mehr als der objektive Inhalt irgendeines Grades fällt indes der subjektive Reichtum des zu Befördernden ins Gewicht. Je geringer dieser ist, desto weniger wird er auch in den Graden „finden", und desto minder befriedigt wird er sein, falls er überhaupt etwas erstrebt. Hier ausgleichend zu wirken, ist natürlich Aufgabe der Einführenden. Die erwähnte Unbefriedigtheit ist es aber auch, die von geheimnisvollen Oberen höherer Grade wunderbare Künste erwarten läßt, eine Erwartung, die wie geschaffen ist zur Ausbeutung durch Schwindler, die es natürlich auch gegeben hat, und zwar auf dem Gebiet der Alchemie genau so, wie später zur kritischen Zeit in der Hochgrad-Maurerei. Wie groß die Anteile der Habsucht, des Ehrgeizes, der Eitelkeit, der Neugierde, endlich eines nicht unlöblichen Gefühlshungers gewesen sein mögen, wer kann das genau bestimmen? Von den Spekulanten, die im trüben Wasser der späten Rosenkreuzerei fischten, wurde so manches begehrenswerte Ding als Köder an die Angel gesteckt: Gewalt über die Geisterwelt, Eindringen in die verstecktesten Teile der Naturlehre, Ehre, Reichtum, Gesundheit, langes Leben; dem einen wurde die Hoffnung erregt, eines, einem anderen ein anderes von diesen Zielen zu erreichen. Der Glaube an das Goldmachen war zu jener Zeit, wie schon erwähnt, noch lebendig. Aber nicht allein das Fortbestehen dieser Überzeugung ließ an die alchemistischen Geheimnisse der Hochgrade glauben, sondern, wie z. B. Kopp (Alch. II., 13) ausführt, ein gewisses metaphysisches Bedürfnis jener Zeit.

Man wird bemerkt haben, daß ich der Rosenkreuzerei, auch der späten, bei aller Würdigung ihrer Auswüchse, doch ihre ideale Seite lasse, wie es sich gebührt. Ihr diese abzustreiten hieße ihr Bild, ja ihr wesentliches Bild fälschen. Man muß nur die wichtige Unterscheidung treffen zwischen einer Idee und ihren Vertretern, der Alchemie und den Alchemisten, der Rosenkreuzerei und den Rosenkreuzern. Es gibt würdige und unwürdige Vertreter; unter den

Alchemisten heißen sie: die Adepten oder Meister und die Sudler oder Sudelköche. Sintemal es bei unserer Untersuchung auf die hermetische Wissenschaft selbst, nicht bloß auf die in ihrem Namen geschehenen Mißgriffe ankommt, dürfen wir uns nicht selber in diese verstricken lassen. Und da für uns in erster Linie das Geistesprodukt (Alchemie, der Rosenkreuzerische Gedanke, die maurerische Symbolik usw.), nicht einzelne es vertretende Personen in Betracht kommen, ist die Frage müßig, ob die ersten Rosenkreuzer einen organisierten Bund hatten oder nicht. Es genügt, daß man die Rosenkreuzer in der Phantasie erschuf, daß man diese Phantasie hegte, daß Leute nach dieser Phantasie lebten und sie wahr machten. Es kommt für uns auf eins heraus, ob es nur „sogenannte" oder „echte" Rosenkreuzer gegeben hat; der Inhalt ihrer Lehre lebte; und diesen in der Literatur nachweisbaren Inhalt meinte ich, wenn ich sagte, die Rosenkreuzerei ist identisch mit der höheren Alchemie oder der hermetischen oder königlichen Kunst. Ich meine aber, die Gleichung gilt auch für die Gold- und Rosenkreuzerei, denn der geistige Gehalt dieser Neuauflage des alten Ordens ist der gleiche, nur daß er, wie es das Schicksal aller subtilen Dinge ist, von der Mehrzahl mißverstanden wurde. Es fehlte nicht an Versuchen, die Leute von den Irrwegen abzubringen. In den rosenkreuzerischen Anmerkungen zu dem „Kompaß der Weisen" (Ausgabe von 1782) heißt es z. B.: „... Zudem ist die Absicht unserer unschuldigen Gesellschaft keineswegs das Goldmachen ... Vielmehr benimmt man ihnen [den Lehrlingen] diesen Wahn, sofern sie etwa damit angesteckt seyn sollten, gleich auf der ersten Stufe des Tempels der Weisheit; man schärffet ihnen dagegen ernstlich ein, daß sie zuvörderst das Reich Gottes und seine Gerechtigkeit suchen müßten ..." Auch durch allerlei Reformen suchte man den verfahrenen Karren ins rechte, dem ursprünglichen Ideal entsprechende Geleise zu bringen. Umsonst. Es scheint, daß sich die alchemistische Bearbeitung des „Werkes" eben nur für engste Kreise schickte. Die Menge wurde verblendet.

„Wo halten sich die schottischen Meister auf?"
„Ganz nahe der Sonne."
„Warum?"
„Weil sie sie vertragen können!"

5. Abschnitt
Das Problem der mehrfachen Deutung

Nach allem Gesagten ist klar, daß die *Parabola* eine Belehrung im Sinne der höheren Alchemie enthält. Wer das 4. Kapitel mit einiger Aufmerksamkeit gelesen hat, wird gewiß imstande sein, die Parabola zum großen Teil „hermetisch" zu verstehen. Ich möchte diese Deutung jetzt nicht entwickeln; denn bis zu einem gewissen Grad ergibt sie sich ohnehin von selbst, und was darüber hinausgeht, kann erst im zweiten Teil dieses Buches zur Behandlung kommen. Ich werde mich also vorderhand auf wenige Andeutungen beschränken.

Betreffs der äußerlichen Stellung der Parabola als Produkt der rosenkreuzerischen Literatur ist daran zu erinnern, daß sie 1788 veröffentlicht wurde, also zur Zeit der späten Gold- und Rosenkreuzer, und zwar in einem Buch, dessen theosophisch-religiöser Charakter aus allen darin enthaltenen Figuren sowie aus dem größten Teil des Textes in die Augen springt. Es wird immer wieder betont, daß das Gold nicht gemeines Gold, sondern unser Gold, daß der Stein ein geistlicher Stein (Jesus Christus) ist usw. Die Erschaffung der Welt, die religiöse Pflicht des Menschen, der mystische Pfad zum Erleben der Gottheit – all das wird in ausführlichen Bildern mit vorzugsweise chemischer Symbolik dargestellt. Diese höhere Auffassung der Alchemie, welche durchaus dem Ideal der sogenannten alten oder echten Rosenkreuzer entspricht, schließt nicht aus, daß der Herausgeber an die Möglichkeit wunderbarer Gaben glaubte, die durch die hermetische Kunst zu erlangen seien. Manche Stücke des Buches lassen eine gewisse Naivität vermuten, die über die „Einfalt", wie sie zur religiösen Entwicklung gefordert wird, um einige Grade hinausgehen mag.

Was die Entstehung der Parabola anbelangt, sind zwei Fälle möglich. Entweder ist der Herausgeber selbst ihr Verfasser und tritt als solcher in den Hintergrund, indem er sich als Sammler alter Rosenkreuzer-Manuskripte benimmt, die er den Kunstliebhabern nun durch Veröffentlichung erschließt. Oder der Herausgeber ist wirklich bloß Herausgeber. In beiden Fällen bleibt für uns die Verpflichtung zur hermetischen Interpretation der Parabola aufrecht. Die lehrhafte Intention des Herausgebers steht, wie gesagt, fest. Ist er selbst der Verfasser, so hat er selbst seine Lehren in die Bilder der Parabola gekleidet. Ist dagegen der Verfasser ein andrer (entweder ein Zeitgenosse, also ⊙RC ♱ oder ein älterer Hermetiker, Fr. R. C.), so hat der Herausgeber in dem von ihm publizierten Stücke offenbar ein seinen Intentionen entsprechendes Material vorgefunden, ein Material, das seine Lehren ausspricht. Man kann selbstverständlich auch, um der Verfasserfrage aus dem Wege zu gehen, sich damit begnügen, daß die Schriften selbst ihrer Natur nach die hermetische Interpretation verlangen und ihren dementsprechenden theosophischen Gehalt bis ins Detail nachweisen lassen. Nichtsdestoweniger will ich auf die ordnende Hand des Sammlers und Herausgebers hingewiesen haben.

Einige Anhaltspunkte für eine hermetisch-theosophische Deutung, die der Leser vielleicht an der Parabola versuchen wird, mögen sich schon zeigen, wenn ich an die ethischen Momente erinnere, die hier und da in unserer psychanalytischen Deutung derselben Schrift auftauchen. Ich möchte auch in Erinnerung bringen, daß der Wanderer ein Drachentöter ist wie der Hl. Georg; die Hl. Maria wird über einem Drachen stehend abgebildet; auch unter dem Buddha, der auf der Lotosblume thront, ringelt sich nicht selten ein überwundener Drache usw. Ich verweise auf die religiöse Symbolik des schmalen Pfades, der zum wahren Leben führt. Viele Begebenheiten der Parabola lassen sich als Prüfungen auffassen, und man kann den Wanderer die elementarische Welt überwinden sehen („Natur triumphiert über Natur"), indem er durch alle vier Elemente geprüft wird und aus allen Proben siegreich hervorgeht. Der Löwenkampf in der Grube kann als Erdprobe, der Gang auf der bis in die Wolken ragenden Mauer (sowie das Auffliegen im Gefäß) als Luftprobe, die Mühlenszene (und die Sintflut im Gefäß) als Wasserprobe, der Aufenthalt in dem erhitzten Gefäß als Feuerprobe angesehen werden. Der alte Müller ist Gott Vater, die zehn Mühlenräder sind die zehn Gebote und auch die zehn Sephiroth, die die ganze Welt schaffen; auch an die Ophanim (Räder, eine Engelgattung) läßt sich denken.

Mehrere Einzelheiten weisen auf die Aufnahme des Suchenden in eine hermetische Brüderschaft hin, die man meinetwegen „Rosenkreuzer" nennen kann. Auch bei den Kabbalisten gab es, wie aus Reuchlin („De Verbo Mirifico") hervorzugehen scheint, Geheimaufnahmen. Fludd apostrophiert (in seinem *Tractatus theologophilosophicus de vita, morte et resurrectione*, cap. XVI) die Rosenkreuzer: „Mit offnen Augen ersah ich aus Eurer kurzen Antwort an zwei Männer, welche Ihr, wie Ihr sagt, auf Anmahnung des heiligen Geistes in Euer Kloster oder Haus zu wählen gedenkt: daß Ihr das gleiche Wissen von dem wahren Mysterium und denselben Schlüssel der Erkenntnis besessen, welcher das *Paradies der* Freude erschließt, wie die Patriarchen und Propheten der heiligen Schrift." Eine andere Stelle: „... glaubet, daß ihr (der RC✠) Palast oder Wohnsitz stehe an der Grenze des Erdenparadieses [im Original: *locus voluptatis terrestris*] ..."

In unserer Parabola ist es auch ein *Paradies der Freude (pratum felicitatis)*, wo der Wanderer die Gesellschaft antrifft, in die er aufgenommen sein will. Er muß sich Prüfungen unterziehen, wie jeder Neophyt. Das „Collegium Sapientiae" der Parabola gemahnt an das rosenkreuzerische „Collegium Sancti Spiritus" welches in dem Buch, das die Parabola enthält, an anderer Stelle auch wirklich genannt wird. Das Blut des Löwen, das der Wanderer durch das Anatomieren gewinnt, gemahnt an das rosinfarbene Blut des Kreuzes, das man durch tiefes Graben und Klopfen (wie es im „Summum Bonum" heißt) gewinnt. Der Wanderer pflückt Rosen und steckt sie auf seinen Hut, ein Zeichen der Würde. Der Meister pflegt auf den alten Darstellungen mit einem Hut versehen zu sein. „Rosengarten" (das Gärtlein der Parabola ist viereckig) hießen, wie es scheint, alchemistische Logen. Das philosophische Werk selbst wird der Rose verglichen; die weiße Rose ist die weiße die rote Rose die rote Tinktur (verschiedene Grade der Vollendung, die dem Grad der Schwärze folgen). Sie werden im „alchymistischen Paradiese gebrochen", aber vorher muß man sich unter den Gehorsam der Natur begeben.

Von dem großen Magisterium schreibt Basilius Valentinus im dritten seiner Zwölf Schlüssel: „Also wer da unsern unverbrennlichen Schwefel aller Weisen bereiten will, der nehme zuvor Achtung für sich, daß er unsern Schwefel suche in einem, da er unverbrennlich innen ist: welches nicht geschehen kan, es habe dann das versaltzene Meer den *Leichnam* verschlungen, und auch gantz und gar wieder von sich ausgeworffen, alsdann *erhöhe ihn in seinem*

Grad, auf daß er alle andere Sterne des Himmels in seiner Klarheit weit übertreffe, und in seinem Wesen so Blut-reich worden wie der Pelican, wenn er sich in seine Brust verwundet, als denn ohne Kränckung seines Leibes, seiner Jungen viel ernähren, und von seinem Blut speisen kan,[52] *das ist die Rose unserer Meister,* von Farbe des Scharlachs, und das rothe Drachen-Blut von vielen geschrieben, auch der Purpurmantel des höchsten Gebieters in unserer Kunst, damit die Königin des Heyls bedecket wird, und dadurch alle dürfftige Metallen können erwärmet werden. Diesen Mantel der Ehren verwahre wohl…"

Interessant ist, daß uns auf dem Pfade der hermetischen Deutung noch ab und zu Traumparallelen unterstützen können. Ich habe im 2. Abschnitt den „Traum von der fliegenden Post" mitgeteilt. Ich muß nun seine Deutung vervollständigen. Stekel schreibt (*a. a. O.*, 399): „Wenn wir von der Geburts- und Mutterleibsphantasie absehen, entpuppt sich Herr X. Z. [der Träumer] als ein schwerer Krimineller. Er kämpft mit bewußten Mordideen. Er fürchtet, er könnte den Onkel oder die Mutter erschlagen. Er ist sehr fromm. Aber seine Seele ist schwarz wie die mit Kohlenabfällen übersäte Straße. Seine bösen Gedanken (auch die hemosexuellen) verfolgen ihn. Er kommt in die Mühle. Es ist die Mühle Gottes. Diese Mühlen mahlen langsam, aber sicher… Sein Gewicht (seine Sündenlast) treibt die Mühle. Er wird vertrieben… Er kommt in die ‚fliegende Post'. Es ist die Post, die Himmel und Erde verbindet. Er soll zahlen, d. h. seine Sünden büßen. Er hat erotische Sünden. (Drei Heller = das Genitale.) Seine Sünden und Missetaten stinken gegen Himmel (Schweißfüße). Der Kondukteur ist der Tod … Die Radstube geht auf das Rädern der Verbrecher. Das Wasser ist

52 Der Pelikan besitzt am unteren Teil seines Schnabels einen großen Kehlsack, in dem er Nahrung – hauptsächlich Fische – aufbewahren kann. Wenn er die Speise aus dem Kropf auswürgt, um seine Jungen zu atzen, stemmt er den Schnabel gegen die Brust. Das gab zu dem Glauben Anlaß, er ritze seine Brust auf, um die Jungen mit seinem Blute zu speisen. Seit alters her wird deshalb der Pelikan als Sinnbild Christi gebraucht, der sein Blut für die Menschheit vergoß. Die Alchemisten stellten den Stein der Weisen, die rote Tinktur, als Pelikan dar; denn bei der Projektion auf die niederen Metalle opfert er sich und gibt gleichsam sein Blut her, um sie zu tingieren. Die christliche und die hermetische Symbolik laufen natürlich auf dasselbe hinaus, da in höherer Auffassung der Stein Christus, bzw. der Messias in unserem Herzen ist.

Blut …" Die gefährliche Situation im Traum, Gottes Mühle, die Schwärze, das Wasser oder Blut – man findet sogleich die Analoga in der Parabola, ohne daß besondre Hinweise nötig wären; besonders aufgreifen möchte ich aber das seltsame Detail der stinkenden Schweißfüße, für das wohl niemand in der Parabola einen Anknüpfungspunkt vermuten würde. Dieser findet sich in der Szene der Fäulnis des Brautpaares in dem Behälter. Es wird ausdrücklich gesagt, daß die verwesenden Leichname (d. i. die im theosophischen Werk vergehenden sündlichen Leiber der Menschen) stinken. Der Gegensatz wäre der Geruch der Heiligkeit. Tatsächlich kehrt dieser Gegensatz in hermetischen Anleitungen überaus oft wieder. Der Kondukteur des Traumes läßt sich hermetisch als der Himmelsbote ☿, *Ἑρμῆς Ψυχοπομπός* bezeichnen. Seine erste Erscheinung im Leben des Menschen ist das Gewissen. Dieses macht, daß unsre Sünden, die uns sonst gleichgültig wären, stinken. In der Alchemie stinken die Körper bei ihrer Zersetzung im mercurialischen Reinigungswasser. Erst später stellt sich lieblicher Duft ein.

Wenn wir nun einerseits finden, daß die Parabola sich als eine hermetische Schrift erweist, die aus ihren chemischen Gleichnissen eine theosophische Anleitung entwickeln läßt, so kann doch anderseits an ihrer psychanalytischen Deutung nicht gerüttelt werden. Es entsteht somit die Frage für uns, wie von einer langen Bilderreihe[53] mehrere Deutungen, die miteinander in schroffem Gegensatze stehen, möglich sind. Daß sie möglich sind, hat unsere Untersuchung gezeigt. Die psychanalytische Deutung führt uns Elemente eines rücksichts- und vernunftlosen Trieblebens vor Augen, die sich in den Phantasien der Parabola austoben; und nun zeigt uns die Analyse hermetischer Schriften, daß die Parabola, wie alle tieferen alchemistischen Bücher, eine Anleitung zu mystisch-frommem Leben ist – gleichviel in welchem Grad der Klarheit ihrem Verfasser die Idee vorschwebte; denn gleich wie der psychanalytisch herausgelesene Inhalt der Phantasie ihm nicht deutlich vor Augen gestanden ist, so kann ihm möglicherweise auch der zu begehende mystische Weg bloß nebelhaft vorgeschwebt haben. Welchen Grad der Deutlichkeit also das subjektive Erlebnis vom

53 Würde es sich bloß um einzelne Bilder handeln, wäre die Sache weiter nicht verwunderlich.

Standpunkt des Autors nun gehabt haben mag: wir haben uns bei unserem Problem an das gegebene Objekt und die so merkwürdig aneinander geratenen Deutungsmöglichkeiten zu halten.

Der Deutungen sind eigentlich drei. Die *psychanalytische*, die uns in die Tiefen des Trieblebens führt; dann die mit ihr lebhaft kontrastierende hermetisch-religiöse, die uns gleichsam aufwärts zu hohen Idealen leitet und die ich deshalb fortan kurz die *anagogische* nennen werde; drittens die *naturwissenschaftliche* (chemische), die sozusagen in der Mitte liegt und uns, im Gegensatz zu beiden anderen, ethisch indifferent erscheint. Die dritte Bedeutung des Geistesproduktes liegt in verschiedenen Beziehungen in der Mitte zwischen der psychanalytischen und der anagogischen und kann, wie die alchemistische Literatur zeigt, als Träger der anagogischen aufgefaßt werden.

Die Parabola kann als Schulbeispiel für die ganze Hermetik gelten. Das Problem der mehrfachen Deutung erstreckt sich aber noch viel weiter als etwa bloß auf die Alchemie. Diese ist vielmehr wiederum nur ein Beispiel. Das Problem der mehrfachen Deutung ist geradezu universell, in dem Sinne nämlich, als man es vielleicht überall wird antreffen können, wo die Phantasie schöpferisch tätig gewesen ist. So eröffnen sich unserer Betrachtung weite Felder; insbesondere scheinen uns die Kunst und die Mythologie zu winken. Ich will mich aber von dem als Beispiel gewählten Gebiet, der Alchemie, so wenig wie möglich entfernen. Nur an zwei Märchen will ich das Problem der mehrfachen Deutung noch zeigen. Für die Wahl der Märchen war maßgebend, daß von dem einen eine psychanalytische Bearbeitung (von Rank) bereits vorliegt und daß beide von Hitchcock, demselben, der über Alchemie schrieb, einer anagogischen Deutung unterzogen worden sind. Dies ermöglicht es mir, mich kurz zu fassen, weil ich auf die genauere Behandlung in den betreffenden Schriften einfach verweisen kann. Die beiden Märchen gehören der Grimmschen Sammlung an und heißen „Die sechs Schwäne“ und „Die drei Federn“ (KHM, Nr. 49 und 63).

Rank (Lohengrinsage) bringt das Märchen von den sechs Schwänen und zahlreiche ähnliche Geschichten mit den Schwanrittersagen in Verbindung. Es zeigt sich, daß dem mythischen Gehalt aller dieser Erzählungen jene elementaren Gewalten des Trieblebens zugrunde liegen, wie wir sie etwa in der Parabola gefunden haben, und daß sie insbesondere aufgebaut sind auf Familienkonflikten, d.h. auf jenen unbändigen Liebes- und Haßregungen, welche in ihrer krassesten Form beim Neurotiker als sein (phantasierter) „Familienroman" durchbrechen. Zu diesem Familienroman gehört u. a. der Inzest in verschiedener Fassung, die Dirnenhaftigkeit der Mutter, die Rettung der Mutter aus einer Gefahr, die Rettung des Vaters, der Wunsch, selbst der Vater zu sein usw., Phantasien, deren Sinn in den Schriften von Freud und Rank (*a. a. O.* und *Myth. v. d. Geb. d. Helden*) erläutert wird. Nach Hitchcock dagegen erzählt dasselbe Märchen von einem Menschen, der am Lebensabend in die Irre gerät, die Sünde in sein Herz aufnimmt, dann aber, von seinem Gewissen beraten, sein besseres Ich aufsucht und das (alchemistische Schöpfungs)Werk der sechs Tage an sich vollbringt (Hitchcock, *Red Book*).

Es ist unzweifelhaft, daß es außer der psychanalytischen und der anagogischen Deutung dieses Märchens (und wohl beinahe aller Mythen) eine naturmythologische, in diesem besonderen Fall eine astronomische Deutung gibt. Deutliche Hinweise darauf sind die Siebenzahl der Kinder und der Jahre, das Nähen der Gewänder aus Sternblumen, das Fehlen des einen Armes wie bei Marduk und den entsprechenden Helden von Astralmythen, und noch manches andere. Eines der Sieben ist besonders ausgezeichnet, vielleicht die Sonne unter den sog. Planeten. Diese ethisch indifferente Deutung des Märchens neben der psychanalytischen und der anagogischen entspricht dem chemischen Gehalt der hermetischen Schriften. Gegenstand der indifferenten Bedeutung scheint stets der *naturwissenschaftliche* Inhalt des Geistesproduktes zu sein. Zwischen astronomischer und alchemistischer Bedeutung besteht übrigens eine gewisse Verwandtschaft. Es ist uns ja wohl bekannt, daß die Alchemie von der Astrologie beeinflußt ist, daß die sieben Metalle den sieben Planeten entsprechen, daß, wie die Sonne unter den Planeten, so das Gold unter den Metallen ausgezeichnet ist; und wie Verbrennungen astrologisch am Himmel vor sich gehen, so geschehen sie auch im Kochgefäß der Alchemisten. Und wenn das Sonnenmädchen am Ende des Märchens ihre sechs Planetenbrüder erlöst, so klingt das nicht viel anders, als wenn die tinkturalische Kraft des Goldes am Ende der „sechs Tage" die sechs unvollkommenen Metalle vollkommen, die kranken gesund macht.

Bei dem zweiten Märchen werde ich die Gegenüberstellung der zwei gegensätzlichen Deutungen (psychanalytisch und anagogisch) etwas strenger vornehmen, da ich noch darauf zurückkommen muß. Das Märchen eignet sich seiner Kürze wegen zu einer genaueren Behandlung. Ich setze vor allem es selber her.

„Es war einmal ein König, der hatte drei Söhne, davon waren zwei klug und gescheit, aber der dritte sprach nicht viel, war einfältig und hieß nur der Dummling. Als der König alt und schwach ward und an sein Ende dachte, wußte er nicht, welcher von seinen Söhnen nach ihm das Reich erben sollte. Da sprach er zu ihnen: „Zieht aus, und wer mir den feinsten Teppich bringt, der soll nach meinem Tode König sein." Und damit es keinen Streit unter ihnen gab, führte er sie vor sein Schloß, blies drei Federn in die Luft und sprach: „Wie die fliegen, so sollt ihr ziehen." Die eine Feder flog nach Osten, die andere nach Westen, die dritte flog aber geradeaus und flog nicht weit, sondern fiel bald zur Erde. Nun ging der eine Bruder rechts, der andere ging links, und sie lachten den Dummling aus, der bei der dritten Feder da, wo sie niedergefallen war, bleiben mußte. Der Dummling setzte sich nieder und war traurig. Da bemerkte er auf einmal, daß neben der Feder eine Falltüre lag. Er hob sie in die Höhe, fand eine Treppe und stieg hinab. Da kam er vor eine andere Türe, klopfte an und hörte, wie es inwendig rief:

‚Jungfer grün und klein
Hutzelbein,
Hutzelbeins Hündchen,
Hutzel hin und her,
Laß geschwind sehen, wer draußen wär.'

Die Türe tat sich auf, und er sah eine große dicke Itsche (Kröte) sitzen und rings um sie eine Menge kleiner Itschen. Die dicke Itsche fragte, was sein Begehren wäre. Er antwortete: „Ich hätte gern den schönsten und feinsten Teppich." Da rief sie eine junge und sprach:

‚Jungfer, grün und klein,
Hutzelbein,
Hutzelbeins Hündchen,
Hutzel hin und her,
Bring mir die große Schachtel her.'

Die junge Itsche holte die Schachtel, und die dicke Itsche machte sie auf und gab dem Dummling einen Teppich daraus, so schön und so fein, wie oben auf der Erde keiner konnte gewebt werden. Da dankte er ihr und stieg wieder hinauf.

Die beiden andern hatten aber ihren jüngsten Bruder für so albern gehalten, daß sie glaubten, er würde gar nichts finden und aufbringen. ‚Was sollen wir uns mit Suchen groß' Mühe geben', sprachen sie, nahmen dem ersten besten Schäfersweib, das ihnen begegnete, die groben Tücher vom Leib und trugen sie dem König heim. Zu derselben Zeit kam auch der Dummling zurück und brachte seinen schönen Teppich, und als der König den sah, erstaunte er und sprach: ‚Wenn es dem Recht nach gehen soll, so gehört dem Jüngsten das Königreich'. Aber die beiden andern ließen dem Vater keine Ruhe und sprachen, unmöglich könnte der Dummling, dem es in allen Dingen an Verstand fehlte, König werden, und baten ihn, er möchte eine neue Bedingung machen. Da sagte der Vater: ‚Der soll das Reich erben, der mir den schönsten Ring bringt', führte die drei Brüder hinaus und blies drei Federn in die Luft, denen sie nachgehen sollten. Die zwei Ältesten zogen wieder nach Osten und Westen und für den Dummling flog die Feder geradeaus und fiel neben der Erdtüre nieder. Da stieg er wieder hinab zu der dicken Itsche und sagte ihr, daß er den schönsten Ring brauchte. Sie ließ sich gleich ihre große Schachtel holen und gab ihm daraus einen Ring, der glänzte vor Edelsteinen und war so schön, daß ihn kein Goldschmied auf der Erde hätte machen können. Die zwei Ältesten lachten über den Dummling, der einen goldenen Ring suchen wollte, gaben sich gar keine Mühe, sondern schlugen einem alten Wagenring die Nägel aus und brachten ihn dem König. Als aber der Dummling seinen goldenen Ring vorzeigte, so sprach der Vater abermals: ‚Ihm gehört das Reich'. Die zwei ältesten ließen nicht ab den König zu quälen, bis er noch eine dritte Bedingung machte und den Ausspruch tat, der solle das Reich haben, der die schönste Frau heimbrachte. Die drei Federn blies er nochmals in die Luft und sie flogen wie die vorigen Male. Da ging der Dummling ohne weiteres hinab zu der dicken Itsche und sprach: ‚Ich soll die schönste Frau heimbringen'. – ‚Ei', sagte die Itsche, ‚die schönste Frau, die ist nicht gleich zur Hand, aber du sollst sie doch haben'. Sie gab ihm eine ausgehöhlte gelbe Rübe mit sechs Mäuschen bespannt. Da sprach der Dummling ganz traurig: ‚Was soll ich damit anfangen?‘ Die Itsche antwortete: ‚Setze nur eine von meinen kleinen ltschen hinein‘. Da griff er aufs Geratewohl eine aus dem Kreis und setzte sie in die gelbe Kutsche, aber kaum saß sie darin, so ward sie zu einem wunderschönen Fräulein, die Rübe zur Kutsche und die sechs Mäuschen zu Pferden. Da küßte er sie, jagte mit den Pferden davon und brachte sie zum Konig. Seine Brüder kamen nach, die hatten sich gar keine Mühe gegeben, eine schöne Frau zu suchen, sondern die ersten besten Bauernweiber mitgenommen. Als der König sie erblickte, sprach er: ‚Dem Jüngsten gehört das Reich nach meinem Tode‘. Aber die zwei Ältesten betäubten die Ohren des Königs aufs neue mit ihrem Geschrei: ‚Wir können's nicht zugeben daß der Dummling König wird‘, und verlangten, der sollte den Vorzug haben, dessen Frau durch einen Ring springen könnte, der da mitten in dem Saal hing. Sie dachten: ‚Die Bauernweiber können das wohl, die sind stark genug, aber das zarte Fräulein springt sich tot‘. Der alte König gab das auch noch zu. Da sprangen die zwei Bauernweiber, sprangen auch durch den Ring, waren aber so plump, daß sie fielen und ihre groben Arme und Beine entzwei brachen. Darauf sprang das schöne Fraulein, das der Dummling mitgebracht hatte, und es sprang so leicht hindurch wie ein Reh, und aller Widerspruch mußte aufhören. Also erhielt er die Krone und hat lange in Weisheit geherrscht.“

Ich bringe nun zuerst eine knappe psychanalytische Deutung dieser Erzählung. Wie der Traum, ist in der Regel auch das Märchen eine phantastische Erfüllung von Wünschen; und zwar von solchen, welche man kennt, die das Leben aber nicht befriedigt, sowie auch von solchen, welche man bewußterweise selbst kaum kennt, und, wüßte man sie deutlich, nicht zulassen würde. Die Wirklichkeit versagt besonders dem Schwachen vieles oder demjenigen, der sich seinen Mitmenschen gegenüber als der Schwächere, im Kampf ums Dasein minder Leistungsfähige, fühlt. Der Tüchtige setzt im Leben durch, was er wünscht; des Schwachen Wünsche bleiben unerfüllt, und deshalb braucht der Schwache – oder der sich der Größe seines Verlangens gegenüber schwach dünkt – die phantasierte Wunscherfüllung; er will das Unerreichbare wenigstens in der Imagination erleben. Dies ist ein psychologischer Grund, warum so viele Märchen vom Standpunkt des Schwachen gearbeitet sind, so daß das erlebende Ich des Märchens, der Held, ein Dummling ist oder der Kleinste, der Schwächste, der Jüngste, ein Unterdrückter usw. Der Held des vorliegenden Märchens ist ein Dummling und der Jüngste. In seiner Phantasie, d.h. in dem Märchen, stempelt er seine im Leben tüchtigeren Brüder, die er beneidet, zu boshaften, widerwärtigen Charakteren. (Im Leben kann man häufig beobachten, wie mißtrauisch z.B. körperlich verunstaltete Leute sind. Ihre Empfindlichkeit ist bekannt.) Wie der Fuchs, dem die Trauben zu sauer sind, erklärt er das, was seine kräftigeren Konkurrenten im Leben leisten, für schlecht; ihre Pflichterfüllung für mangelhaft, und das, was sie erzielen, für verächtlich. Insbesondere auf sexuellem Gebiet, wo er sich offenbar am meisten benachteiligt fühlt. Das Märchen behandelt nämlich von Anfang an die Eroberung des Weibes. Der Teppich, der Ring sind weibliche Symbole; ersterer ist der Leib des Weibes, der Ring ist die Kteis. (Der Teppich wird als weibliches Symbol noch besonders gekennzeichnet, indem die Brüder ihn vom Leib eines Schäferweibes nehmen. Schäferweib – ein grober „Fetzen", grobes „Tuch" – im Gegensatz zum feinen Teppich des Helden.)

Der Dummling ist einer, der nicht viel Arbeit liebt. Wenn er auch die Nachlässigkeit den Brüdern zuschiebt, verrät sich uns doch sein Naturell, indem seine „Feder", d.h. er, sich nicht weit weg bewegt, während die Federn seiner Brüder ein schönes Stück Weges machen. Um dieses Selbstbekenntnis zu entkräften, wird die Verteilung der Federn dem Zufall, gleichsam einer höheren Bestimmung zugeschoben. Das ist seit jeher eine bequeme Ausrede der Faulen und Untüchtigen.

Eines der Mittel, sich über die Unerfüllbarkeit seiner Wünsche hinwegzutrösten, ist der Glaube an Wunder.[54] Dem Dummling fallen seine Güter auf wunderbare Weise zu; es sind gebratene Tauben, die ihm in den Mund fliegen. Bei seinen erotischen Unternehmungen bleibt er in seiner nächsten Nähe haften. Er trägt offenbar eine Imago[55] in sich, die ihn festhält. Wohin lenkt er die Erobe-

---

54 Vgl. meine Arbeit *Phantasie und Mythos.*

55 Ein dem Bewußtsein entzogenes und daher unzerstörliches Bild des Objektes frühester Leidenschaft, das fortan als affektstarker Komplex weiterwirkt und ins Leben gestaltend eingreift. Die wichtigsten Imagines sind die der Eltern. Hier kommt natürlich die Mutter-Imago in Betracht, welche sich ins

rungsfahrt? In die Erde. Die Erde ist die Mutter, wie uns eine bekannte Symbolsprache lehrt. Falltüre, Schacht, unterirdische Höhle gemahnen an eine Mutterleibsphantasie. Die Kröte kommt häufig in der Bedeutung von Gebärmutter vor, was mit der Situation, die das Märchen bietet, übereinstimmt. (Dagegen pflegt Frosch = Penis zu sein.) Die große Schachtel der Kröte (= Mutter) ist auch die Gebärmutter (aus ihr werden ja die Weib-Symbole, in diesem Aspekt: Schwestern) für den Dummling produziert; die Schachtel ist aber auch der häusliche Schrank (Speiseschrank, Paket, Schachtel, Topf, Schüssel usw.), aus dem die gute Mutter ihrem Söhnlein schmackhafte Gaben, Spielereien usw. reicht; so wie der Vater in der kindlichen Phantasie alles kann, so hat die Mutter eine Schachtel, aus der sie den Kindern alle guten Gaben reicht. Bei den Itschen unten spielt sich also eine ideale Familienszene ab. Die unerschöpfliche doppelsinnige Schachtel der Mutter liefert dem Dummling sogar das verlangte Weib.

Das Weib – für wen? Psychologisch zweifellos für den Dummling. Das Märchen sagt: für den König, denn die Weibsymbole (Teppich, Ring) verlangt der König expressis verbis für sich, und die Konsequenz ist, daß auch das Weib für ihn gehört. Der Schluß des Märchens aber lenkt wieder in die psychologisch richtige Situation ein, indem er den König verschwinden und den Dummling als König (offenbar samt dem schönen Weib) weiterleben läßt. Es ist sonnenklar, daß sich der Dummling mit dem Vater identifiziert, sich an seine Stelle setzt. Die Imago, die ihn von Anfang an festhielt, war des Vaters Weib, die Mutter. Und des Vaters Tod (der zartsinnig unausgesprochen bleibt), der Weib und Krone einbringt, ist ein Wunsch des Dummlings. Wir stehen also wieder mitten im Ödipus-Komplex. Als Mutter-Surrogat figuriert zeitweilig die Schwester (eine der kleinen Itschen).

Wir haben das Märchen zuerst vom Gesichtspunkt der Unzulänglichkeit des Helden betrachtet, sind dann auf erotische Verhältnisse, schließlich auf den Ödipus-Komplex gestoßen. Der psychologische Zusammenhang ergibt sich daraus, daß jene Imagines, auf denen der Ödipus-Komplex aufgebaut ist, dazu angetan sind, eine Unzulänglichkeit im erotischen Leben hervorzurufen.

Zentrum des Liebeslebens (namentlich der Objektwahl) gestellt hat.

Die anagogische Deutung bei Hitchcock (*a. a. O.*, 175ff; Übersetzung 55ff) lautet, etwas gekürzt, folgendermaßen: Der König bedeutet den Menschen schlechthin. Er hat drei Söhne; er ist ein Abbild der Trinität, die wir im Sinne unserer Darstellung vorläufig als Körper, Seele und Geist uns denken wollen. Zwei der Söhne waren klug im weltlichen Sinne, aber der dritte, der dem Geist entspricht und in seiner Urform Gewissen genannt wird, ist einfältig, um den geraden, schlichten Weg der Wahrheit anzudeuten. In heiligem Schweigen führt der Geist, die ihm demütig folgen, und stirbt im mystischen Sinne, wenn er verleugnet wird, oder erscheint unter anderen Formen, um die Seele mit den Gespenstern gemordeter Tugenden zu verfolgen. Der Mensch ist gleichsam im Zweifel, welchem Prinzip die höchste Führerschaft im Leben gebührt. „Ziehet aus, und wer mir den feinsten Teppich bringt, der soll nach meinem Tode König sein!" Der Teppich ist etwas, worauf man geht und steht, hier für den besten Weg durch das Leben nach Jesaias XXX. 21: Dies ist der Weg, denselben gehet; sonst weder zur Rechten, noch zur Linken.

Die drei Federn sind natürlich die drei Prinzipien; zwei davon bewegen sich sofort nach entgegengesetzten Richtungen [nach Osten und nach Westen, wie manche alchemistische Autoren die zwiespältigen Prinzipien oder Windhauche: anima und corpus oder ☉ und ☽ ziehen lassen] und kommen so zu Anbeginn bereits vom richtigen Wege ab. Die dritte (Symbol des Geistes) fliegt gerade aus und hat nicht weit zum Ziel, denn einfach ist der Weg, der zum inneren Leben führt. Und der Geist wird also zu uns sprechen, wenn wir seiner Stimme, seiner erst ganz schwachen Stimme folgen: „denn es ist das Wort fast nahe bei dir in deinem Munde und in deinem Herzen, daß du es tust" (Deut. XXX. 14). Doch die Seele ist nicht frei von Trauer, da der Mensch noch auf den niederen Stufen der Leiter steht, die ins ewige Leben hinaufführt. Der Dummling ist betrübt in seinem Herzen, und in der Demut dieser Betrübnis entdeckt er „auf einmal" eine geheime Tür, die ihm den Eingang ins mystische Leben weist. Die Tür ist auf dem Erdboden, in der Erniedrigung, wie es die dritte Feder vorher bestimmt. Da der Dummling ihr bescheiden gehorcht, wandelt er den Pfad, den ihm die Tür eröffnet. Drei Stufen, drei Grundkräfte. Auch Christus mußte erst niedersteigen, bevor er auferstehen konnte. Der Held des Märchens klopft an, wie, der Christ am Evangelium anklopft (d.h. an der inneren Tür im Gegensatz zum Gesetz Mosis, der äußeren Tür). Die große Kröte mit den kleinen ringsherum bedeutet die große Mutter Natur und ihre Werkzeuge, die sie in einem Ring umgeben; in einem Ring, denn die Natur kehrt kreisförmig immer in sich selbst zurück. Der Dummling erhält den schönsten Teppich.

Die anderen beiden Wesenheiten, die wir der Einfachheit halber Verstand und Affekte (Sonne und Mond der hermetischen Schriften) nennen wollen, blicken nach außen, statt innerlich den Weg zu suchen; so kommt es, daß sie die nächstbesten „groben Tücher" nehmen. Den schönsten Ring bringen, d.h. die Wahrheit bringen, die gleich einem Ring, weder Anfang noch Ende hat. Verstand und Affekte gehen wieder nach verschiedenen Richtungen, der Dummling harrt in Demut vor der Tür, die ins Innere der großen Mutter führt. [Das Vorkommen dieser Auffassung auch in der anagogischen Deutung ist wichtig.] Bei der dritten Prüfung, der Suche nach „der schönen Frau", der Krone des Lebens, exoterisch wie esoterisch genommen, repräsentiert die Rübe das vegetative Leben (Leib, natürlicher Mensch), und die sechs Mäuse, die sie ziehen, sind unsere alten Freunde, die sechs Schwäne oder Tugenden, deren höchste, die Barmherzigkeit [oder Liebe], als thronende Königin im Wagen fährt. Der uneingeweihte Mensch verzweifelt beinahe, und fragt: „was soll ich mit einer Rübe anfangen?" Doch die große Mutter entgegnet gleichsam: „nimm eine meiner Grundkräfte!", und was sehen wir da? – Die Kröte wird zur schönsten Jungfrau usw. Der Mensch erkennt nun, wie furchtbar und wunderbar zugleich er beschaffen ist. Er ist mit Ehrfurcht vor sich selbst erfüllt, bereit, zu rufen: „nicht mein, sondern dein Wille geschehe!"

Noch eine Prüfung ist übrig. Wir alle müssen durch einen gewissen mystischen Ring hindurch, der in der Halle (des Lernens) hängt. Ein Einziges im ganzen Universum ist imstande, das zu vollbringen, ohne Schaden zu leiden. Das schöne zarte Fräulein mit den Wundergaben ist der Geist [spiritus oder ☿ der Alchemie]. –

Man wird zugeben, daß die beiden Deutungen aufs Äußerste einander widersprechen, obgleich sie jede für sich eine tadellose Geschlossenheit aufweisen. Ich muß bemerken, daß ich mich aufs kürzeste gefaßt habe; in weiterer Verfolgung der Analyse lassen sich die beiden Auslegungen noch viel mehr ins Einzelne mit den

Motiven des Märchens zur Deckung bringen. Es erhebt sich also erstens die Frage, wieso eine und dieselbe Bilderfolge zu mehreren voneinander abweichenden Auslegungen stimmen kann (Problem der mehrfachen Deutbarkeit); haben wir doch bei der Parabola drei sozusagen gleichwertige Bedeutungszüge vorgefunden: den psychanalytischen, den chemischen (naturwissenschaftlichen) und den anagogischen. Zweitens kommt noch die Frage hinzu, wie im besonderen zwei so entgegengesetzte Deutungen wie die psychanalytische und die anagogische, nebeneinander bestehen können.

* * *

III. Synthetischer Teil

1. Abschnitt
Introversion und Wiedergeburt

A. Introversion und Verinnerlichung

Die mehrfache Deutung von Phantasieprodukten ist uns zum Problem geworden, und der diametrale Gegensatz von psychanalytischer und anagogischer Deutung ist uns dabei besonders aufgefallen. Die Frage wird nur scheinbar komplizierter, wenn ich darauf verweise, daß sie innerhalb der psychanalytischen Deutung ein Analogon hat, welches wir berücksichtigen müssen. Dieses Analogen wird gegeben durch die merkwürdige Koexistenz der Symbolik materialer und funktionaler Kategorie an dem gleichen Phantasieprodukt. Um mich verständlich zu machen, muß ich vor allem erläutern, was diese Kategorien sind. Im Abschnitt 2 des Einleitenden Teiles haben wir gesehen, daß sich die Phantasie mit Vorliebe symbolischer Ausdrucksweise bedient, und zwar um so mehr, je traumhafter sie schafft. Durch diese Symbolik können nun, wie man am deutlichsten an hypnagogischen (Halbschlaf-) Halluzinationen und an Träumen beobachtet, drei verschiedene Gruppen von Gegenständen ausgedrückt werden:

I. Gedankeninhalte, Vorstellungsinhalte, kurz: das Inhaltliche oder Gegenständliche des Denkens und Vorstellens. Die *Materie* des Denkens – sei sie nun bewußt oder unbewußt.

II. Der Zustand, die Tätigkeit, die Struktur der Psyche; die Art und Weise, wie sie funktioniert und sich befindet. Die *Funktionsweise* der Psyche – sei sie nun bewußt oder unbewußt.

III. *Somatische* Vorgänge (Leibreiz). Diese dritte Gattung von Gegenständen ist den anderen beiden nicht streng koordiniert. Sie ist auch nicht geeignet, uns im gegenwärtigen Zusammenhange zu interessieren. Wir lassen sie also beiseite.

Danach erhalten wir zwei Kategorien, in welche wir alle symbolisierenden Phantasieschöpfungen einreihen können: die materiale und die funktionale.

I. Die *materiale Kategorie* ist ausgezeichnet durch die Darstellung von Gedanken*inhalten*, d. h. von Inhalten, welche in einem Gedankenverlaufe bearbeitet (behandelt, gedacht, vorgestellt) werden, seien sie nun bloße Vorstellungen oder Vorstellungsgruppen, Begriffe, die etwa zu Begriffsvergleichungen und zu Definitionsvorgängen herangezogen werden, oder aber Urteile, Schlußfolgen, die analytischen oder synthetischen Operationen dienen, usw. Da, wie wir wissen, die Phantasien (Träume, Träumereien, auch Dichtungen) zumeist von Wünschen beseelt sind, wird es sehr häufig der Fall sein, daß die symbolisch dargestellten Inhalte Wunschvorstellungen (d. h. die vorgestellten Befriedigungserlebnisse) sind.

II. Die *funktionale Kategorie* ist dadurch gekennzeichnet, daß der Zustand, die Struktur oder die Leistungsfähigkeit des eigenen Bewußtseins (oder des psychischen Apparates) selbst abgebildet wird. Sie heißt funktional, weil sie mit dem Material der Denkakte[56], den Inhalten, nichts zu schaffen hat, sondern bloß auf die Art und Weise sich bezieht, in welcher das Bewußtsein funktioniert (rasch, träge, leicht, schwer, gehemmt, nachlässig, freudig, zwangsmäßig, fruchtlos, erfolgreich, zwiespältig, in Komplexe zerspalten, einheitlich, zuständlich wechselnd, getrübt, usw.)

Zwei typische Beispiele sollen es uns erleichtern, die zwei Kategorien sogleich deutlich zu erfassen und voneinander zu halten.

A. *Materiale Symbolik. – Bedingungen.* Im schlaftrunkenen Zustande denke ich über das Wesen der transsubjektiv (für alle Menschen) gültigen Urteile nach. Mit einem Male reißt der Faden des abstrakten Denkens ab, und es bietet sich mir dafür die folgende hypnagogische Halluzination „autosymbolisch“ dar:

Symbol. Ein mächtiger Kreis (oder eine durchsichtige Sphäre) schwebt in der Luft; und die Menschen reichen mit ihren Köpfen in diesen Kreis hinein.

Deutung. In diesem Symbol liegt so ziemlich alles ausgedrückt, was ich mir dachte. Die Gültigkeit des transsubjektiven Urteils betrifft alle Menschen ohne Ausnahme: der Kreis geht, durch alle Köpfe. Diese Gültigkeit muß ihren Grund in etwas Gemeinsamem haben: die Köpfe gehören alle derselben, homogen aussehenden

56 Seien diese nun bewußt oder unbewußt. „Denken muß hier im allerweitesten Sinn genommen werden. Es bedeutet hier alle psychischen Vorgänge, die etwas zum „Gegenstand“ haben können.

Sphäre an. Nicht alle Urteile sind transsubjektiv: mit den Leibern und Gliedmaßen befinden sich die Menschen außerhalb (unterhalb) der Sphäre und stehen als getrennte Individuen auf der Erde.

B. *Funktionale Symbolik. – Bedingungen.* Schaftrunkenheit wie oben. Ich denke über irgend etwas nach, gerate jedoch, indem ich mich in gedankliche Nebenwege einlasse, von meinem eigentlichen Thema ab. Als ich nun zurück will, stellt sich die autosymbolische Erscheinung ein.

Symbol. Ich klettere mitten in Bergen herum. Die näheren Berge verdecken meinem Blicke die ferneren, von denen her ich gekommen bin und zu denen ich zurückgelangen möchte.

Deutung. Ich bin von meinem Wege abgekommen, habe mich verstiegen; und die Ideen, in die ich mich eingelassen habe, verdecken mir wie Berge meinen Ausgangspunkt.

In dem Falle A wurde durch die autosymbolische Halluzination der Gedankeninhalt (Wesen des transsubjektiven Urteils), in dem anderen die Funktionsart oder Zuständlichkeit des Bewußtseinsmechanismus (Verdeckung des Hauptgedankens durch assoziative Nebenwege, Verhältnis von Vorstellungsgruppen zueinander) bildlich dargestellt.

Der materialen Kategorie gehört z. B. die im 2. Abschnitt des Einleitenden Teiles entwickelte Deutung des Erdbeertraumes an. „Erdbeerpflücken“ ist ein Symbol für eine vorgestellte Wunschbefriedigung (Geschlechtsverkehr), also für einen Vorstellungsinhalt. Die Symbolik ist somit eine materiale. Der weitaus überwiegende Teil der psychanalytischen Traumliteratur befaßt sich mit der Deutung nach der materialen Kategorie.

Der funktionalen Kategorie gehört z. B. die Symbolik des Einschlafens und Erwachens an, die ich im 2. Abschnitt bei der Deutung der Parabola erwähnt habe. Die zwei Kategorien der Symbolik würden, wenn sie immer nur nebeneinander herliefen, kein Analogon abgeben für unser Problem der doppelten Deutung. Nun sind aber die Fälle, wo nur funktionale oder nur materiale Symbolik vorliegt, verschwindend selten; die Regel ist eine innige Verflechtung beider. Freilich ist die eine oft stärker betont oder besser zugänglich, aber es sind überaus häufig Fälle zu beobachten, wo lange Kontexte von Bildern sowohl der materialen als der funktionalen Deutung in gleicher Ausführlichkeit und gleicher Geschlossenheit des Zusammenhanges fähig sind. Ein ganz einfacher Fall dieser Art mag zur Illustration dienen:

Des Abends müde im Bette liegend, dem Einschlafen nahe, widme ich meine Gedanken dem schwierigen Vordringen des menschlichen Geistes in das transzendente, dunkle Gebiet des Mütter-Problems (*Faust*, II. Teil). Immer mehr dem Schlafe mich nähernd und immer weniger fähig, meine Gedanken festzuhalten, sehe ich plötzlich in täuschender Lebhaftigkeit ein Traumbild vor mir: Ich stehe auf einer einsamen, in ein dunkles Meer weit vorgeschobenen Steinestrade. Die Wasser des Meeres verschmelzen am Horizont fast mit der ebenso tief getönten geheimnisvoll schweren Luft. – Die überraschende Kraft dieses zum Greifen plastischen Bildes rüttelt mich auf, weckt mich aus meinem Halbschlummer. Und ich erkenne alsbald, daß das halluzinatorisch wahrgenommene Bild nichts anderes war als eine symbolisch-anschauliche Vertretung des infolge meiner Müdigkeit fallen gelassenen Gedankengehaltes. Das Symbol ist unschwer als solches zu erkennen. Das Vorgeschobensein ins dunkle Meer entspricht dem Vordringen ins dunkle Problem. Das Verschmelzen von Luft und Wasser, das Verwischtsein von oben und unten deutet etwa an, daß bei den „Müttern" (wie Mephistopheles schildert) alle Zeiten und alle Orte miteinander verschmelzen, daß es dort keine Grenzen zwischen einem „hier" und einem „dort", einem „oben" und einem „unten" gibt, und daß daher Mephistopheles zu dem reisefertigen Faust sagen kann:

„Versinke denn! – Ich könnt' auch sagen: steige!"

Wir sehen also hier zwischen dem anschaulichen Bild und dem gedanklichen Gehalt, der durch dasselbe quasi vertreten wird, eine Anzahl von Beziehungen; ja das ganze Bild löst sich, sofern es charakteristische Merkmale hat, fast in lauter solche Momente auf, die mit dem gedanklichen Gehalt aufs engste verwandt sind. Abgesehen von diesen Beziehungen der materialen Kategorie stellt das Bild aber auch meinen momentanen psychischen Zustand (Übergang in den Schlaf) dar. Wer sich in den Schlaf begibt, ist gleichsam im Begriff, in ein dunkles Meer zu tauchen. (Das Eintauchen in Wasser oder Finsternis, das Eintreten in den Wald usw. sind häufig auftretende Schwellensymbole.) Die Deutlichkeit der Begriffe schwindet dort, alles fließt ineinander über, so wie in dem Bilde Wasser und Luft.

Dieses Beispiel sollte nur illustrieren; es ist an sich viel zu klein und einfach, um die merkwürdige Verflechtung von beiderlei Symbolik überraschend erscheinen zu lassen. Ich verweise auf meine im Literaturverzeichnis angeführten Arbeiten über Symbolik und über Träume. Ausführlichkeit an dieser Stelle würde uns zu weit von unserem Wege abbringen. Begnügen wir uns also mit der Tatsache, daß der Psychanalytiker an einem Phantasieprodukte (einem Traum usw.) – ganz abgesehen von der mehrfachen Determinierung, die er innerhalb der materialen wie auch der funktionalen Kategorie vorfinden kann – gleichzeitig zwei grundverschiedene Bedeutungszüge antrifft; beide sind durch denselben Bilderkontext, ja oft durch die gleichen Elemente dieses Bilderkontextes wiedergegeben. Dieser Kontext muß also von dem schaffenden Unterbewußtsein künstlich genug ausgesucht worden sein, um der doppelten Forderung zu entsprechen.

Die Koexistenz der materialen mit der funktionalen Bedeutung ist für den psychanalytischen Forscher nicht allzu rätselhaft. Zwei Tatsachen lassen sie hinreichend begreifen.

Erstens kennt man das Prinzip der mehrfachen Determinierung oder der Verdichtung. Die Vielheit der sich dunkel-regenden latenten Traumgedanken verdichtet sich in einige wenige manifeste Traumgestalten oder Symbole, so daß ein Symbol stets gleichsam in Vertretung mehrerer Vorstellungen erscheint, also auch mehrfach deutbar ist. Daß es mehrfach deutbar ist, kann deshalb nicht verwundern, weil die zugrundeliegenden Bedeutungen (die latenten Gedanken) selbst es waren, die auf Grund von Assoziationen die Wahl der Symbole aus einer unendlichen Reihe von Möglichkeiten besorgten. Es konnten bei der Formung des Traumes (also bei der unbewußten Traumarbeit) nur solche Bildelemente sich ins Bewußtsein durchsetzen, die den Anforderungen der mehrfachen Determination genügten. Das Prinzip der mehrfachen Determination gilt nun nicht bloß innerhalb der materialen oder der funktionalen Kategorie, sondern läßt auch die Verschmelzung beider in den nämlichen Symbolen einigermaßen verständlich erscheinen. Elemente beider Kategorien nehmen nämlich an der Symbolwahl aktiv teil. Einerseits drängen, sagen wir, eine Anzahl Affekte zur symbolischen Darstellung der Gegenstände, auf die sie sich richten (Liebesobjekte, Haßobjekte usw.). Anderseits nimmt die Psyche ihr eigenes Getriebe, das Spiel der Affekte usw. wahr, und auch diese Wahrnehmung will symbolisch zur Darstellung gelangen. Beide Strebungen nehmen an der Wahl jener Symbole teil, die sich in das bewußtwerdende Phantasieren eindrängen, und so trägt denn der Traum wie die Dichtung usw. neben der Symbolik der sie beseelenden Wunschtendenzen (materiale Kategorie) auch den Stempel der psychischen Verfassung (funktionale Kategorie) des Träumers, Autors.[57]

Zweitens hat sich in neuerer Zeit bei psychanalytischen Untersuchungen gezeigt, daß Symbole, die ursprünglich material waren, in funktionale Verwendung übergehen. Analysiert man längere Zeit hindurch die Träume einer Person, so wird man finden, daß gewisse Symbole, die zuerst vielleicht nur gelegentlich auftraten zur Bezeichnung irgend eines Vorstellungsinhaltes, Wunschinhaltes usw., wiederkehren und so zur stehenden Figur oder „typischen Figur" werden. Und jemehr sich eine solche typische Figur befestigt und ausprägt, um so mehr entfernt sie sich von der zuerst gehabten ephemeren Bedeutung; umso mehr wird sie zum symbolischen Stellvertreter einer ganzen Gruppe gleichartigen Erlebens, eines seelischen Kapitels sozusagen; bis man sie schließlich als den Repräsentanten einer seelischen Strömung (Liebe, Haß, Tendenz zum Leichtsinn, zur Grausamkeit, zur Ängstlichkeit usw.) schlechthin ansehen kann. Was sich da vollzogen hat, ist ein Übergang vom Materialen zum Funktionalen auf dem Weg einer Verinnerlichung, wie ich es nenne. Ich werde später noch mehr über die Verinnerlichung zu sagen haben. Einstweilen dürfte dies zum Verständnis genügen, daß die materiale und die funktionale Symbolik, trotz ihrer anfänglichen scheinbaren Grundverschiedenheit, doch miteinander in einer Weise wesensverwandt sind, die durch den Vorgang der Verinnerlichung beleuchtet wird.

Das Analogon des im vorigen Abschnitt entwickelten Problems der mehrfachen Deutung erweist sich somit als eine der Beantwortung recht wohl zugängliche Frage. Und wir würden unser Problem in eine überaus günstige Stellung bringen, wenn es uns etwa gelänge zu zeigen, daß die anagogische Deutung, deren Vereinbarung

57 Ferenczi vertritt auch für den Mythos die Ansicht, daß die materiale mit der funktionalen Symbolik zusammentreffen müsse (*Imago* I, 283).

mit der psychanalytischen so untunlich scheint, eine Art der funktionalen Deutung oder mit ihr wenigstens verwandt sei. In diesem Fall würde nämlich erstens verständlich werden, wieso ein Phantasieprodukt zu mehrerlei Auslegung stimmt (Problem der mehrfachen Deutbarkeit): weil nämlich dieser mehrerlei Sinn bereits bei der Symbolwahl mitgewirkt hat, und zwar auch in jenen Fällen, wo man das Mitwirken der anagogischen Gedanken auf den ersten Blick nicht vermutet; zweitens würden die anagogische und die psychanalytische Deutung sich irgendwie miteinander versöhnen lassen, wobei möglicherweise auch die Stellung der naturwissenschaftlichen Deutung etwas klarer werden könnte.

Die Möglichkeit, daß das anagogische mit dem Funktionalen irgendwie zu schaffen habe, wird dadurch näher gerückt, daß unsere früher mitgeteilten anagogischen Auslegungen (Märchen, Parabola), funktionalen Deutungen sehr ähnlich sehen. Im Märchen von den sechs Schwänen deutet Hitchcock die Aufnahme des Mädchens in das Schloß als die Aufnahme der Sünde in das Herz; die sieben Kinder sind sieben Tugenden (also seelische Tendenzen); das kleine Mädchen ist das Gewissen; die Gewebe sind Denkprozesse. Im Märchen von den drei Federn ist wieder der eine Sohn das Gewissen; die geheime Tür ist der Zugang zum inneren Leben, zur seelischen Versenkung; die drei Federn sind seeliche Tendenzen usw. Im Traum von der „fliegenden Post“ kommt das Gewissen als Kondukteur vor. Die „Mühlen Gottes“, die psychologisch auch als das Gewissen verstanden sein wollen, um so mehr als die „Sündenlast“ (Schuldgefühl) sie treibt, kommen auch in der Parabola vor. Der Löwe oder Drache, der auf dem mystischen Pfad überwunden werden muß, ist abermals eine seelische Potenz. Die Annäherung an die funktionale Kategorie ist nicht zu leugnen: Vorgänge, die sich zwischen seelischen Kräften abspielen, werden da symbolisch abgebildet. Aber sogleich drängt sich uns auch ein Unterschied auf. Das richtige funktionale Phänomen, wie ich es bisher zu beschreiben pflegte, schildert den aktuellen psychischen Status oder Vorgang; das anagogische Bild scheint dagegen einen Status oder Vorgang anzuzeigen, der erst erlebt werden soll.

Wir lassen dieses letzte Thema, das nicht in Vergessenheit geraten wird, einstweilen beiseite und wenden uns der Frage zu, an welchem Punkt sich wohl die anagogische und die funktionale Deutung am besten zusammenbringen lassen. Dieser Punkt scheint mir die *Introversion* zu sein, und zwar einmal deshalb, weil sie der vorhin erwähnten Verinnerlichung verwandt ist, zweitens deshalb, weil sie gleichzeitig der Psychanalyse wohlbekannt und in den anagogischen Anleitungen von prominenter Wichtigkeit ist.

Der Terminus „Introversion" rührt von C.G. Jung her. Er bedeutet das Versinken in der eigenen Seele: das Zurückweichen des Interesses von der Außenwelt, das Aufsuchen der Freuden, welche die Innenwelt bieten kann. Zu dem Begriff der Introversion hat die Neurosenpsychologie geführt, also ein Gebiet, welches zunächst nur von krankhaften Formen und Funktionen der Introversion handelt. Das Sich-Versenken in die eigene Seele kommt eben auch vor als krankhaftes Sich-Verlieren darin. Man kann von Introversionsneurosen sprechen. Jung faßt die Dementia praecox als eine solche auf. Freud, der den Begriff der Introversion übernommen hat,[58] betrachtet die Introversion der Libido als eine regelmäßige und unentbehrliche Vorbedingung jeder Erkrankung an einer Psychoneurose. Jung (*Jb. ps. F.* III., 159) spricht von „gewissen Geistesstörungen [er meint die Dementia praecox], welche dadurch eingeleitet werden, daß die Kranken langsam sich immer mehr von der Realität abschließen, in ihre Phantasie versinken, wobei in dem Maße, wie die Realität ihren Akzent verliert, die Innenwelt an Realität und determinierender Kraft zunimmt". Man kann die Introversion auch definieren als ein Verlassen der (vielleicht unerreichbar oder getrübt gewesenen) Freuden der Außenwelt und ein Aufsuchen der Libidoquellen im eignen Ich. So sieht man, wie übrigens Selbstkasteiung, Introversion und Auterotismus zusammenhängen. Die Abkehr von der Außen-, Einkehr in die Innenwelt wird von allenjenen Anleitungen gefordert, die zur intensiven Ausübung der Religion, zum mystischen Leben führen. Die Praktiken der Mysterien sorgen für Gelegenheit und Beförderung der Introversion. Klöster, Kirchen sind Introversionsanstalten. Die Symbolik der religiösen Belehrungen und Riten sind voll von Bildern der Introversion. Diese ist, kurz gesagt, eine der wichtigsten Voraussetzungen der Mystik. Die kultische und mythische Symbolik hat unzählige

58 Mit gewissen Einschränkungen.

Bilder für die Introversion; z. B. das Sterben, das Hinuntersteigen (Katabasis) in unterirdische Höhlen, Gewölbe, dunkle Tempel, in die Unterwelt, die Hölle, das Meer usw.; das Verschlungenwerden von einem Ungeheuer, einem Fisch (wie bei Jonas); Aufenthalt in der Wüste usw. Die Symbole für die Introversion stimmen zum großen Teil mit jenen überein, die ich für das Einschlafen und Erwachen beschrieben habe (Schwellensymbolik), was sich aus der sachlichen Ähnlichkeit ohne weiteres begreifen läßt.

Die Katabasis des Faust zu den Müttern ist ein Introversionssymbol. Die Introversion erfüllt hier deutlich den Zweck, etwas, das nur der Phantasie erreichbar ist (Welt der Vergangenheit, Helena), zur Realität, d. h. zur psychologischen Realität, zu bringen.

Bei Jakob Boehme (*De vita Mentali*) sprach der Jünger zum Meister: Wie mag ich kommen zu dem übersinnlichen Leben, daß ich Gott sehe und höre reden? Der Meister sprach: Wan du dich magst einen Augenblick in das schwingen, da keine Creatur wohnet, so hörestu was Gott redet. Der Jünger sprach: Ist das nahe oder ferne? Der Meister sprach: Es ist in dir.

Die Hermetiker dringen oft genug auf Zurückgezogenheit, Gebet und Andacht als Voraussetzungen zu dem Werke; noch mehr wird aber in den hieroglyphischen Bildern selbst davon gehandelt. Das Bild des Todes ist uns aus den hermetischen Schriften bereits wohlbekannt; aber noch viele andere Ausdrücke der Kunstsprache gibt es für die Introversion; so z. B. das Einschließen in ein Gefäß, das Auflösen in dem Mercur der Weisen, die Rückführung der Materie in ihren wurzelhaften Zustand (durch die „radicale“ oder „Wurzel-Feuchtigkeit“) usw.

Was im besonderen unsere Parabola anbelangt, möchte ich hinweisen auf die Wanderung im dichten Wald, das Verweilen in der Löwengrube, das Passieren des dunklen Schachts zu dem Garten, das Einschließen in das Gefängnis oder – alchemistisch gesprochen – das Gefäß.

Introversion ist stets mit Regression verbunden. Die Regression ist, wie (aus dem 2. Abschnitt des I. Teils) noch erinnerlich sein dürfte, ein Zurückgreifen auf primitivere psychische Arbeitsweisen, vom Denken aufs Anschauen, vom Handeln auf das Halluzinieren; ein Zurückstreben in die Kindheit und in die Lustbetätigungen der Kindheit. Die Introversion bringt demnach eine Vorliebe für die symbolische Ausdrucksweise mit sich (der mystische Unterricht geschieht in Symbolen!) und läßt die infantilen Imagines, vor allem die Mutter-Imago, wieder aufleben. Zu allererst und an oberster Stelle im Leben waren es ja Vater und Mutter, welche als Objekte der kindlichen Liebe, sowie auch der Trotzeinstellung usw. auftraten; sie sind die Einzigartigen und Unvergänglichen, und es braucht darum im Leben des Erwachsenen nicht viel an Schwierigkeiten, um jene Erinnerungen, jene Imagines, wieder wachzurufen und wirksam zu machen. Man begreift leicht die Tatsache, daß das symbolische Ziel der vorhin erwähnten Katabasis stets mütterlichen Charakter hat; Erde, Höhle, Meer, Bauch des Fisches usw., das alles sind auch Symbole für Mutter und Mutterleib. Die Regression macht den Oedipus-Komplex mit seinen Inzestgedanken usw. wieder rege. Zu all diesen im Leben schon abgetanen, verdrängten Relikten führt die Regression wieder hin. Sie führt wirklich in eine Art von Unterwelt, in die Welt der titanischen Wünsche, wie ich sie früher nannte. Inwiefern dies bei der alchemistischen Parabola der Fall war, habe ich bereits ausführlicher in ihrer psychanalytischen Behandlung gezeigt. Auf den Muttercharakter der vorhin genannten Symbole: Gefäß, Mercur der Weisen („Mutter der Metalle") und Wurzelfeuchtigkeit (auch „Milch" und ähnlich genannt) brauche ich bloß kurz hinzuweisen.

Märchen haben oft eine sehr hübsche funktionale Symbolik dafür, wie der Weg der Introversion zur Mutter-Imago hinleitet. So gelangt der Dummling in dem Märchen von den Drei Federn durch die Pforte der Introversion pünktlich in den Familienkreis zur fürsorglichen Mutter. Dort findet auch seine Liebe Befriedigung. Er erhält ja eine Tochter (Abklatsch der Mutter-Imago) zur Frau.

In der Parabola folgt auf die Wanderung im Wald (Introversion) der zum Inzest gehörige Kampf mit dem Löwen (Vater oder Mutter in ihrer „furchtbaren" Form), auf die Einschließung ins Gefäß (Introversion) der Vollzug des Inzests.

Wenn es nun auch einleuchtet, daß bei der Introversion (infolge der damit verbundenen Regression) Bilder der „titanischen" Regungen (Inzest, Trennung der Eltern usw.) angetroffen werden, so ist damit doch noch nicht im mindesten begreiflich geworden, wieso diese Bilder zur Darstellung der anagogischen Ideen geeignet sind. Und das ist ja die Frage.

Man kommt dem Verständnis dieser auffallenden Tatsache wesentlich näher, wenn man daran denkt, was ich oben von der Typenbildung und der Verinnerlichung der Symbole sagte; daß nämlich Symbole sich von ihrer ursprünglichen engeren Bedeutung entfernen und zu Typen für eine ganze Klasse des Erlebens werden können, wobei ein Fortschreiten von der materialen zur funktionalen Bedeutung (also die Verinnerlichung) stattfindet. Einige Beispiele mögen dies erläutern.

Besonders schöne Fälle von Verinnerlichung beobachtete ich bei einer Serie von lekanomantischen Versuchen, die ich vor einigen Jahren anstellte. Die Lekanomantie ist dem Krystallsehen ähnlich, nur daß die schauende Person in ein Wasserbecken blickt. In den Visionen meiner Versuchsperson Lea bildeten sich typische Gestalten aus, die immer wiederkamen. Als Symbole betrachtet, waren sie, wie die nachherige Analyse bewies, fast alle der Verinnerlichung unterworfen. So trat z. B. eine schwarze Katze auf. Zuerst kommt sie vor als Repräsentantin der Großmutter Leas, die katzenartig war, heimtückisch, schmeichlerisch. Später steht die Katze für die entsprechenden Züge, die *Lea in sich selbst* fühlt. Zunächst ist also die Katze Symbol der Großmutter; sodann ist aber die Großmutter (oder Katze) Symbol einer Seelenströmung Leas. – Häufig kommt eine Dyas in den Bildern vor; etwa in Form einer doppelköpfigen Schlange, zweier Hände, zweier Füße, eines Weibes mit zwei Gesichtern usw. Zunächst scheint jedes Gegensatzpaar irgendeine äußerliche Bedeutung zu haben: zwei Menschen, die einander lieben usw. Sodann wird klar, daß das Gemeinsame, welches in dem doppelgesichtigen Weib seinen prägnantesten Ausdruck findet, eben die Dyas an und für sich ist und daß sie die Bisexualität (psychischen Hermaphroditismus) bedeutet. Damit nicht genug, stellt sich schließlich heraus, daß der tiefste Sinn des Symbols eine durchgreifende Spaltung von Leas Charakter in zwei verschieden geartete Personen bedeutet, wovon man die eine als die „wilde“, die andere als die „milde“ bezeichnen könnte. (Lea selbst gebrauchte die Ausdrücke: „zynische“ und „ideale“ Person.) In einem der letzten Versuche sah Lea ihr „zynisches“ Ebenbild leibhaftig personifiziert vor sich und sprach mit dieser Gestalt, die in einer engen Beziehung zur „schwarzen Katze“ stand. Die Dyas in den Symbolen gilt also zuerst als Vertreter von Außendingen (zwei Liebende usw.), sodann als Symbol der Bisexualität; die sexuelle Dyas kann aber nun wieder als ein Symbol oder Merkmal einer noch allgemeineren, noch umfassenderen Spaltung des Ich aufgefaßt werden. Ein weiteres der Verinnerlichung immer mehr zustrebendes Symbol war der Tod. Von Beziehungen zu bestimmten äußeren Erlebnissen und Vorstellungen des wirklichen Todes ausgehend, wurde die Bedeutung des Symbols immer seelischer, bis zu der Konzeption des Absterbens von psychischen Regungen. Das, was symbolisch starb oder zu sterben hatte, war durch einen alten Mann dargestellt, der sich nach allerlei Schicksalen opferte. Das Sterben dieses alten Mannes bedeutete, wie die Analyse dartat, dasselbe, was man als das „Ausziehen des alten Adam" bezeichnet. Die Gestalt des alten Mannes (ursprünglich der Großvater, dann der Vater Leas) war auch erst durch einen längeren Verinnerlichungsprozeß zu dieser seelischen Bedeutung gelangt.

Noch einige kürzere Beispiele für typische Figuren. In vielen Träumen einer Analysandin („Pauline" in meiner Abhandlung „Zur Symbolbildung") kommt als typisches Bild eine Kuh vor. Das Alternieren dieser Kuh mit deutlicheren Muttersymbolen führt zunächst darauf, die Kuh gleich der Mutter zu setzen. Zwei ausführliche Träume, die genau analysiert wurden, zeigen aber, daß die Kuh und noch andere Gestalten, womit sie alterniert, nicht so richtig mit dem Begriff der Mutter als mit dem des mütterlichen Imperiums und schließlich noch richtiger mit dem der Selbstkritik oder des Gewissens – wofür das Mutterimperium wieder nur ein Typus ist – zu übersetzen sind. Kinder figurieren bei Pauline infolge verschiedener Einzelerlebnisse als Typus für: Hindernis.

Bei einem anderen Träumer steht der Vater in ähnlicher Verwendung als das seine Entschlüsse lähmende Moment. Das Emporsteigen auf einer Stiege, häufig ein Symbol für Coitus (Hinaufeilen, wobei man außer Atem kommt), entpuppt sich oft in einem tieferen Zusammenhang als das Bemühen, von den Widerwärtigkeiten des Lebens zu irgendeinem den anderen Leuten (Gedanken) unzugänglichen Zufluchtsort (einsame Dachkammer usw.) zu gelangen; und nun sieht man ein, daß diese tiefere Bedeutung sich unbeschadet der ersten einstellt, denn auch der Coitus ist, wie jeder Rauschzustand, nur ein Spezialfall der Flucht vor dem äußeren Leben, eine der Formen des seligen Vergessens. Daher zum Teil die mythologisch (und psychopathologisch) wichtige Gleichsetzung von Berauschung und Coitus, Berauschungsgetränk und Sperma, Soma und Same. Stiege = Coitus ist in diesem Falle Typus für eine viel umfassendere Klasse des Erlebens.

Marcinowski fand in seinen Analysen, daß der Vater im Traumleben oft zum „Symbol des überwundenen Standpunktes" wird. (*Z. Bl. f. Ps.*, II, 9.)

Als Typus muß man auch den Phallus, die Sonne und andere kultisch verehrte Dinge nehmen, wenn man sie, wie Jung (*Wandl. u. Symb., Jb. ps. F.*, III–IV), als Symbole der Libido[59] ansieht. Den Typencharakter göttlicher Gestalten hebt übrigens Jung selbst ziemlich deutlich hervor (IV., 169).

Die Schlange, von deren (bei Jung ausführlich entwickelter) Bedeutung als „negativer Phallus" usw. noch gesprochen werden soll, kann auch als ein typisches Bild angesehen werden. Stier, Kuh und andere Tiergestalten stehen mythologisch wie in Träumen in typenhafter Verwendung mit unbegrenzter Möglichkeit der Verinnerlichung. Hunde sind in Träumen oft die Repräsentanten der animalischen Neigungen. Die Bestie ist oft: „la Bête Humaine" in des Träumers eigenem Innern. Den furchtbaren Löwen, den Bären usw. als Vater haben wir schon kennen gelernt; hier eröffnet sich nun eine neue Perspektive, welche die Einseitigkeit unserer ersten Auffassung klar empfinden läßt.

Seitdem die Psychanalyse in Aufnahme gekommen ist, glauben viele ihrer Anhänger, mit ihrer Zerlegungsarbeit allein alle die psychologischen, ästhetischen und mythologischen Probleme, die sie sich vornehmen, lösen zu können. Man versteht jedoch das psychische Getriebe, wie auch alle Geistesentwickelung, nur halb, wenn man bloß hinabblickt auf die Wurzeln. Wir haben nicht bloß zu betrachten, woher wir kommen, sondern auch, wohin wir gehen. Dann erst kann der psychische Lauf (Individual- wie völkerpsychologisch) erfaßt werden, gleichsam in einer Bewegungsformel.

Wenden wir diesen Grundsatz auf die Symbolik an, so erwächst daraus die Verpflichtung, stets die beiden scheinbaren Pole im Auge zu behalten, zwischen denen sich das Fortschreiten der Bedeutung, der Vorgang der Verinnerlichung, vollzieht. (Auch eine Ver-

59 Deren Begriff Jung beinahe zu Schopenhauers Willen ausdehnt.

äußerlichung ist möglich, doch muß wohl die Verinnerlichung als der normale Prozeß[60] betrachtet werden.) Zu den allgemeinsten Typen gehören nun zweifellos jene Symbole oder (oft verdeckten) Bilder, von denen wir uns vorhin wunderten, daß sie, nebst ihrer Vertretung der „titanischen" Tendenzen, zur Darstellung des Anagogischen geeignet sind. *Die Lösung des Rätsels ergibt sich in dem Augenblick, wo wir diese Bilder als Typen mit einem gewissen Maß von Verinnerlichung betrachten;* als Typen für einige wenige seelische Grundkräfte, mit denen wir alle ausgerüstet sind und deren typische Symbole deshalb allgemeine Geltung haben.[61] Wenn wir z. B. aus einigen in Träumen gegebenen Symbolen analytisch den Vater, die Mutter usw. erschließen, so haben wir in diesen Vertretern der psychischen „Imagines", wie der Psychanalytiker sie nennt, eigentlich bloß Typen gewonnen, deren Bedeutung sich nun je nach der Betrachtungsweise ändern wird, etwa so wie sich die Farbe mancher Mineralien verändert, je nach dem Winkel, unter dem man sie zum Lichte hält. Der wirkliche Vater, die wirkliche Mutter, die Erlebnisse, die sich um sie rankten, waren das Material, das zur Bildung der Typen verwendet wurde; sie waren, wenn auch einschneidende, so doch äußere Dinge; während später der als Symbol auftauchende „Vater" usw. als *Typus eine seelische Potenz des betreffenden Menschen selbst* zu bedeuten vermag. Freilich eine seelische Potenz, die der Betreffende ähnlich empfindet wie einen Vater; denn sonst würde sich die Vater-Figur als Symbol nicht dafür eignen. Und man kann sogar so weit gehen, diese seelische Potenz „Vater-Imago" zu nennen; das darf aber niemals dazu verleiten, jene äußere Person, die im Einzelfall zumeist (nicht immer!) den Typus abgegeben hat, für das Eigentliche, das Tiefste zu nehmen. Das Tiefste liegt nämlich in uns selbst und wird an den Personen der Außenwelt nur gebildet und geübt.

So ergibt sich denn für die typischen Symbole eine doppelte Perspektive. Die Typen sind gegeben; man kann durch sie nach vorne schauen und nach hinten. Es wird in beiden Fällen nicht ohne Bildverzerrungen abgehen; man wird öfters Dinge übereinander

---

60 Sie entspricht nämlich dem Vorgang der Erziehung, des Kulturfortschritts. Das wird uns bald einleuchten.

61 Ich werde eben deshalb diese Typen die menschlichen *Elementartypen* nennen.

projiziert sehen, die nicht zueinander gehören; man wird Konvergenzen in Fluchtpunkte wahrnehmen, die nur der Perspektive zuzuschreiben sind. Ich möchte der Kürze halber die so entstehenden Fehler „Überdeckungsfehler“ nennen. Die Bedeutung dieses Begriffes wird hoffentlich in der Psychanalyse noch zu starker Geltung kommen.[62] Der Überdeckungsfehler stellt sich natürlich nicht bloß bei der Rückschau, sondern auch bei dem Blick nach vorne ein. So wird auch das, was ich als Interpret der mystischen Symbolik von den möglichen Entwicklungen der Seele sagen werde, mit Überdeckungsfehlern behaftet sein. Sie zu korrigieren steht nicht in meiner Macht. Trotz alledem muß die Behandlung der Symbolik nach beiden Richtungen hin der einseitigen überlegen sein; um einem gründlichen Erfassen – das freilich ein Ideal bleibt – sich zu nähern, müssen die verschiedenen Aspekte miteinander verwoben werden; um dies anzudeuten, habe ich auch dem analytischen Teil meiner Arbeit einen synthetischen folgen lassen.

Durch die Elementartypen *zurückschauend*, erblicken wir also die infantilen Imagines samt jenen unethischen Wurzeln, welche die Psychanalyse in uns aufdeckt; *vorwärtsschauend* bemerken wir Richtungsgedanken, die zu irgendwelchen Zielen hinführen, von denen später gesprochen werden soll. *Die Elementartypen selbst aber stellen* dank der Verinnerlichung *unser seelisches Kräfte-Inventar dar,* das wir als Kinder zuerst zur Zeit der Entstehung der Imagines ausgebildet und geübt haben und das darum mit diesen Imagines so wesensverwandt ist, ja mit ihnen infolge des Überdeckungsfehlers sogar gänzlich zusammenfällt; – jenes Kräfte-Inventar, sage ich, das uns durch unser ganzes Leben begleitet und dem auch die für künftige Entwicklungen erforderlichen Kräfte entnommen werden. Die Objekte oder Anwendungen wechseln, die Kräfte bleiben (nahezu) dieselben. Die Symbolik der materialen Kate-

62 Einen solchen Überdeckungsfehler strebt C.G. Jung zu entlarven, wenn er schreibt: „Wie Libido das Vorwärtsstrebende ist, so ist etwa der Inzest das in die Kindheit Rückstrebende. Für das Kind heißt es noch nicht Inzest; nur für den Erwachsenen, der eine wohlausgebildete Sexualität besitzt, wird dieses Rückstreben zum Inzest, indem er kein Kind mehr ist sondern eine Sexualitat besitzt, die eigentlich keine regredierende Applikation mehr erträgt.“ (Jung, *Jb. ps. F.*, IV, 279). Es mag übrigens bemerkt werden, daß auch Freud sich davor hütet, den psychanalytisch erschlossenen „Inzest“ in allzu krasser Tatsächlichkeit zu nehmen.

gorie, die an den äußeren Dingen hängt, ändert sich mit diesen; jene Symbolik aber der funktionalen Kategorie, welche diese Kräfte abbildet, bleibt bestehen. Die Typen mit ihrer Verinnerlichung gehören der funktionalen Kategorie an; sie bilden das Beständige ab.

Jenes Erleben, worauf die Andeutungen der (durch die Introversion zum Sprechen gebrachten) Symbolik als auf eine mögliche seelische Entwicklung hinweisen, entspricht einem religiösen Ideal; intensiv durchlebt, heißt diese Entwicklung die mystische[63]. Sie bietet sich uns also dar, wenn wir, statt zurückzuschauen, den Blick von unseren Elementartypen aus vorwärts in die Ferne schweifen lassen. Vergessen wir aber nicht, daß wir die Mystik nur als die äußerste (psychologisch als die innerste!) Entfaltung des religiösen Lebens betrachten können, als den Idealfall, der kaum zu verwirklichen ist, obschon ich in dieser Richtung viel für möglich halte. Wenn meine späteren Ausführungen stark ins Gebiet der Mystik gehen werden, ohne immer von neuem den Standpunkt klar zu machen, wird man wissen, welcher Einschränkungen man sich zu versehen haben wird.

Wenn ich auf dem Standpunkt stehe, daß die Kräfte, deren (zumeist symbolisch verschleierte) Bilder die Elementartypen sind, sich nicht verändern, so will ich damit nicht sagen, daß sie einer *Sublimation* nicht fähig wären. Sie unterliegen mit der zunehmenden Erziehung des Menschen wie des Menschengeschlechtes einer Sublimation, die aber doch den Grundcharakter der Kräfte in kenntlicher Form bestehen läßt. Einer der wichtigsten Typen, an denen sich dieser Wandlungsprozeß vollzieht, den Trieb verfeinert und doch etwas von seinem Charakter bestehen läßt, ist der Typus: „Mutter“ bzw. „Inzest“. Unter den religiösen Symbolen findet man zahllose Inzestbilder; daß aber für ihre psychologische (durch Analyse aufzudeckende) Grundlage der engere Begriff „Inzest“ nicht mehr geeignet ist, hat unter den Psychanalytikern Jung ziemlich scharf erkannt. Es muß nämlich bei jeder zur ethischen Entwicklung gehörigen Symbolik der anagogische Aspekt gebührend berücksichtigt werden; bei der religiösen Symbo-

---

63 Man könnte die Mystik etwa definieren als dasjenige religiöse Verhalten, welches die Erreichung des Religionszieles, Vereinigung mit der Gottheit, auf dem kürzesten Wege anstrebt; oder als eine intensive Bearbeitung seiner selbst, um diese Vereinigung zum Erlebnis werden zu lassen.

lik vielleicht am allermeisten. Der den religiösen Inzestsymbolen entsprechende Trieb ist vornehmlich zu fassen als der Zug zur Introversion und zur Wiedergeburt[64], von der später gehandelt werden wird. Ich habe oben den Ausdruck „Sublimation“ gebraucht. Dieser Freudsche Terminus und Begriff findet sich ganz genau in der gleichen Bedeutung bei den Hermetikern vor. In dem Gefäß, wo die mystische Erziehungsarbeit verrichtet wird, d. h. im Menschen, werden Stoffe sublimiert; psychologisch gesprochen heißt dies, daß die Triebe verfeinert, aus ihrer Niedrigkeit auf ein höheres Niveau gebracht werden sollen. Freud macht es verständlich, daß die Libido, besonders die asoziale geschlechtliche Libido, unter günstigen Umständen sublimiert, d. h. in eine sozial brauchbare Triebkraft gewandelt wird. Dies sei geschehen im Entwicklungsgang des Menschengeschlechtes und wiederhole sich bei der Erziehung des einzelnen.

Ich nehme an, daß der Grundcharakter der psychischen Elementarkräfte, an denen sich die Sublimation vollzieht, um so kenntlicher bleibt, je weniger der Sublimationsprozeß in die Länge gezogen wird. Bei der Mystik z. B. schlägt der Grundcharakter der Urmotive stark durch, weil sie verhältnismäßig wenig sublimierte Triebe in einem abgekürzten Prozeß dem äußersten Sublimationsziel zuführen will. Sie unternimmt es, im einzelnen Menschen ein Werk zu verrichten, das sonst viele Menschenalter dauern würde. Was ich also von der Unveränderlichkeit der Grundkräfte oder ihrer Urmotive sagte, gilt im äußersten Maße von ihrem Schicksal in der mystischen Entwicklung.

Der mohammedanische Mystiker Arabi (1165–1240) schreibt: „Die Liebe als solche in ihrem eigentlichen Leben ist für die sinnliche und die geistige dieselbe, also für jene Araber [eines Gleichnisses] und für mich, aber die Objekte der Liebe sind verschieden: jene liebten sinnliche Phänomene, während ich, der Mystiker, das innerste Wesen liebe.“ (Horten, *Myst. Texte*, 12.)

Die religiös-mystischen Anwendungen der durch die Typen dargestellten Grundkräfte im Sinne einer Sublimierung weisen also gegenüber ihrer retrospektiven Form (titanischen, rücksichtslosen Form) *nicht einen wesensfremden Charakter auf; das wichtige*

64 Siehe rüchwärts die Anmerkung C.

Neue an ihnen ist eigentlich, daß sie nicht mehr im egoistischen Gebrauch stehen, sondern einen ethisch wertvollen Gehalt bekommen haben, wozu die Verinnerlichung behilflich war. Jene Verinnerlichung, die wir äußerlich an den Typen oder Symbolen bemerken, ist nämlich nur der sichtbare Ausdruck einer weit wichtigeren *faktischen Verinnerlichung,* deren Leistung in einer *Erweiterung der Persönlichkeit* liegt; sie soll später ausführlich gewürdigt werden.

Bei der psychanalytischen Betrachtung der alchemistischen Parabola wollte es scheinen, als lebten sich da bloß die titanischen Regungen aus, wie: die Mutter zur Geliebten zu haben, den Vater zu töten. Einer gar bedeutenden Verinnerlichung entspricht es nun, wenn wir hören, daß bei dem alchemistischen Werke der Vater mit dem Sohn identisch ist, und wenn wir verstehen, daß der Vater ein Zustand (oder eine psychische Potenz) des „Sohnes" ist, den dieser (in sich) zu überwinden hat, genau so, wie sich in den lekanomantischen Versuchen Lea bestrebt, den alten Adam abzulegen.

Der Alchemist Rulandus (*Lex.*, 214) zitiert die *Turba*: „Nimm den weißen Baum, bawe ihm ein rundes, finsteres, mit Thaw umgebenes Hauß, und setz darein einen hundertjährigen, unnd verschließ, daß kein Wind oder Staub zu ihm kan [Introversion], laß [ihn] darinn acht Tag. Ich sag euch, daß derselbig Mann nicht auffhöret zu essen, von den Früchten desselben Baums, biß er zu einem Jüngling wirdt. O wie ein wunderliche Natur, hie ist der Vatter Sohn worden, und wider geboren." Ebenda: „Der Stein [d.i. im anagogischen Verstande der Mensch] ist im Anfang der senex, darnach jung … daher gesagt wird filius interficit patrem: der Vatter muß sterben, der Sohn geboren werden, sterben mit einander, und erstehen mit einander."

Entsprechend muß verfahren werden, wenn man die Parabola anagogisch interpretieren will. Was ich vorhin aus den anagogischen Märchendeutungen als Introversionssymbole herausgriff, weist selbstverständlich gleichfalls den Charakter der Verinnerlichung auf.

Was nun die Natur der durch die Elementartypen[65] dargestellten relativ unveränderlichen seelischen Tendenzen anbelangt, kann eine einfache Betrachtung des Notwendigen ohne viele psychologi-

65 Die in mythologischer Betrachtung auch *Urmotive* genannt werden können.

sche Feinheiten bereits zu einem elementaren Schema führen, das zum Verständnis der längs der Elementartypen vor sich gehenden Wandlungen (Verinnerlichung) genügt. Man braucht nur die durch die Reibung mit der Außenwelt notwendig eintretenden einfachsten Reaktionen des Individuums herzunehmen, welche zu beständig fortdauernden Erlebensformen werden, die ungefähr so selbstverständlich sind wie die Libido selbst. Das Maß des Egoismus, mit dem die elementaren Tendenzen betätigt werden, muß nach den Erfahrungen der Psychanalyse sehr groß erachtet werden; ich wähle deshalb im Folgenden für den „titanischen" Aspekt (die retrospektive Form) der Tendenzen einen exzessiv egoistischen Ausdruck; und selbst dieser exzessive Ausdruck, welcher als Grundlage einer religiösen Entwicklung eher abträglich erscheint, gewährt, dank dem Prinzip der Verinnerlichung, Verständnis für diese Entwicklung.

Von der Libido im allgemeinsten Sinne ausgehend, gelangt man zunächst zu den zwei Erscheinungen: Gefallen und Mißfallen, aus denen wieder alsbald die Aneignung und die Ablehnung hervorgehen. Beiden Tätigkeiten können sich Hindernisse erschwerend entgegenstellen, so daß aus der Aneignung der Raub, aus der Ablehnung die Vernichtung wird. Diese Möglichkeiten können freilich nur so weit zur Tat werden, als sie sich praktisch durchführbar erweisen. Auf alle Fälle sind sie psychisch vorhanden und spielen in dieser rohen Urform keine geringe Rolle in der Seele des Kindes, welche nur eine blinde Schwärmerei zu jener Engelhaftigkeit erhob, von der das Kind genau so weit entfernt ist, wie von ihrem Gegenteil. Man hüte sich, die „rohe" Form der Triebe als „roh" vom Standpunkt einer ausgebildeten Kultur zu nehmen, die in der Roheit etwas moralisch Minderwertiges erblicken muß. In „Raub" und „Vernichtung" auf primitiver oder kindlicher Stufe liegt vom Bösen kaum ein winziger Keim. Erst beim gewollten Festhalten an diesen elementaren Tendenzen trotz besserem Wissen ist das Moment des „Bösen" gegeben. Es ließe sich da sehr viel über die Psychologie und die Ethik des Kindes sagen. Ich kann mich indes nicht auf dieses weite Gebiet einlassen, so interessant es auch ist.

Auf die Personen der Umgebung angewendet, ergeben die Urtendenzen gewisse typische Erscheinungsformen. Ich kann sie leider nicht anders bezeichnen als mit Ausdrücken, die, wenn der fertige Mensch sie gebraucht, die Vorstellung von Verbrechen ergeben. Es müßte eine eigene moralisch farblose Sprache für diese Dinge erfunden werden.[66] Die Opposition eines Nebenmenschen gegen die Erfüllung eines Triebes erweckt die Tendenz, diesen Menschen zu überwinden, zu beseitigen, zu töten. Der Typus des hinderlichen Menschen ist allemal der Erzieher (Vater, eventuell Mutter). Daß derselbe gleichzeitig Wohltäter ist, wird weniger empfunden,[67] weil der psychische Apparat die Triebbefriedigung als das Natürliche hinnimmt, welches seine Energie lange nicht so sehr aufstachelt wie die Behinderung der Befriedigung. Es wird aber einer Form der Wertschätzung dieser Wohltäterschaft gedacht werden. Dem Weib gegenüber tritt (obschon dies lange Zeit hindurch übersehen worden) schon sehr früh beim Kinde, und zwar in gewissen periodischen Schüben, ein sexuell betontes Fühlen ein, wenn die Äußerungen dieses Fühlens auch dunkel sein und zeitweise ganz verschwinden mögen. In dieser „Liebe" ist ein Keim von Begehren, von erotischem Für-Sich-Haben-Wollen enthalten. Den Typus des begehrenswerten Weibes gibt notgedrungen ein in der Nähe vorhandenes Weib ab, insbesondere die Mutter. Insofern in der Liebe zur Mutter der Vater als Hindernis empfunden wird, muß er in der elementaren Tendenz zur Beseitigung des Hindernisses getötet[68] werden, und es entsteht der zum Oedipus-Komplex gehörige Tötungsantrieb. Insofern die Mutter selbst der verlangten Zärtlichkeit nicht entgegenkommt oder sich, indem sie die Erzieherin hervorkehrt, abweisend, korrigierend benimmt, wird auch sie zu einem Hindernis, zu einer der „lieben" Mutter entgegengesetzten Kontrastgestalt, der gegenüber sich die Psyche in Angst und Erbitterung einstellt. Die Angst rührt hauptsächlich aus dem seelischen Tendenzenkonflikt her, der sich daraus ergibt, daß die Geliebte und die Gehaßte eine und dieselbe Person ist. Das Korrelat zu dem abweisenden Benehmen der Mutter ist, sie zu vergewaltigen. Ein anderer Grund des Zuges zur Mutter, neben dem erotisch

66 Der Traum, der Mythos hat dafür die symbolische Sprache gefunden.

67 Anerkennung einer Wohltat, Dankbarkeit etc. setzen bereits Sublimierung voraus, sie gehören dem titanischen Aspekt nicht an.

68 Das Kind hat vom Tod keine deutliche Notion. Es handelt sich zunächst einfach um ein Weghaben-Wollen. Wenn uns dieses Urmotiv nachträglich als ein „Töten" erscheint, so handelt es sich wieder um einen Überdeckungsfehler, ebenso wie beim später erwähnten „Vergewaltigen".

betonten, ist das Verlangen nach ihrer Fürsorge, das namentlich durch die beschwerlichen Erfahrungen in der übrigen Welt hervorgerufen wird. Es ist das eine Trägheit gegenüber den Aufgaben des Lebens. Der Hang zur Bequemlichkeit ist ein psychologisch außerordentlich wichtiger Faktor. Stätte der Fürsorge ist zwar das Elternhaus überhaupt; ihr Typus aber vor allem die Mutter; man spricht auch von „mütterlicher", weniger von „väterlicher" Fürsorglichkeit. Den fürsorglichen Muttertypus habe ich im Märchen von den drei Federn vermerkt, wo die Mutter-Itsche aus der großen Schachtel die Gaben austeilt. Insofern sich nun die fürsorgende Person den an sie gestellten Anforderungen verschließt und aus Gründen der Lebensnotwendigkeit das Kind in die Welt hinausweist; oder insofern irgend andere Hindernisse (Erfordernisse des Lebens) sich dem Genuß des trägen Sich-Füttern-Lassens in den Weg stellen (wie der Engel mit dem flammenden Schwert vor den Eingang des Paradieses), so erscheint die behindernde Macht unter dem Typus der „furchtbaren" Mutter, einem Bild, dessen Schreckhaftigkeit durch die Mitwirkung des Inzestkonfliktes noch gehoben wird. In diesem Aspekt ist also die andererseits geliebte Mutter etwas Feindliches.

Der vom Kind als Pedanterie empfundenen Erziehungstätigkeit (oder dem sonstigen unverstandenen Verhalten) der Großen setzt das Kind die uns schon bekannte Trotzeinstellung entgegen, und es entsteht hieraus, sowie aus dem Bestreben, den rauhen Lauf des Lebens überhaupt abzuändern, das hoffärtige Bestreben nach einem schöpferischen „Bessermachen", das ich auch bereits erörtert habe. Auch der Wunsch zu sterben kann eintreten. Ferner fahren die Hindernisse, die sich dem erotischen Erleben in der Außenwelt entgegensetzen, wofern sie unüberwindlich sind oder aus Trägheit nicht überwunden werden, zum Auterotismus. (Daß dieser im zarten Kindesalter schon von vornherein vorhanden war, ist für diese Triebmechanik Nebensache. Das soeben mitgeteilte Schema darf überhaupt nicht zu sehr wie eine historisch-chronologisch gegebene Entwicklung angesehen werden; sondern die Tendenzen sind sowohl innig miteinander als auch mit der Akquisition der vorläufig gar nicht in Betracht gezogenen psychischen Hemmungen verwoben; indem man sie trennt, begeht man schon etwas wie einen Fehler.)

Wir haben diese Hauptkräfte betrachtet: 1. Beseitigen des Hinderlichen, 2. Begehren nach der elterlichen Fürsorge, 3. Begehren des Angenehmen (besonders des Weibes), 4. Auterotismus, 5.–6. Verbessern und Neuzeugen, 7. Todeswunsch. Folgendes Schema zeigt den retrograden (titanischen) sowie den anagogischen Aspekt dieser Kräfte, welch letzterer einer Verinnerlichung der Typen und einer Art von Sublimation der Triebe entspricht:

Retrograder Aspekt	*Anagogischer Aspekt*
1. Töten des Vaters,	Töten des alten Adam;
2. Begehren der Mutter (Faulheit);	Introversion;
3. Inzest;	Liebe zum Ideal;
4. Auterotik;	Siddhi[69];
5. Zeugung mit der Mutter;	Geistige Wiedergeburt;
6. Verbessern;	Neuschöpfung[69];
7. Todeswunsch.	Aufgehen im Ideal.

Man darf hinter diesen Verinnerlichungen, deren Schema hier übrigens nur grob skizziert wurde, nichts Wunderbares wittern; sie geschehen in einem jeden von uns, sonst wären wir lauter Bestien. Nur erheben sie sich nicht in einem jeden von uns zu der Intensität des mystischen Erlebens.

Ein feineres Eingehen in die Mechanik der psychischen Kräfte bei der mystischen Entwicklung würde jedenfalls noch viel ausführlicher zeigen, wie alles Vorhandene zu den Verinnerlichungen des Erziehungswerkes herangezogen wird. Es wäre beispielsweise interessant, der Verwendung der einzelnen Sinne bei der Introversion nachzugehen, das Schicksal der Sinnesqualitäten zu ermitteln usw. Es ist ganz merkwürdig, welche hervorragende Rolle Geschmacks- und Geruchserlebnisse oft in den Schilderungen von Personen spielen, die den Pfad der Mystik beschritten haben. Ich erinnere an den „Geruch der Heiligkeit“, dem der „teuflische Gestank“ gegenübersteht. Der magische Experimentator Staudenmaier, von dem noch die Rede sein wird, hat an sich die Koordination seiner Partialseelen (Personifikationen, autonome Komplexe) zu bestimmten Leibesfunktionen und zu bestimmten Organen festgestellt. Gewisse boshafte Teilseelen, die ihm halluzinatorisch

69 Wird später erläutert.

als teuflische Bocksgestalten erschienen, waren an die Funktion bestimmter Enddarmpartien gebunden.

Die Mystik betreibt eine viel energischere Sublimation der Triebe als die normale Menschenerziehung; es ist darum nicht verwunderlich, wenn die Verinnerlichung das, was sie soll, nicht so rapid leistet, sondern mangelhaft bleibt. In solchen mißglückten oder mangelhaft geglückten Fällen weisen die verinnerlichten Kräfte weit mehr als bloße Spuren ihrer minder vornehmen Vergangenheit auf. Die Helden solcher mißlungener Mystik erscheinen als wunderliche Heilige. So z. B. jener Graf von Zinzendorf, dessen schwärmerische Liebe zum Heiland derart sinnlichen Beigeschmack, noch dazu mit auffallenden Perversitäten, aufweist, daß die Ergüsse seiner Begeisterung geradezu erheiternd wirken. So phantasiert sich der Fromme mit lüsterner Vorliebe in das „Seitenhöhlchen“ (die Seitenwunde) im Leib Jesu, mit nicht zu verkennender Identifikation dieses „Ritzes“ mit der Vulva. Einige Beispiele von poetischen Erzeugnissen Zinzendorfs und seiner Getreuen mögen hier folgen.

„So immer seitwärts schielerlich,
So seiten-heimweh-fühlerlich,
So Lamms-herz-gruft-durchkriecherlich,
So Lamms-schweiß-spur-beriecherlich.
....
So JEsus-schweiß-tropfhaltiglich,
Vor Liebes-fieber schütterlich,
Wie's Kind voll Geistes,
So leichnams-luft-anzieherlich,
So wunden-naß-aussprüherlich,
So grabesdünste-witterlich,
....
So Marter-Lamms-herzhaftiglich,
So JEsus-knaben-haftiglich,
So Marie-Magdalenelich,
Kindlich, jungfräulich, ehelich
Soll uns das Lamm erhalten,
Bis zum Kuß seiner Spalten.“

„Bey uns Creutz-leutelein
Gilt oft der Seitenschrein
Fürs ganze Lämmelein:
Ihr armen Sünderlein,

Nur tieff, nur tieff hinein,
Ja tieff, recht tieff hinein,
Und wer will selig sein,
Der wünsch sich dahinein
Ins Sammelplätzelein
Aller der schätzelein.
Charmantes Lämmelein,
Ich armes Dingelein küsse die Ringelein
An deinen Fingerlein.
Du Wunde von dem Speer!
Halt auch dein Mündlein her,
Es muß geküsset seyn,
Lamm! rede mir nichts drein!
Dieses Minutelein
Bist du mein und allein.“

Man vergleiche zu diesen Merkwürdigkeiten die psychologischen Erläuterungen von Pfister (*Frömmigk. d. Gr. Ludw. v. Zinzend.*).

Auf die vorhin erwähnten „seelischen Grundkräfte“ zurückgreifend, möchte ich noch erwähnen, daß auch die Alchemie versucht, das zu dem großen Werke bereitstehende Kräfteinventar in ein kurzes Schema zusammenzufassen. Sie gebraucht zu diesem Zweck verschiedene Bilder; eines der geläufigsten sind die sieben Metalle oder Planeten. Ob ich mit den Astrologen sage, daß die Seele (nicht der himmlische Geist, der von Gott stammt) den Menschen von den sieben Planeten zugeflossen, also aus ihren sieben Influenzen zusammengesetzt ist, oder wenn ich mit den Alchemisten von sieben Metallen spreche, die im Mikrokosmos einander begegnen, so ist das natürlich ganz dasselbe, nur in einem anderen, dabei sehr verwandten, Bild ausgedrückt. Bekanntlich sind die Metalle „unvollkommen“ und müssen „verbessert“ oder „vollkommen gemacht“ werden. Wir müssen unsere Triebe sublimieren, heißt das.

„Vom Höchsten bis zum Tiefsten steigt alles durch Mittel- und Zwischenstufen auf der unendlichen Leiter herab, dergestalt, daß jene Bilder und Abdrücke, als Ausgeburten des göttlichen Gemüths, durch untergeordnete Gottheiten und Halbgötter, ihre Gaben und Ausflüsse den Menschen mittheilen. Davon die vornehmsten diese sieben sind: der Untersuchungsgeist, das Vermögen der Regierung und Beherrschung sein Selbst, der tapfre Muth, die Deutlichkeit der Sinne, die inbrünstige Liebe, der Scharfsinn in der

Auslegungskunst, die fruchtbare Zeugungskraft. Aller dieser ihre würkende Kräfte hat Gott zunächst und ursprünglich in sich. Von ihm haben sie die sieben Geister und Gottheiten, die die sieben Planeten bewegen und beherrschen, und von uns Engel genannt werden, überkommen, so, daß ein jeder von ihnen das Seinige vor den übrigen besonders erhalten hat. Diese vertheilen sie wieder unter die ihnen untergeordneten sieben Ordnungen der Dämonen, und zwar unter einem ieden insbesondere, aus. Und diese überliefern sie endlich den Menschen." (Adamah Booz, *Sieb. Grunds.*, 9f.)

In dieser Aufzählung weisen die Grundkräfte (deren Erteilung stark variiert) bereits ein gewisses Maß von Verinnerlichung auf. Wollte man ihren titanischen Aspekt dem anagogischen entgegenstellen, so bekäme man ungefähr dieses Bild, dem ich geläufige astrologische Charaktere der Sieben zugrunde lege:

Zerstören (Kastrieren)	♄	Introversion
Herrschen	♃	Sich selbst beherrschen
Kampflust	♂	Sich selbst bekämpfen
Libido	☉	Sublimierte Libido
Geschlechtsleben, Inzest	♀	Wiedergeburt
Grübelzwang[70]	☿	Wissenschaft
Freude am Wechsel; Bessermachen	☽	Sich selbst ändern

Neben der Einteilung der Grundkräfte nach der beliebten Siebenzahl gibt es freilich in der Alchemie noch andere Schemata, mit anderen Bildern. Man muß ferner stets dessen eingedenk sein, daß die Zeichen in der Alchemie in vielerlei Bedeutung gebraucht werden.

Insofern die „Gestirne", wie in der hermetischen Kunst oft zu verstehen, psychische Grundkräfte sind, klingt es geradezu wie Psychanalyse, wenn Paracelsus der Ansicht ist, daß im Schlaf der „siderische" Leib in freier Wirkung sei, sich da zu seinen Vätern aufschwinge, Zwiesprach mit den Sternen halte.

Betreffs der Verinnerlichung muß ich noch auf die im folgenden Stücke stehenden Ausführungen über die Erweiterung der Persönlichkeit hinweisen. Es ist ein wichtiges Moment, daß jene äußeren Hindernisse, welche der rücksichtslosen Entfaltung der ti-

70 Freud ist der Ansicht, daß sich der ursprüngliche Fragedurst nach dem sexuellen Geheimnis in krankhaften Grübelzwang umsetzen, aber auch eine Triebkraft für richtigen Wissensdurst abgeben kann.

tanischen Triebe entgegenstehen, nach und nach als Hemmungen *in die Psyche aufgenommen werden,* welche solcherart die äußeren Gesetze, nach denen ein Leben praktisch möglich ist, in sich aufnimmt.[71] Wofern nicht tiefe Konflikte es verhindern, entsteht durch Übung dieser Gesetze eine ihnen entsprechende Beeinflussung der Neigungen selbst. Ist doch die Gewohnheit imstande, sogar ein hartes Joch mit Liebe tragen zu lehren, ja es zur Lebensbedingung zu machen. Ich habe soeben die Beschränkung gebraucht: wenn nicht Konflikte es hindern; nun, gewöhnlich sind sie da, auch für den Mystiker; und das „Werk" gilt vor allem ihrer Austragung. Zur Tilgung der Gegensätze müssen die in der „titanischen" Phase nach außen gerichteten Waffen nach innen gerichtet werden: dort, und nicht draußen sind ja jetzt die Konflikte.

B. Folgen der Introversion

Die Introversion ist kein Kinderspiel. Sie führt zu Abgründen hin, von denen man verschlungen werden kann, rettungslos. Wer sich der Introversion unterzieht, gelangt an einen Punkt, wo sich zwei Wege trennen; und dort muß er eine Entscheidung treffen, eine Entscheidung, die folgenschwerer nicht gedacht werden kann. Das Bild des Abgrunds, das Bild des Scheideweges: beide waren in unserer Parabola recht deutlich enthalten. Das Vorkommen des gleichen Motivs in Mythen, in Märchen ist wohlbekannt. Die Gefahr wird augenfällig, indem der Held zumeist einen scheinbar ganz kleinen Fehltritt tut und dann unerhörter Mühen bedarf, um diesen einzigen kleinen Fehler gutzumachen. Noch ein unrechter Schritt, und alles wäre verloren gewesen. Die Introversion bietet also zwei Möglichkeiten; entweder das zu gewinnen, was die mystische Arbeit gewinnen will, oder sich zu verlieren.

Bei der Introversion sinkt die Libido in ihre „eigene Tiefe" (ein Bild, das Nietzsche gern gebraucht) und findet dort unten in den Schatten des Unbewußten den Ersatz für die Oberwelt, die sie verlassen hat, nämlich die Welt der Phantasie und der Erinnerungen, worunter die stärksten und einflußreichsten die frühinfantilen Er-

71 Hierin ist die vorhin kurz erwähnte *faktische* Verinnerlichung zu erblicken.

innerungsbilder sind. Es ist die Welt des Kindes, jener paradiesische Zustand frühester Kindheit, von dem uns einst ein hartes Gesetz trennte. In diesem unterirdischen Reich schlummern süße Heimatgefühle und die unendlichen Hoffnungen alles Werdenden … Doch, wie Mephistopheles sagt, „die Gefahr ist groß“. Diese Tiefe ist verlockend; sie ist die „Mutter“ und – der Tod. Bleibt die Libido im Wunderreich der inneren Welt hängen, so ist der Mensch für die Oberwelt zum Schatten geworden, er ist so gut als ein Toter oder Schwerkranker. Gelingt es aber der Libido, sich wieder loszureißen und zur Oberwelt emporzudringen, dann zeigt sich ein Wunder: diese Unterweltsfahrt war ein Jungbrunnen für sie gewesen und aus ihrem scheinbaren Tode erwacht neue Fruchtbarkeit. Dieser Gedankengang wird in einem indischen Mythus sehr schön zusammengefaßt: Einst versank Visnu in Entzückung (Introversion) und gebar in diesem Schlafzustand Brahma, der, auf einer Lotosblume thronend, aus dem Nabel Visnus emporstieg und die Vedas mitbrachte, sie eifrig lesend. (Geburt des schöpferischen Gedankens aus der Introversion.) Durch Visnus Verzückung aber kam eine ungeheure Sintflut über die Welt (Verschlingung durch Introversion, die Gefahr des Eingehens in die Todesmutter symbolisierend). Ein Dämon, die Gefahr benutzend, stahl dem Brahma die Vedas und verbarg sie in der Tiefe. (Verschlingung der Libido.) Brahma weckte Visnu, und dieser, sich in einen Fisch verwandelnd, tauchte in die Flut, kämpfte mit dem Dämon (Drachenkampf), besiegte ihn und eroberte die Vedas wieder. (Schwer erreichbare Kostbarkeit.) Vgl. Jung, *Jb. ps. F.*, IV. 334f.

Das Wunder der Kräftigung, das beim günstigen Ausgang der Introversion erlangt werden kann, ist der Wirkung zu vergleichen, die Antaios bei der Berührung der Erde, seiner Mutter, verspürte. Die Mutter der Menschen, zu der die Introversion hinführt, ist der Geist der Rasse, und von diesem strömt Riesenkraft aus. „Dieses zeitweilige In-sich-selbst-Zurücktreten, was … ein Zurückgehen in ein kindliches Verhältnis zu den Elternimagines bedeutet, scheint innerhalb gewisser Grenzen von günstiger Wirkung auf den psychischen Zustand des Individuums zu sein“ (*a. a. O.*, 223). Von diesem Kraftholen schreibt Stekel (*Nerv. Angstz.*, 375): „Immer wenn die Menschheit etwas Großes schaffen will, muß sie weit ins Reservoir ihrer Vergangenheit zurückgreifen.“

Ich will aber nun auch einem mystischen Philosophen das Wort geben. J. B. van Helmont (1577–1644) schreibt: „Jene magische Kraft des Menschen, welche auch außer sich hinaus wirksam ist, liegt gleichsam im Innern des Menschen verborgen, sie schläft und waltet ohne geweckt zu werden, doch täglich wie betrunken in uns … Darum sollen wir Gott anbeten, welcher nur im Geiste, das ist in dem innersten Grunde des Menschen, verehrt werden kann. Dahin sage ich, geht die Kunst der Cabbalah, daß sie jene magische, aber natürliche Kraft, gleichsam nach verscheuchtem Schlafe, der Seele wieder anheimstelle. Diese magische Kraft ist durch die Sünden in uns schlafen gegangen und hat daher nötig, wieder aufgeweckt zu werden. Dieses geschieht entweder durch die Erleuchtung des heiligen Geistes, oder der Mensch kann durch die Kunst der Cabbalah sich selbst diese Macht verschaffen, selbige nach Belieben zu erwecken; es werden diese Goldmacher [notabene!] genannt, deren Führer (rector) aber der Geist Gottes ist … Als Gott die menschliche Seele erschuf, hat er ihr wesentliche und ursprüngliche Kenntnisse mitgetheilt. Diese Seele ist der Spiegel des Weltalls und steht mit allen Wesen in Verbindung; sie ist durch ein inneres Licht erleuchtet, allein der Sturm der Leidenschaften, die Menge der sinnlichen Eindrücke, die Zerstreuungen verfinstern dieses Licht, dessen Glanz sich nur verbreitet, wenn es allein brennt, und in uns Alles in Harmonie und Frieden ist. Wenn wir uns von allen äußeren Einflüssen abzusondern wissen und uns durch dieses innere Licht führen lassen wollten; so würden wir in uns selbst reine und sichere Kenntnisse finden. In diesem Zustante der Concentration unterscheidet die Seele alle Gegenstände, auf die sie ihre Aufmerksamkeit richtet; sie kann sich mit ihnen vereinigen, ihre Beschaffenheit durchdringen und selbst zu Gott gelangen und in ihm die wichtigsten Wahrheiten erfahren …“ (Ennemoser, *Gesch. d. Mag.*, 906, 914.)

Staudenmaier, der an sich viel „magisch“ experimentiert und seine bisherigen Erfahrungen kürzlich in dem interessanten Buch *Die Magie als experimentelle Naturwissenschaft* niedergelegt hat, glaubt beobachtet zu haben, daß durch die Übungen, die er ausführt (und die jedenfalls starke Introversion hervorrufen), psychophysische Energien frei werden, die zu wesentlichen Mehrleistungen befähigen. Namentlich sei eine wirksame Heranziehung der beim normalen heutigen Menschen bewußter Funktion entzogenen nervösen Zentren zu intellektueller Arbeit möglich usw. Es lasse sich also (durch Übungen mit deutlichem Introversionscharakter) aus dem Unbewußten gleichsam ein Schatz heben, der ein erhöhtes Denk- und Gefühlsleben gestatte. Wenn Staudenmaier auch in der Beurteilung seiner anomalen Funktionen eben durch diese beeinflußt sein mag: es wäre gänzlich verfehlt, sie einfach als „pathologisch" abzutun. Von der Gefahr der Introversion sagt Ennemoser (*a. a. O.*, 175): „Wo nun bei Menschen von unlauterm Herzen durch zerstörende Naturkräfte und böse geistige Rapporte, die tiefsten überzeitlichen Kräfte geweckt werden, da mögen wohl leicht finstere Mächte die Wurzeln des Gemüts ergreifen, und sich sittliche Abgründe aufthun, welche der in die Zeitschranken gebannte Mensch kaum ahnet und vor denen die menschliche Natur zurückbebt. Eine solche unerlaubte Ekstase und böse Begeisterung erkennen wenigstens die Religionslehren der Juden und Christen an, und die Seher Gottes beschrieben sie als einen Bund mit der Hölle (Jesaias XXVIII, 15)." Woher kommt die Gefahr? Sie kommt von der mächtigen Anziehung, die jene Welt auf uns ausübt, welche uns durch die Introversion erschlossen wird. Man steigt da hinab, um die Waffen zu frischem Kampf zu schleifen, läßt sie aber liegen; denn man fühlt sich von weichen, schmeichlerischen Armen umgeben, die zum Bleiben, zu zauberischem Träumen einladen. Dieser Zug fällt gewiß zum großen Teil mit der schon früher erwähnten Bequemlichkeitstendenz zusammen, welche die Kindheit und Mutters sorgliche Hände nicht aufgeben will. Die Introversion ist ein prächtiger Zugang zum faulen Phantasieren in retrograder Richtung.

Mit Nachdruck weist unter Psychopathologen neuestens besonders Jung auf die gefährliche Rolle der Faulheit hin. Nach ihm besitzt die Libido eine ungeheure Trägheit, die kein Objekt der Vergangenheit lassen will, sondern für immer festhalten möchte. Die Trägheit ist geradezu eine Leidenschaft, wie dies La Rochefoucauld glänzend ausführt: „De toutes les passions, celle qui est la plus inconnue à nous-mêmes, c'est la paresse; elle est la plus ardente et la plus maligne de toutes, quoique sa violence soit insensible… Diese gefährliche, dem primitiven Menschen vor allen andern zukommende Leidenschaft[72] ist es, die unter der bedenklichen Maske

72 Siehe Anmerkung D. – Zur Vermeidung einer mißverständlichen Auffas-

der Inzestymbole erscheint, von der uns die Inzestangst wegzutreiben hat, und die unter dem Bilde der „furchtbaren Mutter“ vor allem zu überwinden ist. Sie ist die Mutter so unendlich vieler Übel, nicht zuletzt der neurotischen Beschwernisse. Denn ganz besonders aus dem Dunste stehengebliebener Libidoreste entwickeln sich jene schädlichen Phantasienebel, welche die Realität so verschleiern, daß die Anpassung beinahe unmöglich wird.“ (*Jb. ps. F.* IV., 219f.)

Daß das faule Zurückwollen von den Beschwerlichkeiten des Lebens psychologisch und mythologisch so häufig unter dem Bild der Mutter nachzuweisen ist, ist zwar nicht gerade verwunderlich, aber ich möchte doch zur drastischen Illustration eine Episode aus dem Krieg des Kyros gegen Astyages anführen, die ich bei Dulaure / Krauss / Reiskel (Zeugg., 85) verzeichnet finde. Nachdem Astyages seine Truppen angefeuert hatte, stürzte er sich mit Wut auf das Heer der Perser, die dadurch überrascht wurden und zurückwichen. Ihre Mütter und ihre Frauen liefen auf sie zu und baten sie, nochmals anzugreifen. Wie sie nun sie unschlüssig sahen, entblößten sie sich vor ihnen, deuteten auf ihren Schoß hin und riefen ihnen fragend zu, ob sie sich in den Schoß ihrer Mütter oder ihrer Frauen flüchten wollten. Dieser vorwurfsvolle Anblick bestimmte sie umzukehren und sie blieben siegreich.

Zur Entstehung des mythologischen und psychologischen Bildes von der furchtbaren Mutter: „Noch scheint dem Menschen eine tiefe Erbitterung innezuwohnen, daß ihn einstmals ein brutales Gesetz vom triebartigen Gewährenlassen und der großen Schönheit der in sich selbst harmonischen Tiernatur trennte. Diese Trennung manifestierte sich wohl unter Anderm im Inzestverbot und seinen Korrelaten (Heiratsgesetze usw.), daher sich Schmerz und Zorn auf die Mutter beziehen, wie wenn sie Schuld trüge an der Domestikation des Menschensohnes. Um seines Inzestwunsches (seines Rückstrebens zur Tiernatur) nicht bewußt zu werden, wirft der Sohn alle schlimmste Schuld auf die Mutter, woraus das Bild der „furchtbaren Mutter“ entsteht. Die Mutter wird ihm zum Angstgespenst, zum Mar…“ (Jung, *Jb. ps. F.* IV, 279f.).

Als ein mythologisches (auch im Traumleben häufiges) Symbol für die sich introvertierende und in den gefährlichen Bannkreis des

sung des obigen Zitates muß bemerkt werden, daß die Faulheit natürlich nicht als die einzige Grundlage der Inzestsymbolik angesehen werden darf.

Inzestwunsches (oder auch bloß der lebensträgen Tendenz) geratende Libido ist die *Schlange* anzusehen; und zwar ist diese (nicht immer zutreffende) Auffassung dann am Platze, wenn die Schlange als ein Schreckenstier (Vertreterin der furchtbaren Mutter) charakterisiert erscheint; gleichwertig mit ihr ist dann auch der *Drache*, der natürlich durch andere Untiere ersetzt sein kann. Die phallische Bedeutung der Schlange ist bekannt genug; die Schlange als vergiftendes, als schreckliches Tier bezeichnet aber einen besonderen Phallos, eine mit Angst behaftete Libido. Jung, der diese Symbolik an stattlichem Material behandelt, nennt die Schlange geradezu einen „negativen Phallus", den der Mutter gegenüber verbotnen Phallus usw. Ich will daran erinnern, daß auch die Alchemie das Bild der Schlange oder des Drachen hat, und zwar in einer Verwendung, welche die vorliegende Auflassung rechtfertigt. Es verbindet sich da mit andren Symbolen der Introversion und tritt als „giftig" auf. Die Angstschlange ist die „Hüterin der Schwelle" der Okkultisten, sie ist der den Schatz bewachende Drache des Mythos. Im mystischen Werk muß die Schlange überwunden werden; man muß mit dem Konflikt fertig werden, der ihre Seele ist.

Auch die mystischen Yoga-Anleitungen der Inder kennen das Bild der Schlange, die der Introvertierende zu wecken und zu überwinden hat, worauf er in den Besitz wertvoller Kräfte gelangt. Diese Schlange (kundalini) denken sich die Yogi-Mystiker als ein im menschlichen Körper liegendes Hindernis, das gewisse Adern oder Nervenstränge (die Anatomie der indischen Philosophen schaltet da ein wenig frei) verschließt, durch die, wenn sie befreit sind, der Lebensatem (prana) Wunderkräfte durch den Körper führt. Der für die erhöhten Lebenskräfte freizumachende Hauptweg im Körper wird gewöhnlich als die susumna[73] bezeichnet, als der mittlere Weg zwischen zwei gegensätzlichen anderen Kanälen des Atems, welche der rechte pingala, der linke ida heißen. (Auch hier wieder kommt es also, nebenbei bemerkt, auf das Ausgleichen von Gegensätzen an.) Ich führe nun mehrere Stellen über die kundalini an und ihre Bedeutung am Beginn des mystischen Werkes:

73 Soviel ich weiß, ist noch nicht aufgeklärt, ob die Aorta abdominalis oder das Rückgrat d. anatomische Unterlage zur Vorstellung dieses Mittelkanals geliefert hat.

„*As Ananta, the Lord of Serpents,* supports this whole universe with its mountains and forests, so *kundalini* is the main support of all the Yoga practices. When kundalini is sleeping, it is aroused by the favour of the Guru [geistlicher Lehrer], then all the lotuses [lotus soll hier für „nervous centre" stehen] and granthis [Verschlingungen; Nervengeflechte?] are pierced. Then prana goes through the royal road: susumna. Then the mind remains suspended and then the yogi *cheats death*... So, the yogi should carefully practise the various mudras [Übungen] to rouse the great goddess (kundalini) that sleeps closing the mouth of susumna" (*Hatha-Yoga Pradipika* III, 1–5.) „As one forces open a door [Türsymbolik] with a key [der „Diederich" des Wanderers in der Parabola], so the yogi should force open the door of moksa [Erlösung] by the kundalini. The Paramesvari (great goddess) sleeps, closing with her mouth the hole through which one should go to the Brahmarandhra [die Öffnung oder Stelle im Kopf, durch die der göttliche Geist, das Brahman oder der Atman, in den Körper gelangt; die anatomische Unterlage für diese naive Vorstellung dürfte eine der Schädelnähte, etwa die Sutura frontalis, geliefert haben; das brahmarandhra soll das Ziel des durch die frei werdende susumna streichenden Atems sein], where there is no pain or misery. The kundalini sleeps above the kanda [das kanda, für das man schwerlich irgendein korrespondierendes Organ angeben kann, soll sich zwischen dem Penis und dem Nabel befinden]. It gives mukti to the Yogis and bondage to the fools. [Siehe später die verschiedenartigen Ausgänge der Introversion.] He who knows her knows yoga. The kundalini is described as being coiled *like a serpent. He who causes that sakti* [etwa: Kraft] *to move ... is freed,* without doubt. Between the Ganges and the Yamuna [zwei Flüsse Indiens, die häufig in symbolischer Anwendung, etwa für den rechten und den linken Strom des Lebensatems, pingala und ida, stehen; vgl. das Spätere] there sits the *young widow* [eine interessante Bezeichnung für die kundalini] inspiring pity. He should *despoil her forcibly,* for it leads one to the supreme seat of Visnu. Ida is the sacred Ganges and pingala the Yamuna. Between ida and pingala sits the young widow kundalini. You should *awake the sleeping serpent* (kundalini) by taking hold of its tail. That sakti, leaving off sleep, goes up forcibly." (*Hatha-Yoga Pradipika* III, 105–111.) Ram Prasad (*Nature's Finer Forces,*

189) schreibt über die kundalini: „This power sleeps in the developed organism. It is that power which draws in gross matter from the mother organism through the umbilical cord and distributes it to the different places, where the seminal prana gives it from. When the child separates from the mother the power goes to sleep.“ Hier erscheint die kundalini sakti deutlich mit der Mutter in Zusammenhang gebracht. Siva ist der eigentlichste Gott (Vatergestalt) der Yogins. Die Frau des Siva aber heißt Kundalini.

Mythologisch gesprochen geht der Introversionsprozeß gut aus, wenn der Held den Drachen erlegt. Geschieht dies nicht, so tritt der ungünstige Fall ein; der Mensch verliert sich. Meines Erachtens ist dieses Sich-Verlieren in zwei Formen möglich, in einer aktiven und einer passiven. *Im ganzen gäbe es also drei Ausgänge der Introversion.* Die gute Lösung ist der Eintritt in das wahre mystische Werk, kurz gesagt, die Mystik; die schlechten Lösungen sind der aktive Weg der *Zauberei* und der passive der *Schizophrenie* (Introversionspsychose). In dem ersten Fall vollzieht sich eine innere Sammlung, in den anderen beiden Fällen ein Sich-Verlieren; im Falle der Zauberei verliert man sich an die Leidenschaften, denen man magisch Befriedigung schaffen will, von den Gesetzen der Natur sich lossagend; im Falle der Geisteskrankheit tritt das Versinken in der „Trägheit“ ein, ein seelischer Tod. Die drei Wege des Introvertierenden entsprechen ungefähr diesen drei Möglichkeiten des sonstigen Lebens: *Arbeit* (Sittlichkeit), *Verbrechen, Selbstmord.*

Diese drei Möglichkeiten weiß natürlich auch die hermetische Kunst zu benennen; sie kennt drei Grundkräfte, die in ihrer psychischen Anwendung nichts anderes ergeben können. Zwei von diesen Prinzipien streiten (im ungereinigten Zustand der Materia) widereinander; wir kennen sie zur Genüge als △ und ▽ usw.; das dritte Prinzip steht ausgeglichen zwischen den beiden anderen, wie der Stab des Hermes zwischen den zwei Schlangen. Das Zeichen ☿, als Hermesstab mit den Schlangen, vereinigt also eigentlich alle drei. In dem soeben besprochenen Aspekte lassen sich für die drei elementaren Grundkräfte der Alchemie ohne weiteres die drei Qualitäten oder Konstituenten[74] der Materie (prakrti) nach der indi-

74 Vgl. Garbe, *Samkhya-Phil.*, 209ff.

schen Samkhya-Lehre einsetzen. Sattva, Rajas, Tamas werden (von Schroeder) mit „Güte, Leidenschaft, Finsternis“ übersetzt. In der *Bhagavad-Gita* XVIII heißt es vom Glück, das diese drei gewähren:

„Wo man ruht nach ernster Arbeit und an der Mühsal End‘ gelangt,
Glück, das am Anfang Gift erscheint, am End‘ dem Nektar ähnlich ist,
Ein solches Glück ist wahrhaft gut, durch Geistesheiterkeit erzeugt.
[Sattva]
Ein Glück, das anfangs nektargleich, am Ende doch als Gift sich zeigt,
Die Sinne fesselnd an die Welt, gehört zum Reich der Leidenschaft.
[Raias]
Glück, das gleich und in der Folge die Seele mit Verblendung schlägt,
In Schlaf, Faulheit, Nachlässigkeit – solch Glück gehört zur Finsternis.
[Tamas]“

„Leidenschaft“ und „Finsternis“, Rajas und Tamas, alchemistisch △ und ▽, auch manchmal als ♂ und ♀ bezeichnet, bilden den Abweg, die Gefahr bei der Introversion. Sie führen zu dem, was Görres (*Christl. Myst.*) der „göttlichen“ Mystik gegenüber als die „dämonische“ Mystik charakterisiert. Alle mystischen Anleitungen warnen vor dem Abwege und betonen oft, daß man sich auch bei gutem Vorsatz leicht verirren könne; der Böse, heißt es, wisse den falschen Weg durch Blendwerk dem rechten täuschend ähnlich zu machen, so daß der Fromme, der nicht auf der Hut sei, ahnungslos in die ärgsten Schlingen geraten könne. Fleißige Erforschung seiner selbst, genaue Beobachtung der Wirkung der geistlichen Übungen wird jedem ans Herz gelegt. Kommen doch Kräfte ins Spiel, die im tiefsten Dunkel der Seele ihre Wurzeln haben (im Unbewußten) und die dem oberflächlichen Blick daher entzogen sind.[75] Ich setze statt vieler Beispiele lieber eine einzige, aber aus-

75 Zur Zeit, als dies bereits geschrieben, lese ich eine kleine Schrift von Dr. Karl Furtmüller, betitelt *Psychoanalyse und Ethik*, und finde da (S. 5) eine Stelle, die ich der Übereinstimmung wegen hersetze. Vorausschicken muß ich, daß nach Furtmüller die Psychanalyse geeignet ist, Mißtrauen gegen das (banale) Gewissen zu erwecken, dieses führe die Selbstprüfung nur in der Sphäre des Bewußtseins aus, mit Vernachlässigung der für das Zustandekommen der Handlungen ebenso wichtigen unbewußten Antriebe. Die uns hier interessierende Stelle lautet: „Es fehlt nicht an Hindeutungen darauf, daß diese grundlegenden und das ganze Leben in eine andere Perspektive rückenden Tatsachen auch in früherer Zeit erkannt oder geahnt wurden. Wenn das frühe Christentum glaubte, die Dämonen könnten sich

führliche Anleitung von Walter Hitton, einem „großen Meister des contemplativen Lebens“ her, aus seiner „Scala Perfectionis“, wie Beaumont (*Tact. v. Geist.*, ersch. 1721; 188ff.) sie wiedergibt:

„Er schreibet also: ‚Aus dem, was ich gesaget, kan man einiger massen abnehmen, dass Gesichter und Offenbahrungen, oder einige Art des Geistes in leiblicher Erscheinung, oder in der Einbildung, im Schlaffen oder Wachen, oder einigen andern Empfindung in dem leiblichen Sinne, die gleichsam geistlich verrichtet wird, entweder durch Klang in den Ohren, oder Geschmack in dem Munde, oder Geruch an der Nase, oder sonst einige empfindliche Hitze, von feuriger Eigenschafft, so die Brust, oder einigen anderen Theil des Leibes erwärmet, oder einiges anderes Ding, das durch leiblichen Sinn gefühlt werden mag, wenn es auch noch so erquickend und annähmlich wäre, solches alles keine Contemplation oder Betrachtung, sondern in Ansehung der geistlichen Tugenden, und derjenigen himmlischen Erkäntnis und Liebe zu Gott, welche die wahre Contemplation begleiten, *nur schlechte Neben-Dinge* wären, (wenn sie gleich löblich und gut zu seyn schienen). Es können zwar alle solche Arten des Gefühles, wo sie von einem guten Engel gewürcket werden, gut seyn, *mögen aber auch auf betrügliche Weise von der Täuscherey eines bösen Engels, wenn er sich in einen Engel des Lichts verstellet, herrühren.* Denn der Teufel kan in leiblichen Gefühle, eben diejenige Sache, welcher ein guter Engel würcken mag, nachthun. Ja, gleichwie die guten Engel mit Lichte kommen; also kan es auch der Teufel thun: Und gleichwie er dieses in Dingen, die das Gesicht betreffen, werckstellig machen kan, also vermag er es auch bey den anderen Sinnen zuwege zu bringen. Derjenige, welcher beydes empfunden hat, kan am besten sagen, welches gut, und welches böse sey: Wer aber niemahls keins, oder nur eins von beyden gefühlet, mag gar leichtlich betrogen werden.

des Herzens der Menschen in der Weise bemächtigen, daß sie die Stimme Gottes annähmen, und der Mensch, indem er des Teufels Werke verrichte Gottes Werke zu tun glaube, so klingt das wie eine symbolische Darstellung des oben geschilderten Kräftespiels.“ Das Kräftespiel war in der Tat den erfahrenen Religiösen aller Zeiten bekannt. Was das Christentum anbelangt, darf man das, was der Autor von dessen Anfängen berichtet, bis in eine viel jüngere Zeit gelten lassen. – Wir wissen bereits, daß eine der ersten Arbeiten der Mystik in der Schulung des Gewissens besteht, in einer ins Subtilste gehenden Reinigung dieses richterlichen inneren Auges: die Förderung des Psychanalytikers wird da aufs gründlichste erfüllt.

In der Art des Gefühls äußerlich, sind sie alle beyde einander gleich, alleine innerlich sind sie gar sehr von einander unterschieden: Und derohalben soll man sie nicht allzu begierig wünschen, noch leichtlich unterhalten, es sey denn daß eine Seele durch den Geist der Bescheidenheit, die guten von den bösen unterscheiden könne, damit sie nicht betrogen werde, wie der Heilige Johannes saget: Trauet nicht einem ieglichen Geist, sondern prüfet ihn erstlich, ob er von Gott sey, oder nicht' Und zu wissen, ob die Vorstellung des leiblichen Sinnes gut, oder böse sey, giebet Hitton die folgende Regul:

,Wenn ihr einiges ungewöhnliches Licht, oder Glantz mit eueren leiblichen Auge, oder in der Einbildung sehet: oder wenn ihr einigen wunderbaren übernatürlichen Klang mit euren Ohren höret, oder einen süßen plötzlichen Geschmack in euern Munde empfindet, oder einige Hitze in euerer Brust, wie Feuer, oder einige Art des Vergnügens in einigem Theile eures Leibes, verspühret, oder wenn euch ein Geist in einer leiblichen Gestalt erscheinet, als ob er ein Engel, euch zustärcken, oder zu lehren, wäre: oder wenn einiges solches Gefühle, worvon ihr wisset, daß es nicht von euch, noch von einer leiblichen Creatur, herrühret, so nehmet euch zu solcher Zeit wohl inacht, und erweget die Regungen eures Hertzens weislich. Denn wenn ihr durch Gelegenheit des Vergnügens und der Annehmlichkeit, die ihr aus solcher Empfindung verspühret, gewahr werdet, *daß euer Hertz von der Betrachtung Jesu Christi, und von geistlichen Uebungen abgezogen wird:* als vom Gebeth, von Erkäntniss euer selbsten und euerer Mängel, oder von dem innerlichen nach der Tugend, und geistlichen Erkentniss und Empfindung Gottes, also, daß ihr euer Hertz und eure Neigung, eure Lust und Ruhe hauptsächlich an besagtes Gefühle, oder Gesicht, hänget, indem ihr davorhaltet, als ob es ein Theil der himmlischen Freude, oder Englischen Glückseeligkeit sey, und demnach auf die Gedancken verfallet, daß ihr weder bethen, noch sonst an etwas gedencken dürftet, sondern auch *demselben gäntzlich überlassen* müstet, um solches zubehalten und euch auch daran zubelustigen: *alsdenn ist diese Empfindung sehr verdächtig,* daß sie von dem Feind herrühre; Und derohalben, wenn es auch noch so wundersam und gefällig wäre, so schlaget es aus, und williget nicht darein. Denn dieses ist eine Schlinge des Feindes, die Seele durch solche leibliche Empfindlichkeit, oder Anmuth, in denen Sinnen, zu verführen und zu fangen, um dieselbe in geistlichen Hochmuth und falsche Sicherheit zustürtzen; wenn sie sich schmeichelt, als ob sie dadurch himmlische Freude genüsse, und wegen des Vergnügens, das sie empfindet, schon halb in dem Paradiess wäre, da sie doch in der That vor der höllischen Pforte ist, und also durch Stoltz und Vermessenheit in Irrthüme, Ketzerey, Schwärmerey, und andere leiblich- oder geistliches Unheil verfallen dürffte.

Daferne die Sache aber also beschaffen, daß diese Art der Empfindung, euer Hertz von geistlichen Uebungen nicht ableitet, sondern euch immer andächtiger und brünstiger im Gebeth, und immer weiser machet, geistliche Gedancken zuheegen: Wenn sie euch anfangs in Erstaunung setzte, aber nichts destoweniger euer Hertz nachgehends verwandelt *und es zu grösern Verlangen der Tugend erwecket und eure Liebe zu Gott und den Nechsten je mehr und mehr vermehret:* Aber euch immer demüthiger in euern eigenen Augen machet; so möget ihr aus diesen Merckmahlen abnehmen, daß sie *von Gott sey*, und von der Gegenwart und Würckung eines guten Engels herrühre: Und kömmet von der Gütigkeit Gottes, entweder zum Trost einfältiger frommer Seelen ihr Vertrauen, und Verlangen nach Gott zu vermehren, und vermöge solcher Stärckung die Erkentniss und Liebe Gottes noch vollkommener zu suchen: Oder, falls diejenigen vollkommen sind, die solches Vergnügen empfinden, scheinet es ihnen gleichsam ein Vorschmack und Schatten von der Verklärung des Leibes zu seyn, die er in der himmlischen Glückseeligkeit zugewarten hat; Wiewohl ich nicht weiss, ob ein solcher Mensch auf erden zu finden …‘

Er fähret fort: ‚Von dieser Weise, die Würckungen derer Geister zu unterscheiden, spricht der Heilige Johannes in seinem Brief also: Omnis Spiritus, qui solvit Jesum, hic non est ex Deo: Ein ieglicher Geist, der Jesum auflöset, (oder wie es Lutherus gegeben: der da nicht bekennet, dass Jesus Christus ist in das Fleisch kommen;) der ist nicht von Gott. Diese Verknüpfung und Verbindung Jesu mit der Menschlichen Seele, wird durch einen guten Willen und eyn eifriges Verlangen nach ihn gewürcket; welches ihn allein zubesitzen und in seiner Glückseeligkeit geistlicher Weise zu erblicken wünschet. Je gröser dieses Verlangen ist, desto fester ist Jesus mit der Seele verknüpfet: Und ie kleiner dieses Verlangen ist, desto lockerer ist er mit ihm verbunden. Ein ieglicher Geist demnach, oder eine iegliche Empfindung, welche dieses Verlangen vermindert, und es von der standhafften Betrachtung Jesu Christi, und von kindlichen Seufzen und Verlangen nach ihn, abziehet, dieser Geist will Jesum von der Seele auflösen, und derohalben ist er nicht von Gott, sondern die Wirckung des Feindes. Wenn aber ein Geist, oder eine Empfindung diese Begierde vermehret; Die Bande der Liebe und Andacht fester mit Jesu verknipfet; Die Augen der Seele zur geistlichen Erkentniss iemehr und mehr aufthut, und das Hertz immer demüthiger machet, dieser Geist ist von Gott …‘“

In manchen der indischen Yoga-Lehre entlehnten modernen theosophischen Introversionsanleitungen kann man auch die Ermahnung antreffen, den neben dem eigentlichen Gewinn eintretenden Wundererscheinungen keinen Wert beizulegen, ja sie eher als störendes Beiwerk zu betrachten. Die indische Lehre nennt sie Siddhi, Walter Hitton sprach von ihnen als von „schlechten Nebendingen“. Aus ihren Beschreibungen geht hervor, daß es sich um phantasierte Erlebnisse handelt, die zum Teil dem Wunsche nach Macht, zum Teil anderen Wünschen schmeicheln. Die Siddhi[76] sind geeignet, schwache Gemüter an ihr Gaukelspiel zu fesseln. Erotisches Erleben verknüpft sich außerordentlich leicht mit ihnen, weil sie, wenn in die regressive Phase übergehend, ihr „titanisches“ Antlitz zeigen. Ich habe mit einiger Kühnheit aber nicht ohne Berechtigung die Siddhi vorhin als das anagogische Äquivalent der Auterotik angeführt. Die regressive Phase tritt aber ein, sobald man sich dem Genuß der Siddhi hingibt. Nicht die Siddhi selbst sind das Schlimme (ich betrachte sie ja als anagogisch), aber das Sich-Verlieren an sie. Sie können „göttlich“ sein und „dämonisch“: das hängt von meinem Verhalten zu ihnen ab. Als Ausgang der Introversion steht, wie wir sahen, der „göttlichen“ Mystik die „dämonische“ gegenüber. *Die richtige Mystik ist gekennzeichnet durch eine Erweiterung, die falsche durch eine Verengerung der Persönlichkeit.* Man kann auch sagen: durch eine Erweiterung bzw. Verengerung des „Interessenkreises“, der das sittlich bewertbare Verhalten bestimmt. Ich sage ruhig: Interessenkreises, denn die Mystik will (in letzter Linie) nicht bloß formale Erfüllung des sittlichen Geset-

---

76 Siehe rückwärts die Anmerkung E.

zes ohne Liebe zu diesem Tun; sondern sie arbeitet an der Hervorbringung ebendieser Liebe. Es genügt ihr nicht, die Materie oberflächlich in Gold zu tingieren (d. h. neben anderen Bedeutungen: den Menschen zum äußerlichen Gut-Tun zu bringen); sondern sie will die Materie von Grund aus verwandeln, durch und durch zu Gold machen (d. h. die gesamten Triebkräfte des Menschen zum Guten orientieren, so daß er dieses Gute mit Lust und Liebe begehrt, also auch sein Glück in der Tugend findet). Nur wird, wie ich um eine mißverständliche Auffassung über das hermetische Vorgehen auszuschließen, anmerken muß, nicht das Glück, sondern das Gute als Leitstern für den Weg gewählt. Erst an einem gewissen Punkte – so scheint es mir – stellt, wie eine mittlerweile gereifte Frucht, das Glück sich ein. Die subtilsten Vertreter dieser Lehre unter den Alchemisten sind von der Kantischen Ethik nicht allzu weit entfernt.

Die alchemistische Ethik setzt voraus, daß es eine Erziehung, eine Veredelung des Wollens gibt; der Wollende kann unendlich viel in sein Ich einschließen lernen.[77] Die Pole der Verengung und der Erweiterung sind diese: der Zauberer und der Introversionskranke ziehen den Kreis ihres Interesses auf den engsten Egoismus zusammen; der Mystiker erweitert ihn unermeßlich, indem er die ganze Welt in sich aufnimmt. Der in der Introversion egoistisch Eingestellte kann sein Glück nur durch harten Abschluß vor der stets drohenden Zerstörung bewahren; der Mystiker ist frei. Des Mystikers Glück besteht in der Vereinigung seines Willens mit dem Weltwillen[78] oder, wie eine andre Formel lautet, in der Vereinigung mit Gott. Dieses Glück ist darum auch unzerstörbar (Gold). Ich muß immer daran erinnern, daß der Mystiker an nichts anderem arbeitet als an der Aufgabe der Menschen überhaupt; nur tut er es in einer Form intensiveren Erlebens, und es mag ja sein, daß die Kräfte, die ihm die Introversion liefert, wirklich eine energischere Betätigung und einen größeren Effekt ermöglichen. Ich für meine Person bin sehr geneigt, es zu glauben.

---

77 Vgl. Furtmüller (*Psychoanalyse und Ethik*, 15): „Das Individiuum kann ... die fremden Gebote zu seinen eigenen machen." Derselbe zitiert Goethe (*Die Geheimnisse*):
„Von dem Gesetz, das alle Wesen bindet,
Befreit der Mensch sich, der sich überwindet."

78 Über die erlösenden Wirkungen bei dem Aufgehen des eigenen Willens in einen stärkeren vgl. meine Ausführungen, *Jb. ps. F.* III, 637ff und IV, 629.

Zur Erweiterung der Persönlichkeit einige Stellen aus den Reden der Gottheit in der *Bhagavad-Gita*:

„Sich selbst in allen Wesen sieht und alle Wesen auch in sich,
Wer so sein Selbst in Andacht übt und Alles schaut gleichmütig an.
Wer mich allüberall erblickt und Alles auch in mir erblickt,
Dem kann niemals entschwinden ich,
und er entschwindet niemals mir.“ (VI, 29f)
„Wer in den Lebewesen all denselben höchsten Herrn erblickt,
Der nicht vergeht, wenn sie vergehn, – wer das erkennt, hat recht erkannt.
Denn wer denselben Herrn erkennt als den, der Allen innewohnt,
Verletzt das Selbst nicht durch das Selbst
und wandelt so die höchste Bahn …“ (XIII, 27f)

Diese Stellen lassen auch die befördernde Funktion der Gottesvorstellung bei dem „Werke“ erraten. Ich glaube, beiläufig bemerkt, daß die Andachtslehre (Yoga), die theoretisch auf der ohne Gott auskommenden Samkhya-Philosophie fußt, aus sehr guten praktischen Gründen die Idee des isvara (Gott) in ihr System aufgenommen hat. Die Konzentration bedarf eines erhabenen, ungreiflichen Objektes als eines Richtpunktes. Und dieses Objekt muß noch die Eigenschaft haben, jeder Höhe der Fassungskraft überlegen und doch scheinbar erreichbar zu sein. Gott hat aber ferner die wichtigen Funktionen des Trägers der Konflikte und der Hoffnungen. Am Anfang des Werkes sind ja die hinderlichen Konflikte noch vorhanden. Eine gewisse Entlastung, die durch das Anheimgeben der Konflikte an die Gottheit erreicht wird, befreit die anfangs unter dem Druck der Konflikte gelähmten Kräfte.[79]

„Drum wirf auf mich hin all dein Tun, nur denkend an den höchsten Geist,
Nichts hoffend und begehrend nichts,
so kämpfe, frei von allem Schmerz.“ (*Bh. G.* III, 30)
„Wer handelt ohne jeden Hang und all sein Tun der Gottheit weiht,
Wird durch das Böse nicht befleckt [ist also frei von Konflikten],
wie‘s Lotusblatt durchs Wasser nicht.“ (V, 10)

Die Idee von der Schulung des Wollens ist den Ethikern natürlich längst geläufig, wenn sie auch zuzeiten außer acht gelassen wurde.

79 Vgl. Jungs „Wandlungen“ (*Jb. ps. F.* III, 179ff); Freud, *Kl. Schr.* II, 131.

Aristoteles ist innig davon überzeugt, daß Sittlichkeit aus Gewöhnung und Sitte entsteht. „Wie man schwimmen nur im Wasser lernt und Musik durch die Ausübung eines Instruments, so wird man gerecht durch gerechtes Handeln und mäßig und tapfer durch entsprechendes Verhalten. Aus dem gleichmäßigen Handeln bilden sich dauernde Gemütsrichtungen, und ohne eine der Vernunft entsprechende Betätigung wird niemand gut werden ... Gut sein ist eine Tat. Gut ist niemand von Natur; man wird gut durch ein der Norm entsprechendes praktisches Verhalten. Wir besitzen die Sittlichkeit nicht von der Natur und auch nicht gegen die Natur. Wir haben die Anlage zu ihrer Erlangung, ... wir müssen sie aber durch Gewöhnung vollständig erwerben ... Die richtige Erziehung besteht, wie er Plato zustimmend sagt, darin, von Jugend auf so geleitet zu werden, um sich über die Dinge zu freuen und zu betrüben, über welche man sich freuen und betrüben soll ... Ist aber durch ein gewohnheitsmäßiges Handeln einmal eine bestimmte Willensrichtung fest geworden, so tritt zu dem Handeln, welches aus ihr folgt, und gewissermaßen als Zeichen, daß hier eine neue Natur im Menschen gegründet worden ist, Lust und Schmerz hinzu.“ (Jodl, *Gesch. d. Eth.* I, 44f.) „Die Energie und das stolze Vertrauen in die menschliche Kraft, womit Aristoteles dem Menschen seine Willens- und Charakterbildung als sein ureigenes Werk zuweist; der Nachdruck, mit welchem er dem quietistischen ‚Velle non discitur‘: den Willen kann man nicht belehren und etwas zu wollen nicht lernen, wie es spätere pessimistische Richtungen[80] als Axiom ausgesprochen haben –, gerade die Unerläßlichkeit und zugleich die Möglichkeit der Willensbildung entgegengestellt hat: diese Haltung ist bewundernswert und für die Denkweise der antiken Philosophie auf ihrem Höhepunkte durchaus charakteristisch.“ (Jodl, *a. a. O.*, 49).

Bei Philo und verwandten Philosophen tritt schon sehr entschieden der Gedanke hervor, der später in der christlichen Askese so ungeheuere Geltung gewonnen hat, daß die höchste Entfaltung der sittlichen Kräfte nur durch eine fortgesetzte und mit der Zeit sich steigernde Übung, eine ethische Gymnastik erreichbar sei. Schon Philo gebraucht dafür übrigens den Ausdruck Askesis, der sonst zur Bezeichnung der körperlichen Übung gedient hatte. Die

80 Das „velle non discitur“ ist durch Schopenhauer recht populär geworden.

abendländische geistliche Übung entspricht dem indischen Yoga.

Bei der Domestikation des Menschen durch unzählige Geschlechter müssen sich soziale Instinkte niedergeschlagen haben, die als sittliche Anlagen in Betracht kommen. Ich erinnere an das moralische Gefühl bei Shaftesbury. Das gesellige Leben des Menschen spielt z. B. auch bei Adam Smith eine bedeutende Rolle, und doch ist auch bei ihm das Sittengesetz nicht etwas von allem Anfang an Fertiges, kein angeborener Imperativ, sondern das eigenste Produkt eines Jeden. Die Gewissensbildung erfährt bei Smith eine interessante Behandlung. Es findet eine natürliche, durch Sympathie vermittelte Umsetzung der Gefühle, welche uns die Eigenschaften anderer erregen, auf uns selbst statt, und man kann sagen, „daß Moralität im Sinne von Smith, ganz so wie es später auch Feuerbach gelehrt hat, nur reflektierte Selbstsucht sei, obwohl Smith selbst die Sympathie durchaus nicht als selbstisches Prinzip angesehen wissen wollte. Durch einen Vorgang, den man fast eine Art Selbsttäuschung der Phantasie nennen könnte, müssen wir uns selber mit den Augen anderer betrachten – eine höchst sinnreiche Vorkehrung der Natur, welche so für Triebe, die sonst zerstörend wirken müßten, ein Gegengewicht geschaffen hat. [Man denke an das, was ich vorhin über die Verinnerlichung sagte.] … Dieser Umsetzung, welche die Sympathie bewirkt, können wir nicht entgehen; sie tritt selbst dann ein, wenn wir wissen, daß wir vor dem Urteil anderer durch völlige Verborgenheit unseres Tuns gesichert sind. Sie vermag uns aber auch allein aufrecht zu halten, wenn alles um uns her uns verkennt und falsch beurteilt. Denn die wirklichen Urteile anderer über uns bilden sozusagen eine erste Instanz, deren Aussprüche beständig korrigiert werden durch jenen völlig unparteiischen und wohl unterrichteten Zuschauer, der in uns selbst heranwächst und auf all unser Tun reagiert.“ (Jodl, *a. a. O.* I, 372ff.)

Die Herkunft des Sittlichen aus eigennützigen Trieben durch Umwandlung löst die Ethik nicht in Egoismus auf, wie etwa Helvetius glauben machen wollte. Es ist „eine Karrikatur des Sachverhalts, von Selbstsucht zu sprechen, wenn man Großmut oder Wohltätigkeit im Sinne hat, und zu behaupten, Wohltätigkeit sei nichts anderes als maskierte Selbstsucht, weil sie dem Ausübenden Freude macht oder Ehre einbringt“ (*a. a. O.*, 444).

Die ethische Evolution, welche als eine Erweiterung der Persönlichkeit zustande kommt, erfordert, je energischer an ihr gearbeitet wird, die Beseitigung der Widerstände, die der Ausbreitung des Ich entgegenarbeiten; es läßt sich nicht leugnen, daß feindliche Tendenzen, die sich an den engherzigen Standpunkt klammern, immer vorhanden sind und Konflikte erzeugen; wären sie nicht, so wäre die sittliche Aufgabe ein Leichtes. Da man nun nicht zweien Herren dienen kann, auch im eigenen psychischen Haushalte nicht, müssen die jeweils abgetanen Standpunkte, wofern sie sich mit dem Neugewonnenen nicht wollen vereinigen lassen, getötet, von ihrem Imperium gestoßen werden. Am allermeisten muß sich dieser Vorgang geltend machen, wenn die Entwicklung intensiv im Zustande der Introversion vorgenommen wird. Er muß sich auch in der Symbolik zeigen.

Schon in den lekanomantischen Versuchen konnte uns das Sterben jener Figur (alter Mann) auffallen, der die alte, überwundene Gewissensform darstellt. Er ist jener Teil in Leas Psyche, der sich gegen das Neue nach Art der alten Leute (Vatertypus) sträubt. Damit das Neue einziehen könne, muß er *geopfert* werden; der Mensch muß bei jedem Schritt seiner Evolution etwas hingeben; nicht ohne Opfer, nicht ohne Verzichte wird das Bessere errungen. Das Opfer muß natürlich geschehen, bevor das neue, verbesserte Leben beginnt. Die hermetischen Darstellungen halten zwar nicht immer die chronologische Folge ein, doch wird gewöhnlich das Opfer an den Anfang gesetzt, zur Introversion. In der Parabola tötet der Wanderer den Löwen ziemlich am Anfang. Er opfert damit etwas; er tötet sich (d. h. einen Teil von sich), um sodann erneut (wiedergeboren) auferstehen zu können. Dieser Vorgang ist der (erste) *mystische Tod*, von den Alchemisten auch die *Putrefaktion* oder die *Schwärze* genannt. Dieser Tod verschmilzt oft mit dem Bild der Introversion, weil beides unter dem Bild des Eingehens in die Mutter oder Erde erscheinen kann. Nur aus den näheren Bestimmungen kann jeweils ersehen werden, welcher Vorgang vorzüglich gemeint ist.

„Und das solt du wissen, mein Sohn, wer da nicht weiss zu tödten, und eine Geburt wieder herfür zu bringen, die Geister lebendig zu machen, zu reinigen, hell und klar zu machen …, derselbe weiss noch nichts, und wird auch nichts ausrichten.“ (*Siebengestirn*, 21.)

„… Diese sind die beyden von Junone (welche ist die metallische

Natur) herabgesandte Schlangen, die der starke Hercules (das ist der Weise in seiner Wiegen) erwürgen, das ist, überwinden und töten soll, um dieselbige im Anfang seines Werkes verfaulen, zerstören und, gebären zu lassen.“ (Flamel, 54.)

Immer wieder versichern die Meister, daß man zum wahren Fortschritt nicht anders gelangen könne als durch die Schwärze, den Tod, die Fäulung. In der *Clavis philosophiae et alchymiae Fluddanae* vom Jahre 1633, heißt es: „Wisset also, dass es Sache der geistigen Alchemie ist, alles verdunkelnde Vorurtheil, als verderblich und nichtig, abzutödten und abzuscheiden und so die Hütte der Dunkelheit und Unwissenheit zu zerbrechen, auf dass jener unvergängliche, aber sonst umdüsterte Geist frei werde und wachse und sich vervielfältige in uns durch die Hülfe des feurigen Geistes, des gnadenreichen, den Gott so gütig anfeuchtete, um ihn aus einem Korne zu einem Berge zu mehren. Das ist die wahre Alchemie, von welcher ich spreche; sie, welche jenen rechteckigen Stein, der meines Lebens und meiner Seele Grundstein ist, in mir vervielfältigen kann, sodaß das in mir Erstorbene neu erweckt werde und auferstehe aus der alten, in Adam hinfällig gewordenen Natur als ein Mensch, der neu und lebendig sei in Christo, also in jenem rechtwinkligen Steine …“

Dem „Opfer“ des Introvertierenden widmet Jung in seinen „Wandlungen“ ein ganzes Kapitel (*Jb.* IV, 345ff.). Eine kurze Formel dafür ist, daß mit dem Opfer „das Aufgeben der Mutter gemeint sei, d. h. der Verzicht auf alle Bande und Beschränkungen, welche die Seele aus der Zeit der Kindheit mit ins erwachsene Alter herübergenommen hat“. Die Besiegung des Drachens kommt der Opferung der zurückstrebenden („inzestuösen“) Tendenz gleich. Man muß, nachdem man durch die Introversion die „Mutter“ aufgesucht, auch wieder von ihr loskommen, bereichert um den Schatz, den man geholt.

Die Opferung eines Teiles von sich selbst (Töten des Drachen, des Vaters usw.) wird mythologisch, wie Jung zeigt, auch durch das Schießen mit scharfen Pfeilen nach dem Symbol der Libido dargestellt. Symbol der Libido ist meist ein Sonnensymbol. Höchst merkwürdig ist nun, daß der VIII. Schlüssel des Alchemisten *Basilius Valentinus* (siehe Figur 3, 128) Pfeilschützen zeigt, die auf das ⊙, dieses Libidosymbol par excellence, schießen, das im Bild geschickt als „Scheibe“ verwendet ist. Der Tod ist auch deutlich genug betont und mit dem Versenken des Samenkornes in die Erde zusammengebracht.[81] Wie dieses aufersteht, so wird auch der mystisch Sterbende auferstehen. Die Grabkreuze haben die Form 🜏 (🜍); sie zeigen, daß das Begrabene ein gewisser Schwefel, der unreine Sulfur, der Eigenwille ist. Die Vögel, vor denen man das Korn hüten soll, mögen am Ende die Siddhi sein; sie sind in der Introversionsform des religiösen Werkes das, was sonst bloße „Ablenkungen“ oder „Zerstreuungen“ sind.

Der mystische Tod ist der Tod der Ichheit (nach der indischen Terminologie: ahamkara). Jakob Boehme schreibt in seinem *Buch von der wahren Buße* I, 19: „… Wiewohl ichs nicht wert bin / so nim [Jesus] mich doch nur in deinen Tod / und las mich doch nur in deinem Tode / meines Todes sterben; Schlage doch du mich in meiner angenommenen Ichheit zu Boden / und töte durch deinen Tod meine Ichheit …“ Im *Mysterium Magnum* XXXVI, 74–75: „… Wir heben nicht das ausgesprochene Wort der geformten Weisheit Gottes auf / sondern nur das Thier / welches in göttlicher Beschaulichkeit regiren wil: Als den thierischen Willen zur Selbheit und Eigenheit / welcher von Gott abgewichen ist / der sich als ein falscher / eigener Gott ehret / und Gott nicht glauben oder trauen mag; (als den Antichrist / welcher sich in GOttes Stäte gesetzet hat) und lehren hingegen / dass der Mensch der Antichristischen Bilder sol ganz ersterben / auf dass er in Christo eines neuen Lebens und Willens geboren werde / welcher neuer Wille im geformten Worte der Natur Macht hat / mit Göttlichen Augen alle Wunder GOttes / beides in Natur und Creatur / in der geformten Weisheit zu schauen. Denn so der Antichrist in der Selen stirbet / so stehet Christus vom Tode auf …“

In dem hermetischen Buch „*Gloria Mundi*“ wird von Adam erzählt, er hätte, wofern er nicht Gott zuwider handelte, 2000 Jahre im Paradies leben können und wäre dann in den Himmel aufgenommen worden; so aber hat er sich Tod, Krankheit, Ungemach zugezogen. Nur durch die Gnade Gottes ward ihm zuteil die Kenntnis der Kräfte der Dinge, der Kräuter und Arzneien gegen

81 Joh. XII, 24–25: „Wahrlich, wahrlich ich sage euch: Es sei denn, daß das Weizenkorn in die Erde falle, und ersterbe, so bleibt's allein; wo es aber erstirbt, so bringet's viel Früchte. Wer sein Leben lieb hat, der wird's verlieren; und wer sein Leben auf dieser Welt hasset, der wird's erhalten zum ewigen Leben.“

mancherlei Gebrechen. „Da er sich aber auf die letzt, durch seine Medicin in der Kunst, hat nicht länger aufhalten können, so hat er seinen Sohn Seth vor das Paradeiss nach dem Holtz des Lebens geschickt, welches er nicht leiblich, sondern geistlich empfangen hat. Zum letzten hat er das Oel der Barmhertzigkeit begehrt, darauf ihn durch den Engel, aus Befehl Gottes, das Oel zu geben, die Zusagung geschehen, und darauf die Kern von Oel-Bäumen gesant, welche Körner Seth *nach seines Vatters Tod auf seines Vatters Grab,* in seinem Heimkommen, gepflantzet, daraus dann das Holtz dess H. Creutzes, gewachsen, daran uns unser Herr Jesus Christus, durch sein *Leiden und Sterben,* von dem ewigen Tod und allen Sünden befreyet hat, welcher Herr Christus in seiner H. Menschheit, selbst der Baum und Holtz des Lebens gewesen ist und uns die edle Frucht des Öls der Barmhertzigkeit zuwegen gebracht…“ Adam ist der nicht domestizierte Mensch; dieses Ideal muß dem sittlich Strebenden absterben. Die schmerzliche Aufgabe, einen Teil von sich selbst zu töten, ist wunderschön in der *Bhagavad-Gita* dargestellt, wo der Held Arjuna zaudert, gegen seine „Verwandten“ zu kämpfen, auf sie zu schießen – der Bogen entsinkt seiner Hand. Das Sterben bezieht sich auch auf die alten Imperien; die alten Gesetze erlöschen, um den neuen Platz zu machen; das neue Leben streicht die alten Taten. Vgl. Paul., Röm. VII–VIII.

Vedanta-Lehre: Was aber die Pflichten des Schriftkanons und die Wahrnehmung betrifft, so bestehen beide so lange wie der Samsara, d.h. bis zur Erweckung. Ist diese erfolgt, so wird die Wahrnehmung zunichte; und wenn ihr daraus den Einwurf entnehmt, daß damit auch der Veda zunichte werde, so ist zu bemerken, daß nach unserer eigenen Lehre dann „der Vater nicht Vater und der Veda nicht Veda“ ist (Deussen, *Syst. d. Ved.,* pag. 449). *Bhagavad-Gita* IV, 37:

„Gleichwie das Feuer, wenn es flammt, zu Asche all das Brennholz macht,
So brennt auch der Erkenntnis Feu‘r zu Asche alle Taten dir.“

Aus mehreren Gründen eignet sich die Vaterfigur besonders gut zur Darstellung dessen, was erledigt werden muß. Durch den Vater wird auf das Kind der alte Adam (Gesamtheit der vererbten Instinkte), werden die stärksten Imperative dem Kinde eingepflanzt. Der Vater ist auch der Typus des zäh am Alten Festhaltenden. Den Gegensatz Alte Generation – Neue Generation trifft man dann nach der Verinnerlichung in sich selbst wieder an. Der mystische Tod (das Opfer) soll nicht durch nackte Askese gleichsam mechanisch durchgeführt werden; die Alchemisten warnen fleißig vor scharfen Mitteln. Das Werk soll einen natürlichen Verlauf nehmen; auch ist das Werk, wenn auch die Vollendung der Natur, so doch nichts über die Natur:

> „Die Natur freut sich der Natur.
> Die Natur überwindet die Natur.
> Die Natur beherrscht die Natur."

So soll der Magier Osthanes gelehrt haben. Und die *Bhagavad-Gita* (VI, 5–7) sagt:

> „Man bring' sein Selbst durchs Selbst empor,
> nicht bring' herunter man das Selbst!
> Das Selbst ist ja sein eigner Freund,
> das Selbst ist auch sein eigner Feind.
> Dem ist das Selbst sein eigner Freund,
> der durch das Selbst das Selbst besiegt;
> Doch kämpft es mit der Außenwelt,
> dann wird das Selbst sich selbst zum Feind …"

In der *Clavis Philosophiae et Alchymiae Fluddanae* (57) heißt es:

„So ist es denn unmöglich, daß wir zum überirdischen Leben emporsteigen, wofern es nicht durch die Mittel der Natur geschieht. Aus den Staffeln der Natur ist Jakobs Leiter errichtet, und die Kette an Juppiters Thron hat ihren Anfang auf der Erde."

Die Idee des Selbstopfers (mit Zerstückelung) kommt sehr schön in einer allegorischen Vision des alten Hermetikers Zosimos vor, welche dieser, wie Reitzenstein bemerkt, einer ägyptischen Nekyia nachgebildet zu haben scheint. Ich zitiere nach Hoefer (*Hist. Chim.* I, 256–259):

„… je m'endormis et je vis un prêtre debout devant un autel en forme de coupe, ayant plusieurs[82] degrés pour y monter. Et j'entendis une voix qui me criait d'en haut: J'ai achevé de monter et de descendre ces quinze degrés resplendissant de lumière. – Ayant entendu le prêtre officiant devant l'autel, je lui demandai

82 Zuerst wird von fünfzehn, später von sieben Stufen gesprochen.

quelle était cette voix retentissante dont les sons avaient frappé mon oreille. Le prêtre me répondit en disant: Je suis celai qui est (*εἰμί ὁ ὤν*), le prêtre du sanctuaire, et je suis sous le poids de la puissance qui m'accable. Car, au point du jour, vint un envoyé qui me saisit, me tua avec un glaive, me divisa en morceaux; et, après avoir écorché la peau de la tête, il mêla les os avec les chairs et me calcina dans le feu, pour m'apprendre que l'esprit naît avec le corps. Voilà la puissance qui m'accable. – Pendant que le prêtre parlait ainsi, ses yeux devinrent comme du sang, et il vomit toutes ses chairs. Je le vis se mutiler, se déchirer lui-même avec ses dents et tomber à terre. Saisi de terreur, je me réveillai, je me mis à réfléchir et à me demander si c'était bien là la nature et la composition de l'eau. Et je me félicitai moi-même d'avoir raisonné juste [nämlich in einem der Vision vorhergegangenen Gedankengang]. – Bientôt je m'endormis de nouveau, et j'aperçus le même autel; et sur cet autel je vis de l'esu bouillir avec bruit, et beaucoup d'hommes dedans. Ne trouvant personne dans le voisinage pour m'informer de ce phénomène, je m'avançai pour jouir du spectacle de l'autel. Je remarquai alors un homme aux cheveux gris, maigre, qui me dit: Que regardes-tu? Je regarde, lui répondi-je, avec surprise le bouillonnement de l'eau, et les hommes qui y cuisent tout vivants. – Le spectacle, reprit-il, que tu vois, est l'entrée, la sortie et la transmutation (*μεταολή*). Et je lui demandai quelle était cette transmutation. C'est, me dit-il, le lieu de l'operation qui porte le nom de purification [im Original steht: *τόπος ἀσκήσεως*]; car les hommes qui veulent devenir vertueux s'y rendent, et deviennent des esprits fuyant le corps. Et je lui demandai: Es-tu aussi un esprit [*πνεῦμα*]? Je suis, me répondit-il, un esprit, et le gardien des esprits. – Pendant cette conversation, et au milieu du bruit de l'eau bouillante et des cris du peuple, j'aperçus un homme d'airain, tenant dans sa main un livre de plomb, et je l'entendis me dire à haute voix: Regarde, j'ordonne à tous ceux qui sont soumis a des châtiments, de s'instruire dans ce livre. Je commande à chacun de prendre le livre de plomb et d'y écrire avec la main, jusqu'à ce que leur arrière-bouche se soit développée, que leur bonche se soit ouverte, et que les yeux aient repris leur place. – L'acte suivit la parole: et le maître de la maison, assistant à ce spectacle, me dit: Tends le cou, et regarde ce qui est fait. Je regarde, lui dis-je. L'homme d airain que tu vois, reprit-il, et qui vient de quitter ses propres chairs, est le prêtre officiant devant l'autel; c'est à lui qu' a été donnee la faculté de disposer de cette eau. – En repassant teut cela dans mon imagination, je me réveillai, et je me dis à moi-même: Quelle est la cause de cet événement? Qu'est donc cela? N'est-ce pas l'eau blanche, jaune, bouillante, divine? Je trouvai que j'avais raisonné juste ... Enfin, pour être bref, construis, mon ami, un temple d'une seule pierre (monolithe) ... un temple qui n'ait ni commencoment ni fin, et dans l'intérieur duquel se trouve une source de l'eau la plus pure, et brillante comme le soleil. C'est l'épéé à la main qu'il faut chercher à y pénétrer, car l'entrée est étroite. Elle est gardée par un dragon qu'on doit tuer et écorcher. En réunissant les chairs et les os, il faut t'en faire un piédestal, sur lequel tu monteras pour arriver dans le temple, ou tu trouveras ce que tu cherches. Car le prêtre, qui est l'homme d'airain que tu vois assis près de la source, change de nature et se transforme en un homme d'argent, qui lui-même, si tu le désires, pourra se transformer en un homme d'or ... Ne révèle rien de tout cela à autrui et garde ces choses pour toi-même, car le silence enseigne la vertu. Il est tres beau de connaitre la transmutation des quatre métaux, du plomb, du cuivre, de l'étain, de l'argent, et de savoir comment ils se changent en or parfait ..."

Die Psychanalyse macht es, wie die vergleichende Mythologie, wahrscheinlich, daß die Ermordung oder Zerstückelung der Vaterfigur der Kastration gleichkommt. Das hat auch nach der Verinnerlichung einen anagogischen Sinn, einen weiteren, wenn man Zeugungsglied gleich Schöpferkraft, einen engeren, wenn man es gleich Sexualität setzt. Die weitere Auffassung bedarf nicht erst einer Interpretation. Für die engere bemerke ich, daß die mystischen Anleitungen erkennen lassen, daß die wirksamste Kraft zum seelischen Schulungswerk die Sexuallibido ist, welche deshalb von ihrer ursprünglichen Verwendung teilweise oder ganz abgezogen werden soll (Keuschheitsregeln). „Vigour is obtained on the confirmation of continence" (Patanjali, *Yoga-Sutra*, II 38). Diese Anleitungen haben die große Verwandlungsfähigkeit (Fähigkeit zur „Sublimation" in der alchemistischen wie auch in der Freudschen Terminologie) der sexuellen Libido erkannt. Natürlich hat die Einziehung der Sexualität am *Anfang* des Werkes, um für dasselbe Kraft zu liefern, zu geschehen; daher die „Kastration" am Beginn des Prozesses. Das

Töten der phallischen Schlange besagt natürlich das gleiche. Die Schlange, die ihren Schwanz im Maule hält, ist der Kreislauf der Libido, das immerfort rollende Rad des Lebens, der Zeugung, die sich immer wieder zeugt, und des Weltgeschehens. Der gleiche Kreislauf wird von primitiven Völkern dargestellt durch einen Gott, der seinen Phallos im Munde hat, sich also (nach infantiler und primitiver Theorie) beständig selbst befruchtet. Die Schlange ist gut und ist auch böse. Aus dem Rade des Zwanges befreit sich, über gut und böse erhebt sich, wer den Ring durchbricht, um später eine mystische Vereinigung an seine Stelle zu setzen (Hieros Gamos).

Vom Standpunkt des Erkennens aus betrachtet, entpuppt sich die Typenbildung als ein symbolisches Ahnen der anfangs noch nicht klar erfaßbaren anagogischen Ideen. Dem Geiste malt sich das, was er klar zu sehen noch nicht (mythologische Stufen des Erkennens) oder nicht mehr (Einschlafen usw.) vermag, in Symbolform.[83] Diese Symbolform ist die der jeweiligen Kapazität des Geistes angepaßte Erkenntnisform – nicht daß etwa irgendein mysteriöses Ahnen, eine prophetische Sehergabe angenommen werden müßte. Der Umstand, daß der Mensch seinen Symbolen immer tiefere Bedeutung abgewinnen kann, verleiht ihnen den Anschein, als wären sie himmlische Vorboten gewesen der letzten Idee, die sie ausdrücken. In einem gewissen Sinn steckte aber die letzte Bedeutung schon im ersten Auftreten des typischen Symbols. Wie das möglich war, ist durch die Verinnerlichung schon erklärt worden. Die Psyche, deren Kräfte-Inventar sich in den Elementartypen bildhaft abmalt, kennt, wenn auch zuerst nur dunkel, mit ihren Kräften auch deren mögliche Entfaltung. Diese Entfaltungen sind ursprünglich nicht aktuell, sondern potentiell gegeben.[84]

Je mehr sich nun die Psyche dahin entwickelt, daß das ursprünglich nur als möglich Vorausgeahnte der Wirklichkeit sich nähert, also das zuerst nur potentiell Vorhandne aktuell zu werden beginnt, desto mehr erhält die Symbolik den Wert eines *„Programms"*. Nach Jung, Riklin u. a. läßt sich das Phantasieren (Traum, Mythenbildung) nicht nur mit Freud auffassen „als eine mit älterem und infantilem Material dargestellte Wunscherfüllung von etwas

83 Näheres hierüber findet man in meinen Abhandlungen „Phantasie und Mythos", „Über die Symbolbildung" und „Zur Symbolbildung" (*Jb. ps. F.* II, III, IV).

84 Siehe rückwärts die Anmerkung F.

Unerledigtem, Unerreichtem oder Verdrängtem, sondern ebenfalls als gleichsam mythologische Vorstufe zu bewußtem und angepaßtem Denken und Handeln, als Programm ... Teleologische Funktionen des Traumes und Unbewußten hat Maeder ... erörtert ... Im Laufe einer analytischen Kur entdecken wir die fortwährenden Umwandlungen der Libido-Symbole in den Traumfolgen, bis eine Gestaltung erreicht ist, welche einen Anpassungsversuch an die Wirklichkeit gestattet. Es gibt in der Kulturgeschichte Epochen, welche sich in besonderem Maße durch eine Verlagerung der Libido in dem Sinne auszeichnen, daß aus dem Reservoir mythologischer und religiöser Denkformen Neuanpassungen an die realen Vorgänge und Aufgaben geschaffen werden. Ein bedeutsames Beispiel ist die Renaissance, was das Studium der Renaissance-Literatur und ein Besuch der Renaissance-Städte, z. B. Florenz in überwältigender Form nahelegen. Die Analyse der Romantik ... bestätigen diese Entwicklungsvorgänge." (*Z.Bl. Ps.* III, 114.) Wir haben hier den Gedanken, daß sich das „Programm" in der Kunst ausdrücke, die Kunst also das kommende Geschehen gewissermaßen vorfühle. Jung (*Jb. ps. F.* III, 171f.) schreibt: „Es ist eine Gelegenheitserfahrung meiner täglichen Berufsarbeit (eine Erfahrung, über deren Sicherheit ich mich mit aller jener Vorsicht ausdrücken muß, die durch die Kompliziertheit des Stoffes geboten ist), daß in gewissen Fällen von jahrelangen Neurosen zur Zeit des Krankheitsbeginnes oder geraume Zeit vorher ein Traum stattfand, öfters von visionärer Deutlichkeit, der unauslöschlich dem Gedächtnis sich einprägte und in der Analyse einen dem Patienten verborgenen Sinn enthüllt, der die nachfolgenden Lebensereignisse, d. h. ihre psychologischen Bedeutungen antizipiert. – Träume scheinen so lange spontan in Erinnerung zu bleiben, als sie die psychologische Situation des Individuums treffend resümieren."

Je mehr das Programm zur Erfüllung kommt, desto mehr geht der Wert der Symbolik (deren Typen dabei immer die gleichen bleiben können, trotz Wandlungen in ihren Gestalten) in denjenigen der im engeren Sinn funktionalen Symbolik über; denn die funktionale Symbolik ist im engen Sinn diejenige, welche ein aktuelles Kräftespiel der Psyche abbildet.

Zur funktionalen Symbolik aktueller Kräfte gehören z. B. großenteils die Gesichte meiner lekanomantischen Versuche, obgleich sie auch Programmatisches enthalten; ferner, in reinster Form, das oben mitgeteilte autosymbolische Gesicht von den Bergen (S. 150); das Fortschreiten einer psychanalytischen Behandlung wird (abgesehen von den programmatischen Beziehungen) überaus häufig im Traum dem jeweiligen psychischen Status entsprechend, also aktuell-funktional, abgebildet. Es ist sehr wahrscheinlich, daß auch die Fortschritte des mystischen Werkes sich dem Mysten bei seinem Phantasieren (Träumen, Visionen usw.) symbolisch darstellen; findet man nun geschriebene Phantasieprodukte von Mystikern vor, so kann freilich nur einer, der selbst mystische Erfahrungen besitzt, eine Entscheidung darüber wagen, ob eine programmatische oder eine aktuell-funktionale Symbolik vorliegt. Ich maße mir z. B. kein Urteil an über den Grad der Aktualität in der anagogischen Symbolik der Parabola.

C. Wiedergeburt

Beim günstigen Ausgang der Introversion, d. h. wenn man den „Drachen" besiegt, befreit man einen wertvollen „Schatz", nämlich eine ungeheure psychische Energie oder (nach der psychanalytischen Betrachtungsweise:) Libido, die verwendbar ist zu der vom Mysten angestrebten Neuschöpfung (als deren titanischen Aspekt wir das trotzige „Bessermachen" kennen). Der entweder offen oder verdeckt ausgesprochene symbolische Typus für das Freiwerden aktiver Libido ist die *Geburt*. Ein Libido-Symbol mit dem Merkmal aktiven Lebens kommt aus einem Muttersymbol. (Ersteres ist entweder ausgesprochen ein Kind oder auch Nahrungsmittel oder phallisch oder tierisch. *Z.Bl. Ps.* III, 115.) Da der Myste Verursacher dieser seiner Geburt ist, ist er sein eigener Vater geworden.

Die Introversion (Aufsuchen des Uterus oder Grabes) ist eine notwendige Voraussetzung der Wiedergeburt oder Auferstehung; und diese ist eine notwendige Voraussetzung der mystischen Erschaffung des neuen Menschen. Joh. III, 1ff: „Es war aber ein Mensch unter den Pharisäern, mit Namen Nikodemus, ein Oberster unter den Juden; der kam zu Jesu *bei der Nacht* [Introversion] und sprach zu ihm: Meister, wir wissen, daß du bist ein Lehrer von Gott kommen; denn niemand kann die Zeichen tun, die du tust, es sei denn Gott mit ihm. Jesus antwortete und sprach zu ihm: Wahrlich, wahrlich, ich sage dir: es sei denn, daß jemand von neuem geboren werde, kann er das Reich Gottes nicht sehen. Nikodemus spricht zu ihm: Wie kann ein Mensch geboren werden, wenn er alt ist? Kann er auch wiederum in seiner Mutter Leib gehen, und geboren werden? Jesus antwortete: Wahrlich, wahrlich, ich sage dir: Es sei denn, daß jemand geboren werde aus Wasser und Geist, so kann er nicht in das Reich Gottes kommen. Was vom Fleisch geboren wird, das ist Fleisch; und was vom Geist geboren wird, das ist Geist."

Das Wasser ist eines der häufigsten kultischen Muttersymbole. (Taufe.) Bei den ältesten Alchemisten wird der eherne Mann zum silbernen, der silberne zum goldenen durch Eintauchen in den heiligen Quellbrunn.

Eine mythologische Darstellung der Introversion mit ihrer Gefahr und mit der Wiedergeburt wurde oben bereits geliefert (*Visnus Abenteuer*, 172). Es sollen nun ausführlichere Beispiele folgen. Zuerst der keltische Mythos von der Geburt Taliesins.

In alten Zeiten war ein Mann edler Abkunft in Peellyn mit Namen Tegid Voel, sein väterliches Land war mitten im See von Tegid. Sein Weib hieß Ceridwen. Von ihr hatte er einen Sohn Morvram ap Tegid und eine Tochter Creirwy, das schönste Mädchen der Welt. Diese Geschwister hatten aber noch einen Bruder, das häßlichste aller Wesen, mit Namen Avagddu. Ceridwen, die Mutter dieses ungestalten Sohnes wußte wohl, daß er wenig Glück in der Gesellschaft haben werde, wiewohl er mit manchen rühmlichen Eigenschaften ausgestattet war. Sie beschloß also für ihren Sohn einen Kessel [Introversion] zu bereiten, damit er, wegen seiner Geschicklichkeit in die Zukunft zu blicken [Siddhi], leichter in der Gesellschaft Aufnahme finde. Das Kesselwasser fing an zu sieden [Kochen des Kindes im Uterus-Gefäß], und das Kochen mußte fortgesetzt werden ohne Unterbrechung, bis man drei gesegnete Tropfen von den Gaben des Geistes [Schatz] erhalten konnte. Sie stellte den Gwyon, den Sohn des Gwreang von Llanveir dazu, um auf die Bereitung des Kessels zu achten, und bestimmte einen Blinden [Verstümmelung oder Kastration] namens Morda, das Feuer unter dem Kessel anzuzünden, mit dem Befehl, daß er die Unterbrechung des Siedens vor Jahr und Tag nicht zugeben solle. [Vgl. die Tätigkeit des Wanderers in der Parabola, Absatz 14ff.] Unterdes beschäftigte sich Ceridwen mit den Sternen, achtete täglich auf den Lauf der Planeten und sammelte Kräuter aller Arten, die seltene Kräfte [Siddhis] besaßen. Gegen Ende des Jahres, als sie eben Kräuter suchte, begab es sich, daß drei Tropfen kräftigen Wassers aus dem Kessel flogen und auf Gwyons Finger niederfielen. Sie brannten ihn, und er steckte den Finger in den Mund. Als die köstlichen Tropfen seine Lippen berührten, waren seinem Blicke alle Ereignisse der Zukunft geöffnet, und er sah ein, daß er sich vor Ceridwen hüten müsse [furchtbare Mutter]. Er floh heimwärts. Der Kessel teilte sich in zwei Hälften [Motiv der Zerreißung des Uterus], denn alles Wasser darin, außer die drei kräftigen Tropfen, war giftig [Gefahr der Introversion], so daß es die Rosse des Gwyddno Garanhir vergiftete, welche aus der Rinne tranken, worein sich der Kessel von selbst entleert hatte [Sintflut]. Jetzt kam Ceridwen herein und sah, daß ihre ganze Jahresarbeit verloren sei, sie nahm einen Rührstock und schlug dem Blinden so aufs Haupt, daß eines seiner Augen auf seine Wange fiel. „Du hast mich ungerecht verunstaltet," rief Morda, „du siehst ja, daß ich unschuldig bin, dein Verlust ist nicht durch meinen Fehler verursacht." „Wahrlich," sprach Ceridwen, „Gwyon der Kleine war es, der mich beraubte." Sogleich verfolgte sie ihn, aber Gwyon sah sie aus der Ferne, verwandelte sich in einen Hasen und verdoppelte seine Schnelligkeit, allein sie wurde sogleich eine Jagdhündin, zwang ihn umzuwenden, und jagte ihn gegen einen Fluß. Er lief hinein und ward ein Fisch, aber seine Feindin verfolgte ihn flugs als Otterweibchen, so daß er Vogelgestalt annehmen mußte und sich in die Luft erhob. Aber dies Element gab ihm keinen Zufluchtsort, denn das Weib ward ein Falke, kam ihm nach, und wollte ihn erfassen [Angstformen]. Zitternd vor Todesfurcht sah er eben einen Haufen glatten Weizens auf einer Tenne, er stürzte mitten hinein und ward ein Weizenkorn. Ceridwen aber nahm die Gestalt einer schwarzen Henne an, flog zum Weizen herab, scharrte ihn auseinander, erkannte das Korn und verschlang es [Befruchtung, Inzest]. Davon ward sie schwanger, und als sie nach neun Monaten entbunden wurde [Wiedergeburt], fand sie ein so liebliches [Verbesserung] Kind vor, daß sie an seinen Tod gar nicht mehr denken mochte [Unsterblichkeit]. Sie setzte es daher in ein Boot, bedeckt mit einem Fell[85], und

85 Fell = lanuro des Foetus; gehört zum Motiv der Geburt.

auf Anstiften ihres Mannes warf sie am 29. April das Schifflein ins Meer. Um diese Zeit stand das Fischwehr des Gwyddno zwischen Dyvi und Aberystwyth bei seinem eigenen Schlosse. Es war herkömmlich, in diesem Wehr jedes Jahr am 1. Mai Fische im Werte von 100 Pfund zu fangen. Gwyddno hatte einen einzigen Sohn, Elphin. Der war sehr unglücklich in seinen Unternehmungen, daher sein Vater glaubte, er sei in einer bösen Stunde geboren. Die Ratgeber überredeten indes den Vater, seinen Sohn diesmal die Reuse ziehen zu lassen, zur Probe, ob irgendeinmal ein gutes Schicksal seiner warte, und er doch etwas bekäme, um in der Welt aufzutreten. Am nächsten Tage, am 1. Mai, untersuchte Elphin die Reuse und fand nichts, doch als er wegging, sah er das Boot bedeckt mit dem Fell auf dem Pfahl des Dammes ruhen. Einer der Fischer sagte zu ihm: „So gar unglücklich bist du noch nicht gewesen, als du diese Nacht geworden, aber nun hast du die Kraft der Reuse zerstört", worin man am 1. Mai jedesmal 100 Pfund Wert fing. „Wieso?" fragte Elphin, „das Boot mag leicht den Wert von 100 Pfund enthalten." Das Fell ward aufgehoben, und der Öffner erblickte den Vorderkopf eines Kindes und sagte zu Elphin: „Sieh die strahlende Stirne!! Strahlenstirne, Taliesin, sei sein Name!", erwiderte der Fürst, der das Kind in seine Arme nahm und es seines eigenen Unglücks wegen bemitleidete. Er setzte es hinter sich auf sein Roß. Gleich darauf dichtete das Kind ein Lied zum Trost und zum Lobe Elphins, und zu gleicher Zeit weissagte es ihm seinen künftigen Ruhm. Elphin brachte das Kind in die Burg und zeigte es seinem Vater, der es fragte: ob es ein menschliches Wesen oder ein Geist sei? Hierauf antwortete es in folgendem Liede: „Ich bin Elphins erster Hausbarde, meine Urheimat ist das Land der Cherubim, der himmlische Johannes nannte mich Merddin (Merlin) zuletzt jeder König: Taliesin. Ich war neun volle Monate im Leibe der Mutter Ceridwen, vorher war ich der kleine Gwyon, jetzt bin ich Taliesin. Mit meinem Herrn war ich in der höhern Welt, als Lucifer in die höllische Tiefe fiel. Ich trug vor Alexander ein Banner, ich kenne die Namen der Sterne von Nord nach Süd; ich war im Kreise des Gwdion (Gwydion), im Tetragrammaton; ich begleitete den Hean in das Tal Hebron; ich war in Kanaan, als Absalon erschlagen ward, ich war im Hofe von Dve, ehe Gwdion geboren wurde, ein Geselle des Eli und Henoch, ich war beim Kreuzverdammungsurteil des Gottessohns; ich war

Oberaufseher bei Nimrods Turmbau, ich war in der Arche mit Noah, ich sah die Zerstörung von Sodom. Ich war in Afrika, ehe Rom erbaut ward, ich kam hieher zu den Überresten von Troja (d. h. nach Britannien, denn der mythische Stammvater der Britten rühmte sich trojanischer Abkunft.) Ich war mit meinem Herrn in der Eselskrippe; ich stärkte den Mose im Jordan, ich war am Firmament mit Maria Magdalena. Ich wurde mit Geist begabt vom Kessel der Ceridwen; ich war ein Harfenbarde zu Lleon in Lochlyn. Ich litt Hunger für den Sohn der Jungfrau; ich war im weißen Berge im Hofe des Cynvelyn in Ketten und Banden Jahr und Tag; ich wohnte im Königreich der Dreieinigkeit. Es ist unbekannt, ob mein Leib Fleisch oder Fisch. Ich war ein Lehrer der ganzen Welt und bleibe bis zum jüngsten Tage im Angesicht der Erde. [Kurz, Taliesin besitzt die Ubiquität des ☿.] Ich saß auf dem erschütterten Stuhl zu Cear Sidin[86], der beständig sich umdrehte zwischen drei Elementen. Ist es nicht ein Wunder, daß er keinen Glanz zurückstrahlt?“ Gwyddnaw, erstaunt über des Knaben Entwicklung, begehrte einen andern Gesang, und bekam zur Antwort: „Wasser hat die Eigenschaft, daß es Segen bringt; es ist nützlich, recht an Gott zu denken; es ist gut, inbrünstig zu Gott zu beten, weil die Gnaden, die von ihm ausgehen, nicht gehindert werden können. Dreimal bin ich geboren, ich weiß, wie man nachzudenken hat; es ist traurig, daß die Menschen nicht kommen, alle die Wissenschaften der Welt zu suchen, die in meiner Brust gesammelt sind, denn ich kenne alles, das gewesen, und alles, das sein wird.“ (Nork, *Myth. d. Volkss.*, 662ff.)

Die Rede des Taliesin klingt fast wie die des Hermes auf der Smaragdtafel. Nork macht einige nicht uninteressante Bemerkungen, die neben der naturmythologischen Deutung auch den Hinweis auf die Idee der geistigen Wiedergeburt enthalten. Ich habe schon erwähnt, daß das Uterus-Symbol auch häufig die Leibeshöhle eines Ungeheuers ist. So wie im vorigen Mythos der Held bei der Introversion drei wunderbare Tropfen bekommt, erwirkt sich in dem finnischen Epos *Kalevala* Wäinämöinen drei Zauberworte im Bauch eines Unholdes, seines verstorbenen Ahnherrn Antero Wipunen. Die riesige Größe des Leibes von dem Wesen, das

86 Caer Sidin soll der unaufhörlich in der Mitte des Universums sich zurückwälzende Zirkel des Tierkreises sein.

hier und in anderen Mythen die Mutter darstellt, hat eine infantile Wurzel. Der Introvertierende wird, wie wir wissen, zum Kinde. Für das Kind sind die Erwachsenen, natürlich auch die Mutter, sehr groß. Für den Erwachsenen, der sich zum Kind macht und die entsprechenden Imagines wiederbelebt, kann nun leicht das Mutterbild zum Riesen werden.

Stekel berichtet (*Spr. d. Tr.*, 429) von einem Patienten, dessen Träume Mutterleibs- und Wiedergeburtsphantasien in versteckter Form aufwiesen, daß er, von Stekel darauf aufmerksam gemacht, zuerst einige Minuten nachsann und dann sagte: „Ich muß Ihnen diese bewußte Phantasie offen zugeben. Ich war 13 Jahre alt, als ich mir wünschte, eine ungeheuer große Riesin kennen zu lernen, in deren Leib ich spazierengehen und wo ich alles inspizieren könnte. Ich würde es mir dann in der roten Höhle sehr bequem und behaglich machen. Auch phantasierte ich mir eine Schaukel, die in dem Leibe dieser Riesin 10 m hoch aufgehängt wäre. Dorten wollte ich dann lustig hin und her schaukeln." Dieser Patient hat die ursprüngliche Proportion (Foetus und Mutter) auf seine damalige Größe übertragen. Nun da er erwachsen war, müßte der Leib, in dem er sich bewegen könnte, der Leib einer Riesin sein.

Wir werden uns jetzt auch nicht über den Fleischberg Krûn der mandäischen Hibil-Ziwâ-Sage wundern oder ähnliche Riesengestalten: Hibil-Ziwâ steigt in die Welt der Finsternis hinab, um Antwort auf eine Frage zu erlangen. (Also wieder der Schatz in der Form eines wunderbaren Wortes.) Er wendet sich vergeblich an verschiedene Gestalten, muß immer tiefer hinab und gelangt endlich zu Krûn, dem er dann die Zauberworte abnötigt.

Der Schatz oder wunderbare Name kommt auch nach hermetisch kabbalistischer Auffassung aus der Tiefe. David soll beim Graben der Fundamente zum Tempel den Eben stijjah, Stein der Tiefe, gefunden haben, der den Brunnen der großen Tiefe (1. Mos. VII, 11 und VIII, 2) verschloß und auf dem der Sêm ha-mephoras, der ausgesprochene Name (Gottes), eingegraben war. Diesen Stein habe er ins Allerheiligste gebracht, und auf ihm sei die Bundeslade gestanden. Kecke Weisenjünger seien zuweilen ins Heiligtum gedrungen und hätten von dem Steine den Namen mit seinen Buchstabenverbindungen gelernt, um damit Wunder zu tun.

In den Fällen, wo der Mutterleib durch die Bauchhöhle eines Ungeheuers dargestellt wird, geschieht die Wiedergeburt am häufigsten durch Ausspeien. Auch das Herausbrechen durch Zerreißen des Mutterleibes kommt vor und hat jedenfalls die Bedeutung des Sich-Gewaltsam-Losreißens, des Verbrennens der Schiffe hinter sich, der endgültigen Überwindung der Mutter. Dem Hinabsteigen in die Unterwelt (Introversion) entspricht als Zeichen der erfolgten Wiedergeburt das Emporsteigen ans Licht mit dem befreiten Schatz (Zauberwort, wie oben, Lebenswasser wie bei der Höllenfahrt der Istar usw.).

Ein häufig gebrauchtes Symbol für die erlöste Libido ist das Licht, die Sonne. Wiedergeborene Sonnengestalten (in Konnex mit dem täglichen und jährlichen Auf und Ab) sind ja etwas Gewohntes. Daß die befreite Libido so erscheint, dürfte mehrere Gründe haben. Äußere, wie die lebenspendenden Eigenschaften der Sonne, die zum Vergleich herausfordern; dann die Gleichung Licht = Bewußtsein[87], sodann innere Gründe, d.h. solche, die auf den wirklichen Licht- (und Wärme-) Empfindungen beruhen, die sich, wie Literatur und Beobachtungen erweisen, bei Personen, die geistlichen Übungen obliegen, einstellen. Es mag sich hier dem Mysten eine jener Möglichkeiten bieten, bisher ohne Bewußtsein gewesene Funktionen dem bewußten Leben und Handeln zu erschließen. Von den Lichterscheinungen im Zustand der Introversion sind die Geschichten der Heiligen, der Ekstatiker usw., auch die Selbstbiographien dieser Art Menschen voll. Es ließen sich also ungeheuer viele Beispiele anführen. Ich begnüge mich, daran zu erinnern, daß Mechthildis von Magdeburg ihre Offenbarungen mit dem Titel versehen hat: „Ein vließend Lieht miner Gotheit"; und führe einige Worte von Jane Leade an: „Fragt man, was die [vom Wiedergebornen erlangte] magische Kraft sey; so antworte ich: sie ist einem wundervoll und kräftig in die Seele eindringenden Hauche, einem tingirenden, das innerliche Wesen durchdringenden und verwandelnden Blute, einer zusammen fliessenden und wesentlichmachenden Licht- und Feuerflamme zu vergleichen…"

87 Auch jenes höhere od. andere Bewußtsein, das durch die mystisch, religiöse Arbeit vermittelt wird; dahin deuten genugsam Ausdrücke wie „Illuminati", „Erleuchtete" usw. Vgl. zu diesem Thema meine Abhandlung „Phant. u. Myth." (*Jb.* II, 597.)

Den Omphalopsychikern oder Hesychiasten, jenen Mönchen, die im Mittelalter den Berg Athos bevölkerten, hat ihr Abt Simeon folgende Anleitung gegeben: „Sitzend in einem Winkel allein, merke und thue, was ich sage. Verschliess deine Thüre und erhebe deinen Geist von allem Eitlen und Zeitlichen. Dann senke deinen Bart auf die Brust und errege das Auge mit ganzer Seele in der Mitte des Leibes am Nabel[88]. Verengere die Luftgänge, um nicht zu leicht zu athmen. Bestrebe dich innerlich den Ort des Herzens zu finden, wo alle psychischen Kräfte wohnen. Zuerst wirst du Finsterniss finden und unnachgiebige Dichtheit. Wenn du aber anhältst Tage und Nächte: so wirst du, o des Wunders! unaussprechliche Wonne genießen. Denn der Geist sieht dann, was er nie erkannt hat, er sieht die Luft zwischen dem Herzen und sich ganz strahlend." Dieses Licht, behaupteten die Einsiedler, sei das Licht Gottes, das auf Tabor den Jüngern sichtbar geworden.

Yoga-Sutra (Patanjali) I, 36 lautet: „Or that sorrowless condition of mind, fall of light (would conduce to samadhi)." Und der Kommentator Manilal Nabubhai Dvivedi bemerkt dazu: „The light here referred to is the light of pure sattva. When the mind is deeply absorbed in that quality, then, indeed, does this condition of light which is free from all pain follow. Vachaspatimisra remarks that in the heart there is a lotus-like form having eight petals and with its face turned downward. One should raise this up by rechaka (exhalation of the breath) and then meditate upon it, locating therein the four parts of the pranava, viz., a, u, m, and the point, in their several meanings. When the mind thus meditating falls in the way of the susumna, it sees a perfect calm light like that of the moor of the sun, resembling the calm ocean of milk. This is the jyotis, light, which is the sure sign of complete sattva. Some such practice is here meant …" Die Ähnlichkeit mit der Vorschrift des Abts Simeon ist augenfällig. Die Licht- und Sonnen-Symbolik wird in alchemistischen Schriften allenthalben gebraucht; ist doch auch Gold Sonne, gilt doch für beide auch das gleiche Zeichen ☉. Ich mache beiläufig auf eine schöne Verwendung der Sonnensymbolik in „Amor Proximi" aufmerksam, die sich von der engeren Goldsymbolik etwas entfernt. Es heißt dort (32f.): „Siehe Christus

88 Siehe rückwärts die Anmerkung G.

ist uns nicht äusserlich, sondern er ist in uns allen innerlich, aber verschlossen, und damit er das verschlossne in uns aufschlisse, darum ist er einmal äusserlich sichtbar geworden das jene das wir seynd, ausgenommen dem harten Sünden-Schlos, davon die ☉ in dieser Welt sein recht Abbild ist, die auch die Heyden von Anfang der Welt geschwind überzeuget, dass Gott müste Mensch werden, wie das Licht der Natur in der ☉ zu einem Cörper geworden. Nun ist die ☉ nicht allein am Firmament ausser allen andern Creaturen: sondern sie ist Vielmehr im Centro aller Creaturen, aber verschlossen, aber die äußere ☉ ist als eine Figur Christi, darum dass sie die innere verschlossene ☉, als ihr Bild und Substanz, in allen aufschlüs, gleich Christus durch seine Menschwerdung auch nur das Bild Gottes in uns aufschlüst, dann so dis nicht wäre, so nahete sich die Erdkugel umsonst zu der ☉, um ihre Kraft von ihr zu empfangen, und wüchse auch nichts aus der verfluchten 🜨[89], also weiset uns die 🜨, daß, wie sie sich zur ☉ nahende aufgeschlossen wird, wir auch, uns zu Christo nahende, das Bild Gottes wieder erlangen sollen; dann am Ende der Tagen wird diese 🜨 auch wieder in Solis punctum[90] versetzt werden." Und weiter (73f.): „Ihr sehet, dass die 🜨 sich zur Sonnen wendt, aber die Ursach wisset ihr nicht; so die Erde nicht aus Solis puncto in der Schöpfung solte gegangen seyn, solte sie sich nach ihr magnetischer Weise nicht wenden und sehnen; darum weist uns dieses Umwenden, dass die Welt eins verneuret, und in ihren Anfang, als ☉ is punctum, wieder gehen und dass ihre Ruhe nur allein darinnen seyn wird; gleich auch also ist des Menschen Seele aus der ewigen göttlichen Sonne gegangen, darnach sie sich auch sehnet…"

Unsere Parabola, auf die ich jetzt zurückblicken möchte, erscheint in neuem Lichte. Es wäre Zeitverschwendung, wollte ich den Leser abermals durch alle Abenteuer des Wanderers führen. Man findet ohne Schwierigkeit alle besprochenen Elemente in der Parabola wieder und wird die Introversion und die Wiedergeburt trefflich darin zu erkennen wissen. Ich greife darum bloß einige bestimmte Motive der Parabola oder der Alchemie überhaupt heraus; sie scheinen mir einer besondern Beleuchtung zu bedürfen. Da wä-

89 Das Zeichen 🜨 bedeutet Erde.
90 Vgl., was 119 über den Punkt im ☉ gesagt wurde.

re einmal der sonderbaren Tatsache zu gedenken, daß nach der Introversion, am Beginn des Werkes der Wiedergeburt, eine Sintflut hereinbricht. Diese Flut stellt sich nicht bloß in dem alchemistischen Prozeß ein (wann die Körper in dem Gefäß der Putrefaktion unterliegen und schwarz werden), sondern man sieht auch die mythischen Sintfluten mit einer unverkennbaren Regelmäßigkeit in dem analogen Zeitpunkt kommen, d. i. nach der Tötung des Urwesens (Trennung des Urelternpaares usw.) und vor der Neuschöpfung der Welt durch den Sohngott. Stucken (SAM, 123): „Wir sehen … bekräftigt, was ich schon … betonte, daß beim Eintritt der Flutkatastrophe die Weltschöpfung noch nicht beendet ist. Zwar gab es auch vor der Katastrophe schon eine Erde und Lebewesen darauf, aber erst nach der Sintflut beginnt die Ausgestaltung des jetzigen Kosmos. So in der germanischen Ymir-Sage, so in der babylonischen Tiamat-Sage, so in der ägyptischen und so gleichfalls in der iranischen…“

Was mag im psychologischen Sinne die Flut sein? Träume und Dichtung belehren uns, indem sie die Leidenschaften unter dem Bild eines stürmisch bewegten Meeres zum Ausdruck bringen. Nach der Introversion, deren Gefahren schon besprochen wurden, gibt's auf alle Fälle ein Ausbrechen der Leidenschaften; nicht ohne Folgen wird der „Stein der Tiefe“, der das Gefängnis der unterirdischen Mächte verschließt (vgl. *Buch Henoch* X, 5ff), gehoben. Es kommt darauf an, die wild sich ergießenden Geister einzufangen; ohne Schaden sich ihrer Kräfte zu bemächtigen. Die ganze Überschwemmung muß in dem philosophischen Gefäß von dem schwarzgewordenen Körper absorbiert werden, dann wirken sie auf ihn zur Neuschöpfung befruchtend wie Wasserfluten auf die Erde. Sie schaden der „Materia“ nur dann nicht, wenn diese wirklich schwarz (Überwindungsstadium) geworden ist; trifft dies zu, so ist sie den auf sie zustürmenden Wassern gegenüber wie ein Ozean, der durch den Zulauf der Flüsse keine Alteration erfährt: Continuo sese explenti, nec tamen ultra terminos suos redundanti oceano qualiter aquae illabuntur, cui similiter omnes cupiditates illabuntur, is tranquillitatem adipiscitur, non qui cupiditatibus lascivit.[91] (*Bhag. Gita* II, 70.)

---

91 Lat. Übers. von Schlegel. Deutsch (Schroeder):
„Wer wie das Meer, in das die Wasser strömen,
Das sich anfüllet und doch ruhig dasteht, –
Wer so in sich die Wünsche läßt verschwinden,
Der findet Ruhe – nicht, wer ihnen nachgibt.“

Ich habe oben den Löwen der Parabola der Sphinx des Oedipus verglichen, und anderseits geht aus den späteren Überlegungen hervor, daß er das Rückständige im Menschen sein muß, das beim Läuterungswerk zu opfern ist. Ich finde nun einige Bemerkungen bei Jung (*Jb. ps. F.* IV, 224f), die beides sehr gut vermitteln. Wenn ich auch nicht so weit gehen möchte, in dem tierischen Bild nur die sexuellen Triebkräfte zu erblicken, sondern es eher als den titanischen Teil unsrer Triebkräfte überhaupt ansehen würde, finde ich des Autors Auffassung doch glücklich. Die Sphinx, das Doppelwesen, versinnbildlicht das Doppelwesen Mensch, dem seine Tierheit noch anhanget. Ja sie nimmt sich geradezu als eine funktionale Darstellung der Entwicklung der Vernunft aus dem Triebleben (Herauswachsen eines menschlichen Oberkörpers aus einem tierischen Leibe) aus.

Das Homunculus-Motiv wäre gleichfalls neu zu betrachten. Ich sagte oben, daß der Myste sein eigener Vater werde; er zeugt einen neuen Menschen (sich) mit einer bloß symbolischen Mutter, also eigentlich ganz selbstherrlich, aus sich heraus, ohne Mitwirkung irgendwelcher Eltern. Das ist aber gleichbedeutend mit der künstlichen Erzeugung eines Menschen. Man erkennt also die anagogische Bedeutung des Homunculus, wovon wir die Idee eng mit der Alchemie überhaupt verwoben fanden. Die Beziehung ist auch Jung nicht entgangen, nur daß er sie einseitig faßt und einen zu weit reichenden Schluß zieht. Er deutet (*Jb. ps. F.* IV, 184) auf die Vision des Zosimos hin, wo dieser in der Höhlung des Altars kochendes Wasser findet und Menschen darin; und bemerkt dazu: „... daß diese Vision den ursprünglichen Sinn der Alchemie enthüllt; ein ursprünglicher Befruchtungszauber, d. h. ein Mittel, wie Kinder gemacht werden könnten ohne Mutter". Ich muß bemerken, daß das hermetische Bestreben, in den Stand Adams zurückzugelangen, auch etwas von der Homunculus-Phantasie an sich hat. Adam wurde nämlich androgynisch gedacht; ein Wesen, Mann und Weib zugleich, genügt aber für sich allein zur Befruchtung und Zeugung. Welling sagt in seinem *Opus mago-cabalisticum* (139ff): „Dieser Mensch Adam war geschaffen, wie die Schrift saget, das ist, männ- und weiblichen Geschlechts, nicht zwei unterschiedene Leiber, sondern eins in seiner Wesenheit, zwey aber in der Vermöglichkeit, dann er war die Erde Adamah, der roth und weiße 🜍 des geistlichen ☉ und ☽ der männ- und weibliche Saamen, der Staub von der Adamah aus Schamajim, und also in der Krafft sich (gleich wie er himmlisch war,) magisch zu vermehren; welches auch nicht anders seyn können, daferne diese essentialische Mann- und Weibheit nicht zerfallen wäre…"

Ich erinnere daran, daß der Mercurius auch doppelgeschlechtig ist; die „Materia" muß in den androgynischen Zustand „Rebis" gebracht werden. Die Idee des Hermaphroditismus spielt bekanntlich auch in der Mythologie eine bedeutende Rolle.

***

Wir haben uns Aufschluß darüber verschafft, wieso Phantasiegebilde zwei scheinbar grundverschiedene, ja einander widersprechende und doch ihrer Geschlossenheit wegen unabweisbare „Deutungen" vertragen, die psychanalytische und die anagogische. Wir haben gefunden, daß die beiden Bedeutungen zwei Aspekten oder zwei Entwicklungsphasen eines psychischen Kräfte-Inventars entsprechen, welche sich einheitlich an symbolische Typen heften lassen, weil an diesen eine Verinnerlichung stattfinden kann, in Verbindung mit der „Sublimation" der Triebe. Als wir das Problem der mehrfachen Deutung formulierten, fiel uns aber auf, daß außer den beiden namentlich in ethischer Beziehung extrem kontrastierenden Bedeutungen noch eine dritte, ethisch indifferente, vorhanden sei, nämlich die naturwissenschaftliche. Abgesehen davon, daß ich den anagogischen Gehalt unseres Materials noch nicht erschöpft habe und deshalb so manches in den folgenden Abschnitten werde nachtragen müssen, erwächst mir also die Aufgabe, über die Stellung des naturmythologischen Anteils Klarheit zu verschaffen. Das soll jetzt in gedrängter Kürze geschehen.

Der naturwissenschaftliche Gehalt ist im Falle der Alchemie – eines Beweises bedarf es erst nicht – die Chemie (mit Physik und Kosmologie einigermaßen verbunden). „Wissenschaftlich" im modernen strengen Sinn war die alchemistische Chemie freilich nicht; für unsere heutige Beurteilung hatte sie so viel mythisches Blut in sich, daß ich sie, mit einer gewissen Freiheit des Ausdruckes, eine mythologisch apperzipierende Wissenschaft nennen möchte, wobei ich über den bei Wilhelm Wundt (*Völkerps., Myth.*

u. Rel.) sehr klar entwickelten Begriff der mythologischen Apperzeption der strafferen Formulierung zulieb ein bißchen hinausgehe, aber ohne etwa den eigentlichen Begriff des Mythischen unter den Füßen zu verlieren oder ihm jene Ausdehnung zu verleihen, die er bei G. F. Lipps bekommen hat. Dem mythenhaften Anschauen und Denken der Alchemie entspricht es, daß sie der symbolischen Darstellung und deren Eigentümlichkeiten unterworfen war.[92] Auf die Wahl der Symbole hat stets das, was einem stark im Gemüte liegt, was einem die Seele – sei es freudig, sei es schmerzlich – bewegt, was von vitalem Interesse ist, kurz was einem bewußter- oder auch unbewußterweise nahegeht, einen bestimmenden Einfluß. Schon die banalen Fälle, in denen sich durch die Art der Apperzeption eines und desselben Gegenstandes die Berufe oder Liebhabereien verraten, zeigen diesen Einfluß; so erblickt etwa der Landschaftsmaler in einem See ein dankbares Motiv, der Angler ein Fischwasser, der Unternehmer eine Gegend zur Gründung eines Luftkurortes oder einer Schifffahrtslinie, der Segler ein Feld für seine Lustfahrten, der von Hitze Geplagte eine Badegelegenheit, der Ertrinkende den Tod. Bei der *symbolischen* Auffassung eines Gegenstandes vollends, die viel stärker von unbewußten oder unkontrollierten Anregungen der die Symbole formenden Phantasie abhängig ist, kann die Wahl unter den vielen Symbolmöglichkeiten gewiß nicht auf solche Bilder fallen, die dem Gemüte fremd oder uninteressant sind. Schon wenn wir bewußt Vergleiche gebrauchen, fällt uns als Beispiel meist etwas aus einem uns beliebten und vertrauten Gebiet ein; im „Einfallen" steckt bereits ein Anteil der unbewußten Komplexleistung; diese wird in dem Maße vergrößert, als der Phantasie freierer Spielraum gelassen wird.

Das rohe Produkt der symbolwählenden Phantasie des Einzelnen – „roh", d. h. nicht mit einer für die Öffentlichkeit berechneten Politur überzogen – trägt also Spuren in sich von den Dingen, die dem Betreffenden nahegehen. (Wes das Herz voll ist, des geht der Mund über – auch ohne Absicht!) Gehen wir nun von einem in Symbolen gefaßten (mythologisch apperzipierten) Geistesprodukt aus, als dessen Autor wir nicht einen einzelnen Menschen,

92 Der Begriff des Symbols ist hier natürlich im weiteren Sinn zu nehmen, wie in meinen Arbeiten über Symbolbildung (*Jb. ps. F.* II–IV).

sondern viele Generationen oder schlechthin gesagt: die Menschheit ansehen müssen, so wird dieses Produkt begreiflicherweise in den Eigentümlichkeiten der Symbolwahl nicht individuelle Neigungen, sondern vielmehr das anzeigen, was der Allgemeinheit in gleichmäßiger Weise nahegeht. In der Alchemie, die als mythologisch apperzipierende Wissenschaft ganz von Symbolen durchsetzt ist, treffen wir als etwas Auffälliges in der Symbolwahl die Zusammenstellung solcher Bilder an, die uns das spiegeln, was wir psychanalytisch als die „titanischen" Triebe kennen gelernt haben (Oedipus-Komplex usw.). Kein Wunder! Ebendiese Triebe sind es ja, die wir aus den psychanalytischen Untersuchungen als diejenigen kennen, welche über allen individuellen Verschiedenheiten stehen. Und wenn wir es noch nicht wüßten, so würde eben der Befund an der Alchemie es lehren.

Das bekannte Triebschema mit seiner „titanischen" Unterlage, welches in allen Menschen notwendig vorhanden ist (obgleich es sich in jedem einzelnen Falle außerordentlich sublimiert haben kann), kommt schon in individuellen Phantasieprodukten recht deutlich zum Vorschein; ganz typisch ausgeprägt muß es aber wohl dort zu finden sein, wo an der Errichtung, Formung, Abschleifung, Herausarbeitung des Symbolgebäudes eine Vielheit von Menschen, die fabulierende Menschheit, beteiligt war. Solche Gebilde haben das Persönliche abgestreift. Ein Beispiel dieser Art ist eben die „mythologische" Wissenschaft der Alchemie. Daß uns die (oft nackt zutage tretende) retrograde Perspektive der in ihren Symbolen steckenden Typen abstoßend vorkommt, rührt daher, daß im Beurteiler diese ursprünglichen Triebformen eine starke Verdrängung erfahren haben und daß ihrer Wiederaufnahme starke Widerstände (der Moral, des Geschmackes usw.) entgegenstehen.

Die viel besprochenen Elementartypen haben sich also bei der Gelegenheit in das Corpus der alchemistischen Hieroglyphik eingeschlichen, als die Menschheit, den chemischphysikalischen Tatsachen als Rätseln gegenüberstehend, mit dem Ausdruck rang zu ihrer gedanklichen Bewältigung: bei der Symbolwahl wirkte (sozusagen als Apperzeptionsmasse) das typische Kräfte-Inventar mitbestimmend. Es hat also hier ein ähnlicher Vorgang der Mitbestimmung stattgefunden, wie wir ihn bei dem Zusammenfallen materialer und funktionaler Symbolik an Träumen beobachten konnten. Hier zeigt sich abermals der heuristische Wert, den für unser Problem die Einführung des Begriffes der „funktionalen Kategorie“ der Symbolik hatte.

Die Möglichkeit, aus den alchemistischen (und von ihren Autoren oft bloß chemisch gemeinten) Allegorien das „Titanische“ und das „Anagogische“ herauszudeuten, erklärt sich nun gar leicht. Man kann es deshalb herauswickeln, weil es vorher schon hineingelegt worden war, wenn auch weder in der extremen Form des „Titanischen“ (d. i. des retrograden Aspektes), noch in der des „Anagogischen“ (des progressiven Aspektes), sondern in einem unbestimmbaren mittleren Stadium der Verinnerlichung. Was die Gelegenheit zu diesem Spiele der Symbolik gab, war eine auf die Chemie gerichtete Erkenntnisarbeit; der chemische Gehalt der Alchemie ist sozusagen der mit Absicht erstrebt gewesene, während der übrige per accidens, aber nichtsdestoweniger unvermeidlich, dazukam. So erscheint denn das Naturphilosophische als der Träger oder Stamm, an dem die titanische und die anagogische Symbolik blühen. Es ist nebstbei nun auch verständlich geworden, wieso die zunächst auf Chemisches abzielende alchemistische Hieroglyphik sich so durch und durch zu hermetisch-anagogischen Lehrzwecken eignete, daß zuzeiten und von ganzen Gruppen die Alchemie schlechthin als mystische Anleitung gebraucht wurde, ohne jede Absicht auf Chemie.

Wir wollen das, was wir an der Alchemie gefunden haben, nun auch auf die Mythologie anwenden, bei der sich analoge Verhältnisse angekündigt haben.[93] Die moderne Mythenforschung hat meines Erachtens zur Genüge bewiesen, daß wir es auch hier mit einem naturphilosophischen Kern (Auffassung astraler und wohl

93 Die hier vertretene Apperzeptionstheorie möge nicht mit jener intellektualistischen Theorie (Steinthals) zusammengeworfen werden, welche Wundt (V. Ps. IV², 50f.) als die „Illusionstheorie“ kritisiert. Ich möchte mich vielmehr ziemlich eng an die Wundt'sche Auffassung der „mythologischen Apperzeption“ (ebenda, 64ff.) anschließen, unter besonderer Hervorhebung der affektiven Momente, die dabei im Spiele sind. Nach Wundt sind die Affekte geradezu „die wesentlichen Triebfedern“ und „die mächtigsten Erreger der Phantasie“ (ebd., 60). „Die Affekte der Furcht und des Hoffens, des Wunsches und der Begierde, der Liebe und des Hasses, sie sind allverbreitete Quellen des Mythus. Sie sind natürlich stets an Vorstellungen gekettet. Aber sie sind es erst, die diesen Vorstellungen das Leben einhauchen ...“ – Eine Abweichung von Wundt scheint mir darin zu liegen, daß ich mir über die Herkunft dieser Affekte bestimmtere Gedanken mache, wodurch sie zu den ofterwähnten Elementarmotiven in genaue Verbindung gebracht werden.

auch meteorologischer Vorgänge usw.) zu tun haben (um den sich sagenhaft historischer Stoff ranken kann). Wie es zwei Märchen[94] gezeigt haben, und wie ich an zahllosen Mythen zum Überfluß hätte ausführen können, ist neben der naturwissenschaftlichen Deutung die psychanalytische und die anagogische möglich.

Ich führe hier nur ein Beispiel an, nämlich das Schema, das Frobenius aus dem Vergleiche zahlreicher Sonnenmythen gewonnen hat. Danach wird der Held von einem Wasserungetüm im Westen verschlungen. (Die Sonne geht im Meer unter.) Das Tier fährt mit ihm nach Osten. (Nächtliche Bahn der Sonne, scheinbar unter dem Meer.) Er entzündet in dem Bauch des Tieres ein Feuer und schneidet sich, da er Hunger verspürt, ein Stück des herabhängenden Herzens ab. Bald darauf merkt er, daß der Fisch auf das Trockene gleitet. (Die wieder sich entzündende Sonne nähert sich von unten dem Horizont.) Er beginnt sofort das Tier von innen heraus aufzuschneiden, dann schlüpft er heraus. (Sonnenaufgang.) In dem Bauche des Fisches ist es so heiß gewesen, daß ihm alle Haare ausgefallen sind. (Haare sollen Strahlen bedeuten.) Ebenso klar wie der naturmythologische Gehalt ist hier, daß eine Wiedergeburtsdarstellung vorliegt, die selbstverständlich ebenso der psychanalytischen als der anagogischen Deutung fähig ist.

Ich kann nun das Bestreben mancher Psychanalytiker nicht billigen, den von der neueren Forschung so wohl fundierten, wenn auch in den Einzelheiten nicht feststehenden naturwissenschaftlichen Gehalt (Naturkern) der Mythen als quantité négligeable zu behandeln oder überhaupt zu ignorieren.[95] Die Unzulässigkeit des-

94 Man kann Hitchcock vorwerfen, er habe bei seinen Deutungen die Märchen nur in ihrer entwickeltsten Gestalt berüchsichtigt und sich nicht um ihre Entstehung und ihre Urformen gekümmert. Und wirklich lassen die entwickelteren Formen eine weitaus reichere anagogische Interpretation zu als die primitiven. Das ist aber kein Argument gegen diese Interpretation, sondern bestätigt bloß ihre Orientierung in der menschlichen Geistesentwicklung. Die anagogische Deutung ist ja eine prospektive Deutung im Sinne eines ethischen Fortschritts. Nun zeigt die Entwicklungsgeschichte eben des Märchens ganz deutlich den Fortschritt zum Ethischen; und indem der ethische Gehalt des Märchens vermöge dieser Entwicklung im allgemeinen wächst, vermag sich die anagogische Deutung bei höher entwickelten Märchen naturgemäß in desto genauere Verbindung zu dem mythischen Material zu setzen.

95 Ich habe eine diesbezügliche Warnung im *Jb. ps. F.* IV (Prinzip. Anreg.) ausgesprochen und vorher im *Jb. ps. F.* II (Phant. u. Myth.) die paritätische Stellung von naturphilosophischem und psychologischem Gehalt vertreten. Nun kon-

sen geht schon aus der vitalen Wichtigkeit und packenden Wirkung der von der Menschheit so (nämlich mythologisch) angeschauten Gegenstände (z. B. des für sie in ihrer Abhängigkeit von den Launen der Natur so unendlich wichtigen Sonnenlaufs) genugsam hervor. Wenn es also einerseits dem Psychanalytiker nicht möglich sein wird, den Naturmythologen aus seiner Position zu verdrängen und etwa zu beweisen, daß irgendein Symbol nicht die Sonne, sondern den Vater bedeute, so muß anderseits der Naturmytholog, der sich trefflich auf seine Deutungen verstehen mag, beim Psychologen anklopfen in der entschieden psychologischen Frage, warum bei der Apperzeption eines Gegenstandes gerade dieses und nicht jenes symbolische Bild dem Bewußtsein sich biete. Also z. B., warum der Sonnenunter- und -aufgang so gerne gerade als ein Verschlungen- und Ausgespienwerden oder als ein Wiedergeburtsvorgang aufgefaßt wird. Findet doch Frobenius (*Zeitalt. d. Sonneng.* I, 30) die Symbolik „urmerkwürdig".

Begreiflich ist es auch, daß den Mythologen das aufdringliche Vorkommen des Inzests, der Kastration des Vaters usw. Kopfzerbrechen machen mußte. Einseitig von manchen unter ihnen war es, die psychologische Wertigkeit dieser Dinge nicht sehen zu wollen. Ich muß demnach Rank recht geben, wenn er (*Inz.-Mot.*, 278) mit Bezug auf den von Goldziher vielleicht ganz richtig als Sonnenmythos gedeuteten Oedipus-Mythos sagt: „Zweifellos ist aber doch, daß diese Vorstellungen vom Inzest mit der Mutter und dem Totschlag des Vaters dem menschlichen Leben entstammen, und daß der Mythos in dieser menschlichen Einkleidung niemals vom Himmel heruntergelesen werden konnte, ohne eine entsprechende psychische Vorstellung, die gewiß auch – wie bei den heutigen

statiere ich mit Vergnügen, daß neuestens ein Autor der psychanalytischen Schule sich gerade jener Umsicht befleißigt, die ich als so wünschenswert reklamierte. Es ist dies Dr. Emil F. Lorenz, der in dem Februarheft von *Imago* 1913 das „Titanen-Motiv in der allgemeinen Mythologie" in einer Weise behandelt, die meiner Auffassung nahekommt. Insbesondere zeigt sich in der Betrachtung der menschlichen Urmotive als Apperzeptionsmassen bei der primitiven Deutung der Naturvorgänge ein gemeinsamer Gedanke. Leider erschien der Aufsatz zu einer Zeit, wo dieses Buch bereits abgeschlossen war; wenn ich also nicht mehr in der Lage bin, auf den Artikel näher einzugehen, so will ich doch wenigstens auf ihn hinweisen und gleichzeitig der Hoffnung Ausdruck geben, daß Lorenz die, wie er sagt, vorderhand nur „aphoristisch" mitgeteilten interessanten Ansätze weiter ausarbeiten wird.

Mythologen – bereits zur Zeit der Mythenbildung eine unbewußte gewesen sein kann …"

Und an einer anderen Stelle (381f): „Während diese Forscher [Astral- und Mond-Mythologen] … Inzest und Kastration im selben, oder womöglich in noch weiterem Umfange als wir als Hauptmotive der Mythenbildung nur für die himmlischen Vorgänge gelten lassen wollen, sind wir auf Grund unserer Psychoanalysen genötigt, darin allgemein menschliche Urmotive zu erblicken, die später von den Völkern aus demselben psychologischen Rechtfertigungsbedürfnis[96] an den Himmel projiziert wurden, aus dem sie unsere Mythendeuter nun dort herauslesen wollen. So haben sie im Motiv der Zerstückelung (Kastration) eine sinnbildliche Andeutung der stückweisen Mondabnahme, im Motiv der Wiederbelebung eine solche der Mondzunahme zu erkennen geglaubt, während es für uns zweifellos ist, daß umgekehrt die anstößige Kastration eine spätere Symbolisierung in den Mondphänomenen gefunden hat. Spricht es doch entweder gegen jede Logik und Psychologie, oder für unsere Auffassung von der Sexualisierung des Alls, daß der Mensch ein an sich harmloses Phänomen, wie die Mondphasen, durch ein so anstößiges wie die Zerstückelung oder Kastration der nächsten Verwandten symbolisieren sollte.

So haben also auch die Naturmythologen, insbesondere Siecke, gemeint, der primitive Mensch habe die ihm unerklärliche Mondabnahme als Zerstückelung ‚unmittelbar angeschaut', während dies doch psychologisch ganz undenkbar ist, ohne daß dieses dem irdischen Leben entnommene Bild nicht auch seinen Ursprung im menschlichen Leben oder Denken (Phantasieren) gehabt hätte."

Es ist in der Tat nie und nimmer denkbar, daß die Menschen für die Vorgänge in der Natur just die titanischen Symbole gewählt hätten, wenn diese für sie nicht eine besondere psychische Wer-

96 Ob bei der Mythenbildung ein solches „Rechtfertigungsbedürfnis" beteiligt gewesen, erscheint mir zweifelhaft oder doch unerweislich. Jedenfalls verdeckt man, wenn man diese unnötige Annahme so stark betont, und die „Projektion" der irdisch-psychologischen Urmotive an den Himmel als ein Werk der Entledigung auffaßt, die gewichtigere Ursache der Beschäftigung mit dem Himmel, nämlich die schon erwähnte vitale Wichtigkeit der dort sich vollziehenden Dinge. Daß nun bei dem symbolischen Erfassen derselben die Urmotive mitbestimmend wirken, involviert noch keine Abwehr, die sich gegen sie richtet. Eine bessere Abwehr wäre doch, sie in der Symbolik zu unterdrücken, als, wie es geschieht, sie darin anzuwenden.

tigkeit gehabt hätten, also ihnen besonders nahegegangen wären. Wenn man mir entgegnen sollte, daß sie sie ja nicht „gewählt“ hätten (weil sie nicht judiziös Allegorien ersannen, wie man ehemals meinte), so werde ich die Gegenfrage erheben: wer hat sie denn gewählt? Das Wort „gewählt“ werde ich beibehalten, denn eine Wahl hat stattgefunden. Die Mächte aber, die diese Wahl besorgten, lebten und leben noch in den Seelen der Menschen.

Die von mir vertretene Auffassung läßt die Naturmythologen ebenso zu ihrem Rechte kommen wie die ihnen gegenüberstehenden Psychologen; sie läßt aber auch noch eine dritte, scheinbar abgetan gewesene Richtung wieder zu Ehren kommen, jene Richtung nämlich, welche in den Mythen Verschleierungen uralter Priesterweisheit erblickte.[97] Diese obsolute Auffassung hatte nämlich das Eine für sich, daß sie, was den modernen Interpreten mangelt, den anagogischen Gehalt der Mythen irgendwie (wenn auch in unrichtiger Perspektive) würdigte. Daß man mit einem anagogischen Gehalt der Mythen rechnen muß, ergibt sich aus der Tatsache, daß sich aus mythischen Anfängen die Religionen mit ihren ethischen Wertschöpfungen entwickelt haben. Und diesem Verhältnisse muß Rechnung getragen werden. In der Art, wie die ältere Mythendeutung den Zusammenhang zu ersehen meinte, jagte sie freilich einem Phantom nach; ihre Ansicht wird aber in dem Augenblick brauchbar, als man sie entwicklungsgeschichtlich umkehrt: der religiöse Gehalt in den Mythen ist nicht in der Urzeit Priesterweisheit gewesen, sondern sollte es erst am Endpunkt der Entwicklung werden. Meine Auffassung zeigt ferner, daß dem von Stucken und anderen modernen Forschern so glänzend zusammengestellten Material zwar die größte Bedeutung für die Erkennung und Vergleichung der (den psychologischen Typen entsprechenden) Motive zukommt, nicht aber jene schlagende Beweiskraft für die Migrationstheorie gegen die Elementargedankentheorie, welche man darin finden zu können glaubte. Was endlich den vielleicht befremdlichen Schein eines unbewußt-gedanklichen Schaffens der mythenbildenden Phantasie betrifft, möchte ich mit diesen Worten Karl Otfried Müllers schließen: „Es ist möglich, daß der Begriff der Unbewußtheit in der Mythenbildung manchem dunkel, ja magisch vor-

97 Die sogenannte „Entartungstheorie“.

komme ... aber soll die Geschichte nicht auch das Fremdartige, wo unbefangene Forschung darauf hinführt, anerkennen?"

2. Abschnitt
Das Ziel des Werkes

Im vorigen Abschnitt ist die Symbolik und Psychologie des Verlaufes der mystischen Arbeit bis zu einem weiter nicht definierten Punkt, aber jedenfalls nicht bis zu seinem Ende betrachtet worden. Die Wiedergeburt ist offenbar der Anfang einer neuen Entwicklung, deren Wesen wir noch nicht eigens ins Auge gefaßt haben. Über die späteren Phasen des Werkes und über sein Ziel ist noch nichts Deutliches gesagt worden. Ich fürchte, daß auch der vorliegende Abschnitt, obgleich er vorzugsweise dem Ziele des Werkes gewidmet ist, darüber lange nicht so genau wird unterrichten können, als es wünschenswert wäre. Das letzte Ende des Werkes läßt sich freilich in die paar Worte zusammenfassen: Vereinigung mit Gott. Doch wir können uns mit einer für unsere psychologischen Bedürfnisse so vagen Auskunft unmöglich beruhigen; müssen danach streben, die auf dem Wege ins Unerforschliche eintretenden seelischen Erlebnisse als solche zu erfassen – obgleich ich im vornhinein anzeigen muß, daß wir bei jedem Schritt, den uns die Symbolik der Mystiker über die Wiedergeburt hinausführt, Gefahr laufen, von der Psychologie abzuirren, und daß wir im folgenden diese Abirrung nur zu bald erfahren werden. Wir werden uns zeitweise unkritisch in die Anschauungswelt der Hermetiker selbst versetzen müssen, was natürlich eine eitle Fiktion ist, denn um dies richtig tun zu können, müßte man selbst eine mystische Entwicklung hinter sich haben (was immer diese sei); man müßte selbst ein „Wiedergeborener" sein. Das Eine kann als gewiß gelten, daß eine Reihe von Symbolen, die bei den Mystikern aller Zeiten und Nationen mit auffälliger Übereinstimmung auftreten, sich auf Erlebnisarten bezieht, die zwar offenbar den Mysten in bestimmten Graden ihrer Entwicklung gemeinsam, den Nicht-Mysten aber (oder genauer: allen Menschen, auch Mysten, die jene Stufen nicht erreicht haben) fremd sind.

Dies vorausgeschickt, will ich über das Ziel der Alchemie (Mystik) einiges sagen. Ich folge dabei im großen ganzen den Gedankengängen Hitchcocks, ohne mich gerade streng an seine Darstellung zu halten. (Ich zitiere „HA“ = Hitchcock, *Remarks upon Alchemy.*)

Der alchemistische Prozeß ist, wie die Hermetiker selbst sagen, ein zirkulares Werk, und das Ende steckt gewissermaßen schon im Anfang. Darin liegt vielleicht eines der größten Geheimnisse der ganzen Alchemie, obgleich der Sinn der Rede einigermaßen zu verstehen ist: wenn es z. B. heißt, daß, wer Gold erzeugen will, Gold haben muß, so werden wir daran denken, daß der Wahrheitsucher wahrhaftig sein muß (HA, 67), daß, wer mit dem Gewissen in Einklang leben will, mit dem Gewissen in Einklang leben muß, und daß, wer den Weg zu Gott gehen will, Gott schon als Ziel in sich haben muß. Wenn das Gewissen, worin das Gefühl für recht und gut lebt, unter der leitenden Idee: „Gott“ aktiv wird, so wird es mit „übernatürlicher“ Kraft ausgestattet und ist dann der Alchemisten philosophisches Quecksilber, ihr köstlich Mercur-Salz, der höchste Theriak usw. (HA, 53.) Der Gang des Werkes weist nach irgendeiner Einheit als Ziel, die wohl wenige Menschen erlangen, außer in Worten. (HA, 157.) Die hermetischen Autoren erheben den Anspruch vollkommener Übereinstimmung ihrer Lehren, aber diese Übereinstimmung konzentriert sich auf einige wenige Prinzipien von vitaler Bedeutung in ihrer Doktrin, die beinahe gänzlich auf eine gewisse Praxis Bezug haben: vielleicht auf ein vollständiges Ins-Werk-Setzen des Pflichtbewußtseins, in der Art, wie Kant es mit seinem kategorischen Imperativ verlangt; „an unreasoning, though not unreasonable, obedience to an experienced imperious sense of duty, leaving the result to God; and this I am disposed to call *the Way.*[98] Now *the End* is, perhaps, the fruit of this obedience.“ Mag sein, daß die geduldig geübte innre Übereinstimmung mit sich selbst, die allen äußeren Wechselfällen mit Gelassenheit entgegensieht, den Menschen schließlich zu ganz besonderen Erfahrungen führt, durch welche ein bestätigendes Siegel auf das gedrückt wird, was zuerst ein blo-

98 „……………………………… Tu deine Pflicht!
Nach dem Erfolg des Handelns frage nicht!“
„Drum, ohne dran zu hängen je, führ‘ aus die Tat, die deine Pflicht!
Wer handelt ohne Hang zur Welt, der Mensch erreicht das höchste Ziel.“
Und Ähnliches an vielen Stellen der *Bhagavad-Gita.*

ßes Vertrauen auf den Segen des Guten war. (HA, 128.) Die hermetischen Philosophen lassen zwar das Gewissen als den Weg oder als die Grundlage der Arbeit erkennen; was aber das eigentliche Wunderwerk der Alchemie (die Transmutation) betrifft, legen sie den Hauptwert auf die Liebe; sie bewirke die Verwandlung des Subjektes in das geliebte Objekt. (HA, 132.)

Arabi: „Es ist Grundprinzip in der Liebe, daß du die eigentliche Wesenheit des Geliebten (Gott) wirst, indem du deine Individualität verlässest und in ihm verschwindest. Glückseligkeit ist die Station der göttlichen und heiligen Wonne." (Horten, *Myst. T.*, 9.)

Analog findet man in Yoga-Lehrbüchern ausgeführt, daß der Geist durch Versenkung in ein Objekt der Vorstellung mit diesem Objekt identisch wird; das Objekt muß nicht gerade das Höchste sein, sondern es ist eine Stufenfolge möglich. Auch Arabi kennt eine Stufenfolge von Objekten, wie sie als Korrelate der Versenkung oder Hingabe den verschiedenen mystischen Zuständen („Farben" usw. der Alchemie) entsprechen. Zwei Stellen von Arabi seien angeführt: „Mein Herz ist für jede Form [des religiösen Kultus] aufnahmefähig; denn so sagt man, das Herz (Wurzel: kalaba = umstürzen, sich ändern) wird so genannt von seinem beständigen Sichändern. Es wechselt entsprechend den verschiedenen (göttlichen) Einwirkungen, die es nach den verschiedenen Zuständen der mystischen Erleuchtung erlebt. Diese Verschiedenheit der Erlebnisse ist eine Folge der Verschiedenheit der göttlichen Erscheinungen, die in seinem innersten Geiste (sirr) auftreten. Das ‚Religionsgesetz' (die Theologie) nennt dieses Phänomen: sich in den Formen (des Lebens und Seins) umwandeln und umgestalten. Die Gazellen sind die Objekte der Liebe des Mystikers ..." In einem seiner Gedichte sagt er: „... Und gebet euch dem Spiele hin nach Art freundlicher Mädchen mit schwellenden Brüsten und erfreuet euch der üppigen Weide nach Art weiblicher Gazellen." In seinem Kommentar zu dieser Stelle heißt es: „ ‚Spiel' bezeichnet die verschiedenartigen Zustände des Mystikers, in die er versetzt wird, wenn er von einem göttlichen Namen zum andern übergeht." (Horten, *Myst. T.*, 11ff.)

Es ist das ethische Ideal des Mystikers, daß er mehr und mehr das beschränkte Ich abstreife und dafür die Eigenschaften Gottes in sich aufnehme, um zu Gott zu werden.

Wenn bei Arabi das Thema einer Ode lautet: „durch Askese, heftiges Verlangen nach Gott und Geduld im Leiden wird der Mensch zu Gott oder nimmt göttliche Natur an“ (Horten, *Myst. T.*, 16), so ist dieses Ziel identisch mit dem der alchemistischen Transmutation: das schlechte Metall nimmt (nach der Reinigung, Schmelzung usw.) bei der Tingierung durch den Stein der Weisen die Natur des Goldes, d. h. die göttliche Natur an.

Aber es ist geduldige Anstrengung erforderlich. Übereiltheit ist ebensosehr von Übel wie Nachlässigkeit. Es ist – um in der Sprache der Alchemisten zu reden – ebenso schlimm, durch übertriebenes, rasches Feuer (das trotz seiner Heftigkeit vielleicht bloßes Strohfeuer ist) „die zarten Blumen zu verbrennen“, als das Feuer, welches beständig unterhalten werden soll, ausgehen und die „Materia erkalten zu lassen“. Der Destillationsprozeß soll langsam verrichtet werden, damit „die Geister nicht entfliehen“. Das bei der „Erwärmung“ im „Gefäß“, d. h. im Menschen, Empordampfende ist die in höhere Regionen emporsteigende Seele; regengleich herabdestillierend (destillare = herabtropfen) bringt sie jedesmal der dürstenden Materie einen göttlichen Gewinn mit; aber dieser Prozeß soll nicht übertrieben werden, der durstigen Erde muß das himmlische Naß des Lebenswassers sachte zugesetzt werden: Prozeß der „Imbibition“.

Das metallische Subjectum muß in seinem eigenen natürlichen Wasser (Gewissen) sanft gelöst werden, nicht mit gewaltsamen Hilfsmitteln, ätzenden Säuren, die der Unweise anwendet, um rasch zum Ziele zu kommen: er verdirbt damit entweder die Materie oder erzielt eine bloß oberflächliche Wirkung. Die sinnlose Askese u. dgl. Extreme sind ebenso verwerflich wie der verrauschende Enthusiasmus (den wir oben „Strohfeuer“ nannten). Die ethische Arbeit der Alchemie wie des gemeinen Lebens ist eine Sublimation; es ist wichtig, daß die Materia jeweils nur so viel aufnimmt, als sie sublimieren kann. Man kann es auch in dieses Bild fassen: die Materia soll nur befeuchtet werden mit Wässern, die sie nach der Solution wieder fix machen (dauernd behalten, in ihr Wesen aufnehmen) kann. Vgl. hiezu die Worte des Grafen Bernhard von Trevis: „Ich sage dir mit Bestimmtheit, daß kein anderes Wasser die metallische Species einer natürlichen Solution zuführt, als dasjenige, welches darin wohnet, dem Stoff und der Form nach;

und welches die Metalle selber, nach erfolgter Auflösung, wieder congelieren [fest machen] können.“ (HA, 189f.)

Den Passus „... sanft und gar verständig ...“ der *Tabula Smaragdina* wird man jetzt voll würdigen können.

Die begehrte Vollkommenheit oder Einheit soll ein Seelenzustand sein, ein Zustand des Seins, nicht des Wissens. Die Mittel, welche dahin führen, setzen bei dem Neophyten etwas dem Glauben in der Religion Analoges voraus; und weil sie, die Bedingungen des Magisteriums, dem Neophyten der Natur oder einander gegenseitig zu widersprechen scheinen, werden die aus ihnen fließenden mystischen Erlebnisse „übernatürliche“ genannt. Das „Übernatürliche“ ist jedoch nur ein Schein, der entsteht, wenn man „Natur“ zu enge faßt, also wenn man in ihr bloß die Gesamtheit der Körper erblickt. Begreift man aber unter „Natur“ auch die Fähigkeit zum Leben und zum Handeln, so muß das übernatürlich Erscheinende der Natur zugezählt werden. Die Ausdrücke „natürlich“ und „übernatürlich“ sind Hilfsmittel der denkenden Beurteilung; sie sind Vorläufigkeiten, die so lange eine gewisse Berechtigung haben, als sie ein Ausdruck sind für eine Stufe im Erkennen. Das anfangs „Übernatürliche“ löst sich in Natur auf, oder besser: Natur wird zum Göttlichen erhoben. Wenn das Natürliche und das Übernatürliche in Symbole gefaßt und das eine als Sulphur, das andere als Mercurius bezeichnet werden, so mag der philosophische Schüler, unter dem Zwang, Sachen und nicht bloße Namen zu denken, schließlich zur Erkenntnis der Unzertrennlichkeit beider in einem dritten Etwas gebracht werden, welches während des Untersuchungsvorganges Sol heißen mag; da aber alle drei als unzertrennlich eines erkannt werden, können die Termini untereinander wechseln, bis endlich eine innere Erleuchtung stattfindet. „Diejenigen, welche nie solches erlebt haben, sind geneigt, es als eingebildet zu verrufen; diejenigen aber, die es erfahren, wissen, daß sie damit in ein höheres Leben gelangt sind, oder fühlen sich befähigt, die Dinge von einem erhöhten Standpunkt zu betrachten. Den Schein eines Mißbrauchs der Sprache anzuwenden: es ist eine übernatürliche Geburt, zu der man auf natürlichem Wege eingeht.“ (HA, 227ff.)

Wenn die Alchemisten von philosophischem Mercur und philosophischem Golde sprechen, meinen sie etwas im Menschen und etwas in Gott, das sich schließlich als das Eine herausstellt. Dank ihrer Symbolik sind die Alchemisten der fast unübersteiglichen Schwierigkeit enthoben, ihr Thema in der gemeinen Sprache zu behandeln. Vom Lernenden muß der Sinn der Symbole immer wieder aus der Natur und ihren Möglichkeiten selbst geholt werden, wohin ihn die hermetischen Meister auch stets weisen. (HA, 232f.) Wenn das rechte Licht aufgegangen ist im Herzen des Suchenden, von innen – wenn auch scheinbar durch ein Wunder von außen – entzündet, so werden Sulphur und Mercurius eins, oder werden erkannt, daß sie das gleiche sind, nur in einer gewissen Relation voneinander geschieden; etwa so, wie das Bekannte und das Unbekannte [und das Bewußte und das Unbewußte] eines sind, nur durch eine verschiebbare Grenze geteilt. (HA, 235.)

Ein Alchemist lehrt: „Betrachte wohl, was du hervorzubringen wünschest, und danach richte deine Absicht (intention). Nimm das letzte Ding in deiner Absicht (intention) für das erste Ding in deinen Grundsätzen (principles) … Unternimm nichts außerhalb seiner Natur … [Es folgen Gleichnisse, daß man Trauben nicht aus Disteln ziehen kann usw.] Wenn du diese Lehre in deiner Operation anzuwenden verstehst, wirst du großen Vorteil davon haben, und ein Tor wird sich dir auftun zur Entdeckung größerer Geheimnisse.“ Wirklich ist ein großer Unterschied zwischen einem, der das, was er sucht, als Endzweck sucht und einem, der es als Mittel zu einem Zweck sucht. Wissen begehren, um Reichtümer zu erwerben, ist etwas ganz anderes, als Reichtum (oder Unabhängigkeit) suchen, um Wissen zu erlangen. Nach der Vorschrift des Alchemisten müssen Mittel und Endzweck zusammenfallen; d.h. die Wahrheit muß um ihrer selbst willen gesucht werden. (HA, 238.) In dem Werke *De Manna Benedicto* heißt es: „Wer immer du seist, der du diesen Tractat liesest, lass mich dich ermahnen, dass du deinen Verstand und Seel mehr auf Gott richtest, in Haltung seiner Gebote, als auf die Liebhaberei dieser Kunst [sc. ihrer äußerlichen Vorteile], denn ob sie gleich die einzige, ja alle Weisheit der Welt ist, ist sie doch ohnmächtig gegen die göttliche Weisheit der Seele, welches die Liebe zu Gott ist im Halten seiner Gebote … Bist du begehrlich gewesen, Profaner? Sei demütig und heilig [fromm], und diene in aller Niedrigkeit dem glorreichen Schöpfer: wenn du dich nicht dazu entschließest, so bist du damit beschäftiget, einen Äthiopier weiß zu waschen …“

Das Begehren (desire) ist, wie einige alte Philosophen ausführen, die Wurzel aller Affekte, die sich in Paaren manifestieren. Freude entspricht dem erfüllten Begehren, Sorge der verhinderten oder gefährdeten Erfüllung; Hoffnung ist die Erwartung der Erfüllung, Furcht das Gegenteil hievon usw. Alle die Gegensatzpaare sind etwas Oberflächliches, etwas, das kommt und geht mit der Zeit, während das Wesentliche bleibt, selbst unsichtbar und ohne Relation zur Zeit – eine perpetuelle Aktivität, ein immerwährender Conatus, wie man's ehemals nannte. [Es ist die Libido der Psychanalytiker. In ihren Manifestationen ist sie der Bipolarität unterworfen, wie Stekel die unvermeidlichen Gegensatzpaare genannt hat.]

Die Gegensatzpaare sind von der indischen Erlösungslehre genau so bemerkt worden wie von der Alchemie. Die alchemistische Hieroglyphik wissen wir schon reich an (vieldeutigen) Ausdrücken für eine feindliche Dyas, mit deren Aufhebung erst ein besserer Zustand beginnt, obgleich sie zur Bewerkstelligung des Werkes anfangs sogar erforderlich ist. In der *Bhagavad-Gita* spielen z. B. die Gegensatzpaare eine große Rolle. Die Welt ist peinvoll wegen der Gegensatzpaare, die allüberall zu finden sind: Hitze – Kälte, hoch – niedrig, gut – böse, Freud – Leid, arm – reich, jung – alt usw.

Die Grundlage der Gegensätze bildet der Urgegensatz Rajas – Tamas. Ihm zu entkommen, indem man das wahre Ich als darüberstehend, daran nicht teilhabend, erkennt, ist der vornehmste Zweck des Erlösungsbestrebens. Wer sich über die Qualitäten der Materie also erhoben hat, wird als „gegensatzentrückt" bezeichnet. (II, 14f.)

„Der Atome Berührung nur ist kalt und warm, bringt Lust und Leid,
Sie kommen und gehen ohn' Bestand, – ertrage sie, o Bharata!
Der weise Mann, den diese nicht erregen, o du starker Held,
Der Leid und Lust gleichmütig trägt, der reift für die Unsterblichkeit."

Der Geist, das wahre Ich, ist erhaben über das Getriebe der Naturqualitäten:

„Es schneiden ihn die Waffen nicht, es brennet ihn das Feuer nicht,
Es nässet ihn das Wasser nicht, es dörret ihn auch nicht der Wind.
Zu schneiden nicht, zu brennen nicht, zu nässen nicht, zu dörren nicht,
Er ist beständig, überall, fest, ewig, unerschütterlich." (II, 23f.)

Diese Charakteristik klingt beinahe wie die Beschreibungen des Mercur der Weisen, der unzerstörlich ist, ein Wasser, das nicht netzt, ein Feuer, das nicht verbrennt.

Hermes an die menschliche Seele: „Die den materiellen Substanzen inwohnenden Akzidenzen haben nie miteinander übereingestimmt, sondern sind von jeher in Gegensatz zu und in Widerstreit miteinander gewesen. Hüte dich also, o Seele, vor ihnen und wende dich von ihnen ab ... Du, o Seele, bist einzigartig, sie aber sind vielfältig; du bist mit dir selbst in Übereinstimmung[99], sie aber sind miteinander in Widerstreit ... Wie lange, o Seele, willst du noch bedürftig sein und von jedweder sinnlichen Empfindung zu ihrem Gegenteile, bald von der Wärme zur Kälte, bald von der Kälte zur Wärme, bald vom Hunger zur Sättigung, bald von der Sättigung zum Hunger fliehen?" (Fleischer, *Herm. a. d. Seele*, 14f.)

„Sei, o Seele, hinsichtlich deiner Handlungsweise in dieser Welt doch ja nicht wie ein unverständiges Knäblein, das, wenn man ihm zu essen gibt und gelind mit ihm verfährt, zufrieden ist und freundlich lacht, wenn man es aber streng behandelt, weint und böse wird, ja, während es noch lacht, schon wieder zu weinen, und während es noch zufrieden ist, schon wieder böse zu werden anfängt. Dies ist keine beifallswürdige, sondern Vielmehr eine zwitterhafte, tadelnswerte Handlungsweise. – Die Welt, O Seele, ist so eingerichtet, daß sie eben diese Gegensätze: Gutes und Böses, Wohl und Weh, Notstand und Wohlstand, in sich vereinigt und Sinnbilder von Ideen enthält, die dahin wirken, die Seele zu wecken, und auf sich selbst aufmerksam zu machen, damit sie infolge davon lichtspendende Vernunft und vollkommenes Wissen, d. h. Weisheit und Kenntnis des wahren Wesens der Dinge erwerbe. Nur dazu ist die Seele in die Welt herabgekommen, daß sie lerne und erfahre; sie gleicht aber einem Menschen, der an irgendeinen Ort kommt, um denselben kennen zu lernen und dessen Zustand in Erfahrung zu bringen, dann aber das Lernen, Forschen und Einsammeln von Erfahrungen aufgibt und seinen Geist durch das Haschen nach Wohlleben und Genüssen von andern Dingen abzieht, dadurch aber die Erlangung dessen, wonach er streben soll-

99 Psychanalytisch betrachtet, wird hier der Seele die nicht vorhandene, aber erwünschte Eigenschaft zugeschrieben, das Unerwünschte und in der Seele Vorhandene aber (Neigung und Abneigung) in die Außenwelt projiziert.

te, selbst vereitelt und das Ziel, auf das er es abgesehen hatte, vergißt…“ (*A. a. O.*, 8f.)

Ich komme wieder zu der psychologischen Betrachtung unseres Hitchcock zurück. Begehren (desire) und Liebe sind fast gleichbedeutende Ausdrücke, denn wir lieben und suchen, was wir begehren, und begehren und suchen, was wir lieben: allein weder die Liebe noch das Begehren ist durch eine notwendige Verknüpfung auf ein Ding eher gerichtet als auf ein anderes; Vielmehr können beide, unter günstigen Bedingungen, auf jedes Ding gerichtet werden. Daraus geht hervor, daß es möglich ist, Gott, den Ewigen, zu ihrem Gegenstande zu machen; man mag es auch „die Wahrheit“ nennen und wird sehen, daß ihr Genuß teilhaben muß an ihrem eignen Wesen. Nun lesen wir, daß der Mensch das Gute und das Wahre gewöhnlich nicht deshalb liebt und begehrt, weil es das Gute und das Wahre ist; sondern wir nennen – und darin liegt der große Irrtum des Lebens – das gut, was wir begehren. Aus all dem läßt sich ersehen, daß weite Folgen von dem Gegenstand des Verlangens abhängen, welcher, wie gesagt, ebensogut ein ewiger als ein vergänglicher sein kann. Man hüte sich indes vor einer allzu mechanischen (mechanical) Auffassung dieser Dinge. Man würde sich mit einer solchen von der Anschauung der wahren Alchemisten entfernen. Ein Autor erzählt von den bedeutenden Fortschritten, die er von dem Tag an machte, da er entdeckte, daß die Natur „magisch“ wirke. (HA, 294f.)

Abneigung (aversion) und Haß, die Gegenteile von Begehren und Liebe, bestehen nicht selbständig, sondern sind von den letzteren abhängig. Es ist nur der eine Zug des Verlangens, der anstrebt, was ihn befriedigt, ablehnt, was ihn stört. Wenn nun das Begehren auf das einzige ewige Ding gerichtet wird, so wird – da das menschliche Wesen seinen Charakter aus dem dominierenden Wunsche nimmt – der ganze Mensch gradatim in dies eine Ding verwandelt oder „transmutiert“. (HA, 295f.)

Diese Lehre setzt natürlich die von mir schon erwähnte Möglichkeit der Schulung des Wollens voraus; wird doch verlangt, dieses an ein bestimmtes Objekt zu heften. Die Liebe des Vergänglichen sieht sich betrogen, weil die Objekte schwinden, während das Begehren selbst, der Conatus (nach psychanalytischer Betrachtungsweise die Libido) immer fortbesteht. Diesem immerwährenden Begehren ist nur ein immerwährendes Objekt gemäß. Einen solchen Gegenstand können wir der Libido in der ganzen äußern Welt schwerlich bieten. Wir können ihr die äußern Objekte entziehen und ihr dafür Ideale geben. In dem Augenblick, wo dieser Entzug der äußern Objekte stattfindet, fängt die Libido an, sich gleichsam selbst als ein Objekt hinauszuprojizieren; in dem Ideal geben wir ihr für diesen Prozeß einen Nucleus, um den herum sie das neue Objekt formen und mit ihrem eignen Leben tränken kann. So bildet sich auf „magische" Weise eine neue Welt, deren Gesetze die des Ideales sind. Die Bildung der neuen Welt (neue Erde, neuer Himmel, neues Jerusalem usw.) begegnet uns sehr häufig in der Symbolsprache der Mystik. Die Gesetze des Ideales und folglich der neuen Welt richten sich nach der Natur des Ideales. Nicht ein jedes wird sich als dauernd zweckmäßig erweisen.

„Die sich den Göttern und Vätern weihn, gehn zu Göttern und Vätern hin, Geisterdiener zu den Geistern; wer mich verehrt, der kommt zu mir.", spricht in der *Bhagavad-Gita* (IX, 25) das Höchste Wesen zu Arjuna. Der Mystiker ist in der Lage, vom Moment der Wiedergeburt an sich eine neue Welt mit Gesetzen zu schaffen, die er bis zu einem gewissen Grade wählen kann. Glücklich, wer eine gute Wahl trifft. Jeder ist seines Glückes Schmied; das gilt am meisten, wenn nach der Introversion die Macht der Selbstbestimmung auf das intensivste Erleben gerichtet ist. Die Formung und Bebauung der neuen Erde ist ein folgenschweres Beginnen. Die Alchemisten sprechen von einer „jungfräulichen Erde" oder einer „geblätterten (d. i. krystallinischen) weißen Erde" als einem gewissen Stadium des Werkes: dies ist wohl das Stadium, das wir soeben betrachten, das Stadium der neuen, noch unentwickelten Erde, die nun (dem gefaßten Ideal entsprechend) eingerichtet werden soll. Krystallinisch ist der Boden deshalb, weil die alte Erde aufgelöst worden war und sich aus der Lösung frisch gebildet hat. Das Umkrystallisieren entspricht der Wiedergeburt. Die „weiße Erde" entspricht wohl auch dem „weißen Stein", der die erste Vollendungsphase nach der Schwärze (erster mystischer Tod, Putrefaktion, Zerreibung oder Zerknirschung) ist. In die weiße Erde wird eine Saat gesäet. Wir werden noch davon hören.

Wenn das Werk den Menschen nicht unbrauchbar machen und ihn mit den Forderungen des Lebens nicht abermals in Konflikt bringen soll – so daß die ganze Mühe umsonst gewesen wäre –, muß die neue Welt derart eingerichtet werden, daß sie sich mit den Forderungen des realen Lebens verträgt. Mit anderen Worten: das Ideal, das der neuen Welt die Regel gibt, muß ein ethisches sein. Der Mystiker, der „gegensatzentrückt" sein will, wird also seinem Gewissen als einem Führer folgen müssen, und zwar nicht dem unerforschten, sondern dem erforschten Gewissen. Er kann ihm auf die Dauer nicht entgehen (die Zauberer, die ihm trotzen, werden, wie die Sage meldet, schließlich vom Teufel zerrissen); also schlägt er sich besser auf seine Seite und schlichtet die Konflikte zu seinen Gunsten. Es scheint, daß dieses mannhafte Verhalten eine wunderbare innere Einigkeit – nach außen eine wunderbare Charakterfestigkeit – zur Folge haben müsse. Welche metaphysische Bedeutung die durch Mystik forcierte Erstarkung des Ideals (Gott in mir) haben mag, ist nicht meine Sache zu entscheiden.

„Nimm dir, O Seele, nicht das Unwürdige und Gemeine zum Beispiel; die Gewöhnung daran würde dir endlich als eine deiner eigenen entgegengesetzte Natur anhaften, hierdurch aber dir selbst der starke Trieb zum Anschluß an deine Natur und zur Zurückkehr in deine Heimat verloren gehen. Wisse, daß der hehre und hohe Urheber der Dinge selbst das edelste aller Dinge ist; nimm dir also die edeln Dinge zum Beispiel, um dich dadurch auf dem Wege der Wahlverwandtschaft deinem Schöpfer anzunähern, und wisse, daß sich das Edle an das Edle, das Gemeine aber an das Gemeine anschließt …" (Fleischer, *Herm. a. d. Seele*, 18.)

Das, was in die neue Erde gesäet werden soll, wird gewöhnlich „Liebe" genannt. Eine Saat der Liebe soll aufgehen, mit Liebe soll die neue Welt durchtränkt werden; ihre Gesetze sollen Gesetze der Liebe sein. Es soll ja durch Liebe eine Transmutation des Subjektes geschehen. Von der Natur der Liebe schreibt ein Alchemist (zitiert in HA, 133f) folgendermaßen:

„I find the nature of Divine Love to be a perfect unity and simplicity. There is nothing more one, undivided, simple, pure, unmixed, an uncompounded than Love … In the second place I find Love to be the most perfect and absolute liberty. Nothing can move Love, but Love; nothing touch Love, but Love; nor nothing constrain Love, but Love. It is free from all things; itself only gives laws to itself, and those laws are the laws of Liberty; for nothing acts more freely than Love, because it always acts from itself, and is moved by itself; by which prerogatives Love shows himself allied to the Divine Nature, yea, to be God himself.

Thirdly, Love is all strength and power. Make a diligent search through Heaven and Earth, and you will find nothing so powerful as Love. What is stronger than Hell and Death? Yet Love is the triumphant conqueror of both. What more formidable than the wrath of God? Yet Love overcomes it, and dissolves and changes it into itself. In a word, nothing can withstand the prevailing strength of Love: it is the strength of Mount Zion, which can never be moved. „In the fourth place: Love is of a transmuting and transforming nature. The great effect of Love is to turn all things into its own nature, which is all goodness, sweetness, and perfection. This is that Divine power which turns water into wine; sorrow and anguish into exulting and triumphant joy; and curses into blessings. Where it meets with a barren and heathy desert, it transmutes it into a paradise of delights; yea, it changeth evil into good, and all imperfection into perfection. It restores that which is fallen and degenerated to its primary beauty, excellence, and perfection. It is the Divine Stone, the White Stone with the name written upon it,[100] which no one knows but he that hath it. In a word, it is the Divine Nature, it is God himself, whose essential property it is to assimilate all things with himself; or (if you will have it in the Scripture phrase) to reconcile all things to himself, whether they be in Heaven or in Earth; and all by means of this Divine Elixir, whose transforming power and efficacy nothing can withstand …“ (HA, 133ff.)

100 Vgl. Apocal. Joh. II, 17: „Wer Ohren hat, der höre, was der Geist den Gemeinen sagt: Wer überwindet [caput corvi], dem will ich zu essen geben [nutritio] von dem verborgenen Manna, und will ihm geben einen weißen Stein und auf dem Stein einen neuen Namen geschrieben, welchen niemand kennet, denn der ihn empfähet.“ III, 12: „Wer überwindet, den mache ich zum Pfeiler in dem Tempel meines Gottes, und soll nicht mehr hinausgehen; und will auf ihn schreiben den Namen meines Gottes und den Namen des neuen Jerusalem, der Stadt meines Gottes, die vom Himmel herniederkommt von meinem Gott, und meinen Namen, den neuen.“ Vgl. auch XIX, 12 und XXI, 2. Der weiße Stein mit dem neuen Namen ist also in Verbindung mit der neuen Erde. Wegen des Späteren ist wichtig, daß das neue Jerusalem „als eine geschmückte Braut bereitet“ ist.

Am Ende der Arbeit erfolgt die Vereinigung der Sonne mit dem Mond, welche Gott und den Menschen bedeuten. Wie im Vedanta, der Lehre der heiligen Bücher Indiens, der Upanisaden, so gilt auch in der Alchemie der Unterschied zwischen der Einzelseele und der Allseele für nichtig: wer zur Überwindung des fundamentalen Irrtums gelangt, in dem wir alle befangen sind, für den schwindet der Unterschied dahin, und die bisher getrennten zwei Dinge fließen miteinander zusammen. In Wahrheit gibt es nur das Eine: Gott.

Eirenaeus schreibt: „... Das Feuer der Natur assimiliert alles, was es nährt, seiner eignen Gestalt; und dann vergeht unser Quecksilber oder Menstruum und wird verschlungen von der solarischen Natur [die Seele des Menschen vergeht und wird in die göttliche oder Allseele aufgenommen], und alles zusammen macht nur einen universalen Mercur [Allseele] aus, durch innigste Verbindung. Und dieser Mercur ist das wesentliche Prinzip des Steins; denn vorher, da unser Mercur aus drei Mercuren zusammengesetzt war [nämlich als man noch Geist, Seele und Leib oder sonst eine Gliederung[101] unterscheiden zu müssen glaubte], hatte er zwei in sich, die oberflächlich waren [indem sie einen unberechtigten Gegensatz bildeten], und das dritte nur Sol und Luna wesentlich und [noch] nicht dem Steine: denn die Natur wollte diese zwei daraus machen durch künstliche Kochung: wenn aber die zwei vollkommenen Körper aufgelöst [zum mystischen Werk bereitet] worden sind, werden sie mit dem Mercur, der sie auflöste, transmutiert,

---

101 Es ist z. B. zu denken an Seele, Welt und Gott, oder wie sie *Sveta-svatara-Upanisad* V. genannt werden: Genießer, Genußobjekt und Antreiber.

> „7. Doch Lieder singen, daß im höchsten Brahman
> Als ew'gem Grund enthalten jene Dreiheit.
> Wer in ihr als den Kern das Brahman findet,
> Aufgeht in ihm als Ziel, wird von Geburt frei."

Man vergleiche auch Deussen, *Syst. d. Ved.*, 232, und *Sutr. d. Ved.*, 541ff. „Wiederholt ist von einer Verbindung der höchsten mit der individuellen Seele und wiederum von einer (durch sie bedingten) Spaltung innerhalb des Brahman die Rede, vermöge deren zwei Teile desselben ... gegeneinander abgegrenzt werden. Beides aber geschieht nur unter dem Gesichtspunkte der Bestimmungen (upadhi)... [Diese Bestimmungen beruhen auf dem Nichtwissen, nach dessen Abschüttelung die individuelle Seele mit der höchsten identisch ist.] Die Verbindung der individuellen Seele mit Brahman ist in Wahrheit ein Eingehen derselben in ihr eigenes Selbst, und die Spaltung in Brahman ist ebensowenig real, wie die zwischen dem Weltraume und dem Raume innerhalb des Leibes."

und dann ist kein Zwiespalt mehr darin – dann gibt es keinen Unterschied mehr zwischen oberflächlich und wesentlich, sondern alles wird wesentlich. Und dies ist die eine Materia des Steins; das eine Ding, welches das Subjectum aller Wunder ist. Wenn du dahin gekommen bist, dann sollst du nicht mehr eine Unterscheidung haben zwischen dem Auflösenden [Gott] und dem Aufgelösten [Seele] … und die Farbe des reifen Sulphur [die göttliche Natur], untrennbar damit verbunden, soll dein Wasser [Seele] tingieren.“ Eirenäus sagt, daß die beiden Wesen Sol und Luna von den alchemistischen Autoren deshalb gerne mit zwei Bergen verglichen werden, erstens weil sie in Bergen gefunden werden und zweitens wegen des Gegensatzes: „so wie die Berge am höchsten über dem Boden aufragen, so liegen sie am tiefsten unter dem Boden“, und er fügt hinzu: „Der Name hat wenig zu sagen: nimm den Körper, welcher Gold ist [d. h. hier den vollendeten Menschen] und wirf ihn in Mercur, solch einen Mercur, welcher grundlos [unendlich] ist, das ist, *dessen Mittelpunkt er nie entdecken kann, er finde denn seinen eigenen.*“ (HA 283ff.)

In Beziehung auf diese und ähnliche Aussprüche alchemistischer Meister verweist Hitchcock mit Recht auf Plotinus; dieser schreibt z.B. (*Enn.* VI, 9, 9–10): „… Wir müssen mit unserem ganzen Wesen Gott umfassen, damit wir keinen Teil mehr in uns haben, mit dem wir nicht an Gott hangen. Da dürfen wir denn ihn und uns selbst schauen, wie es zu schauen frommt, uns selbst in strahlendem Glanze, erfüllt von geistigem Licht, oder Vielmehr als reines Licht selbst [man beachte diese Lichtfülle], ohne Schwere, leicht, Gott geworden oder Vielmehr Gott seiend. Unseres Lebens Flamme ist dann entzündet, sinken wir aber wieder in die Sinnenwelt herab, so ist sie wie ausgelöscht … Wer sich nun selbst geschaut hat, wird sich dann, wenn er schaut, als einen solchen schauen, der einfach geworden ist, oder vielmehr, er wird mit sich selbst als einem solchen verbunden sein, und sich als einen solchen fühlen. Vielleicht darf man hierbei nicht einmal von Schauen reden. Was aber das Geschaute anbetrifft, wenn man hier überhaupt das Schauende und das Geschaute voneinander unterscheiden kann, und nicht vielmehr beides als eines bezeichnen muß, was freilich eine kühne Behauptung ist, so schaut eigentlich der Schauende nicht in diesem Zustand, *noch unterscheidet er, noch hat er die*

Vorstellung von zwei Dingen: Er wird gleichsam ein anderer, er hört auf, er selbst zu sein, er gehört sich nicht mehr selbst an; dort angekommen ist er *aufgegangen in Gott* und ist eins mit ihm geworden, *wie ein Mittelpunkt, der mit einem andern Mittelpunkt zusammenfällt;* sind doch auch hier zwei zusammentreffende Dinge eins, und nur dann zwei, wenn sie getrennt sind. In diesem Sinne reden wir davon, daß die Seele eine andere ist als Gott."

Ich erinnere auch an die Stelle in *Amor Proximi*, wo es heißt, daß die Erde wieder in Solis punctum versetzt werden wird. Der Mittelpunkt der Sonne (Gott) ist in dem Zeichen ☉ zu sehen. Man wird jetzt auch den mystischen Unterschied zwischen den Hieroglyphen ☉ und ○, zwischen Gold und Alaun verstehen. Um im Mercur-Zeichen ☿ die vollzogene Vereinigung (ausgedrückt durch +) von ☉ und ☽ in dem aufgefundenen Mittelpunkt anzudeuten, gebraucht man auch das Zeichen ☿.

Ich nannte oben die Vedanta-Lehre, deren Übereinstimmung mit der alchemistischen auch Hitchcock nicht entgangen ist. Sie vertritt energisch den Standpunkt der „Zweitlosigkeit". Die Vielfältigkeit ist Schein; der Unterschied zwischen der Individualseele und der Allseele beruht auf einem Irrtum, den man besiegen kann. Das Ziel der Erlösung ist das Aufgehen in dem universellen Geiste, Brahman. (Im Nirvana der Buddhisten liegt der gleiche Gedanke.) Wer in den höchsten Geist eingegangen ist, für den gibt es kein „Anderes" mehr. *Brhadaranyaka-Upanisad* IV, 3: (23.) „Wenn er dann[102] nicht sieht, so ist er doch sehend, obschon er nicht sieht, denn für den Sehenden ist keine Unterbrechung des Sehens, weil er unvergänglich ist; aber es ist kein Zweites außer ihm, kein andres, von ihm verschiedenes, das er sehen könnte. (24.) Wenn er dann nicht riecht, so ist er doch riechend, obschon er nicht riecht; denn für den Riechenden ist keine Unterbrechung des Riechens, weil er unvergänglich ist; aber es ist kein Zweites außer ihm, kein andres, von ihm verschiedenes, das er riechen könnte… (32.) Wie Wasser [so rein] stehet er als Schauender allein und ohne Zweiten, er …, dessen Welt das Brahman ist… Dieses ist sein höchstes Ziel, dieses ist sein höchstes Glück, dieses ist seine höchste Welt, dieses ist seine höchste Wonne; durch

102 Der Mensch im Tiefschlaf (susupti).

ein kleines Teilchen nur dieser Wonne haben ihr Leben die andern Kreaturen."

Wenn ich die hermetische Lehre einerseits mit dem Vedanta, anderseits mit dem Samkhya-Yoga zusammenbringe, so geschieht dies nicht in Mißachtung des fundamentalen theoretischen Gegensatzes beider – Vedanta ist monistisch, Samkhya dualistisch –, sondern in Würdigung der Erlösungslehre, die ihnen gemeinsam ist. Daß der Mystiker in beiden Systemen den nämlichen Kern findet, zeigt die *Bhagavad-Gita*. Für ihn ist schließlich der theoretische Unterschied Nebensache, ob, wenn er sein mystisches Ziel erreicht, die Materie sich als bloße Illusion auflöst oder ob sie, als eine ewige Substanz, sich als die Überwundene bloß auf Nimmerwiedersehen zurückzieht. Auch nach der Samkhya-Lehre geht ja die erlöste Seele in ihr eigenes Wesen ein, und es hört jeder Zusammenhang mit Objekten der Erkenntnis auf.

Im *Yogavasistha* heißt es: „So ungetrübt das Licht erscheinen würde, wenn alles Beleuchtete, d.h. Raum, Erde, Äther, nicht existierte, derart ist der isolierte Zustand des Sehers, des reinen Selbstes, wenn die Dreiwelt, du und ich, kurz alles Sichtbare vergangen ist. Wie der Zustand eines Spiegels ist, in den lediglich kein Reflex fällt, weder von einer Bildsäule noch von sonst etwas, – allein das Wesen (des Spiegels) an sich darstellend –, so ist die Isolierung des Sehers, der ohne zu schauen verharrt, nachdem der Wirrwarr der Erscheinungen, ich, du, die Welt usw., geschwunden ist." (Garbe, *Samkhya-Phil.*, 326.)

In der Materie (prakrti) des Samkhya-Systems wohnen die drei uns schon bekannten Qualitäten oder Konstituenten Rajas, Tamas und Sattva. Über das Weltgetriebe erhebt sich, wer dieses als das Spiel der Qualitäten entlarvt. Für ihn, den „Gegensatzentrückten", hört dann das Spiel auf. Wenn eine Seele des Treibens der Materie überdrüssig ist und sich mit Verachtung von ihr abwendet, so stellt die Materie ihre Tätigkeit für diese Seele ein mit dem Gedanken: „Ich bin erkannt"; sie hat geleistet, was zu leisten ihre Bestimmung war, und zieht sich von der an dem höchsten Ziele angelangten Seele zurück, wie eine Tänzerin aufhört zu tanzen, wenn sie ihre Aufgabe erfüllt hat und die Zuschauer genug haben. Aber in einem Punkte gleicht die Materie der Tänzerin oder Schauspielerin nicht; denn während diese auf Verlangen ihr Spiel aufs neue beginnt, ist die Materie „zartfühlend wie eine Frau aus guter Familie“, die, wenn sie von einem Manne gesehen worden ist, sich schamhaft nicht wieder dessen Blicken aussetzt. Diesem letzten Gleichnisse kommt in den Originaltexten sehr zustatten, daß das Sanskrit für Seele und Mann dieselbe Bezeichnung (pums, purusa) hat. (Garbe, *a. a. O.*, 165f.)

Wenn ich den gemeinsamen mystischen Gehalt von Vedanta und Samkhya-Yoga mit der Alchemie zusammenbringe, so umgehe ich die Schwierigkeit, die sonstige Übereinstimmung der hermetischen Philosophie mit dem einem oder anderen System zu ermitteln. Eine diesbezügliche Untersuchung würde wahrscheinlich verschieden ausfallen, je nachdem, welche hermetischen Autoren man vorzugsweise berücksichtigte.

Bemerkenswert ist vielleicht, daß die Yoga-Mystiker so wie die Alchemisten das Bild der Vereinigung von Sonne und Mond kennen. Zweierlei Atem- oder Lebensströme sollen vereinigt werden, deren einer der Sonne, der andre dem Mond entspricht. Auch der Ausdruck „Hathayoga“ (worin hatha = gewaltsame Anstrengung; vgl. Garbe, *Samkhya und Yoga*, 43) wurde derart interpretiert, daß Ha = Sonne, Tha = Mond, ihre Vereinigung der zur Erlösung führende Yoga (vgl. *Hatha-Yoga-Prad.*, 1).

Die Vereinigung der zwei Dinge, der Sonne mit dem Mond, der Seele mit Gott, des Schauenden mit dem Geschauten usw. wird auch unter dem Bilde der Verbindung von Mann und Weib gelehrt. Das ist die *mystische Hochzeit* (Hieros Gamos) – ein universell verbreitetes Symbol von ganz hervorragender Stellung. In der Alchemie wird der letzte Prozeß, d. i. je nach dem Standpunkt der Darstellung die Tingierung oder die Unificatio, sehr häufig in Form einer Vermählung – etwa eines Königs mit einer Königin – dargestellt. Man darf diesen Endprozeß nicht mit dem anfänglichen Vorgang der Introversion verwechseln, der (als Aufsuchen des Uterus zum Zweck der Wiedergeburt) gleichfalls gern als sexuelle Vereinigung aufgefaßt wird. War hier das Bild des Coitus begreiflich, so ist jetzt, zur Darstellung der definitiven Vereinigung mit dem ersehnten Gegenstande, in dem man liebend vergeht, das nämliche Bild am Platze.

Es läge nahe, die anagogische Idee der Unio mystica eben der erotischen Allegorie wegen dem Urmotiv der sexuellen Vereinigung (mit der Mutter) zuzuordnen, statt, wie ich es 168 getan, mit dem Wunsche, zu sterben. Mag sein, daß die erotische Urkraft einen Teil zur Bewältigung dieser letzten Aufgabe liefert; mag sein, daß alle Kräfte zusammenwirken müssen: wenn ich nun doch bei meiner ursprünglichen Aufstellung verharre, so geschieht dies darum, weil mir scheint, daß die Symbolik mehr das Aufgehen des Einen im Andern, als das Erreichen des Sexualzieles betont, und zwar oft auch dann, wenn die Unio mystica als geschlechtliche Vereinigung geschildert wird. Man vergesse nicht, wessen ich schon einmal gedachte, daß nämlich der Sexualgenuß auch als eine Art Vernichtung betrachtet sein will; er ist ein Zustand des Rausches und des Vergessens oder Vergehens. Diese Seite des Sexualvorganges ist es nun, die die Symbolik der Unio mystica vorzüglich betont.

Brhadaranyaka-Upanisad IV, 3.21: „... Denn so wie einer; von einem geliebten Weibe umschlungen, kein Bewußtsein hat von dem, was außen oder innen ist, so hat auch der Geist, von dem erkenntnisartigen Selbste (prainena atmana d.i. dem Brahman) umschlungen, kein Bewußtsein von dem, was außen oder innen ist. Das ist die Wesensform desselben, in der er gestillten Verlangens, selbst sein Verlangen, ohne Verlangen ist und von Kummer geschieden ..." Diese Stelle handelt vom Tiefschlaf (susupti), der als eine vorübergehende Vereinigung mit dem höchsten Geist, also als wesensgleich mit der definitiven Unificatio angesehen wird. Der Schlaf ist der Bruder des Todes. Susupti wird übrigens nur als eine Vorstufe – ein deutscher Mystiker würde sagen: „Vorschmack" – des definitiven Aufgehens im Brahman aufgefaßt.

In der Parabola erscheint die Unio mystica zwiefach dargestellt; einmal dadurch, daß König und Königin als ein Brautpaar betrachtet werden und zweitens dadurch, daß der König, d.i. Gott, den Wanderer in sein Reich aufnimmt.

Die Erlangung einer innern Harmonie, eines ungetrübten Friedens, ist das, was, wie mir scheint, als Charakteristikum der endgültigen „Unificatio" am klarsten hervorgehoben wird – nicht bloß von den Indern oder von den Neuplatonikern, sondern auch von den christlichen Mystikern und von den Alchemisten.

Artephius wird HA, 86 zitiert: „... This water (Wasser des Lebens) causes the dead body to vegetate, increase and spring forth, and to rise from death to life, by being dissolved first and then sublimed. And in doing this the body is converted into a spirit, and the spirit afterwards into a body; and then is made the amity, the peace, the concord, and the union of the contraries."

Ähnlich Ripley (HA, 245): „This is the highest perfection to which any sublunary Body can be brought, by which we know that God is One, for God is perfection: – to which, whenever any creature arrives in its kind (according to its nature), it rejoiceth in Unity, in which there is no division nor alterity, but peace and rest without contention."

Der definitive Charakter des vollendeten „Steines" der Weisen macht es begreiflich, daß er – wie die hermetischen Meister sagen – von einem Menschen nur einmal gemacht wird und dann nicht wieder. Der Stein ist eben ein unvergängliches Gut; sollte er aber in Verlust geraten, so war er gewiß nicht der richtige Stein.

Ich habe nun einige Konjekturen mitzuteilen betreffend weiterer Interpretationen der zwei und der drei Prinzipien ☉ und ☽ bzw. 🜍 ☿ 🜔. Im großen ganzen wissen wir ja Bescheid. Ich trage nun zuerst die Bemerkung von Hitchcock nach, daß die „zwei Dinge" auch unter dem Aspekt des Gegensatzes: natura naturans und natura naturata zu betrachten sind. Man könnte ferner jenen ☿ (Mercur), der nach manchen Autoren am Anfang des Werkes als ein doppelter gegeben ist, intellektuell auffassen einerseits als die Natur, anderseits als unser Weltbild. Wir lassen ihn auf unsern 🜍 (Sulphur), d.h. auf unsere Affektivität einwirken, dabei wird der 🜍 gereinigt und aufgelöst, denn er wird gezwungen, sich den Forderungen der Weltgesetze anzubequemen. Dabei wird aber auch ein frisches Weltbild hervorgebracht, denn das vorige war eben durch den ungeläuterten 🜍 beeinflußt gewesen; unser Affektleben beeinträchtigt unser Erkennen. Das frische Weltbild oder den neu gewonnenen ☿ bringen wir abermals mit unserem 🜍 zusammen, und so fort, – bis endlich nach staffelweiser Läuterung die Natur und unser Weltbild übereinstimmen. Dann gibt es keine zwei Mercure mehr, sondern bloß einen; und auch der Sulphur, unser vollendetes Subjekt, ist etwas Einheitliches geworden. Nun kann an die Vereinigung der zwei gereinigten Dinge, die in diesem Stadium (☉) und (☽) heißen, geschritten werden. Nun werden Subjekt und Objekt miteinander verbunden, und der Mensch geht, wie es in *Chandogya-Upanisad* VIII, 13 so wundervoll gesagt wird, „bereiteten Selbstes in die unbereitete (unerschaffene) Brahmanwelt ein". ☉ und ☽ können freilich auch aufgefaßt werden als die Liebe Gottes zum Menschen und die Liebe des Menschen zu Gott. Die verschiedenen Meister der Kunst sehen nämlich das gleiche in verschiedener Weise, indem z. B. der eine mehr das Intellektuelle, der andere mehr das Emotionelle sieht. Sie beschreiben verschiedene Seiten oder Aspekte des nämlichen Vorganges, dem eigentlich nur solche Begriffe gerecht würden, die wir gar nicht besitzen und deren beste Ausdrucksform Symbole sind. Das Zeichen ☉ ist also weder = Subjekt, noch = Liebe usw., sondern eben = ☉ , d. i. ein Ding, dem man höchstens durch eine Art Integration aller Teilbedeutungen beikommen könnte. – Mit Rücksicht darauf, daß 🜍 und ☿ am Anfang des Prozesses auch als „Leib" und „Seel" einander gegenübergestellt werden, kann man, 🜍 = Leidenschaften und ☿ = Erkenntnis (Vernunft) setzend, das weitere so auffassen: 🜍 ist durch einen erhöhten ☿ (zum Unterschied des gemeinen ☿ auch „unser" ☿ genannt) zu reinigen, also durch die höhere Erkenntnis zu läutern. Aus 🜍 entwickelt sich (d.h. er entpuppt sich dem Erkennenden als: ☽ d.i. Maya, das Objekt, das in seiner Verschiedenheit vom Subjekt ein bloßer Schein ist; und aus ☿ wird ☉ , das Brahman oder Subjekt; und nun kann die Unio mystica erfolgen. – Eine andere Führung der Symbolik ist die, daß man aus dem Sulphur das Gold kochen läßt: aus den Affekten wird durch Läuterung die Liebe (zu Gott). – Der Geist ☿ exaltiert (erhöht) das Gegensatzpaar ☉ und ☽ (Seele und Leib) derart, daß es schließlich als Subjekt und Objekt schlechthin sich gegenübersteht. (Vgl. HA, 143f.)

Manchmal findet man die Goldgewinnung als einen Amalgamierungsprozeß beschrieben: aus der rohen Materie wird durch Amalgamierung mit ☿ (Quecksilber) das ☉ herausgezogen. Das bedeutet natürlich das Suchen des Atman oder höchsten Geistes im Menschen vermittelst der Kontemplation, welche zu ☿, dem Erkennen, gehört.

Zur Dreiheit ☉☽☿: Das solarische Göttliche (Schaffende, Zeugende) im Menschen ist 🜍, der mit seinem Dreieck übrigens die Feuernatur △ zeigt; das in der Körpernatur Befangene, das Erdige, ist ⊖, das Salz, das auch kubisch, wie das Erdelement gezeichnet wird. Die beiden können genannt werden ☉ *Anima* und ☽ *Corpus*. Der himmlische Bote nun, der für den Gegensatz wie ein Mittler erscheint, ist das Gewissen ☿, welches von Gott, dem eigentlichen ☉, seinen beständigen Zufluß hat und daher ein *göttlicher Spiritus* ist. Wir haben also die Trias: Spiritus, Anima, Corpus ☿☉☽; oder, weil der ☿ als Mittler anzusehen ist: ☉☿☽. Die Dazwischenkunft des ☿ bewirkt die schon vorhin erwähnte Exaltation von ☉ und ☽ oder von 🜍 und ☿ (Rohform) zu ☉ und ☽.

Bei der Schwierigkeit des mystischen Werkes, das eine schier übermenschliche Aufgabe zu lösen unternimmt, ist es nicht verwunderlich, daß es nicht auf einen Anlauf vollendet werden kann, sondern seine Zeit braucht. Es ist große Ausdauer erforderlich. „In dem Leben des Mystikers wechseln die Zustände der Liebe und Begeisterung für Gott mit denen der seelischen Verlassenheit und Dürre ab." (Horten, *Myst. T.*, 9.)

Arabi singt in seiner Ode vom Göttlicherwerden des Menschen: (1) „O du alter Tempel! Ein Licht ist für dich (euch) aufgegangen, das in unseren Herzen glänzt. (2) Bei dir beklage ich mich über die Wüsten, die ich durchschritt, und in denen ich ungehemmte Ströme von Thränen vergossen habe. (3) Weder morgens noch abends erfreute ich mich der Rast. Von der Morgen- bis zur Abendzeit setzte ich ununterbrochen meinen Weg fort. (4) Die Kamele setzen ihren Marsch bei Nacht fort, auch wenn sie ihre Füße wund gelaufen haben, ja sie beschleunigen den Schritt noch dazu. (5) Diese (gewaltigen) Reitkamele trugen uns zu euch (wohl: Gott) hin mit heftigem Verlangen, obwohl sie nicht hofften, das Ziel erreichen zu können…" Die Reitkamele bedeuten das ausdauernde Verlangen des Mysten nach Gott. „Dasselbe sucht und strebt ununterbrochen, obwohl seine Kräfte durch die Schwierigkeiten des Suchens erschöpft sind." (Horten, *a. a. O.*, 16f.)

Viele Stufen oder Stationen sind auf dem beschwerlichen Wege zu durchlaufen, doch der Eifer soll in allen Lagen stets gleich bleiben.[103] Zumeist werden sieben solcher Stufen unterschieden So hat z. B. bei Khunrath die Burg der Pallas 7 Stufen. Paracelsus (*De Natura Rerum* VII) gibt, einem beliebten Gebrauch folgend, 7 Operationen des Werkes an: „… ist nuhn auch hoch von nöthen zuwissen, die Gradus unnd Staffeln zur Transmutation, und wie viel

103 Die Vorstellung der Himmelsleiter, der Stufen usw. ist in Kulten überaus verbreitet.

derselbigen seyen. So sind nuh solcher Gradus nicht mehr, als sieben. Wiewol etliche noch mehr zehlen, so soll es aber nicht seyn: Dan der fürnembsten Grad sind sieben: Die andern aber die auch für Gradus möchten gezehlet werden under den andern begriffen, und das sind diese: Calcinieren, [Sublimieren], Soluiren, Putrificiren, Distilliren, Coaguliren, und Tingiren. Welcher nuhn diese 7. Stafflen und Stiegen geht, der kommet an ein solches wunderbarlichs orth, da er viel heimligkeit sihet und erfahrt in der Transmutation aller natürlichen dingen…"

Im *Rosarium* des Iohannes Daustenius (Cap. XVII) erfahren die sieben diese Darstellung: „… Und alßdann ist das Corpus [1] eine Ursache, daß das Wasser behalten werde. Das Wasser [2] ist eine Ursache, das Oehl zu bewahren, dass es über dem Feuer nicht angezündet werde, und das Oehl [3] ist die Ursache die Tinctur zu halten, und die Tinctur [4] ist eine Ursache, daß die Farben erscheinen, und die Farbe [5] ist eine Ursache zu zeigen die Weisse, und die Weisse [6] ist eine Ursache alles Flüchtige [7] zu halten, daß es nicht mehr flüchtig sey." Auf das gleiche kommt es hinaus, wenn Bonaventura „septem gradus contemplationis", David von Augsburg (XIII. Jahrhundert) „siben stapheln des gebetes" schildert. Boehme kennt 7 Quellgeister, die eine gewisse Stufenfolge ausmachen, und im Yoga finden wir auch 7 Stufen, die im „Yoga-Vasistha" beschrieben werden (vgl. *Hath. Prad.*, 2f.).

Es kann leicht sein, daß das Dominieren der Siebenzahl auf den naturwissenschaftlichen Einschlag der Lehren zurückzuführen ist (7 Planeten, 7 Metalle, 7 Töne der diatonischen Scala usw.), doch kann es schließlich auch in einer tatsächlichen Übereinstimmung der menschlichen Psyche mit der Natur beruhen – wer kann das entscheiden? Am deutlichsten ist der Zusammenhang der 7 Entwicklungsstufen mit dem naturmythologischen Einschlag in der alchemistischen Theorie der „Rotationen". Zur Vollkommenheit des Steins werden von manchen Autoren Rotationen, d. h. Kreisläufe verlangt, bei denen die Materia (also die Seele) die Sphären aller Planeten durchlaufe; sie müsse nacheinander die Herrschaft (das „Regiment") aller 7 Planeten ertragen. Das ist mit jenen neuplatonisch-gnostischen Vorstellungen verwandt, nach denen die Seele auf dem Wege (Anodos) in ihre himmlische Heimat bzw. nach ihrem himmlischen Ziel alle Planetensphären und den

Tierkreis passieren muß. Vgl. Bousset, *Hauptpr. d. Gn.*, 11 und 321; eine überaus plastische Darstellung gerade dieses Themas sehe ich übrigens bei dem guten alten Mosheim, *Ketzergesch.*, 89ff. Auch im Erdenleben durchläuft der Mensch, wenn es voll ausgefüllt sein soll, nach der Vorstellung alter Mysterienlehre die Herrschaft der 7 Planeten.

Der anagogische Sinn der Rotation kann der eines Sammelns aller vorhandenen (in der Anzahl sieben gedachten) Kräfte sein, um schließlich als Ganzes in Gott aufzugehen. Wichtiger, oder wenigstens leichter faßlich, erscheint mir die aus dem Lauf des mystischen Werkes notwendig sich ergebende Dreiteilung in die Hauptphasen: Schwärze, Weiße und Röthe. Die Schwärze entspricht der Introversion und dem (ersten) mystischen Tod, die Weiße der „neuen Erde", der Freiheit oder der „Unschuld", die Röte der Liebe, die das Werk zu seinem Ende bringt. Diese hauptsächliche Beziehung hindert nicht, daß die Symbole von den alchemistischen Autoren oft durcheinandergeworfen werden, was auch ausdrücklich zugegeben wird. Zwischen den Hauptfarben gibt es Übergänge, allerlei Farbenspiel; insbesondere scheint der sogenannte „Pfauenschwanz", der vor der stabilen Weiße eintritt, die für das Stadium der Introversion charakteristische Buntheit visionärer Erlebnisse anzudeuten.

Wenn ich als Ziel des Werkes die Herstellung des vollkommen harmonischen Seelenzustandes in den Mittelpunkt des Blickfeldes rücke, so könnte man sich über die drei Hauptfarben auch so äußern: Der paradiesische Zustand bedingt absolute Konfliktlosigkeit. Zu dieser kann man nur gelangen, wenn man vorher das, was in Verbindung mit der Außenwelt die Konflikte erzeugt, von der Außenwelt gänzlich abzieht, so daß dieser gegenüber ein vollkommenes Desinteressement stattfindet. Das Desinteressement ist die Schwärze. Die Konfliktlosigkeit (Unschuld) in dem jetzt neu beginnenden Leben ist die Weiße. Vorher, bei der Zerlegung (Fäulung) der Materie war ein Bestandteil beiseitegetan und aufgehoben worden. Das ist die frei gewordene Libido (Liebe). Sie wird jetzt nach und nach der weißen Materie, die trocken (durstig ohne Durst) ist, zugesetzt; in den weißen Boden gesäet. So wird jetzt das Leben konfliktlos mit Liebe durchtränkt: *Röte*. Diese so erreichte wahre Röte ist bleibend, weil sie aus den Wurzeln des innersten

Gemütes heraus[104] geschaffen wurde, die keiner Usur unterliegen.

Der mystische Vorgang kann in verschiedenen Intensitätsgraden erlebt werden; der geringste Grad ist: als Programm mit dem bloßen Erfolg einer Aneiferung; der höchste Grad ist: als definitive Umwandlung der Psyche. Wenn dieses Ziel im Leben erreicht wird, hat man den „irdischen Stein" dargestellt. Dagegen gehört der „himmlische Stein" unter die eschatologischen Begriffe; die himmlische Tinktur ist die Apokatastasis.

Eine interessante Frage ist, ob nicht die Austragung von Konflikten, mit Umgehung der Austragung in der Außenwelt, durch Kämpfen mit Symbolen (Personifikationen) und in Symbolen innerlich bewerkstelligt werden kann, was vielleicht eine Abkürzung des Verfahrens bedeutet. Theoretisch ist dies nicht unmöglich, denn die Konflikte liegen ja nicht in der Außenwelt, sondern in unserer emotionellen Einstellung zu ihr; wenn wir durch eine innere Entwickelung diese Einstellung verändern, so erhält die Außenwelt einen anderen Wert für die Libido.

„Die Projektion auf das ‚Kosmische' ist das uralte Vorrecht der Libido, denn sie tritt schon natürlicherweise durch alle Sinnespforten anscheinend von außen in unsere Wahrnehmung ein, und zwar in Form der Lust- und Unlusttöne der Wahrnehmung, die wir bekanntlich ohne weitere Überlegung dem Objekt attribuieren, und deren Ursachen wir, trotz philosophischer Überlegung, stets im Objekt aufzusuchen geneigt sind, während das Objekt oft verzweifelt wenig daran schuld ist." (*Jung im Jb. ps. F.* III., 222; dazu ist zu vergleichen der Freudsche Übertragungsbegriff und Ferenczis Aufsatz über „Introjektion und Übertragung" im *Jb. ps. F. I.*, 422.) Jung macht aufmerksam auf die so häufig in Liebesdichtungen geschilderte unmittelbare Libidoprojektion wie in diesem Beispiel aus der *Edda* (H. Gering):

> „In Gymirs Gehöft gehen sah ich
> Mir liebe Maid;
> Vom Glanz ihrer Arme erglühte der Himmel
> Und all das ewige Meer."

104 Zum Unterschied von bloßer Belehrung.

Der Mystiker sucht die Konflikte, die er beseitigen will, dort auf, wo sie in der Tat sind: im Menschen. Mit dieser theoretischen Erwägung wird auch der mögliche Einwand gegen alle Mystik abgewiesen, daß diese wertlos sei, weil sie auf bloß eingebildeten Erlebnissen, auf Schwärmerei beruhe. Dieser gewiß nicht zu übersehende Einwand trifft indes nicht die Mystik – die eine faktische ethische Arbeit von bleibendem Wert leistet – sondern den anderen von der Introversion ausgehenden Pfad, die *Zauberei* (um vom leiblichen und geistigen Selbstmord abzusehen). Das wird auch allegorisch ganz hübsch damit ausgedrückt, daß das Gold, das man sich durch Zauberei verschafft, der Sage nach zerrinnt oder sich in Dreck verwandelt (d. h.: die eingebildeten Werte zerfließen vor der Wirklichkeit), während „unser" alchemistisches Gold ein unvergängliches Gut ist. Auch die Yoga-Lehre bezeichnet die Siddhi (diese eingebildeten Wunder, an die der Schwärmer sich verliert) als vergänglich, nur die Erlösung, d. h. das eigentliche mystische Ziel, ist unvergänglich.

Was den metaphysischen Gehalt der mystischen Lehre anbelangt, möchte ich feststellen, daß die psychanalytische Entlarvung der treibenden Kräfte seiner Bewertung nicht präjudizieren kann. Ich traue mich an diese Bewertung nicht im mindesten heran und muß ebendeshalb, um sie als eine gesonderte philosophische Aufgabe herauszuheben, nachdrücklich betonen: wenn die Psychanalyse auch begreiflich macht, daß wir Menschen, von diesen und jenen „titanischen" Urkräften getrieben, auf die und jene Idee verfallen mußten; wenn also damit aufgeklärt wird, was uns die Idee finden ließ: so ist über den Erkenntniswert des Gefundenen noch nichts ausgemacht.

Eine Kritik des metaphysischen Gehaltes der Lehre aus psychanalytischen Funden allein herleiten zu wollen, liegt mir um so ferner, als ich ja sogar zum bloßen psychologischen Verständnis der mystischen Symbolik schon eine Synthese zu fordern mich veranlaßt sah, eine Synthese, die ich in dem vorliegenden III. Teil meiner Arbeit schlecht und recht anzubahnen versucht habe.

* * *

3. Abschnitt
Königliche Kunst

Es wurde oben erwähnt, daß das Vollendungswerk des Menschen in verschiedenen Intensitätsgraden erlebt werden kann, Intensitätsgraden, die vom vollgültigen Erleben bis zum bloßen Anempfinden ohne deutliches Erfassen herabgehen können. Die psychischen Typen, an denen sich dieses Erleben vollzieht, sind dabei die gleichen.

Dieselben typischen Reihen von Symbolen, welche der Mystiker[105] als funktionalen Ausdruck seiner inneren Umwandlung hervorbringt, kann man sich als ein Lehrmittel angewendet denken, um die gleichen Regungen in anderen Menschen zu wecken. In den Symbolreihen sind mehr oder weniger deutlich die schon vielbesprochnen Elementartypen enthalten; sie lassen, da sie allen Menschen gemeinsam sind, die gleichen Saiten in allen Menschen mitklingen. Die Symbolik ist ebendeshalb die universellste Sprache, die sich denken läßt. Sie ist auch die einzige Sprache, die den verschiedenen Intensitätsgraden sowie den verschiedenen Stufen der Verinnerlichung des Erlebens gerecht wird, ohne deshalb verschiedener Ausdrucksmittel zu bedürfen; denn, was sie enthält und womit sie wirkt, das sind die Elementartypen[106] selbst, die, wie wir gesehen haben, ein Bleibendes im Wechsel darstellen. Dieselbe Reihe von Symbolen wird also dem Neophyten ebenso nützlich sein wie dem der Vollendung Nahestehenden; jeglicher wird das ihm Zukommende in den Symbolen finden; und, was noch besonders zu betonen ist, der Einzelne wird bei jedem geistigen Fortschritt, den er macht, aus den ihm schon bekannten Symbolreihen immer wieder Neues herauszulesen, also zu lernen vermögen. Freilich urständet diese neue Offenbarung in ihm selbst; aber es entsteht für das unkritische Gemüt (mythologische Stufe) der Schein, als wären die Symbole (z. B. die der heiligen Schrift) mit einer Wunderkraft begabt, die eine göttliche Offenbarung vermittelt.[107] Auf ei-

---

105 Ich mache einen gewissen Unterschied zwischen Mystes und Mystiker. Der letztere ist ein Mystes, der das, was er erlebt, in eine Lehre verarbeitet.

106 Oder Symbole, welche diesen so adäquat wie möglich sind.

107 Vgl. d. Begriff der „Herabkunft des Symbols“ in meiner Arbeit *Phant. u. Myth.*

nem ähnlichen Schein beruht es, wenn z. B. Jamblichos Dämonen zwischen Götter und Menschen setzt, welche diesen die unfaßbaren Äußerungen der Götter faßlich machen: die Dämonen sind, meint er, Diener der Götter und führen ihren Willen aus; sie machen für die Menschen das Unsichtbare und Unaussprechliche der Götter darstellbar in Werken und Worten; das Formlose gestalten sie in Formen, und das alle Begriffe Übersteigende offenbaren sie in Begriffen. Sie empfangen alles Gute, dessen sie teilhaftig oder ihrer Natur nach fähig sind, von den Göttern und teilen es wieder den unter ihnen stehenden Geschlechtern mit.

Ich sagte vorhin: jeder wird in den Symbolen das ihm Zukommende finden, und betonte die große Konstanz der im Unbewußten festgewurzelten Typen, welche diesen universellen Wert verleihen. Das Göttliche offenbart sich „nur objektiv verschieden nach der Beschaffenheit des Gefäßes, auf dem es auffällt, diesem so, jenem anders; dem reichen Dichtergenie offenbart es sich vorwaltend in der Tätigkeit seiner Phantasie; dem philosophischen Verstande als Schema eines harmonischen Systems; dem Frommen senkt es sich in die Tiefe seines Gemüthes, und den starken werkthätigen Willen erhebt es als eine heilige Macht. Und so wird auch das Göttliche von jedem Andern anders verehrt ...“ (Ennemoser, *Gesch. d. M.*, 109) „Das geistige Element des von den Vätern überkommenen Erbteiles wirkt typisch in dem einmal fixierten Styl mächtig fort. ... Auf dem dunklen Grunde der Seele stehen ... gleichsam die magischen Charaktere in bestimmten Typen fest, und es bedarf nur irgend eines innern oder äußern Anstoßes,[108] daß sie aufleuchten und beweglich werden.“ (*Ibidem*, 274) „Das Unbewußte ist in unendlich viel höherem Grade allen Menschen gemeinsam als die Inhalte des individuellen Bewußtseins; denn es ist die Verdichtung des historisch Durchschnittlichen und Häufigen.“ (Jung, *Jb. ps. F.* III, 169f)

Wer die belehrende Symbolreihe auf sich wirken läßt – ob er nun die darin vorgebildeten ethischen Wandlungen bloß dunkel anempfindet oder ob er sie deutlicher wahrnimmt oder ob er sie gar in sich vollgültig vollzieht –: er wird auf alle Fälle für die ehrliche Bemühung in ethischer Richtung ein befriedigendes Gefühl der Läu-

108 Z. B. durch kultische Handlungen.

terung genießen können. Das soeben erwähnte dunkle Anempfinden (vielleicht der häufigste Fall) schließt das Vorhandensein sehr deutlicher Vorstellungen im Bewußtsein nicht aus; der Betreffende hält dann häufig genug diese seine Vorstellungen, obgleich sie nur Hüllen sind vor dem absoluten Ideal, für den letzten, einzigen Sinn des Symboles; eine Stufe der Deutung für die absolute Deutung. Jeder nähert sich dem Ideal, wie er kann; dem absoluten Ideal durch seine ephemeren, aber greifbarern Ideale. Das Höchste Wesen spricht in der unerschöpflichen *Bhagavad-Gita*:

„Mehr Mühsal aber haben sie, die sich dem Unsichtbaren weihn;
Von Körperwesen wird nur schwer das unsichtbare Ziel erreicht.“ (XII, 5)
„‚Gott ist das All‘! – schwer findet sich ein Edler, welcher das erkennt.
Die, denen Gier das Wissen raubt, die gehn zu andern Göttern hin,
Halten an manche Regel sich, – sie lenkt die eigene Natur.
Und welche Gottheit Einer auch im Glauben zu verehren strebt, –
Ich sehe seinen Glauben an und weis‘ ihm zu den rechten Platz.
Wenn er in festem Glauben strebt nach seiner Gottheit Huld und Gnad‘,
Dann wird zu Teil ihm, was er wünscht, denn gern wend‘ ich ihm Gutes zu.
Doch bleibt beschränkt nur der Erfolg bei denen, die beschränkten Sinns:
Die Götter findet, wer sie ehrt! wer mich verehrt, gelangt zu mir!“ (VII, 19ff.)

Wenn ich vorhin die belehrende Symbolreihe von einem Mystiker stammen ließ, sollte das nicht heißen, daß es gerade so sein müsse. Ich hob diesen Fall unter möglichen Fällen nur deshalb hervor, weil der Mystiker derjenige ist, der das ethische Reinigungswerk am intensivsten und unter solchen Bedingungen durchmacht, welche der Entstehung einer suggestiven (an den charakteristischen Typen besonders reichen) Symbolreihe am günstigsten sind. Man denke an Religionsstifter. (Es müssen nicht immer Einzelpersonen sein. Schulen. Mythos.) Es gibt noch andere als bloß religiös begeisterte Naturen, die zur Hervorbringung von suggestiven Bilderreihen mit anagogischem Gehalt hervorragend begabt sind: die Künstler. Mir ahnt, es müßte sich zeigen lassen, daß die läuternde (kathartische) Wirkung eines Kunstwerkes um so größer sein wird, je kräftiger die anagogische Symbolik (bzw. die sie tragende Typengruppe) darin ausgebildet ist, oder, mit anderen Worten: je mehr sich darin die Tendenz zur Erweiterung der Persönlichkeit ausdrückt. Diese

Tendenz, der die Motive von der Vernichtung des Eigenwillens (Vaterfigur), von der mit Opfern verbundenen Liebe (Inzestmotiv, Wiedergeburt), von der Hingabe an das Ideal (Todessehnsucht) usw. angehören, manifestiert sich beim Künstler wie beim andächtigen Betrachter des Kunstwerks schon in seiner Hingabe an dieses; das Aufgehen im Kunstwerk erscheint mir sowohl mit der Introversion als mit der Unio mystica wesensverwandt.

Von den Erzeugnissen der mythenbildenden Phantasie und ihrem anagogischen Gehalt ist bereits gesprochen worden. In der Alchemie, zu der ich nun zurück will, begegnen einander die mythischen und die individuellen Gebilde auf das lebendigste, ohne einander zu stören. Angesichts der hohen ethischen Aspirationen der Alchemie begreift man, daß sie jene Attribute einer „königlichen Kunst“, die sie zuerst bloß als Goldgewinnung und Magie gehabt zu haben scheint, auch als mystische Kunst beibehielt. In der Tat: welche Kunst dürfte wohl den königlichen Titel mit mehr Recht tragen als die der Vervollkommnung des Menschen? jene Kunst, die Unfreie in Freie, Sklaven in Herrscher verwandelt? Der Befreiung des Willens im mystischen (und in jedem ethischen) Prozeß wurde schon hinreichend gedacht, daß ich glauben kann, verständlich zu sein. Und die Herrschermacht, die oft als ein magischer Erfolg des Steins der Weisen gepriesen wird, liegt in der Übereinstimmung des individuellen Willens mit dem Weltwillen oder mit demjenigen Gottes. In der neuen Geburt – so ungefähr spricht es Jane Leade aus – erlangen wir eine magische Kraft; dies geschieht „durch den Glauben, d. h. durch die Übereinstimmung unseres Willens mit dem göttlichen Willen. Denn der Glaube unterwirft uns die Welt, insofern die Übereinstimmung unseres Willens mit dem göttlichen zur Folge hat, daß alles ... unser ist oder uns gehorchen muß ... Der Wille der Seele, wo er ganz mit dem göttlichen übereinstimmt, ist kein nackter Wille mehr, der seines Kleids, der Kraft, ermangelt, sondern führt eine unüberwindliche Allmacht mit sich.“

Auch heute gibt es eine königliche Kunst. Die Freimaurerei trägt diesen Namen. Nicht bloß der Name, auch ihr ethisches Ideal knüpft sie an den Geist der alten Alchemie.[109] Die Behauptung

109 Wollte ich die ethischen Aufgaben beider mit *allgemein* gehaltenen Worten zu vergleichen anfangen, so liefe ich Gefahr, das Selbstverständliche zur Plattheit breitzutreten. Robert Fischer charakterisiert die Freimaurerei als

wird vielleicht auf Widerspruch stoßen und dieselbe Ablehnung erfahren wie einst die Ideen von Kernning (J. Krebs), obgleich ich auf anderem Boden zu stehen glaube als dieser poetisch denkende, aber auch in meinen Augen allzu unkritische Autor. Man behalte die im 1. Teil, 4. Abschnitt erwähnten historischen Beziehungen wohl im Auge und vergesse ferner nicht die psychologischen Grundlagen der heute eingeschlagenen Betrachtungsweise.

Und nun lasse man die folgenden Schilderungen von Jane Leade[110] an sich vorüberziehen, die ich mit ein paar begleitenden Worten hersetze, und nehme sie als ein Beispiel von der schönen Geistesgemeinschaft ernster Hermetik mit der neueren königlichen Kunst. Schlüsse mag der Leser selbst ziehen. Die Stellen sind aus Leades *Garten-Brunn* (LGB) genommen. Hinweise auf Wirth beziehen sich auf dieses modernen Autors *Symbolisme Hermétique* (WSH). Der Mystikerin, die in tiefe Gedanken versunken ist über den edlen Stein der göttlichen Weisheit, erscheint die Sophia (Weisheit), worüber sie erschrickt. „Alsbald aber kam diese Stimme und sagte: Sihe ich bin Gottes ewige Jungfrau der Weißheit, die du gesucht hast! Ich bin nun zugegen, dir die Schätze der tiefsten Weißheit Gottes zu entsiegeln, und dir eben das, was Rebecca ihrem Sohne Jacob war, nemlich eine wahre, natürliche Mutter zu seyn: denn aus meinem Leibe und Behrmutter sollst du, auf Art eines Geistes, ausgeboren, empfangen und wiedergeboren werden." (LGB I, 14) Leade ist hocherfreut darüber, daß der „Morgenstern aus der Höhe" sie besucht hat, und *sondert sich ab* für die folgenden Tage, um die weitere Entwicklung *zu erwarten*. Sie hat noch mehrere Gesichte von der *gekrönten* himmlischen *Königin* und wird gefragt, ob sie den *Willen* hätte, unter die himmlische Gesellschaft *aufgenommen* zu werden. Sie gibt den festen, *aufopfernden Willen* kund, und fortan spricht die Weisheit zu ihr als eine innere *Erleuchtung*. (LGB I, 15f)

„einen Bund von Männern, welche sich die schwere Aufgabe eines weisen Lebens gestellt haben und an dem schwierigsten Werke der Selbsterkenntnis, Selbstbeherrschung und Selbstveredelung arbeiten, an einem Werke, das in diesem Leben nicht endet, sondern durch den Tod uns erst den Übergang bereitet zu der Stufe, wo die wahrhafte Vollendung ihren Anfang nimmt". Diese schönen schlichten Worte könnten ebensogut in einer alchemistischen Abhandlung vom irdischen und himmlischen Steine der Weisheit stehen. Diese Bemerkung mag genügen.

110 Englische Mystikerin des XVII. Jahrhunderts. Sie gehörte der von Pordage gegründeten philadelphischen Gemeinde an.

[Die Zurückgezogenheit ist die Vorbedingung der Introversion und des In-Sich-Gehens überhaupt. Der aufzunehmende Profane ist, alchemistisch gesprochen, das Subjectum, an dem der Läuterungsprozeß vollzogen werden soll. Die Alchemisten tun das Subjectum in ein enges Gefäß, das es von der Außenwelt hermetisch abschließt; dort wird es, wie in einem Grab, der Putrefaktion unterzogen. Die Introversion führt in die Tiefe des eignen Herzens. „Wo wurden Sie ...? – In meinem Herzen (oder Innern).“ – „Wo hernach? – In einem Z. n. d. Loge.“ – „Was hat Sie bewogen ...? – Mein eigener, freier und ungezwungener Wille.“ Man läßt den Profanen im Hinblick auf seinen großen Entschluß sehr ernstlich mit sich zu Rate gehen. – „Warum sind Sie ...? – Weil ich im Finstern war und das Licht wünschte.“ – Der Todessymbole in der sch. K. wird später zu gedenken sein. – Ich kann natürlich nur auf einige wenige der Analogien eingehen. Kundigen Auges wird der Leser die Parallele außerordentlich vervollständigen können.]
Jane Leade sucht im Geiste nach dem *Schlüssel,* der den Eingang in das große Geheimnis, das tief in ihr verborgen liegt, eröffnen könnte. Ihre Mühe, in die heilige Stadt zu gelangen, ist groß, doch anfangs erfolglos.[111] Sie *umwandert die Stadt*[112] *und findet keinen Zutritt.* Sie besorgt schon, sie müßte, in Ermanglung des wunderbaren Schlüssels, nun alle ihre Tage im *Finstern* tappen und doch das Tor nimmer finden. „Indem ich nun über diesem allen mit *Furcht und Entsetzen*[113] befangen in ein tieffes *Schweigen und Stille* gesetzt ward, offenbarte sich mir das Wort der Weißheit selbsten und sagte: O du tief-forschender Geist! verwundere dich nicht, daß du deiner Hoffnung so lange Zeit über nicht bist gewähret worden! ...Du hast mit manchen andern bisher in einem grossen Irrthum gesteckt: jedoch dieweil du deine Unwissenheit erkennest und beklagest, wil ich dir bekand machen, was es für ein Schlüssel seyn müsse... Und ob dieser wunderbare Schlüssel

111 Man wird nicht ohne weiteres zugelassen.

112 Weg nach der Loge. – „Warum hat man Sie nicht den nächsten Weg zur Loge geführt? – Um mir die Schwierigheiten und Beschwerden zu erkennen zu geben, welche man erst überwinden muß, bevor man den Weg der Tugend findet.“

113 Symbole und Vorgänge in der sch. K.; Rolle des „fürchterl. Br.“; sie ist psychologisch gar wohl begründet, was ich im Gegensatze zu Fischer, Kat. Erl. I, zu Frage 7 betonen möchte.

wol der Weißheit ... freye Gabe ist; so wil er dir doch, o du *suchender* Geist! dafern du ihn einst erlangest, *sehr hoch zu stehen kommen.* Nichts destoweniger gehet Sie [die Weisheit] umher und suchet solche, die *Ihro werth sind,*[114] daß Sie sich denen innerhalb den Mauren ihrer Gemüther zeige, und in allem und jedem ihrer Gedancken begegne, die auf ihre Gesetze und Rath[115] warten: und bringt ein *Königreich* mit Ihr [mit sich], welches wol werth seyn wil, daß du um desselben willen *alles verkauffest.*[116] Das gröste und fürnehmste *Meisterstück* aber, sagt die Weißheit, bestehet nun darinne, wie du *deinen Geist in Zucht und Unterricht halten,* und ihn zu einem geschickten Artisten oder *Künstler* machen sollest, ihme Erkändnus zu geben, von was Materie, so wohl auch in was *Zahl, Gewicht und Maasse*[117], dieser reine Schlüssel zu machen sey: welche [Materie] die pure lautere Gottheit in der *Zahl DREY* ist, die in Warheit gar wichtig; angesehen sie eine über alle maaß wichtige Glorie und Herrligkeit ist, die in einem *Zirckel* der Himmel innerhalb des Menschen *Hertzen*[118] sitzet, und mit der *Schnure*[119] Ihrer

---

114 Rien ne se faisant avec rien, le point de départ de l'œuvre philosophique, c'est la découverte et le choix du sujet. La matière à mettre en œuvre, disent les Alchimistes, est fort commune et se rencontre partout; il ne s'agit que de savoir la distinguer, et c'est en cela que consiste toute la difficulté. Nous en faisons continuellement l'expérience en Maçonnerie, car nous initions trop souvent des profanes que nous aurions dû rejeter si nous avions été suffisamment perspicaces. Tout bois n'est pas bon pour faire un Mercure. L'œuvre ne peut réussir, que si l'on est parvenu à trouver le sujet convenable; aussi la Maçonnerie multiplie-t-elle les enquêtes avant d'admettre un candidat aux épreuves. (WSH, 87.)

115 Gehorsam der Lehrlinge. Es handelt sich um Gesetze der Weisheit.

116 Ablegung alles Metalls. – Der neu aufgenommene Br. soll „durch seine Entkleidung (die gleichfalls hierher gehört) symbolisch den Menschen darstellen, wie er aus der Hand der Natur kommt, und uns selbst zugleich daran erinnern, daß der Frmr, um der Erfüllung seiner Pflicht (vgl. obige Anm. 105 stets eingedenk zu bleiben, sich aller zufälligen Äußerlichkeiten müsse entledigen können". – Siehe rückwärts die Anmerkung H.

117 Meßkunst, Geometrie.

118 Die Verbindung von Zirkel (zweideutig) und Herz ist interessant. Bekanntlich wird der Z. auf die bl. l. B. gesetzt. In dem alten englischen Ritual wird die Berührung mit dem spitzen Werkzeug (Schwert o. dgl.) begründet: „Weil die l. B. die nächste am Herzen ist, damit dieß umsomehr ein Stich (a prick) in mein Gewissen sein möchte, sowie es damals meine Haut stichelte."

119 Die Schnur in Verbindung mit dem Tempel: das „Verbindungsband" auf dem Tapis; eine Abbildung von der Vorhangschnur im Tempel Salomonis im Allerheiligsten. „Gleichwie dieses Band den Vorhang hielt und verschloß, so vereinigt und hält zusammen alle freien und angenommenen Mr.-Brr [also die, die ‚darinnen anbeten'] ein unauflösliches Band."

Macht den *Tempel* und innern Hof mit denen, die darinnen anbeten, abmisst.[120] Dieses ist der Weisheit Schlüssel, welcher machen wird, daß unsre Hände von lieblich- und wolriechenden Myrrhen an den Klincken ihres Schlosses trieffen. [*Hohelied* V, 5.] Als ich nun Ihr geheim Thor mit diesem Schlüssel öffnete, sanck meine Seele in mir in eine Ohnmacht, und ich behielt keine Krafft in mir, meine *Sonne* der Vernunft und der *Mond* meiner äußern Sinnen wurden zusammengerollt und entwichen. Ich wuste nichts bey mir selbst von den wirckenden Eigenschaften der Natur und Creatur[121], das Rad der Bewegung stund still, und ein anders bewegte sich von einem *Central-Feuer*; so daß ich mich in eine lautere Flamme verwandelt fühlte. Darauf kam dis Wort zu mir: dieses ist nichts anders, denn das Thor meiner ewigen Tieffe; kanst du nun in dieser feurigen Region bestehen, welche der Weisheit Residentz und Wohnung ist, darinnen Sie heiligen abgezogenen Geistern begegnet, und ihnen ein feurig Gesetz gibt? Denn so du darauf dergestalt Acht haben kanst, daß du auf ihren Befehl herauf kömst; alsdenn soll dir kein Geheimnus vorenthalten werden. So fern bin ich den Eingang Ihres Hauses zu kommen verstattet worden; alwo ich *still stehen* muß, bis ich, was zu thun sey, weiter von Ihr hören werde." (LGB I, 17–19)

[Wie wir hören, gilt es also, den Geist in Zucht und Unterricht zu halten. „Warum kamt ihr …? Meine Leidenschaften zu zähmen, meinen Willen zu unterwerfen …" – Wir sehen zwei Triaden. Eine göttliche „Drey" (3 gr. L.) und dann Sonne, Mond und Centralfeuer, welche zweite Dreiheit als die kl. L. angesprochen werden können, wiewohl der „M. v. St." darin als ein „Centralfeuer" vorkommt; wenn wir uns daran erinnern, daß die belehrende Stimme nach dieser Symbolik von einem Feuer oder Licht (der Weisheit) ausgeht, so ist dieses Licht mit dem M. v. St. der Funktion nach identisch, und auf das kommt es ja eben an. Das *Centralfeuer* ist natürlich auch der fl. Stern; dieser steht auf dem Tapis *zwischen* Sonne und Mond und ist dazu bestimmt, „den *mittelsten* Raum des Tempels zu erleuchten". Von der Alchemie her sind uns ☉, ☾ und ein zwischen beiden stehendes vermittelndes Licht, nämlich der ☿ bereits wohlbekannt; dieses Licht kann auch ✡ bezeichnet werden.

120 Meßkunst, Geometrie.

121 „Was haben Sie gesehen, als …? – Nichts, welches die Vernunft begreifekann."

Der alchemistischen Betrachtungsweise entsprechen ziemlich genau die 3 gr. L. des Freiburger Rituals: Gott, Mensch und St. Johannislicht. Dieses (der ☿) ist „die Intelligenz und Genialität im Menschen, welche alle Wissenschaft erschafft und uns die Wahrheit zeigt." Es ist „die einzige Autorität, welche der Frmr unbedingt anzuerkennen hat, nämlich die göttliche Gesetzgebung in seiner eigenen Brust, des himmlischen Feuers in seinem Ich".]

Einige Wochen später hört Leade wieder die Stimme der Weisheit. Diese spricht zu ihr: „*Scheid* und *zieh* dich aus deinem Thierischen Sinnlichen Leben *aus*,[122] es ist zu grob: Ich kan nicht erscheinen, bis sich solches allerdings verlieret und vergehet." (LGB I., 20) Wieder einige Zeit darauf fühlt sich Leade angetrieben, dem geheimnisvollen Wesen weiter nachzuforschen. Die Weisheit fordert sie auf, sich nun selbst, außer ihrem „creatürlichen" (vergänglichen) Wesen, zu erkennen. „Worauf ich mit sanfft-brennenden Flammen umgeben ward, die alle Disteln, Dornen und verfluchte Ausflüsse [Superfluitäten der Alchemie], so sich hervorthun wollten, auffrassen und verzehrten ... Darauf ließ die Weißheit ihre Stimme hören und sprach: O du bekümmerter Geist! jetzt bin ich kommen, dir zu zeigen, was von dir erfordert werde,[123] wie ich dir, gleich zu Anfang meiner Unterredung mit dir, zu sagen nicht verhalten habe, was dichs kosten wolte, denjenigen Schlüssel zu erlangen ... Ich sage dir, Gott fordert ein Opffer von dir ... Verstehe mich also; du hast ein irdisch Principium, das sich ausgebreitet und dich *überzogen*[124] auch folglich die Oberhand und Herrschaft in dir bekommen ... hat: diese Thronen und Machten [Königs- oder Vaterfigur] aber müssen niedergeworffen und ihre Stätte nicht mehr gefunden werden. Du hast dich höchlich beklagt, daß du der be-

122 Die alchemistische Scheidung (separatio) und das maurerische Ablegen von Kleidungsstücken. Ich habe das Nötigste darüber bereits angemerkt. Man hat sich von den Dingen zu befreien, welche, wie es im eklekt. Rit. heißt, „vielfach den Aufschwung des Geistes hemmen, und den Menschen an die Erde ketten". Eine ausgesprochen programmatische (eine spätere Phase antizipierende) Bedeutung hat es, wenn z. B. das System der Gr. L. L. die Beraubung des Metalls darauf zurückführt, „daß der Tempel Salomos von ganz fertigen Steinen, so wie sie herzugebracht waren, aufgebaut wurde, usw". so daß es keiner Metallwerkzeuge bedurfte.

123 Zuerst wird also programmatisch gezeigt; der tatsächliche Vorgang wird erst erfolgen.

124 Wie ein Kleid.

ständig-nahen Gemeinschafft oder Vereinigung mit Gott[125], deinem Schöpffer, ermangeln müssest: allein verwundere dich darüber nicht! die Ursach ligt hier im vollkommenen *Ersterben*[126], weil du nemlich noch nicht gäntzlich auf mystische Weise erstorben und todt bist. Dieses ist die erste Tauffe, so du erfahren must: aber ach! wie viel haben hierinne zu kurtz geschossen, weil sie ihrer irdischen Selbstheit nicht einen rechten bis ins Hertz durchwundenden tödtlichen Streich[127] angebracht! ... So recommendiere ich dir mein flammend Schwerdt: halte dich nun tapffer, und laß es im Felde der Natur[128] völlige Execution thun, oder alles jung und alt gäntzlich verbannen, und vom Leben zum Tode richten, was in dir nicht mein Mahlzeichen und Namen[129], so mein Ebenbild ist, trägt." (LGB I, 21f.) Das Irdische soll gleichsam Gott als Brandopfer dargebracht oder in einem Feuerofen weggeschmolzen werden, in einem Gefäß von reinstem Metall. [Vielleicht ist es nicht überflüssig zu bemerken, daß der erste biblische Künstler in allerlei Erz Thubalkain war, dessen Name ein Paßwort ist.] Jane Leade findet, „die Conditionen oder Bedingungen, die du [Weisheit] von mir erforderst, sind sehr hart; zumal ich mich noch in der Ausgeburt eines tödtlichen *Schattens* zu wohnen finde, da mich gantze Millionen Geister *versuchen*, und all ihr Vermögen und Kräfte anwenden, mich von dieser hohen und edlen Erhöhung und Aufklimmen *ab- und zurück zu halten*[130]... Indem ich nun, als allein das Gefäß und Feuer vor mir sehende, hierüber in Gedanken stunde, und die Sache bey mir erwoge, auch mit Isaac zu fragen willens war, wo ist aber das *Lamm*?[131] beantwortete Sie [die Sophia] solch mein

125 Nur die Meister sitzen in der Nähe der Sonne.
126 Das vollkommene Ersterben erfolgt erst im dritten Grad.
127 Der auf die I. B. gesetzte Zirkel oder Degen regt den Prozeß der Gewissensläuterung bloß an. Hier wird noch nicht die ganze Ichheit vernichtet.
128 Das Unkraut auf dem Felde wird vernichtet, wo, wie Jane Leade häufig erwähnt, *Kornähren* erstehen sollen.
129 Hieraus erkennt man d. psychologischen Sinn d. Paßworte. In Verbindung mit dem Felde ist besonders an S... zu denken. (Richter XII, 6. Die Ephraimiten, die es nicht aussprechen können, müssen sterben.) Leade erwähnt des öfteren d. Ephraimiten. Unmittelbar bestimmend ist für obige Stelle natürlich Joh. Apokal. passim.
130 Die versuchenden und abhaltenden Stimmen bei der Umführung oder auf dem Weg zur L. nach dem eklekt. Rit. Dem „tödtlichen Schatten" entspricht die Binde.
131 Aus Lammfell ist der Schurz.

stilles Fragen mit diesen Worten: Du selbst must dis Osterlamm seyn, das geschlachtet werden soll. Darauf wurde ich unterrichtet zu sagen oder zu bitten; so gib doch diesem Lebens-Pulß einen solchen Schlag, wodurch er völlig wiederkehren möge! Und weil ich dem liebe-flammendem Schwerte meinen *Hals* (so zu reden) dergestalt darstreckte, fühlte ich empfindlich, daß eine Scheidung oder *Enthauptung*[132] geschehen war. O wie süß und anmuthig ist es, das Lebens-Blut in den Brunnen derselben Gottheit wieder einfliessend zu empfinden, aus welchem es herkame." Daraufhin eröffnet ihr die Weisheit mehr von ihren Geheimnissen. (LGB I, 24f.)

Es dürfte hier der schicklichste Ort sein, ein Stück aus einer anderen Visionenreihe (betreffend den *Tabernakelbau*, LGB. I, 67ff) einzuflechten: „Sie [die heilige Lade] ist eine unüberwindliche veste Burg und Thurn; drum gehe du nicht daraus, [so spricht die Weisheit], sondern verpflicht und verbind dich alhier, als ein *Lehrling*, auszuharren: alsdenn wirst du in der hohen geistlichen Kunst des allewigen Geheimnusses gelehrt, und wie diese unvergleichliche Composition oder Medicin des heylsamen Elixirs und Balsam des

132 Man denke an die Entblößung des Halses, das Gutturale und seine nach dem Inhalt der alten Eidesformel gegebene Bedeutung. Dem äußeren Menschen, der hier geschlachtet wird, widerfährt das Schichsal des Verräters: er hat Verrat geübt an dem inneren, wahren Menschen. – Es ist hier der Ort, der absteigenden Folge der Zeichen (Gutturale, Pectorale, Stomachale) zu gedenken. Der Mensch soll nach rechtwinkligen Prinzipien verwandelt, alchemistisch gesprochen: mit göttlicher Tinktur tingiert werden. Diese Tingierung ergreift das Geistigste zuerst und schreitet dann immer mehr in die Tiefe vor, bis der ganze Mensch umgewandelt ist. Die Dreiteilung entspricht der platonischen (und alchemistischen) Dreiteilung der Seelenkräfte. Platon unterscheidet die Vernunftseele, der er als Sitz das Haupt, die mutartige Seele, der er die Brust, die Begierdenseele, der er den Bauch zuweist. Es soll sozusagen der ganze seelische Apparat, selbst der vegetative, vom höchsten Licht erleuchtet werden. Wenn man sich zu der Annahme entschließt, daß das mehr als ein schönes Bild sei, so gewinnt die Ansicht Staudenmaiers Interesse, daß dem Menschen eine außerordentliche seelische Vervollkommnung möglich sei dadurch, daß er die gewöhnlich ohne Bewußtsein vegetativ arbeitenden Zentren durch Übung mit Bewußtsein begabe. Er gewinne auf diese Weise Macht über ein ganzes Heer von Arbeitskräften, die ihm ansonsten abgeht. Staudenmaiers eigene Erfahrungen lehren, daß mit einer solchen Entwicklung alle Gefahren der Introversion verbunden sind und es leicht vorkommen kann, daß man den Geistern, die man ruft, erliegt, statt ihrer Herr zu werden. Die absolute Herrschaft des vernünftigen Ich ist aber selbstverständlich Grundbedingung zum ethischen Werk der Vervollkommnung. Mit den Theorien Staudenmaiers ist Kernings Lehre verwandt.

Lebens zu bereiten sey, *unterrichtet* werden. Vor allen Dingen aber must du einen Bund der *Verschwiegenheit*[133] eingehen, und angeloben, daß du solches niemanden ausser deinen Mitschülern, offenbaren wollest, die mit und neben dir, in eben dieser Kunst zu arbeiten, beruffen sind. Ferner und zum andern must du die bestimmte Zeit und Jahre derselben, in aller *Treue* und Gedult unverdrossen völlig aushalten; bis du, dieses *Oehl* beydes [d.h. sowohl] zu machen, und [als auch] in der schönen *schneeweißen alabasternen Büchse* der vollkommnen Natur zu verwahren, so geschickt und vollkommen, als deine Lehrmeisterin, zu seyn gelangest." (LGB I, 77f.)

Ich fahre nun in der früheren Reihe der Gesichte fort. Jane Leade wird von der Weisheit aufgefordert, ihr zu folgen. „Unversehens aber wurde ich von einem mächtigen Feinde überfallen, welcher mir gewaltig zusetzte, indem er mich *beschuldigte* und *anklagte*, daß ich das Gesetz der Natur bräche, welchem ich doch verpflichtet wäre, weil ich einen äußeren Leib hätte, für dessen elementarische Nothdürfftigkeiten ich billich Sorge tragen ... müste, wie alle meine Neben-Menschen in der Welt thäten, die unter der Regierung des großen Monarchen der [weltlich kalkulierenden] Vernunft stünden, unter dessen Scepter sich alles beugen müste, was im sinnlich-thierischen Leben lebte[134] ... Ja, sagte der Fürst des irdischen Lebens, wie wilst du dich nun von meinen Gesetzen ausdrehen, und deines Bruders Joch von deinem Halse werffen?" Leade wendet sich an ihre Mutter, die Weisheit, und diese verspricht ihr, mit Gott darüber zu Rath zu gehen, wie man die Feinde vertreiben könne; der Beweis sei erbracht worden, daß sie *Verräter der Krone*[135], Würde und Herrschaft des Lammes sind; sie werden bald dem Gericht überliefert werden. (LGB. I, 27f.)

---

133 Ich brauche kaum an die eidliche Verpflichtung zu erinnern; will nur auf die Zusammenstellung der drei Tugenden des neu eingetretenen Br. aufmerksam machen: Aufmerksamheit, Verschwiegenheit, Treue.

134 „Der Mensch, der nur der Befriedigung physischer Bedürfnisse lebt kann unserem Zwecke nicht dienen ... Es gibt ein höheres Leben als das an welches Millionen dem Thiere gleich sich ketten. Diesem höheren Leben soll sich der Mr widmen, und zu ihm wird er in der Aufnahme bildlich eingeweiht." Diesen Forderungen widerstrebt die gemeine Natur, der Fürst dieser Welt.

135 Vgl. einerseits 241 Anm. 4; anderseits denke man (in Konnex mit „beschuldigte und anklagte") an die Mörder des königlichen Baumeisters. Da dieser der innere Mensch ist, gehört beides zusammen. Der „Fürst dieser Welt" kehrt mit seiner Beschuldigung den Spieß um: psychologisch ganz richtig!

Nach verschiedenen Ermahnungen erhält Jane Leade von der Weisheit ein Buch, das sie, die Weisheit, selbst auslegen muß, um „euch *einen Buchstaben nach dem andern*[136] zu erklären; zumal ihr die Zahl noch nicht kennet, die euren *Neuen Namen* ausmachet. Und so lange ihr das nicht sehet, was für Recht und Anspruch könnt ihr denn zum Überreste des gantzen darin eingewickelten Geheimnusses machen?“ (LGB I, 36.) Es handelt sich um eine Umwandlung des Menschen, die nicht mit einem Ruck geschehen kann; eine „solche hochwichtige Verwandlung, daß sie, ohne *Durchgehung mancher fernern Grade,* nicht geschehen könte“. (LGB. II, 78.)

Wir kommen zu einem Abschnitt, der überschrieben ist: *„Die Magische Reise“*. [Ich brauche wohl kaum erst auf die Bedeutung des Reisens hinzuweisen.] Er enthält alle noch übrigen Phasen des mystischen Werkes. „In währender meiner geistlichen Fortreise nach dem Lande alles geseegneten Überflusses, ward mir ein magischer Entwurff darvon vor Augen gestellt; indem ich zu einer Thür gebracht wurde, die so eng und schmahl, daß mir unmöglich anders durchzukommen war, als daß ich auf den *Knien* durchkriechen muste: so doch auch hart und großer Mühe und Beschwerde[137] zugieng. Und also wurde ich ferner fortgeleitet, bis ich nach langer Zeit an eine *andre Thür* kam, welche zwar eng genug, gleichwol aber etwas gemächlicher, als durch die erste, durchzukommen war. Als ich nun dergestalt noch weiter fortginge, kam ich endlich zu einer Thür, die zween Flügel hatte: von denen der eine sich aufthate, und in der Höhe und Weite für meine Statur eben recht, mir auch den Eingang in einen Platz gab, *daran weder Anfang noch Ende zu finden war.* Und ich sagte, was thue ich hier alleine? Worauf mir mein unsichtbarer *Leitsmann*, der mich durch diese drey Thüren oder Thore eingeleitet hatte, antwortete: daß noch einige andere mir nachkommen solten, wenn sie hören würden, daß irgendwo ein solch groß Land, das mit neuen Einwohnern zu besetzen wäre, auch mit allerley Gütern angefüllt und gesegnet werden solte. (LGB. I, 40.) [Die drei Tore weisen nicht bloß auf die drei Grade hin, sondern haben noch ein anderes Analogon bei der Aufnahme für sich. Nach dem altenglischen System klopft der Su-

136 Buchstabieren.
137 Widerstand der Tür.

chende, weil die Tür ihm einen Widerstand zeigte, an den Rücken der drei Beamten. Diese sind gleichsam die geistigen Türen der Bruderschaft. Der Widerstand, und wie er sich in Leades Schilderung nach und nach gibt, ist psychologisch ohneweiters zu verstehen; das Wesen des Suchenden wird immer geeigneter, je weiter er in seinem Werke fortschreitet.] „Diese Vorstellung oder Gesichte und darauf folgende Nachricht und Erklärung war sehr kräfftig; daher ich solchem immer weiter nachdachte…, damit ich … auch die Erklär- und Deutung der Thore empfangen möchte. Denn ob mein Geist wol anders *nichts*[138], als eine unendliche *Räumlichkeit*[139] sahe; so empfand und fühlte ich doch das *Anwehen*[140] einer solchen wolriechend- und erquickenden Lufft, als ob allerley Blumen-Arten wircklich alda gewachsen stünden. Darauf offenbarte sich auch dieses Wort und sprach gegen mich: dis ist der Raum und Stelle, da das *Liebe-Reich* aufgehen, und mit seinen natürlichen Einwohnern hervorgrünen soll, welche die grobe eigne Liebe [Eigenliebe] abgelegt und hinter ihnen gelassen haben; als die hieher nicht kommen darff: zumal sie eben dasjenige ist, welches den Eingang so enge und gedreng machet… Hierauf sahe ich in meinem Geiste unversehens unterschiedne Personen über die maßen qualificirt in ihren Leibern, und die in diesem Geheimnus so hocherfahren waren, daß sie einen solchen Geist aus ihnen aushauchten, der allem, was sie nur immer wolten und begehrten, ein Seyn und Wesen zu geben vermochte. Unterweilen spannten sie güldne Zelten aus, in welchen sie ein- und ausgingen; zu anderen Zeiten machten sie, daß an einigen Orten, die gantz wüst und öde schienen und anzusehen waren, wunderbare Pflantzen und Bäume aufgingen, die wirklich ihre in einem güldnen hellen Glantze und Schönheit erscheinende vollkommne Früchte darreichten: von welchen man sagte, daß sie der magische Nahrungs-Unterhalt und Speise wären, darvon die Einwohner dieses Lands leben solten…“

---

138 Vgl. 239, Anm. 2.

139 Unendliche Ausdehnung der Loge, gemäß den Lehrfragstücken.

140 Ob wohl die Frage nach des Maurers Wind psychologisch hierher gehört? Jedenfalls erfolgt das liebliche Anwehen aus Osten; Jane Leade schildert ihre Blumengärten oft genug als orientalische. Psychologisch und mythologisch hat der Anhauch spermatischen Wert. Anagogisch handelt es sich um das Verleihen einer Kraft oder (um im Bilde des Zeugens zu bleiben) das Schwängern mit einer solchen.

[Man kann auch sagen: die Meister der Kunst bebauen unbebaute Gemüter und schaffen am Reißbrett geistige Nahrung.] „Und ob mich wol bey meinem ersten Eintritte hierein bedünckte, ich sähe gar nichts; sahe ich doch, nachdem wenig Augenblicke vorbey waren, diesen gantzen geraumen Platz mit Geistern von einem solchen *hohen Grade* erfüllt, daß sie mich augenblicklich zu sich zogen. Darauf stellten sie mir unterschiedliche *Philosophische Fragen*[141] vor, die ich nicht verstunde. Weswegen einer unter denenselben sich sehr freundlich anerbotte, *mich zu unterweisen* und zu lehren: sagte mir auch weiter, daß er mir das Geheimnus ihrer Kunst lehren wolte... Solchem nach brachte er mich in ein herrlich Zelt, und befahl mir alda zu warten, damit ich in den reinen Acten oder Wirckungen des Glaubens fortgehen möchte: weil ich darinnen in dieser hohen Philosophie eine Adepta zu werden gelangen würde... Nachdem mir nun die Weißheit hierauf selbsten erschiene, fragte ich Sie, wer doch diejenigen gewesen, so mir die Philosophischen Fragen vorgestellt hätten? Worauf sie mir antwortete, daß solche die alten und letzt-lebend-würdige, und durch Sie in ihrem, so wohl innerlich- als äußerlichen göttlich-magischen Steine, gelehrte Glaubens-Heiligen wären: und daß die Zeit nunmehro wircklich herbeynahe, in welcher Sie neue Artisten und Künstler in dieser Theosophischen Weißheit machen wolte, die denen Dingen, welche so häßlich geschändet gewesen, und unter einer Wolcke der Verachtung, Unwissenheit und Schmaach gelegen, eine neue Gestalt geben solten. Zumal außer solchem kein andrer Weg erfunden werden können, als daß diese tieffe Mine, in welcher dieser Schatz so lang verborgen gelegen hatte, erbrochen und entsiegelt würde.[142] Hierauf sprach mich der Apostel Johannes[143], deme die Geheimnus wol bekand, und der die Person war, die vorhin so freundlich mit mir gesprochen hatte, mit diesen Worten an: Gleichwie ein natürlicher Stein; also ist auch ein geistlicher Stein, welcher die Wurtzel und der Grund alles dessen ist, was die Söhne der Kunst sichtbarlich zum Wesen und ans Liecht gebracht ha-

141 Katechisation.

142 Das verloren Gegangene, wieder zu Findende heißt in der Freimaurerei das Meisterwort. Die Meisterwanderung hat den Zweck, „das zu suchen was daselbst (im Osten) verloren war und (z. Teil) wieder gefunden worden ist".

143 Wohlgemerkt.

ben. Und gleichwie der Aeußere leiblich ist, und in der Hand-Arbeit bestehet, auch eine gute Zeit wegnimmt, ehe er zur Vollkommenheit gebracht werden mag; eben also wird auch der Innere von Grad zu Grad ausgewirckt... Darauf bath und fragte ich den Engel Johannis, auf was Weise ich doch zu Wercke gehen solte, denselben auszuwircken?" Der „Engel Johannis" gewährt ihr die Bitte. So wie man zu einer chemischen Bereitung einen Ofen braucht, so ist auch zur Bereitung des seelischen Steins der Weisen ein Ofen nötig; dieser äußere Ofen ist aber der leibliche Mensch, in dem sich „der Feuer-Saame der reinen Gottheit selbsten von der Essentz der Seelen entzündet, wenn er ein geheiligt und gebührlich bereitet Gefäß darzu findet. Die Materie, in welcher man laboriren oder wircken muß, ist das *göttliche Saltz,* so in einem reinen klaren kristallinen Glase, das pur Geist, eingesetzt ist. Ferner solst du wissen, daß dieses göttliche Saltz in allen Menschen verborgen sey." (LGB. I, 40–43.)

Hier muß ich eine Erörterung des Salzes (auch „Saltzsteines") und seiner Auswirkung einflechten. Wir müssen uns klar sein darüber, daß der Salzstein dieser Symbolik identisch ist mit dem *kubischen Stein* der maurerischen. Daß das Salz hieroglyphisch durch einen Kubus dargestellt wurde, habe ich schon mitgeteilt. Der Begriff „Stein" ist ein Gabelpunkt für zweierlei gleichsinnige Symbolreihen, von denen beiden Jane Leade Gebrauch macht. Die eine Reihe ist die chemische Bereitung, wie sie gerade jetzt der Engel Johannis beschreibt; die andere ist die Behandlung des Steines als eines Bausteines (der behauen wird usw.), wie sie bei Jane Leade an anderen Orten zu finden ist, namentlich in Verbindung mit dem Bau eines Tempels, eines Heiligtums, des Neuen Jerusalems. Von den Menschen als Bausteinen wird vornehmlich in ihrer „Offenbarung der Offenbarungen" wichtiger Gebrauch gemacht. Diese eine Stelle aus LGB (II, 138) sei angeführt: „Wer wil demnach nunmehro diese meine Trompete blasen und auskündigen, daß sie sich von ihren eisernen Jochen und Banden loß reissen und herzu kommen sollen, damit sie gewürdiget werden mögen, als *wohlbehauene Pfeiler zum Tempel der Weißheit auferbaut* zu werden?" Auch die viereckige Gestalt wird mehrmals erwähnt. – Jane Leade hat ganz recht, wenn sie sagt, daß das göttliche Salz, der kubische Stein, in allen Menschen verborgen liege; der unbereitete Mensch ist der rohe Stein und in ihm liegt entwickelbar (potentia, nicht actu) der kubische. Bei der Bereitung der Steine – des alchemistischen wie des Bausteines – kommt es wesentlich auf das Wegschaffen des Störenden, nicht auf Zutaten an. Die Reinigung (rectificatio, purificatio usw.) des alchemistischen Steins entspricht genau der Bearbeitung des rohen Steins mit dem Spitzhammer. Die Krystallisation liefert die regelrechte Form, die Fixation die Härte. Die Projektion entspricht der Verwendung im Tempelbau (die in der Symbolik wenig vorkommt). – Wo vom Bau die Rede, ist vielleicht der schicklichste Ort für diese Stellen (LGB, I, 131f): „Glaubet nur! so wil ich vor euch hingehen, meinen Namen öffentlich kund machen, und euch den Grund derselben [Stadt] ofenbaren; woraus sich eure *Stärcke* aufthun, und eure Überwindungskraft erkandt werden soll. Wer muß aber nun euer *Baumeister* seyn, euch in diesem eurem Gründungswercke zu unterrichten, als diejenige Weißheit, welche bei dem großen Gott Jhova von Ewigkeit war, der euch, nach dem Aushauchen des ewigen Willens, Existentz und Wesen gab? Eben also und auf gleiche Weise muß diese bewegende Krafft des Willens *wieder hervor, oder ausgehen* ... Kommt demnach her zu Mir; so wil Ich euch zeigen, wo alle diese GrundSteine ligen! Schauet und sehet die Materie des Schatzes im Umkreise eurer neuen Erden... alhier möget ihr diesen Grund-Bau wohl ausspähen oder finden.[144] Zu welchem Ende euch die güldne *Meßschnur* oder das *Senckbley* meines Geistes gegeben werden soll." [An der Säule der *Stärke* steht der Meister. *Jehova* war das verlorne Meisterwort.]

Wir sind stehengeblieben, wo der Engel Johannis sagt, man solle wissen, daß das göttliche Salz in allen Menschen verborgen sei. Es heißt nun weiter: „... aber seine Krafft und Schmack verlohren habe; und solches ist das Liechts-Principium, das alle andre Principien in sich hält: weil der Mensch, obs ihme wohl selbst unbekand, ein Auszug und kurtzer Begriff aller Welten ist. Daher er in ihm selbst alles, was er suchet, finden mag: allein solches kan ehe nicht geschehen, bis der Saltzstein, welcher gleichsam todt gelegen, durch Christum den Feuerstein (der die Schwärtze zu einem Jaspis-Glantze und zu einer schönen Weisse calciniret) wieder zum Leben erweckt worden. Dieser ist die wahre Theosophische Medi-

144 Vgl. das über die neue Erde Gesagte, 218f.

cin, die wircklich gradweiß, oder nach und nach, aus ihr selbst, von ihr selbst, und zu ihr selbsten wircket; gleich wie sich ein *Waitzenkorn*, wenns gesäet ist, durch *mitwirckende* Krafft der Sonnen und der äußern Planeten, selbsten zu einem Leibe formet. Nur hat man zu wachen und wol aufzupassen, damit keine *Raub-Vögel*[145] kommen und es aufpicken, ehe und bevor es zu seiner Reiffe und Zeitigung gelanget. Denn eben eine solche Bewandnus [wie mit dem Weizenkorn] hats auch mit dem Goldsteine, welcher im Grunde der Natur verborgen liegt, auch durch die warme feurige Einflüsse der göttlichen Sonne genehrt, und durch den feuchten Saamen der geistlichen Luna [sperma Lunae] gewässert wird, welcher ihn wachsen machet durch die innerliche Durchdring- und Vereinigung der Planetarischen Kräfften der höhern Ordnung, so die schwächere und niedrere in sich ziehen, eintrincken und verschlingen; wordurch die Herrschaft über alles, was astralisch und elementarisch ist, erlangt wird. Auf diese Weise offenbarte mir der geliebte Johannes die Natur dieses königlichen Steins, wie dieselbe Ihme in der Insul Patmos, (da von Ihm gezeugt wird, daß er im Geiste gewest) eröffnet worden. Und er sagte mir über dis ferner: daß, wo die universale oder allgemeine Liebe in iemanden erbohren, *solches die wahre Siguatur und Kennzeichen wäre,* daß dieser Seraphinische Stein alda sich formiren und eine Gestalt gewinnen wolte…“ (LGB I, 44.)

[Hier tritt uns deutlich die Dreiheit ☉✡☽ entgegen; Sonne, Mond und als eine Ausgeburt beider der Goldstein ✡, der Stein der Weisen, der ☉ und ☽ oder, was dasselbe ist, △ und ▽ in sich vereinigt. Es ist deshalb gar nicht übel, in dem ✡ eine Vereinigung von actio und reactio zu sehen. Das G müssen wir im anagogischen Sinne als die Genesis des Steins der Weisen, als Wiedergeburt auffassen.] – In LGB I, 147 finde ich auch diese bemerkenswerte Stelle: „Das Wort Jesu offenbarte sich ferner in mir auf folgende Weise: O ihr aufs Jerusalem wartende! durch *welch Thor* seyd ihr hereinkommen? und *was habt ihr alhie gesehen, daß ihr dazubleiben so willig und begierig seyd?* Bist du nicht von dem *feuerflammenden Auge*[146] eingenommen, daß du keinen Sinn von hinnen wie-

145 Vgl. Figur 3, 128.

146 Das Auge im fl. St. – In LGB I, 196 findet man die Darstellung eines Gesichtes, das dem fl. St. mit dem Auge gleichkommt. Ein Mond ist darangefügt. Das Auge ist gleichsam die Sonne zu diesem Mond.

der hinauszugehen hast, bis ihr *ein ander Hertz überkommen*[147], das sonst nirgend vollkömmlich verändert werden könte?... O so seyd demnach weise, und erwartet euren hochzeitlichen [Genesis!] Geist und das Kleid der Krafft [i. i. d. St.] unfehlbar! Niemand kan solches, ausserhalb dieser Schatz-Stadt, iemals erlangen; denn in diesem Sion müssen alle aufs neue wiedergeboren werden ...“ – [Oswald Wirth sieht den alchemistischen Begriff *Rebis*[148] für den Ausdruck des vollendeten Gesellengrades an: „L'initié qui devient en quelque sorte androgyne, parce qu'il unit l'énergie virile à la sensibilité féminine, est represénté en Alchimie par le Rébis (de res bina, la chose double). Cette substance, à la fois mâle et femelle, est un Mercure ☿ animé de son Soufre 🜍 et transformé de ce fait en Azoth ☿, c'est-à-dire en cette Quintessence des Eléments (cinquième essence) dont l'Etoile Flamboyante est le symbole. Il convient de remarquer que cet astre est toujours placé de telle sorte qu'il recueille le double rayonnement du Soleil mâle ☉ et de la Lune femelle ☾; sa lumière est ainsi de nature bisexuée, androgyne ou hermaphrodite. Le Rébis correspond d'ailleurs à la Matière préparée pour l'Oeuvre définitive, autrement dit au Compagnon qui s'est rendu digne d'être élevé a la Maîtrise.“ (WSH, 99)]

Doch zurück zu Jane Leades magischer Reise! „Hierauf ward ich (weil ich wol wuste und gewiß war, daß dieser himmlische Stein albereit seine Geburt und Wachsthum in mir hatte) [Wiedergeburt = Übergang des kubischen Steins aus der Potentialität in die Aktualität] mit großer Freymüthigkeit zu fragen bewogen, ob mein äusserer Ofen [ihr eigner Leib] auch wol so lang halten, und nicht etwa, ehe der Stein seine Vollkommenheit erreicht hätte, zerbrechen [sterben] möchte? Worauf dieser liebe Heilige [Johannes] mir zur Antwort gab: Sorg und bekümmere dich hierum nicht; sondern sey nur geduldig in Hoffnung: denn der wahre Philosophische Baum ist aufgewachsen und auf gutem Wege, reiffe Frucht hervorzubringen“. (LGB I, 44f.) Die Bereitung des Steines wird nun von Johannes nach den bekannten Grundlinien beschrieben. Dann „sagten die Weißheit und der Apostel Johannes zu mir: Nunmehr sollst du zu den alten würdigen Glaubens-Helden gebracht werden, die mit die-

147 Das Pectorale lernt, wer dem fl. St. genaht ist.
148 Vgl. 126.

sem Steine … Projection [das Verwandlungswerk] gethan haben.[149] Und nachdem ich nun dahin gebracht worden, sahe ich die Patriarchen oder Erzvätter und alle die grossen Philosophen, die so wol in vorhergehenden, als letzteren Zeiten von Gott selbst gelehrt gewesen. Nach diesem wurde ich in eine *Tunckelheit* und *Finsternus* eingeführt, die von denselben, durch eine magische Krafft, in ein helles Silber, Liecht verwandelt wurde.“ (LGB, I, 46.) Es folgen noch mehrere andere Allegorien für die umwandelnde Tätigkeit, ähnlich wie schon LGB, I, 41 geschildert. Johannes erklärt, daß all diese Wunder mit dem Steine der Weisheit ausgerichtet werden, und daß, wer diesen Stein in sich ausgewirkt habe, als ein *Versiegelter*[150] Gottes mit der „*Krafft* von oben herab“ bezeichnet ist. „Eine weitere Eröffnung des vorhergehenden Gesichts“ [sc. Magische Reise] gibt folgende ferneren Aufschlüsse: „Das Wort kam zu mir und sprach: Die *Liebs-Kette* zwischen Gott und dir muß nicht aufgelöst, sondern vest geknüpfft werden; mittlerweil der Geist, die alleinige ewige Materie und Eigenschafft ist, in welcher du laboriren und wircken must. Da sie denn so vest und starck an dir halten wird, daß sie dich gantz nach sich ziehen, und innerhalb des Umzircks der unermeßlichen Liebe befestigen möge; von welcher die Feindschafft abgesondert, und der Fluch der Elementen geschieden und gäntzlich weggenommen ist. O geh ein, geh, sag ich, in dieselbe ein! denn diese die unendliche Räumligkeit ist, die du gesehen hast, und welche *innerhalb des dritten Thores*[151] zu finden ist. Diese unsichtbare *Liebes-Kette* wird dich durch das erste Thor, welches so eng und schmahl ist, und also auch durch die andern zwey durchwircken; dafern du ihr in dir alles nach der Länge und Breite einräumen wirst, damit sie dich schnell aufwinden könne. Denn, lieber, was ist zum verlangten Genuß aller Fülle und Güte wiederzubringen so starck als die Liebe Gottes? Darum sey in Durchgehung dieser unterschiedlichen Thore starck und tapffer in der *Liebe:* und fürchte alle des Feindes Anläuffe nicht, bis du in dieses geseegnete Land eingegangen, und deinem Geliebten darinnen vermählet seyn wirst.“

Eine Klage so der Weißheit von Ihrer Pilgerin vorgebracht wurde: „Mitlerweil ich nun in meinem tieffen Kampffe lag, kam ein

149 Das sind also die Meister.
150 Sigillum Hermetis. Versiegelung mit der Kelle. Heilszeichen. Mark. Mason.
151 Braucht's irgendwelcher Erläuterungen?

Geist des Gebets hernieder, der ein mächtig Flehen und unaussprechliche *Seufftzen*[152] gen Himmel aufsteigen machte: welches, wie ich aufs empfindlichste fühlte, eindrung, und durch das Thor der ewigen Tieffen durchbrach; so daß mein Geist einen Zutritt zum Geheim-Zimmer der reinen Gottheit hatte, worinnen ich Audientz und völlige Freyheit erhielte, meine Klagen auszuschütten, und meine Wunden zu zeigen, auch wer diejenigen wären, die mich durchstochen hätten. Denn aller und eines jeden Hand war wider mich, schossen ihre bittere Pfeile auf mich loß, und beschwerten und drengten die noch mehr, welche doch albereit bluttriefend am Kreutze hing; schrien und sprachen: Kreutziget, Kreutziget sie, lasst sie im Sterben *das Sterben recht empfinden* ... (Ich) war in hefftiger Geburts-Arbeit. Alle Wehen und Ansätze aber machten der Geburt des Lebens mehrere Oeffnung, und gaben mir einen *Eingang in das Heylige;* worinnen ich erst die ewigen Thöne hörte. Und denn nach solchem, als ich die Krafft, in einer anmutigen Stille zu seyn, erlangte, war ich in einem klaren stillen *Wasser*[153], darinne sich kein Schlemm, noch einiger Unrath empor triebe: *auch ward alda kein Werckzeug zu einiger Arbeit aufgehoben, noch einig Geräusch und Getöse gehört*[154]…“ (LGB, I, 48.)

Nun hört Leade die tröstende Stimme des „Bräutigams“ [der unio mystica], der ihr die angestrebte Vollkommenheit in Aussicht stellt und ihr befiehlt, keine unreinen Geister dieser Welt *anzurühren*[155]. Nur was von aller Sünde abgesondert sei, dürfe ihm nahen. Dem Bräutigam antwortet Leades Seelengeist: „HErr wie kan dieses geschehen? Denn ob ich zwar nach diesem Amte [des heiligen Dienstes]… ein großes Verlangen gehabt, damit ich dir allzeit nahe seyn möchte; so machet aber der Geist dieser Welt[156] einen Anspruch zu dieser meiner äussern Hülse oder Leibe, und spricht, daß ich noch nicht aus den Grentzen und Bezirck seiner Herrschafft ausgeschritten. Der äussere Mensch ist mit Hunger und Durst, Hitze und Kälte [Gegensatzpaare der indischen Philosophie] umgeben, die seine äussere Sinnen in solche Dinge, so äusserlich sind,

152 Die Klagen am Grabe des Meisters.
153 Die Tränen.
154 So wie beim Bau des Salomonischen Tempels.
155 Handschuhe.
156 Vgl. 242f.

dergestalt zu verwickeln pflegen, daß niemand in solcher reinen Abstraction und Abgeschiedenheit leben kan, bis er aus aller Sorge für den äussern Leib entledigt und befreyet ist. Dieses war dasjenige, welches ich mit *Thränen* beklagte, und Gott ausdrücklich fragte: obs denn dem ewigen Gemüth und Geiste nicht müglich wäre, dem leiblichen Theile alle Nothdurfften zu verschaffen, ohne Beyhülffe des Vernunfft-Geistes, welcher in derjenigen Region, da der Fluch herrschet, König ist?" [Mit anderen Worten: ob es nicht möglich wäre, bei lebendem Leibe „gegensatzentrückt" (wie es in der *Bhagavad-Gita* heißt) zu sein, die Bande des tierisch-sinnlichen Wesens gänzlich abzustreifen und ausschließlich die ewigen Prinzipien tätig sein zu lassen. Es handelt sich um die Frage, ob der *irdische Stein* in seiner ganzen Ausarbeitung denn überhaupt möglich sei; um die Frage, ob sich das ethische Ideal in absoluter Reinheit praktisch realisieren lasse.]

„Worauf ich nach einer kurtzen Einhemm- und Stillung meiner äusseren Sinnen, diese Antwort [des ‚Bräutigams'] erhielte; daß dieses nicht geschehen könte, bis ein *gäntzlicher Tod* des Leibs der Sünden vorgegangen sey: mich darmit auf dasjenige weisende, was im Siebenden Capitel an die Römer im 6ten Vers geschrieben stehet, daß, nachdem derjenige gestorben und todt wäre, von welchem wir gefangen gehalten würden, wir Gott, im neuen Wesen des Geistes dienen solten…" (LGB, I, 50f.)

[Hier haben wir also die Forderung, dem Reich der „Sünde" gänzlich abzusterben, um im ethischen Ideal völlig aufgehen zu können. Die Frage, ob dies im Leben möglich sei, bleibt zunächst offen. Symbolisch wird dieser mystische Tod und wird die Vereinigung mit dem höchsten Geist im Meistergrad der Frmrei dargestellt. Der Repräsentant des Höchsten ist der M. v. St., und dieser erfüllt den Toten gleichsam mit seinem Leben, da das Aufrichten (H. in H., F. gegen F., K. gegen K. usw.) analog der Belebung des Knaben durch Elias (1. Kön. XVII, 21) vor sich geht. Was den vor der Aufrichtung notwendigen Zerfall des Leibes betrifft („Die Haut verläßt…" usw.), sei diese Stelle LGB I, 271f angeführt: (das göttliche Wort spricht) „Wisse …, daß Ich dich nicht ohne ein wichtig und reich Talent gelassen, welches in deiner eignen Verwahrung ligt, obs wol tieff verborgen und mit einer *dreyfachen Decke* (Exod. XXXIX, 34; Num. IV, 5–6) bedeckt ist; die zuvor abgethan werden muß, ehe du dis köstliche Kleid sehen kanst. Die erste Decke ist die grobe finstere Gestalt dieser irdischen Region…, die andre ist die streng bindende [äufs Irdische gerichtete] Vernunfft…, die dritte sind die niedrige natürliche Sinnen… Dafern du aber einmal völlig drauf ansetzest mit dem festen Vorsatze durch diese Drey Hindernüssen durchzubrechen; so wirst du zu der güldenen Masse kommen… Dieweil euch denn nun zu erkennen gegeben ist, wo der Schatz wircklich lige[157], und ihr über dies meinen Geist habt, der solchen nicht allein ausforschen, sondern auch durch die Hand seiner Krafft mächtig mit euch mitwircken[158] wird; so setzt euch, als in einem Geiste vereinigt, fest vor, … dasjenige durch- und wegzubrechen, so als eine Decke über diesem *Fürstlichen* Wesen ligt… Betet und wartet nicht allein [keine müßige Mystik], sondern streitet und wircket zugleich mit, bis ihr dieser, im Gefängnus verwahrten Krafft Lufft gemacht, sie loß gewirckt und befreyet habt; welche etwa noch auf den Thron der Oberherrschafft erhaben werden mag: sintemal in Wahrheit so wol mein, als euer Geist bishero anders nicht, *denn mit Gewalt und Ungerechtigkeit des Reichs* entsetzt gewest." – Bezüglich des Wiederaufrichtens vergleiche man auch LGB III, 87,91; dort werden drei Grade der mystischen Entwicklung unter dem Bilde von drei Altären beschrieben. Unter dem letzten Altar, der aus viereckigen Steinen erbaut ist, in welchen man, als in Spiegeln, sein Angesicht beschauen kann, liegt das in den Tod getretne Leben, welches nun wieder erweckt wird.]

„Weist du nicht (ward zu mir gesagt), daß das Gesetz der Sünden die Herrschaft hat, so lange er [der Leib mit seinen eigenwilligen Tendenzen] lebet? So daß der Geist hierdurch klar zeugte und mir zu verstehen gab, daß anders und weniger mich nichts, zu dieser Vermählung mit dem Lamme [unio mystica], fähig machen könte, als ein vollkommener Tod: sintemal er sich allein dem Jungfräulichen Geiste vermählen, ein Leib mit Ihm werden,[159] und ihn dadurch in seine eigne *reine Menschheit*[160] verwandeln wil. Und dieses ist die Erzeugung oder Geburt zu einem lebendig-selbstän-

---

157 Auffindung des Grabes. Die drei Mörder, die den Leichnam verborgen haben, sind eben die „drey Hindernüsse".

158 Zur Belebung des mystisch Gestorbenen.

159 H. in H., F. gegen F. usw.

160 Humanität.

digen Wesen, welches durch den Tod der alten auferstehet. Denn gleichwie das Waitzen-Körnlein sich in der Erden auflöst oder erstirbt, und zu einem neuen Leben erbieret; eben also ergehets auch mit dem Aufgehen und Hervorwachsen der Neuen Creatur; welche in Warheit Christus unser Leben ist, dessen Erscheinung der Sünde in uns ein Ende machen wird. Denn, lieber, was hat den Fluch, Sorge, Mühe, Kummer und Schwachheiten, die nun den armen Menschen in diesem seinem gefallnem Stande drucken und quählen, eingeführt, als das Abweichen von seinem Gott? Und so lange er in diesem Stande stehet, ist er ein Schuldner der Sünde, und unter ihrer Herrschaft: welche ihn allen Trübsalen und Elenden unterwürffig machet, so denen auf der Fersen zu folgen pflegen, die in elementarischen Leibern leben. Nun aber ists ausser allen Zweiffel eine gute und fröliche Bottschaft, von einer Mügligkeit hören, wie man diesen Leib der Sünden ausziehen und ablegen könne: und in Warheit es hat der Prophet, welcher in mir auferstanden ist, geprophezeyht, daß ein solcher Tag vorhanden sey... Entsetzet euch hierüber, Ihr, die ihr Verwunderer und Verächter dieser Gnade seyd; welche ich nun nahe seyn sehe, daß sie offenbaret werden solle: denn die Brautkleider[161] werden nun wirklich gemachet... O Weißheit! dir ist die Anordnung und Bestellung dieses Brautkleids allein anbefohlen, das von unterschiedlichen Farben[162] seyn soll; damit des Königs Tochter[163], die deiner Lehr und Unterrichte anvertrauet ist, von allen andern unterschieden und [als Erlöste] erkand werden möge." (LGB, I, 51f, womit die Magische Reise schließt.)

Also ein tröstlicher Ausklang, eine Hoffnung auf das im Unendlichen sich Verlierende. Aber Leade ahnt, daß es sich um ein unfaßbares Ideal handelt, weiß, welche regulative Bedeutung dieses hat: „Ach wer ist bis diese Stunde noch darzukommen! und was sind alle unsere erreichte Gaben, bis wir... dieses Ziel [Vereinigung mit der Gottheit] erreicht haben. Kan unser Senckbley solches auch ergründen und in den tieffen Abgrund der großen Wunder des unermeßlichen Wesens forschen? Und weil das umlauffende Rad meines Geistes in allem, was es gesehen, erkand, auch besessen und genossen hatte, für sich keine Ruhe fand, streckte es sein umwan-

161 Vgl. das Ende der Parabola.

162 Analogon zum Königssohn, der verbesserten Sohnsgestalt des Parabola.

163 *Tabula smaragdina*, 9.

derend Gemüthe stets nach dem aus; was noch zurücke, und durch den starcken Fels der Allmacht aufbehalten war: wornach zu streben ich mich mit einem frischen Ansatz veste entschloß, und mich mit nichts, das geringer als das Reich und die regierende Krafft des Heiligen Geistes wäre, abweisen lassen wolte …" (LGB I, 87.)

Bei einer Parallele zwischen alter und neuer königlicher Kunst kann ich unmöglich den französischen maurerischen Schriftsteller Oswald Wirth übergehen, der sich auf dem gleichen Gebiete bemüht hat. Im großen ganzen stimme ich ihm bei, wenn mir auch manche seiner Interpretierungskünste zu willkürlich erscheinen. Einige Worte aus WSH über die Vorbereitung des Subjektes (d.h. des Profanen) habe ich in Anmerkungen schon mitgeteilt. Ich will versuchen, auch den Gang des übrigen Werkes in Wirthscher Auffassung zu skizzieren.

Sich selbst überlassen, wird das Subjectum im philosophischen Ei (Vorbereitungszimmer, bzw. sch. K.) von Traurigkeit und Leid übermannt, seine Kräfte schwinden dahin, die Zersetzung beginnt, das Subtile scheidet sich vom Groben.[163] Das ist die erste Phase der Luftprobe. Nach dem Abstieg in den Mittelpunkt der Welt[164], wo die Wurzeln aller Individualität einander begegnen, steigt der Geist wieder empor,[165] erleichtert von dem caput mortuum, das auf dem Boden des hermetischen Gefäßes sich schwärzt. Das Residuum wird durch die abgelegten Kleidungsstücke des Initianden vorgestellt. Mühsam arbeitet sich dieser jetzt in der Dunkelheit vorwärts; die Höhen ziehen ihn an; die Hölle fliehend, will er den Himmel gewinnen. Sein Aufstieg auf den heiligen Berg wird durch ein heftiges Gewitter verhindert; er wird vom Sturm wieder hinabgeworfen in die Tiefe: ein Bild der Zirkulation im geschlossenen Gefäß des Alchemisten, welchem Gefäß die gedeckte Loge entspricht. Bei der Zirkulation steigen die volatilen Teile empor und fallen wie ein Regen wieder herab, was durch die Tränen an den Wänden angedeutet wird. Freilich ist es nicht hier, wo der Neophyt der Wasserprobe unterworfen wird; und wenn eine Konfusion diesbezüglich möglich ist, so rührt das davon her, daß die Operationen des großen Werkes alle in einem Gefäß vor sich ge-

164 Visita interiora terrae etc. – *Tabula smaragdina*, 6, 8.
165 *Tabula smaragdina*, 10.

hen, während die maurerische Initiation in einer Reihe verschiedener Räume sich vollzieht, so daß hier die symbolische Bilderfolge eine Auseinanderlegung erfährt. Das zirkulierende Wasser, das auch in die Poren der erdigen Teile des Subjecti eindringt, reinigt dieses mehr und mehr, so daß es von Grau durch ein Farbenspiel (Pfauenschwanz) zu Weiß übergeht. In diesem Stadium entspricht die Materie dem Weisen, der allen Verlockungen zu widerstehen weiß. Man begnügt sich jedoch nicht mit dieser negativen Tugend; auch ist die Feuerprobe[166] noch durchzumachen, die Kalzination, die alles Verbrennliche verbrennt. Nach der Kalzination hat man ein vollkommen gereinigtes Salz (⊖) von absoluter Transparenz. Solange der Initiand diese moralische Lauterkeit nicht erreicht hat, kann ihm das Licht nicht gewährt werden. Kurz, es handelt sich im ersten Grad um die durchgreifende Reinigung. Es müssen jene Salzschichten krystallklar gemacht werden, die den inneren Sulphur 🜍 des Subjecti wie eine Rinde umgeben und ihn an seiner freien Ausstrahlung hindern. Der Sulphur ist als ein Bild der expansiven Kraft anzusehen, als individuelle Initiative, als Wille. Ihm steht wie das Weib dem Mann der Mercurius gegenüber als das, was von außen dem Subjectum zugeht, oder als die Rezeptivität schlechthin. Das Salz hält die Mitte zwischen beiden; in ihm findet das Equilibrium statt zwischen 🜍 und ☿; es ist ein Bild dessen, was uns im Menschen als sein stabiles Wesen erscheint. Im ersten Grad wird an der Reinigung des Salzes zur Befreiung des Sulphur gearbeitet. Dem roten Sulphur entspricht die rote Säule J, bei der sinngemäß die Lehrlinge ihren Lohn enthalten. Im übrigen begnügt sich der erste Grad damit, den Aufgenommenen das universelle Licht (den flammenden Stern) *sehen* zu lassen. (WSH, 88–92.)

Erst im zweiten Grad geht die Feuerprobe vor sich. Der feurige Sulphur muß ausgearbeitet, oder richtiger: ausgesandt, zum Wirken gebraucht werden. Das Feld der Tätigkeit des Gesellen bemißt sich gleichsam nach der Ausdehnung oder Tragweite seiner sulphurischen Strahlung. Dabei tritt der Gesell mit der Welt in eine Beziehung von solch erhöhter Wirksamkeit, daß das intellektu-

166 Man wird sich erinnern, daß auch in der Parabola die vier Proben durch die Elemente zu finden waren.

elle Erfassen (welches dem ☿-Prinzip entspricht) davon eine neue Erleuchtung (flammender Stern) erfährt und eine Verbindung des zuerst bloß individuellen Willens mit dem der Kollektivität anbahnt. Das scheint mir wenigstens der Sinn der bilderreichen, aber nicht ganz klaren Ausführungen WSH, 95^2 bis 96^2 zu sein, die ich der Sicherheit halber im Originaltext mitteile.[167] – Sobald der rohe Stein behauen und geglättet ist, haben wir nicht mehr nach innen, sondern nach außen zu arbeiten. Was wir so schaffend ausrichten würden, wäre unbedeutend, wenn wir nicht das Geheimnis wüßten, Kraft von einer Kraft zu leihen, die (scheinbar) außerhalb unser liegt. Wo diese geheimnisvolle Kraft schöpfen, wenn nicht bei der Säule B, deren Name bedeutet: i. i. d. St.? Im Norden, dem Monde gegenüber aufgerichtet, dessen sanftes weibliches weißes Licht sie reflektiert, entspricht sie dem ☿, der ohne Unterlaß allen Wesen zufließt, um ihr Zentralfeuer 🜍 zu unterhalten. Die Exaltation des letzteren führt zur Feuerprobe, deren Begriff Wirth stark in okkultistische Ideen à la Eliphas Lévi zu führen scheint. Endlich findet wieder eine Zirkulation statt, indem der Individualwille magnetartig den göttlichen Willen herabzuholen sucht, immer wieder niederfällt, abermals emporsteigt, und so im Kreise fort, bis beide im „Philosophischen Feuer" zusammenkommen. Es ist der Kreislauf, von dem man in der Tabula smaragdina liest. Das unverbrennliche Wesen, das aus der Feuerprobe hervorgeht, ist der Phönix (ein von Alchemisten viel gebrauchtes Bild). Der Gesell hat die Aufgabe, sich in den Phönix zu verwandeln. Zur Arbeit gehört aber nicht der 🜍 allein, sondern auch der ☿; das Tun muß von der Intelligenz geleitet werden, Aktivität und Rezeptivität müssen einander ergänzen. Darum hat der Gesell beide Säulen vollständig zu kennen. Und darum wird er auch zu der schon besprochenen androgynen Materie „Rebis". Das ist nur zu erzielen, wenn die elementaren Anziehungen überwunden sind; deshalb wird die Figur Rebis auf dem Drachen stehend abgebildet. (WSH, 96–101.)

Was wird nun der Meister tun? Er wird sich mit dem großen Baumeister aller Welten identifizieren, um in ihm und durch ihn zu wirken. Wenn jemand sagt, daß das Mystik sei, so hat er nicht unrecht. Auf den drei aufeinanderfolgenden Wegen der Purgatio,

167 Siehe rückwärts die Anmerkung J.

Illuminatio und Unio sich entwickelnd, ist diese Mystik nicht minder logisch als die religiöse Mystik, die mit ihren Mortifikationen, wären sie nur recht verstanden, das gleiche ausrichten würde. Die Mortifikation ist, das Wort spricht es aus, die Bemühung zu irgendeinem Tode. Zweimal ist dem Maurer der Tod auferlegt: am Beginn in der sch. K. und am Schluß bei der definitiven Initiation im mittelsten Zimmer. Dieser zweite Tod entspricht der Vollendung des großen Magisteriums. Er bedeutet das vollständige Opfer seiner selbst, den Verzicht auf jeden persönlichen Wunsch. Er ist das Auslöschen jenes radikalen Egoismus, der den adamischen Fall hervorruft, indem er die Spiritualität ins Körperliche herabzieht. Das enge, kleine Ich zerfließt in nichts vor dem hohen unpersönlichen Selbst, symbolisiert durch Hiram. Die mythische Sünde des ewigen, allgemeinsmenschlichen Adam wird so gesühnt. Der Baumeister des Tempels ist dem G.B.a.W. das, was in christlicher Vorstellung das fleischgewordene Wort dem ewigen Vater. Um die Arbeit des universellen Baus mit Nutzen zu leiten, muß der Meister in die genaueste *Willensvereinigung* mit Gott eingehen. In nichts mehr Sklave, ist er um so mehr der Herr von allem, als sein Wille im Einklang mit demjenigen wirkt, der das Universum regiert. „Placé entre l'Abstrait et le Concret, entre l'Intelligence créatrice et la creation objective, I'Homme ainsi conçu apparaît comme le Médiateur par excellence ou le véritable Démiurge des écoles gnostiques." Doch genügt es nicht, daß er das Licht aus seinem Urquell schöpfe, er muß auch denen eng verbunden sein, die er leiten soll bei der unendlichen Arbeit. Das notwendige Band ist die Sympathie, die Liebe. „Le Maître doit se faire aimer, et il ne peut y réussir qu'en aimant lui-même avec toute la ferveur d'une générosité poussée jusqu'au dévouement absolu, jusqu'au sacrifice de soiméme." Der Pelikan[168] ist die Hieroglyphe für diese liebende Aufopferung, ohne welche alles Bemühen eitel bliebe. (WSH, 105.)

Der Meistergrad, dieser notwendig letzte Grad, entspricht einem Ideal, das uns als eine Aufgabe gestellt ist; wir müssen nach ihm streben, wenn seine Verwirklichung auch über unsere Kräfte geht. Niemals wird unser Tempel vollendet sein, und keiner erwarte, in sich den wahren ewigen Hiram auferstehen zu sehen. (WSH, 94.)

---

168 Wir kennen diesen hermetischen Vogel bereits.

Wir finden also auch bei Wirth, wie das in drei Hauptstufen geteilte Werk mit der reinigenden Wendung nach innen beginnt und mit der todartigen Unio mystica endigt; finden auch hier im letzten Grad das unerreichbare Ideal, das wie ein Stern am Himmel dem Schiffskurs unseres Lebens eine feste Richtung geben soll. Die Bewertung der höchsten anagogischen Konzeption als eines perspektivischen Fluchtpunktes trägt den möglichen Überdeckungsfehlern im anagogischen Aspekt der Elementartypen Rechnung.

Die Dreiteilung, die man in dem großen Werke antrifft, erweist die manchmal angezweifelte innere Berechtigung der drei Grade in der Freimaurerei. Einem Bedürfnis entsprechend, haben sie sich, obgleich sie in der maurerischen Gestalt der königlichen Kunst anfangs (vor ca. zwei Jahrhunderten) noch nicht vorhanden waren, wieder durchgesetzt; ich sage: „wieder“, denn gleiche Bedürfnisse haben schon früher gleiche Formen hervorgebracht (vgl. L. Kellers Schriften). Ob man nun sein Augenmerk auf die ethische Erziehung überhaupt oder auf die intensive (Introversions)Form derselben, die Mystik, richtet: auf alle Fälle handelt es sich um einen *Entwicklungsvorgang*, und um den symbolisch auszudrücken, sind Grade notwendig. Das zeitweise aufgetauchte Bestreben, die Grade zu vermehren, läßt sich rechtfertigen. Man kann das, was in drei Abschnitten untergebracht ist, auch z. B. auf sieben verteilen (7 Operationen der Alchemie, 7 Stufen der Kontemplation, 7 Weihen usw.), obgleich es gewiß nicht nötig ist. Die Idee aber, die drei Grade *abzuschaffen*, kann nur einem gründlichen Verkennen des Wertes der bestehenden Symbolik entspringen. Daß die Maurerei ein Bund der gleichen Rechte ist, wird durch das Vorhandensein der Grade – vorausgesetzt, daß man ihre symbolische Bedeutung nicht überschreitet – nicht tangiert. Die Grade bilden einen Bestandteil des symbolischen Gebrauchtums selbst und sollen wie dieses unantastbar sein.

Die Symbole aller geistig hochstehenden kultischen Gemeinschaften – wofür sich unserer Darstellung als Paradigma zunächst die königliche Kunst bot – stellen gleichsam Wahrheitstypen vor. Nicht die einzelnen Wahrheiten, die sie bedeuten mögen (oder die aus ihnen herausgedeutet werden können), sind das Wichtige, sondern die Gesamtheit aller dieser Bedeutungen. Diese Gesamtheit (die nur durch eine Art Integration zu gewinnen wäre) ist etwas Unaussprechliches; und wenn es auch gelänge, dies Unaussprechliche auszusprechen, wären die Worte des Aussprechens keinem endlichen Geist verständlich, wie es die Einzelwahrheiten sind.

Die Symbole sind das Unabänderliche, die Einzelbedeutungen sind das Bunte, das Wechselnde.[169] Darum sollen die Symbole niemals zugunsten einer besonderen Bedeutung, die etwa Mode wird, geändert (ihr über das gegebene Verhältnis hinaus angenähert) werden. Das, was bei Meinungsverschiedenheiten verteidigt werden muß, sind nicht die Bedeutungen, sondern die Symbole selbst.

Die Symbole sagen jedem seine Wahrheit. Zu jedem sprechen sie anders. Keiner erschöpft sie. Jeder sucht im Unbekannten zuerst *sein* Ideal. Es kommt nicht so sehr darauf an, welches Ideal er sucht, sondern, daß er eines sucht. Das Streben selbst, nicht das Objekt des Strebens bildet die Grundlage der Entwicklung. Kein Suchender tritt mit voller Erkenntnis des Zieles seine Wanderung an. Erst nach so mancher Zirkulation im philosophischen Ei und nach so manchem Gang durchs Farbenspiel dämmert jenes Licht, das die Umrisse des Vorbilds aller kleineren Ideale ahnen läßt. Wer Hoffnung haben will, in diesem Processus zu gutem Ende zu gelangen, vergesse aber ein gewisses sanftes Feuer nicht, das von Anfang bis zu Ende wirken muß: die Liebe.

Wen solche Lehren nicht erfreu'n,
verdienet nicht, ein Mensch zu sein.

* * *

169 Was die maurerische Symbolik im besonderen betrifft, bin ich in Übereinstimmung mit Robert Fischer (Kat. Erl. III. Schlußw.): „Die Freimaurerei beruht auf Symbolen und Gebräuchen; in ihnen liegt ihre vorzugsweise Berechtigung dauernder Existenz. Sie sind für ewige Wahrheiten geschaffen und absonderlich geeignet; sie schmiegen sich an jeden Bildungsgrad, ja an jede Zeit an und fallen nicht, wie andere Produkte der Zeit, dieser selbst zum Opfer... Deshalb kann auch einer vollständigen Abschaffung unserer Symbole so wenig zugestimmt, als in eine Abschwächung derselben gewilligt, vielmehr muß darauf hingewirkt werden, daß ein klares Verständnis aus dem für unser sinnliches Auge notwendig Concreten das unserm geistigen Auge entsprechende Abstracte herausschäle, daß die zusammengesetzten Bilder in die einfachen Grundwahrheiten aufgelöst werden. Hierdurch erlangen die Symbole Leben und Bewegung und können nicht mehr als ... der Zeit verfallende Dinge hingestellt werden."

Anmerkungen

A (zu S. 61) – Ich setze nicht bloß jene Motivgleichungen her, die uns gleich anfangs, sondern auch solche, die für die weiteren Betrachtungen wichtig sind. Meine Wiedergabe ist zum Teil abgekürzt. Die Gleichheitszeichen werden, wie Stucken erklärt, nicht verwendet, um absolute Kongruenz auszudrücken, sondern vorwiegend in der Bedeutung von „gehört zusammen mit" oder „alterniert mit". Stuckens Gleichung I A lautet: Mose im Kasten = Feuerfunke in der Lade = Büchse der Pandora = Evas Apfel; I B: Mose im Kasten = der Ausgesetzte = der Vaterlose = der Verfolgte = der Sintflutheld (der in der Arche Schwimmende). – II A: Evas Apfel = Mose im Kasten = Onans Samen = Feuer = Soma = Wissenstrank usw. – III B: Zerreißen des Mutterleibes = Köpfung oder Zerstückelung = Aussetzung = Trennung der Ureltern. – IV B: Der (die) Zerstückelte = der (die) Wiederbelebte = der (die) Wiedergeborne. – VI A: Potiphar-Motiv = Trennung der Ureltern = Onan-Motiv. – VII A: Die böse Stiefmutter = Weib des Potiphar = Menschenfresser. – VII B: Flucht vor dem „Menschenfresser" Flucht vor Potiphars Weib = Flucht vor der bösen Stiefmutter = Trennung der Ureltern = magische Flucht. – IX A: Der geschlachtete Widder = Thôrs Böcke = Thyestesmahl = Soma. – XI II A: Der Ausgesetzte = der Verfolgte = das zerstückelte Kind = der geschlachtete Widder = das hilfreiche Tier. – XIX: Der „Uriasbrief" = ausgewechselter Brief = Wortraub (Fluch = Segen). – XX: Tragender Widder = Arche. – XXVIII: Ringkampf = Frauenraub = Somaraub = Öffnen der Kiste (Öffnen der Höhle) = Kleiderraub (der badenden Schwanenfrau). – XXIX: Entmannung = Zerreißen (Verbrennen) des Mutterleibes = Weltbrand = Sintflut. – XXXIII A: Drachenkampf = Ringkampf = Gewinnen der ausgebotenen Königstochter = Frauenraub = Feuerraub = Sintflut. – XI A: Inzest-Motiv = Potiphar-Motiv. XL B: Inzest = Übertreten eines (sittlichen) Verbotes. XL C: Der (die) zum Inzest Verleitende = „Menschenfresser". – XLIV A: Der die Tochter verweigernde Vater = „Menschenfresser". XLIV B: Trennung der Ureltern = Verweigerung der Tochter (Verweigerung der dem Drachenkämpfer versprochenen „Königstochter") = Unterschiebung. – XLV A: Sodomie = Unterschiebung = Vergewaltigung = Parthenogenesis = Ehe von Sterblichen mit Unsterblichen = Verführung = Ehebruch = Inzest = Liebesumarmung der Ureltern = Ringkampf. – Außerdem ist Ehe von Sterblichen mit Unsterblichen = Inzest = Trennung der Ureltern. (Alles SAM, 5. Buch.)

B (zu S. 98) – Daß die Vorstellungen Gold und Dreck nahe beieinanderliegen, zeigt sich in zahlreichen Gestalten und Nuancen im Mythos, im Märchen, im Volksglauben. Ich erwähne vor allem die Figur des Dukaten- oder Goldscheißers, die sich wohl aus einer abergläubischen zu einer scherzhaften abgeschwächt hat und um die sich Redensarten ranken wie: „der hat Gold wie Mist; der muß einen Dukatenscheißer im Hause haben…"; dann die Bezeichnung der blutenden Hämorrhoiden als goldene Ader; die Märchentiere, die als Exkremente Gold und Kostbarkeiten produzieren. Hieher gehört natürlich der Goldesel (KHM Nr. 36), der auf das Wort „Bricklebrit" anfängt „Gold zu speien von hinten und von vorne", oder (Pentam. Nr. 1), der auf den Befehl „arre cacaure!" Gold, Perlen und Edelsteine als einen köstlichen Durchfall von sich gibt. (Arre ist ein Ermunterungsruf wie unser „hü!"; cacaure leitet sich natürlich von cacare, kacken, her, vielleicht mit einem Anklang an aurum, oro, Gold.) Es kommt in Sagen häufig vor, daß tierischer Mist, z. B. Pferdemist, in Gold verwandelt wird, wie auch umgekehrt von bösen Geistern geschenktes Gold sich leicht in Mist (zurück) verwandelt. Gold ist in altbabylonischer Auffassung, die in viele Mythen übergeht, Dreck der Hölle oder Unterwelt. Wenn man einen Schatz, den niemand finden soll, vergräbt, tut man gut, auf den verscharrten als Goldwächter einen Kaktus zu setzen, nach altem Zauberbrauch. Eine Abschwächung der Gleichung Mist = Gold scheint die zu sein: Kohlen = Gold. Bei Stucken findet man die Gleichung Exkremente = Rheingold = Sperma (SAM; 262) und daran geschlossen (266ff) eine Menge hierher gehörigen mythologischen Materials. Ich erwähne die durch Traumanalysen ermittelten ähnlichen Gleichungen Stekels (*Spr. d. Tr.*, passim), ferner insbesondere die psychologisch interessanten Ausführungen Freuds über den „Analcharakter" (*Kl. Schr.* II, 132ff) sowie Ranks Angaben. (*Jb. ps. F.* IV, 55ff.)

C (zu S. 189) – Nach Jung ist es ganz besonders die Gesamtheit des Sonnenmythus, welche dartut, „daß die unterste Grundlage des ‚inzestuösen' Begehrens nicht auf die Kohabitation, sondern auf den eigenartigen Gedanken hinausläuft, wieder Kind zu werden, in den Elternschatz zurückzukehren, in die Mutter hinein zu gelangen, um wiederum von der Mutter geboren zu werden. Auf dem Wege zu diesem Ziele steht aber der Inzest, d. h. die Notwendigkeit, auf irgendeinem Wege wieder in der Mutter Leib hinein zu gelangen. Einer der einfachsten Wege wäre, die Mutter zu befruchten und sich identisch wieder zu erzeugen. Hier greift hindernd das Inzestverbot ein, daher nun die Sonnen- oder Wiedergeburtsmythen von allen möglichen Vorschlägen wimmeln, wie man den Inzest umgehen könnte. Ein sehr deutlicher Umgehungsweg ist, die Mutter in ein anderes Wesen zu verwandeln, oder zu verjüngen, um sie nach erfolgter Geburt (respektive Fortpflanzung) wieder verschwinden, d. h. sich zurückverwandeln zu lassen. Es ist nicht die inzestuöse Kohabitation, die gesucht wird, sondern die Wiedergeburt, zu der man allerdings am ehesten durch Kohabitation gelangen könnte. Dies ist aber nicht der einzige Weg, obschon vielleicht der ursprüngliche." (Jung, *Jb. ps. F.* IV, 266f.) An einer andern Stelle wird ausgeführt: Die Abtrennung des Sohnes von der Mutter bedeutet den Abschied des Menschen von dem Gattungsbewußtsein des Tieres, von dem für das infantilarchaische Denken charakteristischen Mangel an Individualbewußtsein. „Erst durch die Gewaltsamkeit des „Inzestverbotes" konnte das sich selber bewußte

Individuum geschaffen werden, das vorher gedankenlos eins war mit der Sippe, und so erst konnte die Idee des individuellen und endgültigen Todes möglich werden. So kam [gleichsam] durch Adams Sünde der Tod in die Welt ... Der Neurotiker, der die Mutter nicht lassen kann, hat gute Gründe: die Todesangst hält ihn dort. Es scheint, als sei kein Begriff und kein Wort stark genug, die Bedeutung dieses Konfliktes auszudrücken. Ganze Religionen wurden gebaut, um der Größe dieses Konfliktes Worte zu leihen. Dieses, durch Jahrtausende fortgesetzte Ringen nach Ausdruck kann gewiß seine Kraftquelle nicht in dem durch den Vulgärbegriff des Inzestes allzu eng gefaßten Tatbestand haben; vielmehr muß man wahrscheinlich das in letzter Linie und ursprünglich als „Inzestverbot" sich ausdrückende Gesetz als den Zwang zur Domestikation auffassen und das Religionssystem als Institution bezeichnen, welche die den Kulturzwecken nicht unmittelbar dienenden Triebkräfte animalischer Natur zunächst aufnimmt, organisiert und allmählich zu sublimierter Anwendung fähig macht." (*Jb. ps. F.* IV, 314f.)

D (zu S. 201) – Jung läßt die Libido von vornherein in zwei Strömungen, eine vorwärts und eine rückwärts gerichtete, geteilt sein: „Wie die normale Libido einem beständigen Strome gleicht, der seine Wasser breit in die Welt der Wirklichkeit hinaus ergießt, so gleicht der Widerstand, dynamisch betrachtet, nicht etwa einem im Flußbett sich erhebenden Felsen, der vom Strom über- oder umflutet wird, sondern einem Rückströmen, statt nach der Mündung, nach der Quelle hin. Ein Teil der Seele will wohl das äußere Objekt, ein anderer Teil aber möchte zurück nach der subjektiven Welt, wo die luftigen und leicht gebauten Paläste der Phantasie winken. Man könnte diese Zwiespältigkeit menschlichen Wollens, wofür Bleuler von psychiatrischen Gesichtspunkten aus den Begriff der Ambitendenz geprägt hat, als etwas immer und überall Vorhandenes annehmen und sich daran erinnern, daß auch der allerprimitivste motorische Impuls schon gegensätzlich ist, indem z. B. beim Streckakte auch die Beugemuskeln innerviert werden." (*Jb. ps. F.* IV, 218.)

E (zu S. 210) – Von den wunderbaren Fähigkeiten, die als Früchte der Yoga-Praxis gelten, werden am häufigsten die acht großen Kräfte (maha-siddhi) erwähnt: 1. sich unendlich klein oder unsichtbar zu machen (animan), 2., 3. äußerste Leichtigkeit resp. Schwere anzunehmen (laghiman, gariman), 4. sich ins Ungeheure zu vergrößern und an alles, auch an das Entfernteste, heranzureichen, wie z. B. an den Mond mit der Fingerspitze (mahiman oder prapti), 5. widerstandslose Erfüllung aller Wünsche, z. B. des Wunsches, in die Erde unterzutauchen wie ins Wasser und wieder emporzutauchen (priakamya), 6. vollkommene Herrschaft über den Körper und die inneren Organe (isitva), 7. die Fähigkeit, den Lauf der Natur zu ändern (vasitva) und 8. sich durch den bloßen Willen überallhin zu versetzen (yatra kamavasayitva). Außer diesen acht wunderbaren Kräften werden noch manche andere namhaft gemacht, die zum Teil schon in den genannten enthalten sind: eine solche Steigerung der Sinnestätigkeit, daß die entlegensten und selbst übersinnliche Dinge, die Begebenheiten in anderen Welten, auf Planeten und Sternen, sowie auch die Vorgänge im eignen Innern und in dem andrer Menschen sinnlich wahrgenommen werden; die Kenntnis der Vergangenheit und Zukunft, der früheren Existenzen und der Todesstunde; das Verständnis der Sprache der Tiere; die Fähigkeit, Verstorbene erscheinen zu lassen usw. Diese wunderbaren Kräfte leiden aber an dem Nachteil, daß sie vergänglich sind wie alles andere von dem Menschen durch sein Verdienst Erworbene – mit Ausnahme der Erlösung. (Garbe, *Samkhya u. Yoga*, 46)

F (zu S. 222). – Jung (*Jb.* III, 171) weist auf Maeterlincks „inconscient supérieur" (in „La Sagesse et la Destinée") hin als einer prospektiven Potenz subliminaler Kombinationen. Er bemerkt dazu: „Man wird mir diesmal kaum den Vorwurf des Mystizismus ersparen. Vielleicht aber wäre die Sache doch zu überlegen: zweifellos enthält das Unbewußte die psychologischen Kombinationen, die den Schwellenwert des Bewußtseins nicht erreichen. Die Analyse zerlegt diese Kombinationen in ihre historischen Determinanten, denn das ist eine der wesentlichen Aufgaben der Analyse, die Besetzungen der mit der zweckmäßigen Lebensführung konkurrierenden Komplexe durch Auflösung zu depotenzieren. Die Psychoanalyse arbeitet rückwärts, wie die Geschichtswissenschaft. So, wie ein großer Teil der Vergangenheit dermaßen entrückt ist, daß ihn die Kenntnis der Historie nicht mehr erreicht, so ist auch ein großer Teil der unbewußten Determination unerreichbar. Die Historie weiß aber zweierlei Dinge nicht, nämlich das in der Vergangenheit Verborgene und das in der Zukunft Verborgene. Beides wäre vielleicht mit einer gewissen Wahrscheinlichkeit zu erreichen, ersteres als Postulat, letzteres als historische Prognose. Insofern im Heute schon das Morgen enthalten ist, und alle Fäden des Zukünftigen schon gelegt sind, könnte also eine vertiefte Erkenntnis der Gegenwart, eine mehr oder minder weitreichende und sichere Prognose des Zukünftigen ermöglichen. Übertragen wir dieses Raisonnement, wie das schon Kant getan hat, auf das Psychologische, so muß sich notwendig dasselbe ergeben: so wie nämlich dem Unbewußten nachweisbar längst unterschwellig gewordene Erinnerungsspuren noch zugänglich sind, so auch gewisse sehr feine subliminale Kombinationen nach vorwärts, welche für das zukünftige Geschehen, insofern solches durch unsere Psychologie bedingt ist, von allergrößter Bedeutung sind. So wenig aber die Geschichtswissenschaft sich um die Zukunftskombinationen bekümmert, welche vielmehr das Objekt der Politik sind, so wenig sind auch die psychologischen Zukunftskombinationen Gegenstand der Analyse, sondern wären vielmehr Objekt einer unendlich verfeinerten psychologischen Synthetik, welche den natürlichen Strömungswegen der Libido zu folgen verstünde. Das können wir nicht, wohl aber das Unbewußte, denn dort geschieht es, und es scheint, als ob von Zeit zu Zeit in gewissen

Fällen bedeutsame Fragmente dieser Arbeit wenigstens in Träumen zutage träten, woher dann die vom Aberglauben längst geforderte prophetische Bedeutung der Träume käme. Die Abneigung der Exakten von heutzutage gegen derlei wohl kaum als phantastisch zu bezeichnende Gedankengänge ist bloß eine Überkompensation der Jahrtausende alten, aber allzu großen Neigung der Menschen, an die Wahrsagerei zu glauben."

G (zu S. 231). – Die Nabelgegend spielt eine nicht geringe Rolle als Lokalisationsort für die ersten innern Empfindungen bei mystischen Introversionsübungen. Die Angaben der indischen Yoga-Lehre stimmen mit den Erlebnissen der Omphalopsychiker überein. Staudenmaier glaubt bei seinen magischen Versuchen, die z. T. auf die Hervorrufung extrem deutlicher Halluzinationen hinausliefen, beobachtet zu haben, daß nur dann lebenswahre himmlische oder religiöse Halluzinationen zustande kommen, wenn die „spezifischen" Nervenkomplexe (des vegetativen Systems) „bis herunter zu den peripheren Endgebieten in der oberen Dünndarmgegend erregt sind." (*Magie als exp. Naturw.*, 127.) Viele schwärmerische Autoren wissen Wunderdinge von Kräften in der Magengegend und im Sonnengeflecht zu erzählen. In einer Schrift über den Sitz der Seele versichert J. B. van Helmont, in dem Magenmunde sei ein stärkeres Gefühl als selbst im Auge usw.; das Sonnengeflecht sei das wesentlichste Organ der Seele. Er berichtet auch folgendes Erlebnis. Er bereitete, um einige Versuche über Giftkräuter zu machen, die Wurzel des Eisenhütleins (Aconitum Napellus) und kostete sie nur mit der Spitze der Zunge, ohne etwas zu verschlucken. „Sogleich", sagt er, „schien mir mein Haupt wie mit einer Binde zusammengeschnürt, und bald darauf ereignete sich mir ein sonderbarer Vorfall, von dem ich noch kein Beispiel wußte. Ich bemerkte nämlich mit Erstaunen, daß ich nicht mehr mit dem Kopfe fühlte, empfand und dachte, sondern in der Magengegend, als hätte die Erkenntnis nun im Magen ihren Sitz genommen. Von dieser ungewohnten Erscheinung erschreckt, befragte ich mich selbst und untersuchte mich sorgfältig; allein ich überzeugte mich nur, daß mein Erkenntnisvermögen nun viel stärker und umsichtsvoller war. Diese geistige Klarheit war aber mit großer Lust gepaart. Ich schlief nicht, auch träumte ich nicht, ich war noch nüchtern, und meine Gesundheit vollkommen. Ich habe zuweilen Entzückungen gehabt, allein jene hatten mit dem Zustande, mit dem Magen zu fühlen, nichts gemein, welcher alle Mitarbeit des Kopfes ausschloß. Indessen unterbrach ich meine Freude durch die Sorge, daß mich dieses sogar zur Verrückung führen könnte. Allein mein Glaube an Gott und meine Hingebung in seinen Willen zerstreuten bald diese Furcht. Dieser Zustand dauerte zwei Stunden, nach welchen ich einigen Schwindel hatte. Ich habe nachher öfter von dem Eisenhütlein zu kosten versucht, allein ich konnte nicht mehr denselben Erfolg erhalten." (Van Helmont, *Ortus Medic.*, 171; übers. Ennemoser, *Gesch. d. Mag.*, 913.)

H (zu S. 274). – Für die alte wie für die neue königliche Kunst ist das Material der Mensch als Mensch, alles Rahmenwerks entledigt „Nicht der Mann des gewöhnlichen gesellschaftlichen Lebens, sondern der Mensch als gleichberechtigtes und gleichverpflichtetes Wesen der göttlichen Schöpfung tritt in den Tempel der Humanität ein mit der Verbindlichkeit [vgl. 238, Anm. 3], sich seiner Aufgabe immer bewußt zu bleiben und alles abzulegen, was der Erfüllung der höchsten Aufgabe hindernd in den Weg kommen könnte." (R. Fischer.) Vgl. damit, was Hitchcock von der Materia des Steins der Weisen sagt: „Although men are of diverse dispositions ..., yet the Alchemists insist ... that all the nations of men are of one blood; that is, of one nature; and that in man by which he is one nature it is the special object of Alchemy to bring into life and action, by means of which, if it could universally prevail, mankind would be constituted into a brotherhood." (HA, 48f.) – (Les épreuves ...) „débutent par le dépouillement des metaux. Or l'Alchimie recommande, une fois la matière propice discernée, soigneusement examinée et reconnue, de la nettoyer extérieurement, afin de la débarrasser de tout corps étranger qui pourrait adhérer accidentellement à sa surface. La matière, en somme, doit être réduite à elle-même. Or, c'est d'une manière absolument analogue, que le récipiendaire est appelé à se dépauiller de tout ce qu'il possède artificiellement: il doit, lui aussi, être strictement réduit à lui-même. En cet état d'innocence primitive, de candeur philosophique retrouvée, le sujet est emprisonné dans un étroit réduit, où ne pénètre aucune lumiére extérieure. C'est le Cabinet de Réflexion, qui correspond au matras de l'Alchimiste, à son Œuf philosophique hermétiquement luté. Le profane y trouve le tombeau ténébreux, où, volontairement, il doit mourir à son existence passée. En décomposant les écorces qui s'opposent a la libre expansion du germe de l'Individualité, cette mort symbolique prélude à la naissance de l'être nouveau que sera l'Initié." (WSH, 87f.)

I (zu S. 294). – „Quent à la Chambre de Compagnon tandue de rouge, elle figure ... la sphère d'action de notre Individualité, mesurée par l'étendue de notre rayonnement sulfureux. Ce rayonnement engendre une sorte de milieu réfringent, qui réfracte la lumière diffuse ambiante [☿ ist gemeint], pour la concentrer sur le noyau spirituel du sujet. Tel est le mécanisme de l'illumination dont bénéficient ceux qui ont vu briller l'Etoile Flamboyante. Tout être porte en lui-même cet astre mystérieux, mais trop souvent a l'état de vague étincelle, à peine perceptible. C'est l'Enfant philosophique, le Logos immanent ou le Christ incarné, que la légende fait naître obscurément, au milieu des immondices d'une grotte servant d'étable. L'Initiation devient la vestale de ce feu interieur 🜍, Archée ou principe de toute Individualité. Elle sait l'entretenir tant qu'il couve sous la cendre; puis elle s'applique à le nourrir judicieusement, pour l'aviver enfin, lorsqu'il doit vaincre les obstacles qui l'emprisonnent et prétendent le condamner à l'isolement. Il importe, en effet, que le Fils soit mis en rapport avec l'Extérieur ☿, autrement dit, que l'Individu entre en communion avec la Collectivité dont il relève." (WSH, 95f.)

Quellen

Die Seitenangaben im Text beziehen sich auf
die hier verzeichneten Ausgaben der Bücher.

Alte (vor 1800)

Agrippa ab Nettesheym, Henricus Cornelius. *Opera.*

Alchemisten, Griechische. Vide Berthelot, Hoefer (moderne).

Allgemeine (und General-) Reformation der gantzen (weiten) Welt vide *Fama.*

„Amor proximi"(Das Buch Amor Proximi Geflossen aus dem Oehl der Göttlichen Barmhertzigkeit...) Ans taglicht gegeben per Anonymum. Franckfurt und Leipzig, 1746.

Andreae, Valentin / Anonym. *Chymische Hochzeit Christiani Rosencreutz. Anno 1459. Gedruckt zuerst zu Straßburg bey Lasari Zetzners seel. Erben MDCXVI. Regenspurg, MDCCLXXXI* (eigentlich Berlin, bei Nicolai).

Arabi. Vide Horten (mod.).

Arnaldus de Villa Nova. *Chymische Schrifften.* Aus dem Latein übersetzet durch Joh. Hoppodamum. Frankfurt und Hamburg, 1683.

Bādarāyana. Vide Deussen (mod.).

Basile, Gismbattista. Vide mod.

„Bauer" (*„Der grosse und der kleine Bauer").* Zwey Philosophische und Chymische Tractate. Leipzig, 1744.

Beaumont, Johann. *Historisch-Physiologisch- und Theologischer Tractat von Geistern.* Aus der Englischen Sprache in die Teutsche mit Fleiß übersetzt von Theodor Arnold. Halle im Magdeburgischen, 1721.

Bekker, Balthasar. *Die Bezauberte Welt.* Amsterdam, 1693.

Bernhard, Graf von der Mark und Tervis. *Abhandlung von der Natur des (philosophischen) Eyes.* Hildesheim, 1780.

„Bhagavad-Gita". Vide Schlegel, Schroeder (mod.).

Boehme, Jacob. *Schriften.* Gesamtausg. von Johan Georg Gichtel. 2 Bd. 1715.

Bonaventura. *Opera.*

Booz, Ada Mah (Dr. Adam Michael Birkholz). *Die sieben heiligen Grundsäulen der Ewigkeit und Zeit.* Leipzig, 1783.

„Confessio" (der Fraternität R.C.). Vide *Fama.*

Dastyn, John (Joannes Daustenius). *Rosarium.* Vide *„Sieben-Gestirn".*

Eisenmenger, Johann Andreä. *Entdecktes Judenthum.* 2 T., Königsberg, 1711.

Eleazar, R. Abraham. *R. Abrahami Eleazaris Uraltes Chymisches Werk.* In II Theilen zum öffentlichen Druck befördert durch Julium Gervasium Schwartzburgicum. Erfurt, MDCCXXXV.

Fama Fraternitatis oder Entdeckung der Bruderschafft dess löblichen Ordens dess Rosen-Creutzes, Beneben der Confession Oder Bekanntnuss derselben Fraternitet ... Sampt einem Discurs von allgemeiner Reformation der gantzen Welt. Franckfurt am Mayn, M.DC.XV. [Anm.: Diese Schriften sind übrigens zusammen mit der *Chymischen Hochzeit* unlängst in

Neudruck erschienen (herausgegeben von Dr. Ferdinand Maack, Berlin, 1913), leider mit „Einleitungen".]

Fictuld, Hermann. *Des...Chymisch-Philosophischen Probier-Steins Erste Classe, in welcher der wahren und ächten Adeptorum ... Schrifften nach ihrem innerlichen Gehalt und Werth vorgestellt ... worden.* Dritte Auflage. Dresden, 1784.

Figuren der Rosenkreuzer. (Geheime – aus dem 16ten und 17ten Jahrhundert) Drei Hefte. Altona, 1785ff. – Titel der einzelnen Hefte: *I. AVREVM SECVLVM REDIVIVVM.* Henricus Madathanus, Theosophus. II. *Ein güldener Tractat vom Philosophischen Steine. Von einem noch Lebenden, doch vngenanten Philosopho ... beschrieben. Anno M.DC.XXV.* III. *Einfältig ABC Büchlein für junge Schüler so sich täglich fleissig üben in der Schule des H. Geistes ...* Von einem Bruder der Fraternitet CHRISTI des Rosenkreuzes P. F. – Auf dem Titelblatt der ersten beiden Hefte heißt es: „Aus einem alten Mscpt zum erstenmal ans Licht gestellt." In jedem Heft folgt dem Text eine Reihe von farbigen Tafeln.

Flamellus, Nicolaus. *Chymische Werke.* In das Teutsche übersetzt von J. L. M. C. Anno MDCCLI.

Fludd, Robert. alias de Fluctibus (auch Otreb). *Clavis Philosophiae et Alchymiae Fluddanae.* Francofurti, M.DC.XXXIII.

Fludd, Robert. *Sophiae cum Moria Certamen.* M.DC.XXIX.

Fludd, Robert. *Tractatus theologico-philosophicus in libros tres distributus, quorum* I *de Vita,* II *de Morte,* III *de Resurrectione.* Oppenheim, 1617.

Fludd, Robert. *Schutzschrift für die Aechtheit der Rosenkreuzergesellschaft.* Übersetzt von Ada Mah Booz (Dr. A.M. Birkholz). Leipzig, 1782.

Frizius, Ioachimus. *Summum Bonum, quod est verum Magiae, Cabalae, Alchymiae verae Subjectum Fratrum Roseae Crucis verorum.* (Frankfurt), M.DC.XXIX.

Helmont, Ioan Baptista van. *Ortus Medicinae.* Ed. IV. Lugduni, M.DC.LXVII.

Henoch. Vide Dillmann (mod.).

Hermes. Vide Fleischer, Reitzenstein (mod.).

I.C.H. *Des Hermes Trismegists wahrer alter Naturweg.* Herausgegeben von einem ächten Freymäurer I.C.H. Leipzig, 1782.

Kabbala Denudata seu Doctrina Hebraeorum transcendentalis et metaphysica atque theologica. 2 Bde. Sulzbach, 1677; Frankfurt, 1684. (Herausgeber Knorr von Rosenroth.)

Khunrath, Heinrich. *Amphitheatrum Sapientiae Aeternae, solius verae, Christiano-Kabalisticum, Divino-Magicam, Tertriunum, Catholicon.* Hanoviae, MDCIX.

Khunrath, Heinrich. *Tractat von den ersten Elementen.* (Beygefüget: Unterricht für den Adeptengrad.) Herausgegeben von einem Verehrer der edlen Schmelz- und Maurerkunst. Leipzig, 1784.

Khunrath, H. *Wahrhafter Bericht vom philosophischen Athanor.* Leipzig, 1783.

Lacinius, Janus. *Praeciosa ac nobilissima artis chymiae collectanea.* Norimbergae, M.D.LIIII.

Lacinius, Janus. *Pretiosa Margarita novella de Thesauro, ac pretiosissimo Philosophorum Lapide*. Venetiis, 1546.

Leade, Jane. *Der Baum des Glaubens* (beigebunden den *Offenbarungen, die letzten Zeiten betreffend*, Straßburg, 1807).

Leade, Jane. *Ein Garten-Brunn gewässert durch die Ströhme der göttlichen Lustbarkeit, und hervorgrünend in mannichfaltigem Unterschiede geistlicher Pflanzen*. Amsterdam, 1697–1700. 3 Tle. (LGB).

Leade, Jane. *Offenbahrung der Offenbahrungen*. Amsterdam, 1695.

Limitibus, Philoteus de. *Allgemeine Abbildung der ganzen Schöpfung*. Aus dem Lateinischen übersetzt u. mit Anmerkungen begleitet von J. J. Grienstein. Philadelphia, 1792.

Limitibus, Philoteus de. *Das Hermetische Triklinium oder drei Gespräche vom Stein der Weisen*. Aus dem Lateinischen übersezt und mit Anmerkung begleitet von J. J. Grienstein. Philadelphia, 1792.

Maier, Michael. *Arcana Arcanissima* (ca. 1616).

Maier, Michael. *Atalanta Fugiens*. Oppenheimii, 1618.

Maier, Michael. *Cantilenae intellectuales de Phoenice redivivo*. Traduites en François ... par M.L.L.M. Paris, M.DCC.LVIII.

Maier, Michael. *Symbola Aureae Mensae duodecim nationum*. Francof., 1617.

Maier, Michael. *Tripus Aureus, hoc est, tres tractatus chymici selecti*. Francofurti, 1678.

Mangetus, Jo. Jacobus. *Bibliotheca chemica curiosa*. Genevae, M.DCC.II. 2 Bd.

„*Manresa*". Vide mod.

Mosheim, Johann Lorenz. *Versuch einer unpartheiischen und gründlichen Ketzergeschichte*. Helmsteedt, 1746.

Mothe-Guyon. *La Vie de Madame J.M.B. de la Mothe-Guyon, écrite par elle-même*. Paris, M.DCC.XC. 3 Bde.

„Musaeum hermeticum reformatum et amplificatum, omnes sophos spagyricae artis discipulos fidelissime erudiens". Francofurti, 1749.

Mystiker, Deutsche des XIV. Jahrhunderts. Vide Pfeiffer (mod.).

Nicolai, Friedrich. *Versuch über die Beschuldigungen welche dem Tempelherrenorden gemacht worden, und über dessen Geheimniß; nebst einem Anhange über das Entstehen der Freimaurergesellschaft*. 2 Tle. Berlin und Stettin, 1782.

Otreb vide Fludd.

Paracelsus (A. Ph. Theophrastus Bombastus von Hohenheim), *Werke*. 4°-Ausg. Huser, Basel, 1589–90. 10 Bd. Fol.-Ausg. Straßburg, 1603, 1616–18. 2 Bd.

Patanjali. Vide mod.

Pernety, Dom Antoine-Joseph. *Dictionnaire mytho-hermetique*. Paris, M.DCC.LVIII.

Pernety, Dom Antoine-Joseph. *Les Fables Egyptiennes et Grecques dévoilées & réduites au même principe*. Paris, M.DCC.LXXXVI. 2 Bde.

Philaletha. *Des Hochgelehrten Philelethae u. anderer auserlesene Chymische Tractätlein ... ins Teutsche übersetzet von Johann Langen*. Wien, 1749.

Philaletha, Eugenius (Thomas Vaughan), *Lumen de Lumine. Ins Teutsche übersetzet von I.R.S.M.C.* Hof, 1750.

Philaletha, Eugenius. *Magia Adamica oder das Alterthum der Magie.* Amsterdam, 1704.

Pistorius, Ioannes. *Artis Cabalisticae, hoc est, reconditae theologiae et philosophiae, scriptorum Tomus I. Basileae, M.D.XIIC.*

Platon. *Werke.*

Plotinus. Vide Kiefer (mod.).

Pordage, John (Johann Pordädsch). *Göttliche und Wahre Metaphysica.* Franckfurt und Leipzig, M.DCC.XV. 3 Bde.

Pordage, John. *Ein Gründlich Philosophisch Sendschreiben vom rechten und wahren Steine der Weißheit.* Amsterdam, 1698.

Pordage, John. *Sophia: das ist, Die Holdeeslige ewige Jungfrau der Göttlichen Weisheit.* Amsterdam, 1699.

Pordage, John. *Theologia Mystica.* Amsterdam, 1698.

Pordage, John. *Vier Tractätlein des Seeligen Johannes Pordädschens M.D. in Manuschriptis hinterlassen.* Amsterdam, 1704.

Reuchlin, Ioannes. *De Arte Cabalistica libri tres. – De Verbo Mirifico libri III.* Basileae, M.D.LXI.

Riplaeus, Georgius (George Ripley). *Chymische Schriften.* Ins Teutsche übersetzet durch Benjamin Roth-Scholtzen. Wienn, 1756.

Rulandus, Martinus. Lexicon Alchemiae. In libera Francofurtensium Repub. M.DC.XII.

Ruysbroeck, Johann van. (mod.).

Samkara. Vide Deussen. (mod.).

S(chröder). *Neue Alchymistische Bibliothek für den Naturkundiger unsers Jahrhunderts ausgesucht.* 4 Sammlgn. in 2 Bdn. Frankf. u. Leipz., 1772.

Sendivogius, Michael. *Chymische Schriften. Nebst einem kurzen Vorbericht ans Liecht gestellet durch Friedrich Roth-Scholtzen.* Wien, 1750.

„Sieben-Gestirn, Alchimistisch, Das ist, Sieben schöne und auserlesene Tractätlein vom Stein der Weisen“. Frankfurt am Main, 1756.

Sperber, Julius. *Mysterium magnum.* Amsterdam, 1660.

Sperber, Julius. *Ein Feiner Tractatus, von vielerley wunderbarlichen... Dingen.* Amsterdam, 1662.

(Starck, Johann August) Anonym, *Ueber die alten und neuen Mysterien.* Berlin, 1782.

Svātmārām Svāmi. Vide mod.

Tauler, Joannes, *Predig, fast fruchtbar zu eim recht christlichen leben.* Basel, M.D.XXII.

Tausendeine Nacht. Vide Erzählungen (mod.).

Theatrum Chemicum, praecipuos selectorum auctorum tractatus de chemiae et lapidis philosophici antiquitate, veritate... continens. Argentorati, M.DC.LIX–M.DC.LXI. 6 Bde.

Valentinus, Basilius. *Chymische Schriften. In drey Theile verfasset, samt einer neuen Vorrede ... von Bened. Nic. Petraeo.* Leipzig, 1769.

Villars, Abbé de. *Le Comte de Gabalis, ou Entretiens sur les Sciences Secrètes.* Londres, M.DCC.XLII.

„Wasserstein der Weisen". Vormahlen durch Lucas Jennis ausgegeben, nunmehro aber wiederum neu aufgelegt ... von dem F. R. C. Frankfurt und Leipzig, 1760.

Welling, Georgius, *Opus mago-cabbalisticum et theosophicum. Darinnen der Ursprung, Natur, ... des Saltzes, Schwefels und Mercurii in dreyen Theilen beschrieben ... wird.* Homburg vor der Höhe, 1735.

Zohar. Vide de Pauly (mod.).

Zosimos. Vide Berthelot, Hoefer (mod.).

Moderne (ab 1800)

Abraham, Dr. Karl. *Traum und Mythus.* Leipzig und Wien, 1909.

Adler, Dr. Alfred. *Über den nervösen Charakter.* Wiesbaden, 1912.

Adler, Dr. Alfred. „Die psychische Behandlung der Trigeminusneuralgie". *Zentralbl. f. Psych.*, I., Heft 1/2.

Adler, Dr. Alfred. *Der psychische Hermaphroditismus im Leben und in der Neurose. – Fortschritte der Medizin*, Leipzig, 1910, Heft 16.

Basile, Giambattista. *Das Märchen aller Märchen oder das Pentameron.* Neu bearb. von Hans Floerke. 2 Bde. München u. Leipzig, 1909.

Bastian, Adolf. *Der Mensch in der Geschichte.* 3 Bde. Leipzig, 1860.

Bauer, Prof. A. *Chemie und Alchymie in Österreich bis zum beginnenden XIX. Jahrhundert.* Wien, 1883.

Baur, Dr. Ferdinand Christian. *Die christliche Gnosis.* Tübingen, 1835.

Berthelot, Marcellin. *Collection des anciens Alchimistes Grecs*, texte et traduction. Avec la collaboration de Ch.-M. Ruello. Paris, 1887 à 1888. 3 vols.

Berthelot, Marcellin. *Introduction à l'Etude de la Chimie des anciens et du moyen-âge.* Paris, 1889.

Berthelot, Marcellin. *Les Origines de l'Alchimie.* Paris, 1885.

Berthelot, Marcellin. *Die Chemie im Altertum und im Mittelalter.* Übertragen von Emma Kalliwoda. Mit Anmerkungen von Dr. Franz Strunz. Leipzig und Wien, 1909.

Besetzny, Dr. Emil. *Die Sphinx.* Freimaur. Taschenbuch. Wien, 1873.

Bischoff, Dr. Erich. *Die Kabbalah.* Leipzig, 1903.

Blau, Dr. Ludwig. *Das altjüdische Zauberwesen.* Straßburg i. E., 1898.

Boas, Franz. *Indianische Sagen von der Nord-Pacifischen Küste Amerikas.* Berlin, 1895.

Bousset, Dr. Wilhelm. *Hauptprobleme der Gnosis.* Göttingen, 1907.

Brabbée, Gustav. *Sub Rosa. Vertrauliche Mitteilungen aus dem maurerischen Leben unserer Großväter.* Wien, 1879.

Brandeis, J. *Sippurim.* 2. Aufl. Prag, 1889.

Brandt, Wilhelm. *Mandäische Schriften.* Göttingen, 1893.

Brugsch, Heinrich. *Religion und Mythologie der alten Ägypter.* 2. verm. Ausg. Leipzig, 1891.

Buhle, Johann Gottlieb. *Über den Ursprung und die vornehmsten Schicksale der Orden der Rosenkreuzer und Freymaurer.* Göttingen, 1804.

Comenius-Gesellschaft. *Monatshefte der C.-G. für Kultur und Geistesleben.* Herausgegeben von Ludwig Keller (Berlin), Jena.
Creuzer, Dr. Friedrich. *Symbolik und Mythologie der alten Völker.* 2. Aufl. 6 Bde. Leipzig und Darmstadt, 1819ff.
Deussen, Dr. Paul. *Allgemeine Geschichte der Philosophie.* Leipzig.
Deussen, Dr. Paul. *Sechzig Upanishad's des Veda.* 2. Aufl. Leipzig, 1905.
Deussen, Dr. Paul. *Das System d. Vedânta. Nach des Brahma-Sûtra's des Bâdarâyana u. d. Kommentare des Çankara über dieselben.* Leipzig, [2]1906.
Deussen, Dr. Paul. *Die Sûtra's des Vedânta ... nebst dem vollständigen Commentare des Çankara.* Leipzig, 1887.
Dieterich, Albrecht. *Mutter Erde.* Leipzig, 1905.
Dillmann, Dr. A. *Das Buch Henoch.* Leipzig, 1853.
Dulaure, Jacques-Antoine. *Die Zeugung in Glauben, Sitten und Bräuchen der Völker.* Verdeutscht und ergänzt von Friedrich S. Krauss und Karl Reiskel. Leipzig, 1909.
Ehrenreich, Paul. *Die allgemeine Mythologie und ihre ethnologischen Grundlagen.* Leipzig, 1910.
Ennemoser, Dr. Joseph. *Geschichte der Magie.* Leipzig, 1844.
Erman, Adolf. *Die ägyptische Religion.* Berlin, 1905.
Erzählungen aus den Tausend und ein Nächten, Die. Ausgabe Felix Paul Greve. Leipzig, M.DCCCC.VII–M.DCCCC.VIII. 12 Bde.
Ferenczy, Dr. Sándor. „Introjektion und Übertragung". *Jb. ps. F.* I. 2.
Ferenczy, Dr. Sándor. „Symbolische Darstellung des Lust- und Realitätsprinzips im Oedipus-Mythos". *Imago,* I. 3.
Ferrero, Guillaume. *Les Lois psychologiques du Symbolisme.* Paris, 1895.
Fichte, Johann Gottlieb. *Die Anweisung zum seeligen Leben.* Berlin, 1806.
Findel, J.G. *Geschichte der Freimaurerei.* 3. Aufl. Leipzig, 1870.
Fischer, Robert. *Erläuterung der Katechismen der Joh.-Freimaurerei.*
Fleischer, Prof. Dr. H.L. *Hermes Trismegistus an die menschliche Seele.* Leipzig, 1870.
Flournoy, Th. *Des Indes à la Planète Mars.* 4. éd. Paris.
Franck, Ad. *La Kabbale.* Paris, 1892.
Freimark, Hans. *Moderne Theosophen und ihre Theosophie.* Leipzig, 1909.
Freimark, Hans. *Okkultismus und Sexualität.* Leipzig, 1909.
Freimark, Hans. *Die Okkultistische Bewegung.* Leipzig, 1912.
Freud, Sigmund. *Drei Abhandlungen zur Sexualtheorie.* Leipzig u. Wien, 1905.
Freud, Sigmund. „Zur Dynamik der Übertragung". *Zentralbl. f. Psych.* II. 4.
Freud, Sigmund. „Formulierungen über d. zwei Prinzipien d. psychischen Geschehens". *Jb. ps. F.* III. 1.
Freud, Sigmund. *Zur Psychopathologie des Alltagslebens.* Berlin, [3]1910.
Freud, Sigmund. *Sammlung kleiner Schriften zur Neurosenlehre.* 2 Bde. Leipzig und Wien, 1906, 1909.
Freud, Sigmund. *Die Traumdeutung.* 3. Aufl. Leipzig und Wien, 1911.
Freud, Sigmund. *Der Wahn und die Träume in W. Jensens „Gradiva".* Leipzig u. Wien, 1907.

Frobenius, Leo. *Das Zeitalter des Sonnengottes.* I. Bd. Berlin, 1904.
Furtmüller, Dr. Karl. *Psychoanalyse und Ethik.* München, 1912.
Garbe, Richard. *Die Samkhya-Philosophie.* Leipzig, 1894.
Garbe, Richard. *Sambkya und Yoga. Grundriß der Indo-Arischen Philologie.* Herausgegeben von Georg Bühler, III. 4. Straßburg, 1896.
Gneiting, J.M. (J. Krebs). *Maurerische Mitteilungen.* 4 Bändchen. Stuttgart, 1831–1833.
Goldziher, Ignaz. *Der Mythus bei den Hebräern.* Leipzig, 1876.
Görres, J. *Die christliche Mystik.* 4 Bde. Regensburg, 1836–1842.
Grimm, Brüder. *Deutsche Sagen* (DS).
Grimm, Brüder. *Kinder- und Hausmärchen* (KHM).
Grimm, Brüder. *Jacob, Deutsche Mythologie.* 4. Ausg., von Elard Hugo Meyer. 3 Bde. Gütersloh, 1876–1878.
Haltrich, Josef. *Deutsche Volksmärchen aus dem Sachsenlande in Siebenbürgen.* 4. Aufl. Wien, Hermannstadt, 1885. (Siebenbg.-deutsche Volksbücher, Bd. II.)
Hartmann, Dr. Franz. *Secret Symbols of the Rosicrucians.* Boston, 1888. (Eine mangelhafte englische Wiedergabe des deutschen Werkes: „Geheime Figuren der Rosenkreuzer".)
Havelock Ellis. *Die Welt der Träume.* Deutsche Ausgabe von Dr. Hans Kurella. Würzburg, 1911.
(Hitchcoch Ethan Allen) Anonym. *The Story of the Red Book of Appin.* (Als Vervollständigung dazu:) *Appendix to the Story …* (Beides:) New York, 1863.
(Hitchcoch Ethan Allen) Anonym. *Remarks upon Alchemy and the Alchemists.* Boston, 1857 (HA).
(Hitchcoch Ethan Allen) Anonym. *Swedenborg, a Hermetic Philosopher. Being a sequel to „Remarks on Alchemy and the Alchemists".* New York, 1858.
(Hitchcoch Ethan Allen) Anonym. *Das rote Buch von Appin.* Übertr. von Sir Galahad. Leipzig, 1910.
Hoefer, Ferdinand. *Histoire de la Chimie.* 2 vols. Paris, 1842–1844.
Höhler, Wilhelm. *Hermetische Philosophie und Freimaurerei.* Ludwigshafen am Rhein, 1905.
Hossbach, Wilhelm. *Johann Valentin Andreä und sein Zeitalter.* Berlin, 1819.
Horst, Georg Conrad. *Dämonomagie, oder Geschichte des Glaubens an Zauberei.* 2 Tle. Frankfurt a. M., 1818.
Horst, Georg Conrad. *Deuteroskopie.* 2 Bdchen. Frankfurt a. M., 1830.
Horst, Georg Conrad. *Zauber-Bibliothek.* 6 Bde. Mainz, 1821ff.
Horten, M. *Mystische Texte aus dem Islam. Drei Gedichte des Arabi 1240.* Kleine Texte f. Vorlesgn. u. Übgn., hg. von Hans Lietzmann, Nr. 105. Bonn, 1912.
„Imago", Zeitschrift für Anwendung der Psychoanalyse auf die Geisteswissenschaften. Herausg. v. Prof. Dr. Sigmund Freud. Wien, 1912f.
Inman, Thamas M.D. *Ancient Pagan and Modern Christian Symbolism.* 4. ed. New York, 1884.
Janet, Pierre. *L'Automatisme Psychologique.* Paris, 1889.
Janet, Pierre. *Les Névroses.* Paris, 1910.

Jahrbuch für psychoanalytische und psychopathologische Forschungen. Herausgegeben von Prof. Dr. E. Bleuler und Prof. Dr. S. Freud. Leipzig und Wien, 1909ff. (*Jb. ps. F.*)

Jeremias, Alfred. *Das Alte Testament im Lichte d. Alten Orients.* 2. Aufl. Leipzig, 1906.

Jeremias, Alfred. *Die Babylonisch-assyrischen Vorstellungen vom Leben nach dem Tode.* Leipzig, 1887.

Jodl, Friedrich. *Geschichte der Ethik.* 2 Bd. 2. Aufl. Stuttgart/Berlin, 1906, 1912.

Jung, Dr. C.G. „Die Bedeutung des Vaters für d. Schicksal des Einzelnen". *Jb. ps. F.* I. 2.

Jung, Dr. C.G. *Über Konflikte der kindlichen Seele. Jb. ps. F.* II. 1.

Jung, Dr. C.G. *Zur Psychologie u. Pathologie sogenannter occulter Phänomene.* Leipzig, 1902.

Jung, Dr. C.G. „Wandlungen und Symbole der Libido. Beiträge zur Entwicklungsgeschichte des Denkens". *Jb. ps. F.* III.–IV.

Katsch, Dr. Ferdinand. *Die Entstehung und der wahre Endzweck der Freimaurerei.* Berlin, 1897.

Keller, Dr. Ludwig. *Die Anfänge der Renaissance und die Kultgesellschaften des Humanismus im XIII. und XIV. Jahrhundert.* Leipzig und Jena, 1903.

Keller, Dr. Ludwig. *Bibel, Winkelmaß und Zirkel.* Jena, 1910.

Keller, Dr. Ludwig. *Die Geistigen Grundlagen der Freimaurerei und das öffentliche Leben.* Jena, 1911.

Keller, Dr. Ludwig. *Zur Geschichte der Bauhütten und der Hüttengeheimnisse.* Leipzig und Jena, 1898.

Keller, Dr. Ludwig. *Die Großloge Indissolubilis und andere Großlogensysteme des 16., 17. und 18. Jahrhunderts.* Jena, 1908.

Keller, Dr. Ludwig. *Die Heiligen Zahlen und die Symbolik der Katakomben.* Leipzig und Jena, 1906.

Keller, Dr. Ludwig. *Die Idee der Humanität und die Comenius-Gesellschaft.* Jena, 1908.

Keller, Dr. Ludwig. *Die Italienischen Akademien des 18. Jahrhunderts und die Anfänge des Maurerbundes in den romanischen und den nordischen Ländern.* Leipzig und Jena, 1905.

Keller, Dr. Ludwig. *Latomien und Loggien in alter Zeit.* Leipzig und Jena, 1906.

Keller, Dr. Ludwig. *Die Römische Akademie und die altchristlichen Katakomben im Zeitalter der Renaissance.* Leipzig und Jena, 1899.

Keller, Dr. Ludwig. *Die Sozietäten des Humanismus und die Sprachgesellschaften.* Jena, 1909.

Keller, Dr. Ludwig. *Die Tempelherren und die Freimaurer.* Leipzig/Jena, 1905.

Kerning, J. (J. Krebs). *Schlüssel zur Geisterwelt oder die Kunst des Lebens.* Neue Auflage. Stuttgart, 1855.

Kiefer, Otto. *Plotin, Enneaden.* In Auswahl. 2 Bde. Jena u. Leipzig, 1905.

Kiesewetter, Carl. *Die Geheimwissenschaften.* Leipzig, 1895.

Kleinpaul, Dr. Rudolf. *Das Leben der Sprache und ihre Weltstellung.* 7 Bde. Leipzig, 1893.

Kleinpaul, Dr. Rudolf. *Die Lebendigen und die Toten in Volksglauben, Religion und Sage*. Leipzig, 1898.

Johann Scheible. *Das Kloster.*

Knight, Richard Payne. *The symbolical Language of ancient Art.* New ed. New York, 1892.

Knight, Richard Payne. *Le Culte de Priape et ses Rapports avec la Théologie mystique des Anciens…* Traduits de l'anglais par E. W. Bruxelles, 1883.

Kopp, Hermann. *Die Alchemie in älterer u. neuerer Zeit.* 2 Tle. Heidelb., 1886.

Kopp, Hermann. *Geschichte der Chemie.* 4 Tle. Braunschweig, 1843–1847.

Kopp, Hermann. Beiträge zur *Geschichte der Chemie.* Braunschweig, 1869 und 1875.

Krause, Karl Christian Friedrich. *Die drei ältesten Kunsturkunden der Freimaurerbrüderschaft.* 2(4) Bde. Dresden, 1820–1821.

Krauss, Dr. Friedrich S. *Anthropophyteia – Jahrbücher für folkloristische Erhebungen und Forschungen zur Entwicklungsgeschichte der geschlechtlichen Moral.* Bisher 9 Bände. Leipzig.

Kuhn, Adalbert. *Die Herabkunft des Feuers und des Göttertranks.* Berlin, 1859.

Laistner, Ludwig. *Das Rätsel der Sphinx.* 2 Bde. Berlin, 1889.

Lehmann, Dr. Alfred. *Aberglaube und Zauberei.* Deutsche Ausg. v. Dr. Petersen. Stuttgart, 1898.

Lenning, C. (d. i. Hesse) und Fr(iedrich) M(ossdorf). *Encyklopädie der Freimaurerei.* III. Auflage = *Allgemeines Handbuch der Freimaurerei.* 2 Bde. Leipzig 1900–1901.

Lessmann, Heinrich. *Aufgaben und Ziele d. vergleichenden Mythenforschung.* Leipzig, 1908.

Lévi, Eliphas. *Histoire de la Magie.* Nouvelle éd. Paris, 1892.

Lipps, G.F. *Mythenbildung und Erkenntnis.* Leipzig und Berlin, 1907.

Lisco, D. Friedrich Gustav. *Die Heilslehre der Theologia deutsch.* Stuttgart, 1857.

Lorenz, Dr. Emil. „Das Titanen-Motiv i. d. allgemeinen Mythologie". *Imago,* II. 1.

Mackenzie, Kenneth R.H. *The Royal Masonic Cyclopaedia.* London, 1877.

Maeder, Dr. A. „Über die Funktion des Traumes". *Jb. ps. F.* IV. 2.

Maimon, Salomon. *Lebensgeschichte.* Herausg. von Dr. Jakob Fromer. München, 1911.

Mannhardt, Wilhelm. *Germanische Mythen.* 2 Bde. Berlin, 1858.

„Manresa" oder die geistlichen Übungen des heiligen Ignatius. Nach dem Französischen, von Franz A. Schmid. 6. Aufl. Regensburg, 1903.

Marchand, R.F. *Über die Alchemie.* Halle, 1847.

Müller, Dr. Friedrich. *Siebenbürgische Sagen.* 2. Aufl. Wien, Hermannstadt, 1885. (Siebenbg.-deutsche Volksbücher, Bd. I.)

Müller, Karl Otfried. *Prolegomena einer wissensch. Mythologie.* Göttingen, 1825.

Nettelbladt, C.C.F.W. Freiherr von. *Geschichte d. freimaurerischen Systeme.* Berlin, 1879.

Nietzsche. *Werke.* Leipzig.

Nork, F. *Mythologie der Volkssagen und Volksmärchen.* Stuttgart, 1848. (Kloster, Bd. IX)

Nork, F. *Die Sitten und Gebräuche der Deutschen und ihrer Nachbarvölker.* Stuttgart, 1849. (Kloster, Bd. XII.)

Patanjali, *Yoga-Sutra.* Translation with introduction, appendix, and notes by Manilal Nabubhai Dvivedi. Bombay, 1890.

Papus (Dr. Gérard Encausse). *Traité élémentaire de Magie Pratique.* Paris, 1906.

Pauly, Jean de. *Sepher ha-Zohar (Le Livre de la Splendeur).* Publié par les soins de Emile Lafuma-Giraud. Paris, 1906ff. 6 (7) Bde.

Pfeiffer, Franz. *Deutsche Mystiker des vierzehnten Jahrhunderts.* 2 Bde. Leipzig, 1845, 1857.

Pfeiffer, Franz. *Theologia deutsch.* 2. Aufl. Stuttgart, 1855.

Pfister, Dr. Oskar. *Die Frömmigheit des Grafen Ludwig von Zinzendorf.* Leipzig und Wien, 1910.

Poisson, Albert. *Théories et Symboles des Alchimistes.* Paris, 1891.

Prasád, Ráma. *Nature's Finer Forces.* London, 1890.

Rank, Dr. Otto. *Das Inzest-Motiv in Dichtung und Sage.* Leipzig und Wien, 1912.

Rank, Dr. Otto. Der Künstler. Wien, 1907.

Rank, Dr. Otto. *Der Mythus von der Geburt des Helden.* Leipzig und Wien, 1909.

Rank, Dr. Otto. *Die Lohengrinsage.* Leipzig und Wien, 1911.

Rank, Dr. Otto. „Die Symbolschichtung im Wecktraum und ihre Wiederkehr im mythischen Denken". *Jb. ps. F.* IV. 1.

Rank, Dr. Otto. „Völkerpsychologische Parallelen zu den infantilen Sexualtheorien". *Zentralbl. f. Psych.* II. 7–8.

Reitzenstein, R. *Die Hellenistischen Mysterienreligionen.* Leipzig, 1910.

Reitzenstein, R. *Poimandres.* Leipzig, 1904.

Riklin, Franz. *Wunscherfüllung u. Symbolik im Märchen.* Leipzig u. Wien, 1908.

Riklin, Franz. (Vorträge). *Zentralbl. f. Psychoanalyse* III. 2., pag. 103ff., 113,ff.

Roscher, W.H. *Ausführliches Lexikon der Griechischen und Römischen Mythologie.* Leipzig, 1884ff.

Ruysbroeck, Johann van. *Drei Schriften.* Aus dem Flämischen von Franz A. Lambert. Leipzig.

Scheible, J. *Das Kloster. Meist aus d. ältern deutschen Volks-, Wunder-, Curiositäten- u. vorzugsweise komischen Literatur.* 12 Bd. Stuttgart, 1845–1849.

Scherner, R.A. *Das Leben des Traums.* Berlin, 1861.

Schiffmann, G.A. *Die Freimaurerei in Frankreich in der ersten Hälfte des XVIII. Jahrhunderts.* Leipzig, 1881.

Schlegel, Aug. Guil. a. *Bhagavad-Gita id est Qespesion Meloj...Editio altera, cura Christiani Lasseni.* Bonnae, MDCCCXLVI.

Schmieder, Karl Christoph. *Geschichte der Alchemie.* Halle, 1832.

Schmidt, Richard. *Fakire u. Fakirtum im alten u. modernen Indien.* Berlin, 1908.

Schneider, Hermann. *Kultur und Denken der alten Ägypter.* Leipzig, 1907.

Schopenhauer. *Werke.*

Schroeder, Leopold von. *Bhagavad-Gita. Des Erhabenen Sang.* Jena, 1912.

Schubert, Dr. G.H. von. *Die Symbolik des Traumes.* 3. Aufl. Leipzig, 1840.

Silberer, Herbert. „Zur Charakteristik des lekanomantischen Schauens". *Zentralbl. f. Psych.* III. 2–3.

Silberer, Herbert. „Von den Kategorien der Symbolik". *Zentralbl. f. Psych.* II. 4.
Silberer, Herbert. „Lekanomantische Versuche". *Zentralbl. f. Psych.* II. 7–10.
Silberer, Herbert. „Mantik und Psychanalyse". *Zentralbl. f. Psych.* II. 2.
Silberer, Herbert. „Phantasie und Mythos. Vornehmlich vom Gesichtspunkte der funktionalen Kategorie aus betrachtet". *Jb. ps. F.* II. 2.
Silberer, Herbert. *Eine Prinzipielle Anregung. Jb. ps. F.* IV. 2.
Silberer, Herbert. „Zur Frage der Spermatozoenträume", *Jb. ps. F.* IV. 2.
Silberer, Herbert. „Symbolbildung". *Jb. ps. F.* III. z., IV. 2.
Silberer, Herbert. „Symbolik des Erwachens und Schwellensymbolik überhaupt". *Jb. ps F.* III. 2
Soldan. *Geschichte der Hexenprozesse.* Neu bearbeitet von Dr. Heinrich Heppe. 2 Bde. Stuttgart, 1880.
Spielrein, Dr. Sabina. „Über den psychologischen Inhalt eines Falles von Schizophrenie (Dementia praecox)". *Jb. ps. F.* III. 1.
Spielrein, Dr. Sabina. „Die Destruktion als Ursache des Werdens". *Jb. ps. F.* IV. 1.
Starcke, Dr. C. N. *Freimaurerei als Lebenskunst.* Berlin, 1911.
Staudenmaier, Dr. Ludwig. *Die Magie als experimentelle Naturwissenschaft.* Leipzig, 1912.
Stekel, Dr. Wilhelm. *Nervöse Angstzustände und ihre Behandlung.* 2. Aufl. Berlin und Wien, 1912.
Stekel, Dr. Wilhelm. *Die Sprache des Traumes.* Wiesbaden, 1911.
Stekel, Dr. Wilhelm. „Fortschritte in der Traumdeutung". *Zentralbl. f. Psych.* III.
Stekel, Dr. Wilhelm. „Die Träume der Dichter". Wiesbaden, 1912.
Strunz, Dr. Franz. *Naturbetrachtung und Naturerkenntnis im Altertum.* Hamburg und Leipzig, 1904.
Strunz, Dr. Franz. *Theophrastus Paracelsus.* Jena, 1903.
Stucken, Eduard. *Astralmythen. Religionsgeschichtl. Untersuchungen.* Leipzig, 1907. (SAM)
Svatmaram Svami. *Hatha-Yoga Pradipika.* Translated by Shrinivas Iyangar. Published by Tookaram Tatya. Bombay, 1885.
(Wirth, Oswald) Anonym. *Le Livre de l'Apprenti.* Nouv. éd. Publié par la L.·. Travail & Vrais Amis Fidèles. Paris, 1898.
(Wirth, Oswald) Anonym. *Le Symbolisme Hermétique dans ses Rapports avec la Franc-Maçonnerie.* Paris, 1909. (WSH)
Wundt, Wilhelm. *Völkerpsychologie (Mythus und Religion).* 3 Tle. Leipzig, 1910 (I. Teil, 2. Aufl.), 1906, 1909.
Zeitschrift für ärztliche Psychoanalyse, Internationale. Herausg. von Prof. Dr. Sigmund Freud. Leipzig und Wien, 1913.
Zentralblatt für Psychoanalyse. Bd. I–II, hg. von Prof. Dr. Freud. Bd. IIIf. von Dr. Wilhelm Stekel. Wiesbaden, 1910ff. (*Zb. f. Ps.*).

* * *

Zur Entstehung der Symbole

Aus einem Freimaurer-Vortrag,
gehalten am 20. November 1919
in der Großloge von Wien.

Handschriftlich von

11

Zur Entstehung der Symbole.

Aus einem Vortrag, gehalten am 20. Nov. 1919, in der Grossloge von Wien von Br. Herbert Silberer.

I. Wesen der Symbole. Entstehung und Herkunft.

In der unendlichen Mannigfaltigkeit der Welt, von der auch wir selbst Teile sind, würden wir uns nicht zurecht finden, ja überhaupt zu keinem Weltbilde gelangen können, wenn wir in der verwirrenden Buntheit nicht Gemeinsamkeiten, wenn wir darin nicht ein erfassbares System von Gesetzen antreffen – Gesetzen, die auch in uns sind und uns ein Ordnen, ein Ueberschauen des sonst zerflatternden Vielfältigen ermöglichen. Das Wunder, dass die Gesetze, die aussen herrschen, auch in uns sind, ist unserem Verständnis durch ein anderes Wunder nähergerückt worden, durch das Geisteswunder des grossen Immanuel Kant nämlich, der uns lehrte, dass wir selbst unsere Gesetze vorher in die Natur legen, um sie dann in ihr zu finden, was aber nicht etwa als ein zeitliches Vorher und Nachher, sondern im Transscendentalen Verstande zu nehmen ist. Um die Gesetze nicht unbenannt zu lassen, rufe ich mit einem Worte die Kategorienlehre in Erinnerung. Ich spreche von diesen Dingen, nicht um philosophische Ausführungen daran zu knüpfen, sondern um desto verständlicher zu machen, wie sich das menschliche Denken zur Bewältigung der unermesslichen Vielheit des Geschehens immer bemühen musste, eine fassliche Anzahl von Prinzipien zu entdecken, auf die sich alles zurückführen liesse; Abbreviaturen in dem Buche der Natur.

2

Eine der ersten Formen, die in der Kulturmenschheit solche Prinzipien annahmen, war die Astrologie. Bei den alten Babyloniern und Chaldäern ordnete sich der gesammte Lauf der Welt gleichsam nach Ressorts eines himmlischen Ministeriums, deren Leitung in den Händen der Gestirngeister lag. Alle Lebewesen, Tätigkeiten, Stände, Naturvorgänge, Zeitabschnitte, Krankheiten, und was einem sonst noch einfallen mag, waren in diese Ressorts eingeteilt, und zwar nach Analogien, die uns heute zumeist oberflächlich erscheinen. Die Himmelsverhältnisse lieferten die Formel, das irdische Mannigfaltige zu sichten, zu beherrschen. Als Fortschritte der Erkenntnis die Astrologie überflüssig machten, ihre Tafeln zerbrachen, verschwand sie nicht ganz. Ehemals notwendige Denkformen verschwinden überhaupt nie ganz. Wenn sie sterben, geht jener Teil, der dauernde Berechtigung hat, ihre Seele gleichsam, in den Himmel der Wissenschaft ein, während ihr sterblicher Leib dem Erdreich des Aberglaubens anheimfällt. Gewiss nehmen auch Religion und Kunst ein Erbteil in Anspruch, das Fremde der Dreiteilung vielleicht eben die "Seele", jenes der Wissenschaft aber den „Geist" nennen werden.

Eine andere Form der Abbreviatur ist es, dem Universum durch die Buchstaben beikommen zu wollen. In der Kabbalah der Juden haben wir sie am schönsten ausgeprägt. Was früher die Gestirne und ihre Stellung zueinander, sind hier die 22 Buchstaben des hebräischen Alphabets und ihre Kombinationen: Weltschöpfungs- und Welterhaltungsprinzipien. Und beide sind nicht ohne Beziehung untereinander, sondern, die Buchstaben – ursprünglich Ideogramme – entsprechen ihrerseits Sternbildern. Kulturhistorische Brücken führen vom einen zum andern. Die Buchstaben als Abbreviaturen des Weltgeschehens liegen nahe genug. Erscheinen sie doch als die Elemente des vorzüglichsten Organes der die Weltanschauung bildenden Vernunft: der Sprache. Wir sehen hier ein Bemühen, die Orientierung auf der Grundlage des Subjectiven zu erlangen.

Ein Fortschritt oder Gegenstück ist die Orientierung auf objektiven Grundlagen, wie wir sie in der Zahlenlehre der Pythagoräer finden. Hier spielen, im heutigen Sinn immer noch unkritisch, die Zahlen die Rolle von Weltprinzipien. Doch können wir uns keine objektivere Wissenschaft denken, als die Mathematik; auch liefert sie, zunächst für das äussere Naturgeschehen, wirklich die vollendetsten Abbreviaturen.

Einen mächtigen Aufstieg ins Geistige bewirkte Platon mit seiner Lehre von den Ideen, die wir wiederum als die gesuchten Prinzipien betrachten können. Ihr hoher sittlicher Wert geht aus der hervorragenden Stellung der Ideen des Guten und Schönen hervor. Wir bewegen uns hier auf den höchsten Höhen des Denkens und Schauens.

Auch die Kategorien des Aristoteles sind nicht zu vergessen, unkritische Vorläufer jener anderen Kategorien, in deren Erfassung Kant unserer Erkenntnis die Wendung zur schärfsten Selbstbesinnung gab.

Aehnliche Knotenpunkte des Geschehens und Denkens wie die bildhaften Abbreviaturen, die wir jetzt an uns haben vorüberziehen sehen, sind auch die Symbole der Freimaurerei. Mehr noch; nicht nur aehnlich sind sie, nicht nur prinzipiell verwandt, sondern sie haben auch stofflich viel von jenen bewahrt, von allen etwas – und in allen war ja Gutes. Wenn wir heute über die oder jene Form ehemaligen Denkens laecheln mögen – etwa über die astrologische – vergessen wir ja nie, dass jede von ihnen eine notwendige Stufe war, und täuschen wir uns nicht darüber, dass

14

spätere Geschlechter in einigen Tausend Jahren vielleicht unsere Art, die Welt zu sehen, kindisch finden werden. Mit Achtung werden wir dann im Vergänglichen das Bleibende entdecken, werden seine Entwicklung zu verstehen sein Bestes zu bewahren und zu pflegen, seinen tiefsten, ewigen Sinn zu ergründen suchen.

Alle die vorhin erwähnten Bemühungen wollten die ganze Welt umfassen. Die Freimaurerei will nichts Geringeres. Die Kundigen seien an das Lehrfragestück von der Gestalt der Loge erinnert. Bei der Allseitigkeit und Weite der Perspektiven wäre es unsinnig, in einem kurzen Vortrage von der Symbolik der Freimaurerei auch nur in einer Richtung etwas Vollständiges bieten zu wollen; meine Aufgabe erblicke ich vielmehr darin, in verschiedenen Richtungen Anregungen zu geben, und zwar gerade unter Betonung ihrer Vielfältigkeit.

Vor allem muss über das Wesen des Symbols einiges gesagt werden. Man beginnt vielleicht am Bequemsten, wenn man es dem allegorischen Bilde entgegenstellt. Dieses, in seiner einfachsten Art wenigstens, ist etwas Aermliches, Dürres, Nüchternes und kann mit einem Gleichheitszeichen aufgelöst werden. Das Weib da mit der Mauerkrone ist eine Stadt, jenes andere mit Sichel und Garben ist der Feldbau, jener Neptun mit Dreizack und Seerossen bedeutet die Beherrschung der Meere, die Schiffahrt. Diese Gleichungen wirken konventionell und schal, wenn man von der jeweiligen künstlerischen Gestaltung der Figuren, die mit ihnen selbst nichts zu tun hat, absieht. Wohl ist zuzugeben, dass die Allegorie in reicher entwickelter, dichterischer Gestaltung Leben gewinnen kann – doch wir haben aus guten

5

Gründen der Vergleichung die einfachste Gestalt des unbewegten Bildes ins Auge gefasst. Grundverschieden davon ist das Symbol. Niemals lässt es sich durch ein Gleichheitszeichen erschöpfen; nie wird es durch Aufführung einer Beziehung erledigt. Es ist vielmehr praegnant, schwanger von Bedeutungen; solchen, die sich aussprechen lassen, und solchen, bei welchen dieser Versuch kaum gelänge; ja wohl auch solchen denen sogar das schweigende Ahnen nicht nahe kommt. So wie die Prinzipien, von denen ich anfangs sprach – oder zu ihnen selbst gehörig – sind die Symbole Knotenpunkte vieler Bedeutungen; Sammelpunkte des Denkens und Geschehens im Weltbilde. Sie sind wie Sonnen, von denen Strahlen der Bedeutsamkeit ausgehen. Oder wie volle Blütenknospen einer Pflanze, deren Wurzeln, nach allen Richtungen im Erdreich ausgebreitet, von überall her Nahrungssäfte in sie leiten, das Bildende in der Blüte konzentrierend: wenn sie aufbricht, entfaltet dies duftend ihre Wunder, und der Kundige mag Blatt um Blatt deuten, von dem nimmer endenden Reichtum selbst überrascht. Das Symbol zeichnet sich auch durch eine innigere Verknüpfung mit seinem Gegenstande aus, die bei der Allegorie loser ist. dort mehr notwendig, hier mehr zufällig; jenes wächst organisch – das Bild der Pflanze ist nicht umsonst gewählt – aus seinem Gegenstande heraus, dieses wird mehr konventionell oder künstlich darauf errichtet. (Um Missverständnissen vorzubeugen, als meinte ich, das Gebrauchtum der Freimaurerei sei nur von reinen Symbolen erfüllt, erwähne ich, dass gewiss auch die Allegorie einigen Anteil daran hat.) Ein Merkmal des Symbols ist endlich auch das der momentanen Anschaulichkeit: der ganze Komplex der auszudrückenden Gedanken, Hinweise, Ideen muss

6

konzentriert in einem verhältnismässig einfachen Zeichen niedergelegt werden – ich komme immer wieder auf das Wort „Abbreviatur“ zurück.

Es dürfte förderlich sein Einiges zu ~~zitieren~~, was Friedrich Creuzer in seiner aus romantischem Geiste geschriebenen „Symbolik und Mythologie der alten Völker“ über das Symbol äussert, womit ich nicht gesagt haben will, dass er überall das Richtige trifft. Er bezeichnet das Symbolische als die Wurzel alles bildlichen Ausdrucks und zugleich als dessen höchste Aeusserung. Unter σύμβολον und unter dem Symbolischen ist ehemals Verschiedenes verstanden worden. Alle Bedeutungen aber, lassen sich aus dem ersten Gebrauche von συμβάλλειν, etwas getrenntes zusammenfügen, und dem damit zusammenhängenden einfachsten Begriffe von σύμβολον (ein Zusammengesetztes) ohne Schwierigkeit ableiten. Jedoch muss für den höheren Sinn von σύμβολον zugleich an die beiden anderen Bedeutungen des Zeitwortes, erstens: zusammentreffen, begegnen, besonders unverhofft begegnen, zweitens: aus dunkelen Andeutungen erraten, erinnert werden, um so mehr, da die Vernachlässigung dieser Beziehungen grundfalsche Ansichten der gottesdienstlichen Symbolik zur Folge gehabt hat.“ – Die allegorische Darstellung* bedeutet bloss einen allgemeinen Begriff, oder eine Idee die von ihr selbst verschieden ist; die symbolische ist die versinnlichte, verkörperte Idee selbst. Dort findet eine Stellvertretung statt. Hier ist der Begriff selbst in diese Körperwelt herabgestiegen, und im Bilde schauen wir ihn selbst und unmittelbar. „In einem Augenblicke und ganz geht im Symbol eine Idee auf und erfasst alle unsere Seelenkräfte. Es ist ein Strahl, der in gerader Richtung aus dem dunkelen Grunde des Seyns und Denkens in unser Auge fällt und durch unser ganzes Wesen fährt“. Im Symbol herrscht

Bündigkeit und Notwendigkeit die Allegorie neigt zu schmückender Weitschweifigkeit, zu ungebundener Entfaltung nach der „Spiellust der Phantasie“. 17

Es ergeben sich gewisse Forderungen an das Symbol. Zuvörderst Klarheit. „Doch scheint diese Forderung sich selbst zu widersprechen, indem sie das Wesen des Symbols zu vernichten drohet. Denn es ist wahr, was bereits von den Alten erkannt worden, dass die Natur des Symbols eben das Dunkelnde und das Dämmernde ist, wie vermöchte es nun seine Natur zu verleugnen und klar zu seyn? Das Symbol indem es, was kein Bild hat, oder das Göttliche einer höchsten Idee im Bilde wiederzugeben strebet, wird allerdings das volle Sonnenlicht des göttlichen Strahles nicht ungetrübt abzustrahlen vermögen. Das Dämmerlicht ... seines Ausdrucks wird allerdings seine irdische Abkunft verrathen. Aber indem es andrerseits sich der Erde entwinden und nach dem Höchsten streben will, überfliegt es leicht sich selber, wenn es der ihm gegebenen Gesetze gar nicht achtet. Mithin will jene Forderung nur an diese Gesetze der Natur erinnern ... Das Symbol will und soll das Göttliche andeuten, aber ... es soll einfältig zum Sinne sprechen.“ Die zweite Forderung ist Kürze. In dem Kreise der künstlerischen Anwendung werden Schönheit, Lieblichkeit hinzukommen. Soll höheres Wissen ausgedrückt, vom gemeinen Glauben abweichende Belehrung vermittelt werden, so muss das Symbol minder bekümmert um das Gefällige, vor allem „Bedeutsam“ sein. „Je mehr es diesem heiligen Bedürfnis huldigte, desto grösser die Neigung zum Unverständlichen, bis es im Äussersten endlich zu einem verkörperten Rätsel ward. Auf diesem

8

Wege liegt ein grosser Theil der gesammten Tempelsymbolik des ältesten Griechenlandes und Roms. Wie oft trat daher nicht der Fall ein, dass ein Recht bedeutsames Tempelbild mehrere Auslegungen zuliess. In noch höherem Grade gilt dies von dem eigentlich mystischen Symbol."

Geht man nun, unserem Vorhaben gemäss, dem Ursprung von Symbolen nach, so muss zweierlei unterschieden werden. Man kann erstens fragen, woher Symbole, die sich irgendwo gegenwärtig vorfinden, sagen wir also in der Freimaurerei, bezogen worden sind; wo sind sie historisch vorher anzutreffen gewesen? Das ist die Frage nach der Herkunft. Verschieden davon, und wohl zu beachten, wenn auch selten in historischer Linie zu lösen, ist die Frage nach dem ersten Ursprung, nach der Entstehung im eigentlichen Sinne. Wir werden beiden Fragen Beachtung schenken. Dass sie sogar ineinander übergehen, zeigt sich, sobald man sich drei Möglichkeiten vor Augen hält: Ein Bild kann gleich als Symbol entstehen; es kann mit der Zeit zum Symbol werden; das Symbol kann sich ausbilden, wachsen.

Die Urentstehung des reinsten Symboltypus kann psychologisch so verstanden [werden]: jedem Geiste kommt eine gewisse Fassungskraft zu, die sowohl von der allgemeinen Kulturlage als von dem individuellen (auch vorübergehenden) Zustande abhängig ist; ich nenne sie die Kapazität. Ist nun der Geist um eine Erkenntnis bemüht, welche seine Kapazität übersteigt, so kann er die ihm vorschwebende Idee nicht logisch abstrakt erfassen, sie nicht (oder noch nicht) zur diskursiven Darstellung zwingen. Als Ahnung wird sie ihn berühren: ihm, wenn seine Phantasie regsam ist, ein Bild schenken: das Symbol. Das Au-

9a

schauliche ist leichter als das Diskursive. Darum stellt es sich ein, wo die Kapazität vor der Grösse der Gedanken-Aufgabe versagt.

Zwei schlichte Beispiele aus meinem zahlreichen Beobachtungsmaterial, die Traumpsychologie betreffend, mögen das Gesagte greifbar machen. Ich bitte, daran zu denken, dass die geistige Kapazität auch vorübergehend geschwächt werden kann, sodass Aufgaben, denen sie sonst gewachsen ist, sie vorübergehend übersteigen. Das geschieht in Zuständen der Ermüdung, mancher toxischen Einwirkung, im Schlafe, im Halbschlafe. Die Bilder, die vielen Menschen beim Einschlummern erscheinen, die hypnagogischen (schlafeinführenden) Halluzinationen, sind ein sehr geeignetes Demonstrationsobjekt. Ich will an mir erfahrene Fälle mitteilen. Beidemale „denke" ich etwas, die Müdigkeit übermannt mich, und flugs steht statt des zuerst „Gedachten" ein Bild vor mir, als das Symbol der unanschaulichen Idee; das Denken verwandelt sich unter dem Einfluss der lähmenden Müdigkeit in das psychisch leichtere Anschauen. Hier das erste Beispiel:

Ich habe einer Aufführung von Goethes „Faust", II. Teil, beigewohnt. Ich habe mich zu Bette begeben, beschäftige mich aber in Gedanken noch mit der Dichtung. Trotz der immer lähmenderen Schlaftrunkenheit zwinge ich mich, von den wunderbaren Rätseln angezogen, in das dunkle Gebiet des „Mütter"-Problems einzudringen, das den Kommentatoren schon so manche Schwierigkeit verursacht hat. In meinem Kampfe mit der Schläfrigkeit

(10

~~mit der Schläfrigkeit~~ Süssigkeiten!) ist die Verkörperung meines Urteils.

Man sieht, wie vielfach verschlungen die Gedankenzüge in einem symbolischen Bilde sind; wie gesättigt es gleichsam ist. Noch besser als an der hypnagogischen Halluzination liesse sich diese Eigenschaft am Traume zeigen, doch ist man deshalb nicht berechtigt, alle im Traume vorkommenden Gestalten als richtige "Symbole" anzusprechen, denn ihnen mag – die Vielseitigkeit zugegeben – so manches abgehen, was zu einem Symbol noch gehörte. Doch ich habe mich schon zu sehr in Subtilitäten der Distinction eingelassen, als dass ich meinen Lesern auch diese neue, in der bloss beispielsweise angezogenen Traumpsychologie, zumuten dürfte. Ich eile vielmehr, den vorigen Faden wieder aufzunehmen. In Beziehung auf das Wesen und die allgemeine Entstehung des Symbols erübrigt sich jetzt nur der Hinweis von dem Individualpsychologischen auf das Völkerpsychologische:

Vor allem sei erinnert, dass, während wir in den beschriebenen Halluzinationsfällen vorübergehende Einschränkungen der Geistes-Kapazität sahen, die Kapazität auch in ihrem besten Zustande, also dauernd, zum Fassen irgend eines besonders hoch ragenden Gedankens zu gering sein kann. Das ist der schon erwähnte Fall, dass ein Erkenntnis erst aufdämmert. Und wie Erkenntnis in unserer persönlichen Erfahrung anbricht, so auch, und bilderreicher, in dem langsamen Entwicklungsgange des Geistes der Völker, der Menschheit. Nicht in der abstrakten Form gedanklicher Bewältigung kündigt sich die aufdämmernde grosse Idee an, sondern in Symbolen – Unterpfändern ihrer Gegenwart. Diese Epiphanie in Bildern pflegt man die „mythologische Stufe des Erkennens" zu heissen. Wohlfundierte Symbole verschwinden nicht, sondern der Fortschritt des Geistes offenbart sich an ihnen durch ihr immer tieferes Verstehen. Es giebt Ideen und Symbole genug, die für den Menschengeist, so sehr auch seine Kapazität wachsen möge, überhaupt niemals auszuschöpfen sind. Von diesen höchsten Symbolen gilt vorzüglich, was unser guter <u>Creuzer</u> ungefähr mit diesen Worten sagt:

Will die Seele sich zur Welt der Ideen aufschwingen und das Bildliche zum Ausdruck des Unendlichen machen, so offenbaret sich vorerst ein Zwiespalt. Wie könnte doch das Begränzte Gefäss und Aufenthalt des Unbegränzten werden? Oder das Sinnliche Stellvertreter dessen, was nicht in die Sinne fallend, nur im reinen geistigen Denken erkannt zu werden vermag? Die Seele, befangen in diesem Widerspruche, und ihn wahrnehmend, siehet sich mithin vorerst in den Zustand einer Sehnsucht versetzt. Sie möchte das Wesen erfassen ganz und unverändert, und es in der Form zum Leben bringen: aber in die Schranken dieser Form will sich das Wesen nicht fügen. Es ist ein schmerzliches Sehnen, das Unendliche im Endlichen zu gebären. Der in die Nacht dieser Unterwelt gestellte Geist möchte sich erheben und hindurchdringen zu der vollen Klarheit des heiteren Tages. An sich und ohne Hülle möchte er sehen, was

112

allein wahrhaft ist und unveränderlich bestehet, und ein Abbilde es hinstellen in dieser wandelbaren Welt des schattenähnlichen Daseyns. Da mithin die Seele, so betrachtet, zwischen der Ideenwelt und dem Gebiete der Sinne schwebet, da sie beide mit einander zu verbinden und im Endlichen das Unendliche zu erringen strebt, wie kann es anders seyn, als dass das, was sie erstrebt und errungen hat, die Zeichen seines Ursprungs an sich trage, und selbst in seinem Wesen die Doppelnatur verrathe? Und in der That lassen uns die wesentlichen Eigenschaften des Symbols jene doppelte Herkunft erkennen. Vorerst ist jenes Schweben selbst sein Loos; jene Unentschiedenheit zwischen Form und Wesen. Es ist im Symbol ein allgemeiner Begriff aufgestiegen, der da kommet und fliehet und, indem wir ihn erfassen wollen, sich unserm Blicke entziehet. So wie es einerseits aus der Welt der Ideen, wie aus dem vollen Glanz der Sonne abgestrahlt, sonnenähnlich heissen kann, einen Platonischen Ausdruck zu gebrauchen, so ist es hingegen durch das Medium getrübt, wodurch es in unser Auge fällt. Und wie das Farbenspiel des Regenbogens durch das an der dunkelen Wolke gebrochene Bild der Sonne entstehet, so wird das einfache Licht der Idee im Symbol in einen farbigen ~~Bündel Strahl~~ von Bedeutsamkeit zerlegt. (Strahlenbündel (?))

Ich nannte vorhin das ahnend geschaute Symbol ein Unterpfand der Idee. Je besser das Symbol verstanden, je mehr das Zerlegte integriert wird, desto näher kommt

13

im Laufe der Zeiten die menschliche Erkenntnis der Idee selbst. Das Symbol ~~selbst~~ mag uns als ein verheissender Becher erscheinen, erst gefüllt mit trübem, später immer reinerem Tranke; stärkender Gift aus Himmelsströmen. So ist der höchste Typus des Symbols. Und reich ist ~~die Freimaurerei~~ an Bildern dieser Art.

Zur Entstehung der Symbole. 1

Aus einem Vortrag, gehalten am 20. November 1919 in der Grossloge von Wien von Herbert Silberer.

II. – Die Bausymbolik.

Für unsere Betrachtung, die sich nun der Symbolik der Freimaurerei als ihrem engeren Thema zuwendet, ist es naheliegend, vor allem die Bausymbolik als Ganzes ins Auge zu fassen und sich zu fragen, woher die Freimaurerei diese Ideengruppe, von der sie auch den Namen trägt, überkommen hat. Es tut sich uns also zunächst eine Frage nach der Herkunft, nicht nach der Entstehung, auf, und wir wollen ihr ein wenig nachgehen; nur ein wenig, denn eine historische Untersuchung fällt nicht in unsere Aufgabe.

Es war ein lange benützter Schimmel – und mancher pflegt heute noch die bequeme Formel – die Freimaurerei von jenem Johannisfeste 1717 zu datieren, wo vier englische Maurerlogen sich unter dem Vorsitze von Anton Sayer zusammenschlossen und die ~~englische~~ Londoner Grossloge gründeten, worin sich für Genügsame ja die „Entstehung der Freimaurerei aus der Werkmaurerei" erschöpfen mag. Wer tiefer zu dringen, der Geschichte der Idee nachzugehen wünscht, und nicht nur der Idee, sondern auch der lebhaftigen Kette ihrer Träger, wie sie sich durch die Jahrhunderte die Hände reichen, der wird freilich die Augen weiter öffnen, den Blick in grössere Fernen richten müssen.

Was sich im Jahre 1717 in London zugetragen, machen wir uns vielleicht am besten verständlich, wenn wir es dem vergleichen, was sich gegenwärtig bei uns in Oesterreich abgespielt hat.*) Unsere Freimaurerei, seit

2.

kurzem offiziell anerkannt, ist beileibe nicht erst entstanden. Sondern etwas, das schon längst existierte, ist in das Licht der Öffentlichkeit getreten. So war es auch zu Anfang des XVIII. Jahrhunderts in England, nur mit dem Unterschiede, dass der damalige Schritt ein Ereignis grösseren Stils war, indem die englischen Logen einer ganzen Welt vorangingen und aus einer Verborgenheit traten, die ehemals viel mehr zu sagen hatte, als in der modernen Zeit. War bei uns die Freimaurerei verpönt, verboten, so hatte man deshalb doch noch nicht Folter oder Scheiterhaufen zu gewärtigen wie in jenen Zeiten, die erst um die Wende zum XVIII. Jahrhundert in einem Lande voraneilender Aufklärung das Hervortreten aus dem bergenden Schatten gestatteten.

Die Freimaurerei oder das, was heute so heisst, war 1717 schon eine ehrwürdige, alte Institution; auch waren nicht etwa jene vier Logen in London ihre einzigen Logen, jene Grossloge, die sie gründeten, ihre einzige Grossloge. Neben ihnen, die damals, unter den Schutz des Staates sich stellend, die Freimaurerei organisatorisch in die Hand nahmen, gab es genug andere Logen und Grosslogen, die just nicht so sehr das Augenmerk auf sich lenkten aber dennoch ebensowohl als Pfeiler des alten Baus gewürdigt werden wollen. Sie gingen später zum Teil selbständig vor. Der häufigste Weg war aber der des Anschlusses, der Verschmelzung. Auch wäre es nicht richtig, das Vorhandensein solcher Gesellschaften sich auf England beschränkt zu denken. Ich erwähne dies, um schon aus der Konstellation im Anfang des XVIII. Jahrhunderts auf eine lange, und keineswegs unselbständige, d.h. ursprünglich im Schosse der Werkmaurerei wurzelnde, Entwicklung der Freimaurerei hinzuweisen, was für die Symbole und ihren Ideengehalt nicht gleichgültig ist. Allerdings sehen wir die Kulturbestrebung „Freimaurerei", wie schon die Bausymbolik selbst vermuten lässt, zu den verschiedensten Zeiten mit der Baukunst in

3

inniger Verknüpfung, eine Erscheinung, deren mehrfache Gründe wir noch würdigen werden.

Fürs Erste sei erwähnt, dass der Name „Freimaurerei" verhältnismässig jung ist. Er stellt eine Übersetzung des englischen Freemasonry dar. Der Mason aber, der Stone-Mason, entspricht eigentlich und ursprünglich dem deutschen Steinmetzen. Es ist dasselbe Wort. Die Baukunst des Mittelalters, die unsere herrlich ragenden Dome erstehen liess, lag nicht in den Händen der „Maurer", sondern der Künstler des Faches, der „Steinmetzen", in denen sich begegnet, was wir unter den Künsten der Baumeister, der Architekten, der Bildhauer verstehen. In der Runde dieser Steinmetzen fand auch das, was wir heute Freimaurerei nennen, wie ich gleich vorgreifend bemerken will, vorzügliche Pflege. Unter den „Maurern" verstand man dagegen Handarbeiter; sie sind wohl Handlanger der Steinmetzen gewesen. In den deutschen Landen war es demnach dem Ausdruck „Maurer" nicht gegeben, zu der späteren übertragenen Bedeutung zu gelangen. Anders gestaltete sich der Sprachgebrauch in England und wohl auch in Frankreich und Italien. „Mason" fand auch auf die Maurer Anwendung, was man damit zu erklären versucht, dass schon frühzeitig Meister des Maurerhandwerks in die Steinmetzhütten Eingang gefunden hätten. Während man in Deutschland von „ausgefreiten Steinmetzen" (d.h. mit gewissen Vorrechten ausgestatteten Steinmetzen) sprach, nannte man dieselben, die sich in den Hütten (Lodges) zusammenfanden, in England „Free-Masons". Nun wurde, wie wir bald hören werden, das Wort „Steinmetz" in Deutschland ehemals in einem doppelten Sinn gebraucht; es bezeichnete nämlich neben der Tätigkeit auch schon eine gewisse schwer zu kennzeichnende Geistesrichtung für die Kundigen. Und die gleiche Funktion erhielt in England schon früh der Name „Mason".

Dass die freie Geistesrichtung, die sich durch die engherzigen Staatsgewalten immer bedroht, und furchtbar bedroht sahen, gerade unter den Bauleuten Schutz und Pflege fand (wenn auch keineswegs ausschliesslich dort), erklärt sich erstens aus der straffen, nach aussen fest abgeschlossenen, aber überallhin verbreiteten und beweglichen Organisation der Steinmetzen, welche ein Erfordernis ihrer Berufsvorteile war, zweitens aus alten Traditionen, auf die besonders einzugehen sein wird, drittens aus der freien, künstlerischen, die besten Geister umwogenden Atmosphäre, in welcher diese Bauleute zu schaffen gewohnt waren. - Ihre mittelalterlichen Bauhütten (Logen) nehmen also einen ähnlichen Rang ein, wie später die verschiedenen Künstlergesellschaften der Renaissance, die dann pünktlich auch ihrerseits insgeheim Pflegestätten jener verborgenen freien Kultusarbeit werden, welche nicht ungestraft auf die Strasse darf.

Zu jener Zeit freilich, wo die Morgendämmerung der offiziellen Freemasonry, die dann ins Deutsche mit „Freimaurerei" übersetzt wurde, gleichsam anbrach, war die vorhin erwähnte straffe mittelalterliche Steinmetzen-Organisation für die Baumeisterei längst überflüssig geworden. Aber England ist par excellence das Land der liebevollen Pflege und Bewahrung alter Traditionen. Und dieser Pietät ist auch das lange Leben jener Formen zu verdanken, welche die Baulogen der geistig-sittlichen Maurerei geliefert hatten, so dass schliesslich eine äussere Entfaltung dieser aus jener greifbar sich vollziehen konnte. Nun wende ich mich aber definitiv den so wichtigen früheren Perioden zu und stütze mich bei den Einzelheiten vornehmlich auf die hervorragenden Spezialstudien des vor einigen Jahren leider dahingegangenen, um die Geschichte der Freimaurerei ausserordentlich verdienten Br. Dr. Ludwig Keller (Geh. Archivrat in Berlin), dem ich auch persönlich für so manchen wertvollen Wink vielen Dank schulde.

Es sind uns „Ordnungen" von Steinmetzen-

5

Brüderschaften erhalten, aus denen deutlich hervorgeht, welch ein grosses Gewicht darauf gelegt wurde, dass die Bräuche geheim blieben – eine Voraussetzung dafür, dass die Bauhütten eine Schutzstätte verfolgter freier Geistesrichtung sein konnten. Die Bauinnungen des Mittelalters und ihre Mitglieder reisten von einer Stadt zur andern, wo sie gerade Arbeit fanden. Sie konnten sich deshalb nicht wie die meisten anderen Gewerke mit einer örtlichen Organisation begnügen, sondern bedurften eines allgemeinen Bundes ~~aller~~ derer, welche „Steinmetz-Brauch und -Gewohnheit" kannten. Um die Ausübung ihres Gewerkes als Monopol zu sichern, suchten sie den Besitz ihrer besonderen Kenntnisse durch Geheimhaltung zu wahren, und da die Handhabung einer strengen Zucht dazu erforderlich war, steigerte sich die Festigkeit des Bandes, welches die Gesamtheit umschlang, in einem Grade, wie sie bei den anderen Gewerken unbekannt war. Die Brüderschaft gewann Unabhängigkeit, Macht, Ansehen. Hochstehende Bauherren, denen die Bauleute nähertraten, fühlten sich angezogen, mit den Steinmetzen Fühlung zu bekommen. Angehörige vornehmer Geschlechter, liessen, wenn sie Anschluss an eine „Gilde-Stube" suchten, sich gern gerade bei ihnen als „Liebhaber der Kunst" aufnehmen. Insbesondere waren die Mitglieder der im engeren Sinne so genannten „freien Künste" (artes liberales) geneigt, sich hier einbrüdern zu lassen.

Die Eintretenden mussten strenges Stillschweigen nach aussen bewahren. Schon der Lehrling musste geloben, Zeichen und Griff – sie wurden Gruss, Wort und Handschenk genannt – bei „Verlierung des Steinmetzhandwerks" geheim zu halten. Auch die Gesellen übernahmen die für ihren Grad geltenden Pflichten und ebenso die Werkleute oder Meister, die im Vollbesitz des Wissens waren. Zu diesen Geheimnissen der Meister gehörte der „gerechte Steinmetzengrund", die Grundregel für das Konstruktionsverfahren. Denn Aufgabe der Meister war es, die Risse zu entwerfen, nach denen die Gesellen zu arbeiten hatten. 6

Eine wesentliche Eigenheit zeichnete die älteren Bauhütten (vom XVI. Jahrhundert an verloren sie in Deutschland an Bedeutung) vor den Zünften der übrigen Baugewerbe (Maurer, Zimmerleute etc.) sowie von den übrigen Handwerks-Bruderschaften aus. Während die Verfassung der übrigen auf der „Ordnung" beruhte, welche den Zünften auf Widerruf der jeweiligen Obrigkeit in Städten und Landesherrschaften verliehen worden war, übten die Bauhütten eine „Freie Kunst", sie waren weder dem Zunftzwang, noch der unmittelbaren Aufsicht der Magistrate unterworfen. Während ferner in den übrigen Zünften der Regel nach nur die Handwerksmeister sassen, die Gesellen aber in besonderen Bruderschaften vereinigt waren, blieben in den Bauhütten Gesellen und Meister in einer Körperschaft verbunden, wahrten gemeinsam die fein ausgebildeten Gebräuche und übten gemeinsam das Gericht. Mehr als in irgendeiner anderen Körperschaft war hier der Grundsatz brüderlicher Gleichheit durchgeführt; alle Männer waren Brüder, nannten sich Brüder und erkannten nur selbst gewählte Obere an: die Aufseher, die Steinmetz-Werkmeister und die Grossmeister. An der Spitze jeder Hütte stand der Werkmeister, ihm nachgeordnet waren zwei Aufseher und ein Parlierer (Redner, Fürredner oder Dolmetscher) sowie ausser den Stellvertretern der Beamten 18 sonstige Mitglieder (je neun auf einen Aufseher), also zweimal zwölf Personen. Die Hütte selbst war als längliches Viereck angeordnet, dessen schmale Seiten nach Westen und Osten gerichtet waren. Im Osten hatte der Werkmeister seinen Platz, im Westen sassen der Parlierer und die Aufseher, im Süden die aufgefreiten Gesellen (sodales) und im Norden die Glieder des untersten Grades.

Ein Nachwort von Bernd Nitzschke

Herbert Silberer – Skizzen zu seinem Leben und Werk

1. Mit der Hacke durch die Tür

Durch Tod zum Leben – so lautet der Titel eines Buches von Herbert Silberer (geb. 28.2.1882; gest. 19.1.1923).[1] Dieser Titel bezieht sich auf das Symbol der Wiedergeburt. Im Hinblick auf Silberers Leben und Sterben hat der Titel aber auch noch eine zweite Bedeutung: Die Umstände seines Todes waren spektakulär genug, um ihm das Überleben in der Erinnerung der Freudianer zu sichern. Silberers Beiträge zur Psychoanalyse wurden hingegen im Laufe der Zeit vergessen.

Seinen Kollegen war er schon zu Lebzeiten zu „jungisch und stekelisch". Soll heißen, sie sahen in ihm einen mit C.G. Jung und Wilhelm Stekel vergleichbaren Abweichler von der Freudschen Lehre. So lautete jedenfalls das Urteil eines Diskussionsteilnehmers[2] nach einem Vortrag, den Herbert Silberer am 1. November 1922 zum Thema „Beobachtungen an Träumen" gehalten hatte. Auch die Kritiken der anderen Diskussionsteilnehmer, darunter die Freuds, waren harsch, obgleich Silberer ein – aus heutiger Sicht – recht interessantes Thema angesprochen hatte, nämlich „die in Träumen auftretenden Zeichen des Verhältnisses des

1 Herbert Silberer, *Durch Tod zum Leben. Eine kurze Untersuchung über die entwicklungsgeschichtliche Bedeutung des Symbols der Wiedergeburt in seinen Urformen, mit besonderer Berücksichtigung der modernen Theosophie* (Leipzig, 1915).

2 So äußerte sich Eduard Hitschmann am 1. November 1922 in der Wiener Psychoanalytischen Vereinigung. Der Vortragstext und das Protokoll der Diskussion sind abgedruckt in Karl Fallend, *Sonderlinge Träumer Sensitive. Psychoanalyse auf dem Weg zur Institution und Profession.* Protokolle der Wiener Psychoanalytischen Vereinigung und biographische Studien (Wien, 1995), 236–244.

Patienten oder Analysierten zu der Analyse und dem Analytiker",[3] also das Problem der Übertragung. Außerdem hatte er in seinem Vortrag noch einmal auf den für ihn so wichtigen Unterschied zwischen *materialer* (inhaltlicher) und *funktionaler* Symbolisierung hingewiesen. Er erläuterte diese Differenz durch das folgende Gleichnis: „Ein Stempel drückt irgendeinen Inhalt aus, wie z. B. den Firmenbegriff ‚Hamburg-Amerikanische-Paketfahrt-Actien-Gesellschaft' oder die Mitteilung ‚Botenlohn bezahlt'. Außerdem wird man aber an Merkmalen des Stempelabdrucks Verschiedenes über die Beschaffenheit des Stempels selbst erkennen können; so mag es vorkommen, daß der Kautschuk des Stempels rissig wird; der Abdruck wird dann den Riß zeigen (...) Kurz, es wird unvermeidlich der Zustand des Stempels neben dem, was er sonst zu sagen hat, zum Ausdruck kommen."[4] Damit wollte Silberer sagen, daß in Träumen, Phantasien oder Halluzinationen neben Vorstellungs*inhalten* auch der *Zustand* der Psyche symbolisch dargestellt werden kann.

Träume, die in erster Linie „der Selbstdarstellung oder Selbstbespiegelung" dienen, nannte er „enoptrische Träume". Sie seien „recht häufig anzutreffen. Auch von ihnen gilt, was ich in meiner Studie „Der Seelenspiegel. Das enoptrische Moment im Okkultismus" (...) über Visionen aller Art sagte: (...) „Es kommt überaus häufig vor, daß die Vision einzig den Zweck zu haben scheint, daß die Seele sich bespiegle. Dieses Schauen ist ein Schauen in einen Spiegel, worin das Ich dem Ich sich zeigt mit all seinen Regungen und Bewegungen, seinen Antrieben, Ängsten, Stimmungen, Sehnsüchten, Schuldgefühlen, Kämpfen, Leidenschaften, Hemmungen, Zerklüftungen."[5]

Wenige Wochen nachdem er den Vortrag gehalten hatte, nahm sich Silberer das Leben. Schon ein Dreivierteljahr vorher soll er einen ablehnenden Brief Freuds erhalten haben[6] – ein Vorfall, den

3 Silberer in Karl Fallend (1995), 236.

4 Silberer in Karl Fallend (1995), 238.

5 Silberer in Karl Fallend (1995), 239.

6 Der Brieftext ist abgedruckt bei Bernd Nitzschke, „Herbert Silberer – Luftschiffer und Halluzinationsforscher. Stichworte zu seinem Leben und Werk", in: Ernst Federn und Gerhard Wittenberger (Hg.), *Aus dem Kreis um Freud. Zu den Protokollen der Wiener Psychoanalytischen Vereinigung*, Frankfurt/M. 1992, 170–175. Hier finden sich auch jene Argumente, die gegen die These

Roazen[7] so sehr betont hat, daß der Eindruck entstehen mußte, zwischen den Ereignissen habe nicht nur ein zeitlicher, sondern auch einen kausaler Zusammenhang bestanden. Suggeriert wird damit, Freud habe Silberer in den Tod getrieben. Diese „ahistorisch-psychologisierende“ Darstellung Roazens hat Fallend zurückgewiesen.[8] Und in den Berichten der Wiener Zeitungen über Silberers Suizid finden sich denn auch keine Anschuldigungen, ja noch nicht einmal Hinweise darauf, daß Silberer über ein Jahrzehnt Mitglied der *Psychoanalytischen Vereinigung* war. Er ist, trotz Differenzen mit Freud, aus dieser Gruppe weder ausgetreten noch – wie später Wilhelm Reich[9] – ausgeschlossen worden. In der *Neuen Freien Presse* vom 12. Januar 1923 heißt es über die Hintergründe und die Umstände des Todes Silberers:

„Auf tragische Weise hat heute nacht der Schriftsteller Herbert Silberer geendet. Er hatte sich in seiner Wohnung (...) im Zustande geistiger Überreiztheit erhängt und wurde tot aufgefunden. Herr Silberer (...) hatte in der letzten Zeit Spuren nervöser Erkrankung gezeigt. Seiner Gattin war das Benehmen ihres Gatten aufgefallen, sie war um ihn besorgt und drang wiederholt, leider erfolglos, in ihn, sich zu schonen. Gestern namentlich war Herr Silberer unruhig und überaus nervös. Seine Gattin befand sich abends nicht ganz wohl und war zeitlich zu Bette. Herr Silberer war abends außer Hause und kam erst nach der Sperrstunde heim. Er begab sich in das Schlafzimmer seiner Gattin, das an das eigene grenzt. Er sagte ihr gute Nacht und ging in sein Zimmer. Es fiel ihr aber auf, daß er wieder hin und her ging. Dann wurde es im Schlafzimmer des Gatten ruhig. Frau Silberer erhob sich und ging in das Zimmer. Es war leer, das Bett unberührt. Sie wollte die Tür, die vom

sprechen, Herbert Silberer sei der Empfänger des fraglichen Freud-Briefes gewesen, bzw. Indizien, die dafür sprechen, daß der Brief an Silberers Vater gerichtet gewesen sein könnte.

7 Paul Roazen, *Brudertier. Sigmund Freud und Victor Tausk – die Geschichte eines tragischen Konflikts* (Hamburg, 1963).

8 Karl Fallend (1995), 260.

9 Vgl. dazu die ausführliche Darstellung von Bernd Nitzschke, „‚Ich muß mich dagegen wehren, still kaltgestellt zu werden‘. Voraussetzungen, Umstände und Konsequenzen des Ausschlusses Wilhelm Reichs aus der DPG/IPV in den Jahren 1933/34“, in: Karl Fallend und Bernd Nitzschke (Hg.), *Der ‚Fall‘ Wilhelm Reich. Beiträge zum Verhältnis von Psychoanalyse und Politik* (Frankfurt/M., 1997), 68–130.

Schlafzimmer in das Vorzimmer führte, öffnen. Sie war versperrt. Nun weckte sie ihr Stubenmädchen und teilte ihr ihre Besorgnisse mit. Die beiden Frauen nahmen eine Hacke. Zuvor blickte Frau Silberer durch das Schlüsselloch in das Vorzimmer und sah zu ihrem Entsetzen ihren Mann auf dem Fensterkreuz hängen. Mit einigen Hieben mit der Hacke gegen die Tür war diese aufgesprengt und die unglückliche Frau fand den Mann erhängt. Ärztliche Hilfe war rasch zur Hand; allein der Tod war schon eingetreten. Keine Zeile von der Hand des Toten sagte ein Wort über den Grund der Tat; aber auch so ist es gewiß, daß sich Herbert Silberer im Zustand nervöser Erkrankung das Leben genommen hat. (...) Silberer war ein bekannter Schriftsteller. Er fungierte als Redakteur der Zeitung des Österreichischen Aeroklubs und hat sich auch viel mit Problemen der Metaphysik und der Telepathie usw. befaßt, die er wissenschaftlich behandelte."[10]

Nicht nur der lebende Ehemann, in den sie „wiederholt", jedoch „erfolglos" einzudringen versuchte, auch der tote Gatte hat seiner Frau die Annäherung schwergemacht. Schließlich half ihr nur noch die Axt. Wir hingegen wollen uns Silberer mit etwas subtileren Mitteln nähern – mit Hilfe von schriftlichen Zeugnissen, die über ihn und seinen Vater, schließlich von ihm selbst verfaßt worden sind.

2. Vater und Sohn – Macher und Träumer

Wer war Herbert Silberer? Eine Antwort auf diese Frage hat Sigmund Freud in einem Brief vom 19. Juli 1909 versucht: „Silberer ist ein unbekannter junger Mensch, wahrscheinlich ein feiner Dégéneré; sein Vater ist eine Wiener Persönlichkeit, Gemeinderat und ‚Macher'."[11]

Freud hatte von dem so charakterisierten jungen Mann soeben einen „Bericht über eine Methode, gewisse symbolische Halluzi-

10 Zit. n. Bernd Nitzschke, „Die Gefahr, sich selbst ausgeliefert zu sein: Herbert Silberer, zum Beispiel". In: ders. (Hg.), *Zu Fuß durch den Kopf – Wanderungen im Gedankengebirge. Ausgewählte Schriften Herbert Silberers – Miszellen zu seinem Leben und Werk* (Tübingen, 1988), 60f.

11 Die Briefstelle findet sich in Sigmund Freud, Carl Gustav Jung, *Briefwechsel* (Frankfurt/M., 1974), 267.

nations-Erscheinungen hervorzurufen und zu beobachten“ erhalten. Er war von dieser Arbeit so sehr angetan, daß er sie C.G. Jung, dem damaligen Mitherausgeber des *Jahrbuchs für psychoanalytische und psychopathologische Forschungen*, zur alsbaldigen Publikation empfahl.[12] Im Sommer 1910 lernte Freud Silberer dann auch persönlich kennen; kurze Zeit später, am 12. Oktober 1910, trat der damals 28jährige der Gruppe um Freud bei. Hier war eine Methode zu erlernen, mit deren Hilfe man sich systematisch selbst „bespiegeln“, analysieren, erkennen, ja, vielleicht sogar finden konnte. Silberer jedenfalls war auf der Suche nach sich selbst, nach einem SELBST, das mehr sein sollte als eine Kopie des übermächtigen Vaters.

Der Vater, Victor Silberer, war ein Mann der Tat, ein „Macher“, wie Freud ihn genannt hatte. Ein *selfmade man*, der, aus einfachen Verhältnissen kommend, Karriere machte: 1870 gründete er das *Wiener Salonblatt*. 1873 übernahm er die Redaktion der *Militärzeitung*. 1877 gab er das zweibändige Prachtwerk *Die Generalität der k.u.k. Armee* heraus. 1880 gründete er die *Allgemeine Sport-Zeitung*. Im Schlepptau des antisemitischen Populisten Karl Lueger kam er 1891 in den Wiener Gemeinderat. 1902 wurde er niederösterreichischer Landtagsabgeordneter. 1907, kurze Zeit bevor sich sein einziger, aus einer früh geschiedenen Ehe stammender Sohn dem – damals rein jüdischen – Kreis um Freud anschloß, erhielt er einen Sitz im Reichsrat. Zudem war er ein erfolgreicher Geschäftsmann: 1882 erbaute Victor Silberer in der Wiener Innenstadt den *Annahof* (das Haus, in dem sich Jahrzehnte später sein Sohn erhängen sollte). Und noch vor der Jahrhundertwende errichtete er auf dem Semmering das *Grandhotel Erzherzog Johann* nebst einer prunkvollen Villa, genannt das *Silberer-Schlößchen*.

Sein Sohn Herbert erbaute keine Schlösser. Allenfalls wandte er sich Luftschlössern zu, Träumen und Phantasien, Halluzinationen und Visionen, deren Symbolik er erforschte. Das muß für den Vater eine ziemliche Enttäuschung gewesen sein, denn als bekannter Sportsmann, als einer der besten Ruderer der k.u.k. Monarchie, war er davon ausgegangen, daß „das Gehirn des Kindes eben nur

12 Herbert Silberer, „Bericht über eine Methode, gewisse symbolische Halluzinations-Erscheinungen hervorzurufen und zu beobachten“, *Jahrbuch f. psychoanalytische u. psychopathologische Forschungen* 2 (1909), 541–622.

eine copie des elterlichen Gehirnes“ sein konnte.[13] Als Vulgärdarwinist war er zudem von der „tausendjährigen Erfahrung“ überzeugt, wonach „ein stärkerer Vater ein stärkeres Kind zeugen wird. (...) Daß aber auch die moralischen Eigenschaften, welche durch die Gymnastik theils erweckt, theils gefördert und entwickelt werden, sich weiter vererben (...)“ würden.[14] Und zunächst hatte es tatsächlich so ausgesehen, als würde der Vater recht behalten: Von Kindesbeinen an war der Sohn „in den meisten Leibesübungen von ersten Meistern unterrichtet worden. Mit nur 4 3/4 Jahren nahm er als kleiner Knirps schon am damaligen 1. Wettschwimmen in Wien (...) an einem Wettbewerb von Kleinen unter fünf Jahren teil, den er gewann. Auf dem Fahrrad war der berühmte heimische Kunstfahrer Klomser sein Lehrer. (...) Herbert war auch Eisläufer und hatte ebenso einen vorzüglichen Turnlehrer. (...) Mit 17–18 Jahren, als sein Vater das Reiten aufgab, erhielt er dessen wunderbaren Irländer ‚Mucki‘ als Weihnachtsgeschenk und sein Vater verschaffte ihm die Erlaubnis, mit den Söhnen aus höchster Aristokratie einen höheren Reitunterricht unter den großen Meistern in der Spanischen Hofreitschule zu genießen. Damit war Herberts gesamte Vorbildung für seine weitere Tätigkeit bei der *Allgemeinen Sportzeitung* abgeschlossen und sein Vater nahm ihn nunmehr in die Schriftleitung dieses Blattes.“[15]

Und schließlich war der Vater auch noch ein bedeutender Pionier der österreichischen Luftschiffahrt. Auf diesem Gebiet bewies der Sohn dann allerdings ebenfalls Durchhaltevermögen. Die Freiheit, die Herbert Silberer über den Wolken fand, scheint seinem Naturell, seinem Hang zum Träumen, entgegengekommen zu sein. Über seine Allein-, Nacht- und Rekord-Flüge schrieb er ein Buch: *Viertausend Kilometer im Ballon*. Darin heißt es: „Der Reiz, der in der Nachtfahrt liegt, kann schwer beschrieben werden, man muß ihn selbst erfahren. Es wirkt da so viel auf die Phantasie ein. (...)“[16]

---

13 Victor Silberer, *Ueber den Werth und die Bedeutung der Gymnastik vom Standpunkte der Darwin'schen Theorie* (Wien, 1880); zit. nach Karl Fallend (1995), 262.

14 Victor Silberer (1880); zit. n. Karl Fallend (1995), 261f.

15 Wilhelm Stekel, *In memoriam Herbert Silberer, Fortschritte der Sexualwissenschaft und Psychoanalyse* 1 (1924), 418.

16 Herbert Silberer, *Viertausend Kilometer im Ballon. Mit 28 photographischen Aufnahmen vom Ballon aus* (Leipzig, 1904), 55.

Als Redakteur der vom Vater gegründeten und geleiteten *Allgemeinen Sport-Zeitung* bewies der Sohn hingegen weniger Standvermögen. Die Naturereignisse, mit denen er hierbei konfrontiert war, hatten aber auch eine andere Qualität als die, die er nächtens im Ballon erleben konnte. Der Verfasser einer Festschrift zu Ehren Victor Silberers beschreibt die Ausbrüche des Vaters so: „Meisterstücke sind insbesondere die Glossen, durch die er sich in seiner *Allgemeinen Sport-Zeitung* zu allerhand Vorkommnissen und Zuständen des sportlichen, wie überhaupt des ganzen öffentlichen Lebens zu äußern pflegt. Das sind die richtigen Gewitter in Druckerschwärze. Gewöhnlich donnert es ganz gehörig, blitzt aber auch hell und scharf und, was die Hauptsache ist – reinigt die Luft. (...)“[17] Es ist anzunehmen, daß der Vater nicht nur die Zeitung, sondern gelegentlich auch den ihm untergebenen Zeitungsredakteur, also den Sohn, als Blitzableiter benutzt hat. Wilhelm Stekel, der mit Herbert Silberer befreundet war, wundert sich dennoch: „Merkwürdigerweise verlor sich aber das Interesse Herberts an der Sportzeitung mit den Jahren vollständig. Er tat dort wohl noch seine Pflicht, hatte aber gar keine Lust mehr, Rennplätze zu besuchen und sich um die administrativen Angelegenheiten des Blattes zu bekümmern. (...) Sein Vater war zuerst über diesen Szenenwechsel nicht sehr erfreut. (...) Herbert hatte sich ganz auf den Privatgelehrten eingerichtet, der nur noch pflichtgemäß, aber ohne alle Lust zur Sache, an der Sportzeitung mittat. (...)“[18]

Herbert Silberer hatte sich dem Kreis um Freud zugewandt. Außerdem trat er einer Freimaurerloge bei. Als Privatgelehrter studierte er Philosophie und Mystik. Das alles ist wohl mit dem Ausdruck „Szenenwechsel“ gemeint, den Stekel benutzt. Diese Hinwendung zum Transzendenten und Imaginären, das Eintauchen in die Tiefen der Seele und das Eindringen in die Geheimnisse der Esoterik, befriedigten Herbert Silberer gewiß mehr als die profane Tätigkeit bei der Sportzeitung unter Anleitung eines Tat- und Kraftmenschen, wie der Vater einer war. Dennoch wurde der Sohn auch nach dem „Szenenwechsel“ nicht glücklich. Seine erste Ehe scheiterte. 1919 heiratete er ein zweites Mal, doch auch diese Ehe

17 Hans Plecher (Hg.), *Victor Silberer. Ein Lebensbild mit acht Bildnissen* (Wien, 1916), 18.
18 Wilhelm Stekel (1924), 419.

mit Berta Bloch stand unter keinem guten Stern. Bereits 1920 ist erneut von Scheidung die Rede, zu der es aber nicht gekommen zu sein scheint, denn in den Zeitungsberichten, die drei Jahre später anläßlich Silberers Selbstmord erscheinen, ist von einer Witwe die Rede – und die heißt in den Dokumenten, die von den Nachlaßverhandlungen erhalten sind, Berta Bloch.

Zu Beginn der 20er-Jahre scheiterten noch andere Zukunftspläne Herbert Silberers. So hatte er von 1920 bis 1922 gemeinsam mit Wilhelm Stekel das von Samuel Tannenbaum in New York finanzierte Periodikum *Psyche and Eros*, eine Zweimonatszeitschrift in englischer Sprache, herausgegeben. Tannenbaum erwies sich jedoch, wie Stekel schreibt, überraschenderweise als „fanatischer Antifreudianer", ein Grund, der – wiederum nach Aussage Stekels – dazu geführt habe, daß Stekel und Silberer die Mitarbeit an der Zeitschrift einstellten. Für Freud sei Silberer wegen seines vorübergehenden Engagements bei *Psyche and Eros* dennoch „erledigt" gewesen.[19] 1922 scheiterte schließlich Silberers Hoffnung, ein Ehrendoktorat zu erhalten. Kurz vor Ende seines Lebens spielte er noch mit dem Gedanken, seinen Lebensunterhalt als Bankangestellter zu verdienen. „Er wollte unabhängig sein und verschmähte es, ewig auf Hilfe anderer angewiesen zu bleiben"[20] – das heißt, vom Geld des Vaters weiterzuleben.

Die Konsequenz aus all diesem Scheitern, aus all den vergeblichen Mühen eines Sohnes, aus dem gewaltigen Schatten seines Vaters herauszutreten, faßte Stekel im Nachruf auf Herbert Silberer zusammen: „Er verschloß sich vor aller Welt, vor seinen Freunden, vor seinem Vater und sogar vor seinem Weibe. Deshalb war unsere Freundschaft eine sehr merkwürdige (...) Nie hat er mit mir ein Wort über sein Seelenleben gewechselt. (...) Ich habe nicht geahnt, welche dämonischen Gewalten sich hinter seiner scheinbar so abgeklärten Außenseite verbargen. Hätte er sich mir anvertraut, ich hätte ihn vielleicht retten können!"[21] Oder auch nicht. Denn Herbert Silberer suchte schließlich doch keinen Retter, keinen Erlöser, keinen zweiten Vater – vielmehr sich selbst. Bei dieser Suche hat er sich verirrt.

19 Wilhelm Stekel (1924), 411.
20 Wilhelm Stekel (1924), 416.
21 Wilhelm Stekel (1924), 417.

3. „mehrfach anerkennend gewürdigt“

In Freuds Werken finden sich etwa zwanzig Hinweise auf Herbert Silberer, darunter das Lob für „eine der wenigen Ergänzungen zur Traumlehre, deren Wert unbestreitbar ist“. Damit hat Freud Silberers Darstellung und Erklärung des funktionalen Phänomens gemeint. Freud fährt an derselben Stelle fort: „Silberer hat bekanntlich gezeigt, daß man in Zuständen zwischen Schlafen und Wachen die Umsetzung von Gedanken in visuelle Bilder direkt beobachten kann, daß aber unter solchen Verhältnissen häufig nicht eine Darstellung des Gedankeninhaltes auftritt, sondern des Zustandes (von Bereitwilligkeit, Ermüdung usw.), in welchem sich die mit dem Schlaf kämpfende Person befindet. Ebenso hat er gezeigt, daß manche Schlüsse von Träumen und Absätze innerhalb des Trauminhaltes nichts anderes bedeuten als die Selbstwahrnehmung des Schlafens und Erwachens. Er hat also den Anteil der Selbstbeobachtung – im Sinne des paranoischen Beobachtungswahns – an der Traumbildung nachgewiesen.“[22]

Nach dem Tod Herbert Silberers erschien in der *Internationalen Zeitschrift für Psychoanalyse* ein Nachruf, der die zwiespältige Situation erkennen läßt, in der sich Herbert Silberer im Kreis der Freudianer befand: „Der Verstorbene war langjähriges Mitglied der Wiener Gruppe, von der er sich aber in den letzten Jahren bis auf gelegentliche Besuche persönlich fern gehalten hatte. Seine wissenschaftlichen Arbeiten, insbesondere auf dem Gebiete der Traumpsychologie, sind in der psychoanalytischen Literatur mehrfach anerkennend gewürdigt worden; aber auch an kritischen Einwendungen gegen manche ungerechtfertigte Verallgemeinerung hat es nicht gefehlt. Das Interesse Silberers lag offenkundig außerhalb des eigentlichen psychoanalytischen Bereiches; er hat sich mit schönem Erfolge um das psychologische Verständnis der sogenannten okkulten Phänomene bemüht, wovon sein eigentliches Hauptwerk: ‚Die Probleme der Mystik und ihrer Symbolik‘, 1914, Zeugnis ablegt.“[23]

22 Sigmund Freud, *Metapsychologische Ergänzung zur Traumlehre (1914)*, GW X (London, 1946), 164.
23 *Internationale Zeitschrift für Psychoanalyse* 9 (1923), 119.

Jahrzehnte später äußerte sich der weltberühmte Psychologe Jean Piaget ebenfalls anerkennend über Herbert Silberer, „der sich speziell mit dem Symbolismus im mystischen Denken befaßt hat" – und ein wenig kritisch gegenüber den Psychoanalytikern, die die Anregungen zuwenig aufgegriffen hätten, die Silberer gegeben habe: „(...) empirisch ausgerichtet, hat er versucht, die Theorie des Symbols weiterzuentwickeln, indem er die Bilder im Halbschlaf mittels einer originellen und fruchtbaren Methode analysierte. Das (spätere; B.N.) Schweigen der Freudianer zu diesen Arbeiten ist schwer zu erklären (...), denn sie sind von besonderem Interesse und hätten, wenn sie weiterentwickelt worden wären, dazu beigetragen, die Psychoanalyse und die übrige Psychologie einander näherzubringen."[24]

Hatte Freud Silberers Beschreibung des „funktionalen Phänomens" ausdrücklich gelobt, so stand er der „anagogischen" Deutungsmöglichkeit des Traums, die Silberer vorgeschlagen hatte, skeptisch gegenüber. Umso mehr begeisterte sich C.G. Jung für den Vorschlag Silberers, neben dem mit Hilfe der Freudschen Interpretationstechnik zu entschlüsselnden Sinn der Träume, der in die Vergangenheit zurückweist, auch den prospektiven, in die Zukunft weisenden Sinn der Träume zu berücksichtigen. In Jungs Werken finden sich denn auch etwa zwanzig Hinweise auf Silberer. Die Zahl als solche ist jedoch nicht aussagekräftig, hat Jung Silberer doch weit mehr zu danken, als dies anhand der wenigen Fußnoten zu erkennen ist. In Hinsicht auf die Erforschung der Symbolwelt der Alchemie erkannte Jung Silberers Priorität denn auch an: „Dem leider zu früh verstorbenen Herbert Silberer kommt das Verdienst zu, der erste gewesen zu sein, die geheimen Fäden, die von der Alchemie zur Psychologie des Unbewußten laufen, entdeckt zu haben. (...) Heutzutage sind wir in der Lage zu sehen, wie sehr die Alchemie der Psychologie des Unbewußten vorgearbeitet hat, indem sie einerseits unabsichtlich durch die Aufhäufung ihrer Symbolik ein für moderne Symboldeutung ungemein wertvolles Anschauungsmaterial hinterlassen, andererseits durch ihre absichtlichen synthetischen Bemühungen symbolische Prozeduren, die wir

24 Jean Piaget, *Nachahmung, Spiel und Traum. Die Entwicklung der Symbolfunktion beim Kinde*, GW 5 (Stuttgart, 1975), 247.

in den Träumen unserer Patienten wieder entdecken, angedeutet hat. Wir können heute sehen, wie der gesamte alchemistische Gegensatzprozeß (...) ebensogut den Individuationsweg eines einzelnen Individuums darstellen kann, mit dem nicht zu übersehenden Unterschied allerdings, daß kein einziges Individuum jemals die Fülle und den Umfang der alchemistischen Symbolik erreicht."[25]

Daß der alchemistische Prozeß – die Zerstückelung und die daran anschließende Synthetisierung einer reinen Substanz, „Gold" genannt – als Abbild des Individuationsprozesses verstanden werden kann, hat Herbert Silberer in seiner Schrift *Probleme der Mystik und ihrer Symbolik* (1914) überzeugend nachgewiesen. Der symbolische Tod und die symbolische Wiedergeburt strukturieren aber auch den Prozeß, der für die Riten der geheimen Gesellschaften kennzeichnend ist: Der Novize, der sich aus alten Bindungen lösen will, muß einen symbolischen Tod erleiden, bevor er, nach einem Intervall von Einsamkeit, Verwirrung und Sehnsucht, neue Bindungen aufnehmen, ein neues Leben in einer neuen Gemeinschaft beginnen kann. In seiner Schrift *Durch Tod zum Leben* (1915) hat Silberer die Bedeutung des Symbols der Wiedergeburt in diesem Zusammenhang erörtert.

„Die Entstehung der Symbole" – so lautet schließlich der programmatische Titel eines 1919 vor einer Großloge gehaltenen Vortrags, der hier erstmals abgedruckt wird. Und tatsächlich galt Herbert Silberers Forschungsinteresse der Genese der Symbole, mochten sie nun in individuellen Träumen oder in kollektiv praktizierten Riten, in spontan auftretenden Visionen oder im Okkulten, dem Herbert Silberer in der Schrift *Der Seelenspiegel* (1921) nachspürte, enthalten sein. Ziel all seiner Forschungen war es, das in diesen Bildern, das im Symbolischen gefangene Reale zu befreien, das im Symbol geronnene Erleben wieder lebendig, es der Erfahrung wieder zugänglich zu machen.

Bernd Nitzschke

***

25 Carl Gustav Jung, *Mysterium Coniunctionis. Untersuchungen über die Trennung und Zusammensetzung der seelischen Gegensätze in der Alchemie* (Teil 2), GW 14/2 (Olten/Freiburg i. Br., 1971), 336f.

Werkverzeichnis[1] Herbert Silberer

Die Zeitschriften in der Bibliographie sind wie folgt abgekürzt:

Jb. = *Jahrbuch für psychoanalytische und psychopathologische Forschungen* (ab 1914: *Jahrbuch der Psychoanalyse*);
ZB = *Zentralblatt für Psychoanalyse und Psychotherapie*;
Im = *Imago*;
ZS = *Internationale Zeitschrift für ärztliche Psychoanalyse* (1913–1919; ab 1920–1937: *Internationale Zeitschrift für Psychoanalyse*; ab 1939–1941: *Internationale Zeitschrift für Psychoanalyse* und *Imago*);
Rv. = *The Psychoanalytic Review* (in dieser Zeitschrift finden sich in verschiedenen Jahrgängen Übersetzungen und Besprechungen einzelner Arbeiten Silberers);
P&E = *Psyche & Eros*;
JSP = *Journal of Sexology and Psychoanalysis.*
Autoreferate = Beiträge, in denen Silberer über eigene Aufsätze referiert, die bereits zuvor in einer anderen psychoanalytischen Zeitschrift erschienen waren, bzw. Berichte über einen selbst gehaltenen Vortrag.

*

1909 „Bericht über eine Methode, gewisse symbolische Halluzinations-Erscheinungen hervorzurufen und zu beobachten". *Jb.* 1, 513–525.

1910 „Phantasie und Mythos". (Vornehmlich vom Gesichtspunkte der „funktionalen Kategorie" aus betrachtet.) *Jb.* 2, 541–622.

1911 a) „Symbolik des Erwachens und Schwellensymbolik überhaupt". *Jb.* 3, 621–660.

1911 b) „Über die Symbolbildung". *Jb.* 3, 661–723.

1911 c) „Über die Behandlung einer Psychose bei Justinus Kerner". *Jb.* 3, 724–729.

1911 d) „Vorläufer Freud'scher Gedanken". *ZB* 1, 441–449.

1911 e) (Buchbesprechung) Ellis, H. „Die Welt der Träume". *ZB* 1, 596–597.[2]

1911 f) (Buchbesprechung) Lucerna, C. „Das Märchen. Goethes Naturphilosophie als Kunstwerk". *ZB* 2, 50–51.[2]

1912 a) „Spermatozoenträume". *Jb.* 4, 141–161.

1912 b) „Zur Symbolbildung". *Jb.* 4, 607–683.

1912 c) „Zur Frage der Spermatozoenträume". *Jb.* 4, 708–740.

1912 d) „Eine prinzipielle Anregung". *Jb.* 4, 799–804.

1912 e) „Mantik und Psychoanalyse". *ZB* 2, 78–83.

---

1 Diese Bibliographie enthält keine Schriften Silberers, die er in seiner Eigenschaft als (Sport)Journalist verfasst hat.

1912 f) „Von den Kategorien der Symbolik". *ZB* 2, 177–189.

1912 g) „Lekanomantische Versuche". *ZB* 2, 383–401; 438–540; 518–530; 566–587.

1912 h) „Märchensymbolik". *Imago* 1, 176–187.

1912 i) (Buchbesprechung) Vold, J.M. „Über den Traum. Experimentalpsychologische Untersuchungen". *ZB* 2, 660–662.[2]

1913 a) „Zur Charakteristik des lekanomantischen Schauens". *ZB* 3, 73–82; 129–144.[2]

1913 b) „Spermatozoenträume". *ZB* 3, 211–212.[2]

1913 c) „Mensch und Name". Ein Feuilleton. *ZB* 3, 460–463.[2]

1913 d) „Sexualsymbolik bei M. Madeleine". *ZB* 3, 643–645.[2]

1913 e) (Buchbesprechung) Staudenmaier, L. „Die Magie als experimentelle Naturwissenschaft". Leipzig 1912. *Imago* 2, 447–451.[2]

1913 f) (Buchbesprechung) Jennings, H. „Die Rosenkreuzer. Ihre Gebräuche u. Mysterien". Berlin 1922. *Imago* 2, 593–594.[2]

1913 g) (Autoreferat zu 1911 [b]). *ZB* 3, 348.[2]

1913 h) (Autoreferat zu 1911 [a]). *ZB* 3, 349.[2]

1913 i) (Autoreferat zu 1911 [c]). *ZB* 3, 349.[2]

1914 a) *Probleme der Mystik und ihrer Symbolik.* Wien: Heller, 1914. 2. Aufl. Darmstadt: Wiss. Buchgesellschaft, 1961.

1914 b) „Mystik und Okkultismus". *Jb.* 6, 413–424.

1914 c) „Der Homunculus". *Imago* 3, 37–79.

1914 d) „Das Zerstückelungsmotiv im Mythos". *Imago* 3, 502–523.

1914 e) (Buchbesprechung) Schrenck-Notzing, A. „Materialisierungsphänomene. Ein Beitrag zur Erforschung der mediumistischen Teleplastie", München 1914. *ZS* 2, 278–282.[2]

1914 f) (Buchbesprechung) Strunz, F. „Die Vergangenheit d. Naturforschung. Ein Beitrag zur Geschichte des menschlichen Geistes". Jena 1913. *Imago* 3, 310–312.[2]

1914 g) (Autoreferat zu 1912 [d]). *ZB* 4, 189–190.[2]

1914 h) (Autoreferat zu 1912 [b]). *ZB* 4, 190–193.[2]

1914 i) (Autoreferat zu 1912 [c]). *ZB* 4, 189.[2]

1915 a) *Durch Tod zum Leben. Eine kurze Untersuchung über die entwicklungsgeschichtliche Bedeutung des Symbols der Wiedergeburt in seinen Urformen, mit besonderer Berücksichtigung der modernen Theosophie.* Leipzig: Heims, 1915.

1915 b) (Buchbesprechung) Vorbrodt, G. „Flournoys Seherin von Genf und Religionspsychologie". Leipzig 1914. *ZS* 3, 243–244.[2,3]

1915 c) (Buchbesprechung) Flournoy, T. „Die Seherin von Genf". Leipzig 1914. *ZS* 3, 242–243.[2,3]

1919 *Der Traum. Einführung in die Traumpsychologie.* Stuttgart (Enke).

1919 „Zur Entstehung der Symbole". Vortrag vom 20. Nov. 1919 in der Großloge Wien.

1920 a) „The origin and the meaning of the symbols of freemansonry". *P&E* 1, 17–24; 84–97.[2]

1920 b) „The Steinach in mythologie". *P&E* 1, 137–139.[2]

1921 a) *Der Seelenspiegel. Das enoptrische Moment im Okkultismus*. Pfullingen: Baum Verlag, o.J.[2]

1921 b) *Der Zufall und die Koboldstreiche des Unbewußten*. Bern/Leipzig: Bircher, 1921.[2]

1921 c) „The origin and the meaning of the symbols of freemansonry". *P&E* 2, 81–89; 299–309.[2]

1921 d) „Beyond psychoanalysis". (Reflection on Sigmund Freud's *Jenseits des Lustprinzips*. 1920). *P&E* 2, 142–151.[2]

1922 a) „Tendenziöse Druckfehler". *ZS* 8, 350–351.

1922 b) „Zur Verdichtungstechnik". *ZS* 8, 350–351.

1922 c) (Autoreferat zu „Beobachtungen an Träumen" = Vortrag, 1.11.1922 in der Wiener Psychoanalytischen Vereinigung). *ZS* 8, 536–538.[2,3]

1922 d) „Sociology, politics and psychoanalysis". *P&E* 3, 55–61.[2]

1923 a) *Der Aberglaube*. Bern: Bircher, 1923.[2]

1923 b) „Lapses and the ‚unconscious'". *JSP* 1, 503–571.[2]

1924 „Comments on lapses". *JSP* 2, 62–79.[2]

1925 „A pregnancy phantasy in a man". *Rv.* 12, 377–396.

* * *

edition epoché

epoché meint Innehalten und bezeichnet in der Philosophie eine Enthaltung im Urteil, die sich aus der Einsicht in die Ungewissheit allen Wissens herleitet. Den vorgefassten Urteilen wird Geltung entzogen, um schließlich zur Erkenntnis über das Wesen zu gelangen.

Vertrieb: Synergia Auslieferung www.synergia-auslieferung.de